【湖湘诉讼法学论坛】

诉讼制度改革与理论探索

SUSONG ZHIDU GAIGE YU LILUN TANSUO

◎主编 廖永安 谭曼

U1015861

（2021年卷）

湘潭大学出版社

版权所有 侵权必究

图书在版编目（CIP）数据

诉讼制度改革与理论探索. 2021年卷 / 廖永安, 谭曼主编. -- 湘潭 : 湘潭大学出版社, 2022.10
ISBN 978-7-5687-0890-6

Ⅰ. ①诉… Ⅱ. ①廖… ②谭… Ⅲ. ①诉讼一司法制度一中国一文集 Ⅳ. ①D925.04-53

中国版本图书馆CIP数据核字（2022）第179632号

诉讼制度改革与理论探索. 2021年卷

SUSONG ZHIDU GAIGE YU LILUN TANSUO 2021 NIAN JUAN

廖永安 谭曼 主编

责任编辑：刘文情
封面设计：张 波
出版发行：湘潭大学出版社
社 址：湖南省湘潭大学工程训练大楼
电 话：0731-58298960 0731-58298966（传真）
邮 编：411105
网 址：http://press.xtu.edu.cn/
印 刷：广东虎彩云印刷有限公司
经 销：湖南省新华书店
开 本：710 mm×1000 mm 1/16
印 张：24.25
字 数：493千字
版 次：2022年10月第1版
印 次：2022年10月第1次印刷
书 号：ISBN 978-7-5687-0890-6
定 价：78.00元

顾　　问：何文燕　谢　勇　杨　翔　印仕柏

编 委 会：廖永安　王国征　邓志伟　杨开湘
李　蓉　陈建军　雷丰超　谭　曼
朱思滔　倪洪涛　张坤世　穆远征

主　　编：廖永安　谭　曼

执行主编：夏先华　王　译

国家重点研发计划重点专项“智慧司法科学理论与司法改革科技支撑技术研究”（2020YFC0832400）的阶段性成果

序　言

程序法治是现代法治的应有之义，其通过践行公正、平等、中立等正当程序价值理念，构建与完善程序法律制度，来规范司法等国家权力的健康运行，切实保障公民的合法权益，维护社会的公平正义。诉讼法作为调整司法活动与诉讼程序运行的基本法律制度，是中国特色社会主义法律体系中的重要组成部分，在我国依法治国建设进程中发挥着不可替代的作用。2021 年是中国共产党成立 100 周年。近百年来，党领导人民不断追求法治、探索法治、建设法治、推进法治、厉行法治，成功开辟了一条符合中国国情、赢得人民拥护、具有显著优势的中国特色社会主义法治道路。在这样具有里程碑意义的一年里，诉讼法治领域也取得了斐然的成就。民事诉讼程序繁简分流改革已初见成效，在实践探索中积累了大量有益经验和优秀做法，并推动了《中华人民共和国民事诉讼法》（以下简称《民事诉讼法》）的进一步修改。公益诉讼制度日趋完善，其适用领域也不断扩张，个人信息保护公益诉讼等新类型公益诉讼正式入法予以确立。《人民检察院公益诉讼办案规则》的出台为人民检察院履行公益诉讼检察职责提供了规范指引。行政案件繁简分流改革也在持续稳步推进，《中华人民共和国行政处罚法》在行政处罚权的行使界限、行政处罚种类、力度等方面进行了大幅度修正。为了正确理解和适用 2018 年修改后的《中华人民共和国刑事诉讼法》，《最高人民法院关于适用〈中华人民共和国刑事诉讼法〉的解释》在 2021 年进行了相应的调整，增加了“认罪认罚案件的审理”“速裁程序”“缺席审判程序”等章节内容，新增 107 条司法解释条文，作了实质修改的条文更是超过 200 条。

为了针对当前诉讼领域的新情况与新问题展开深入讨论，为我国诉讼法治建设贡献湖湘智慧，湖南省法学会诉讼法学研究会 2021 年学术年会于 2021 年 12 月在湖南省株洲市召开，会议的承办单位为株洲市中级人民法院。在此之前，研究会以习近平程序法治思想、智慧司法理论与实践、民法典实施对民事诉讼的挑战、检察公益诉讼、民营经济刑事司法保护、行政处罚法的修改等内容为主题，向省内外的研究会成员以及其他专家进行了广泛征文。此次年会共征集会议论文238篇，经研究会学术委员会严格学术评审和规范性审查，最终评选出第七届优秀诉讼法论文一等奖4篇、二等奖9篇、三等奖21篇。这些优秀的论文均是聚焦当前诉讼制度改革发展的重点、热点议题，具有研究内容深入性、研究视域开阔性、研究方法独特性等特点，理论分析与实践研究兼备，研究质量相对较高。正是基于这些研究论文突出的学术与应用价值，研究会从中择优遴选了部分论文，并按照论文主题与具体内容进行了体系化的编排、整理，结集出版。全书共收录学术论文27篇，并按照三大诉讼法的划分对其进行了分编设计。

一、民事诉讼

在互联网、大数据、云计算、人工智能等科学技术不断发展的当下，加强法院的智慧化建设成为践行司法便民理念、实现诉讼服务公正高效、提升法院办案能力的重要抓手，同时也是新时代对法院工作提出的新挑战和新要求。对此，《检视与应对：智慧法院建设何以跨越数字鸿沟》一文探讨了智慧法院建设过程中为何会遭遇数字鸿沟以及如何跨越鸿沟的相应对策。《冲突与融合：欠发达地区人民法庭信息化建设的反思》一文重点关注信息化技术嵌入乡土过程中出现的不适用现象，通过对乡土司法与技术智能化之间的内在紧张关系进行剖析，进而寻求科技应用与基层司法改革的深度融合。《老年群体融入智慧法院建设的困境及消解》一文以数字司法与人文司法之间的张力为视角，探寻保障老年群体更好融入智慧法院建设，享受智慧司法服务的践行路径。《智慧法院建设背景下声音真实性的辨认分析》一文从声音载体与数据、声音主体、声音内容等维度构建了声音真实性认定或推定规则，从而解决司法实践中声音真实性的辨认难题。

《中华人民共和国民法典》（以下简称《民法典》）作为公民权利的“百科全书”，其成功编纂与出台是我国法制建设历程中的重要里程碑，体现了我国民主、科学立法的重要理念与精神。《民法典》在完善司法适用的实体法依据的同时，也需要与之相契合的《民事诉讼法》来保障实施。因而，《民事诉讼法》如何应对《民法典》实施所带来的挑战，并实现实体与程序法制之间的协调，便是当下最具研究意义的议题。《论客观预备合并之诉的程式与裁判规则》一文指出客观预备合并之诉是解决实体法上请求权竞合问题的最优路径，并深入探究了客观预备合并之诉的程序规则与司法裁判。《论未成年人致人损害案件中适格被告的论争与厘定》一文通过比较实体法与程序法关于未成年人致人损害案件被告的不同取态，并在分析其内在法理的基础上，重新审思了该类案件中适格被告的列明。《检视与规范：物权期待权排除强制执行之判定程式》一文从物权期待权与强制执行权之间的冲突出发，厘定执行异议之诉中物权期待权优先性的要件，并结合申请执行人与案外人之间利益衡量情况来进一步判定。《居住权在执行程序中的排除与适用》一文通过梳理执行程序中居住权与其他权利发生冲突的类型，并结合心理、法律等成因分析，提出执行程序中居住权排除与适用的具体情形。《债权中心主义下创新型执行手段的思辨》一文在批评当前司法实践中以债权为中心的创新型执行手段的基础上，提出了基于被执行人权利保障的创新执行手段制约方式。

公益诉讼改革与发展正处于进行时态，学术界仍需加强理论供给，对公益诉讼制度实践中的新问题、探索的新领域予以积极回应。《论生态环境损害救济体系的整合路径》一文针对生态环境损害赔偿诉讼与环境民事公益诉讼之间的衔接问题，从索赔与预防的功能区分切入，探索两类诉讼衔接的内在路径与外部保障。《预防性环境民事公益诉讼“重大风险”认定标准形塑》一文旨在解决当前预防性环境民事公益诉讼中“重大风险”认定标准缺失的问题，通过厘定立案与裁判阶段的实体标准以及证明责任的合理分配，构建“重大风险”的认定规则。《食药领域检察公益诉讼惩罚性赔偿金的适用》一文通过对司法实践的深入观察与大数据分析，提出构建食药领域检察公益诉讼惩罚性赔偿金制度的具体建议。

二、刑事诉讼

认罪认罚从宽制度是近年来争议的热点问题。《认罪认罚从宽制度背景下值班律师制度的思考》一文以值班律师制度为切入点进行研究，提出了完善法律规范、落实配套制度、明确值班律师定位及衔接司法程序等一系列优化措施，确保该制度在运行过程中兼顾公平与效率。《认罪认罚从宽机制下检察院抗诉权的行使：问题与应对》一文以150份抗诉案件裁判文书为样本，对样本之抗诉理由、抗诉裁判结果、案件审理期限进行实证研究，对抗诉权的合理使用提出针对性方案。

新冠肺炎疫情的暴发与持续，进一步推动了技术与司法的融合，在线诉讼庭审模式、数据司法等成为学术研究和实践探索的高地。《在线诉讼视域下刑事证据电子化问题研究》一文对刑事证据数字化问题进行了关注，提出应限定刑事案件适用于在线诉讼的范围，赋予证据规范新的内涵，构建审查采信规则以及在技术上对刑事证据电子化予以保障，以弥合证据电子化对刑事证据价值的冲击。《论大数据分析报告的相关性与可信性》一文聚焦大数据分析报告的“相关关系”与“因果关系”，提出大数据分析报告之可信性的审查判断应区分基础数据与算法模型而采用不同的审查路径。

“案－件比”是最高人民检察院提出的评价办案质效的重要指标，该数值越高表明办案质效越低，人民群众对司法办案的满意度越低，《降低“案－件比”实证研究》一文以湖南省永州市检察机关近3年来“案－件比”情况为样本，提出降低“案－件比”的有效对策，为提升刑事案件质效提供有效参考。

人工智能和法律的交融是未来发展的重要方向，《探析智能量刑系统算法的法律规制与技术革新》一文从建立备案审查机制、建立监督与纠错机制、弱化智能量刑算法偏见、公开透明化智能量刑算法四个层面探索法律层面的完善路径，并针对如何弱化算法偏见、提高量刑结果精准度，提出了技术层面的革新路径。

党的十八大以来，我国法治化建设取得重大进步，营商环境得到极大改善，但聚焦我国法治化营商环境现状，仍然存在一些短板和薄弱环节。《法治化营商环境司法保障的困境与出路》一文通过分析我国现有的司法保障措施，并与日韩等国进行横向对比，进而探寻中国法治化营商环境司法保障的改进路径。

“两怀妇女”暂予监外执行的监督是刑事司法实践中的难点问题，《“两怀妇女”暂予监外执行监督规范化思考》一文以问题为导向，提出树立正确司法理念、强化监督主体责任、加强沟通协调、完善监督机制、创新监督方式等建议，以期能更好地发挥该制度的教育改造作用。

为加强对民营企业的特殊保护，我国检察机关启动了企业合规不起诉制度试点改革。《企业合规不起诉改革：与认罪认罚从宽的捆绑与解绑》一文从该制度适用对象、合规监管模式及合规标准的建立方面，探索建立独立的企业合规不起诉制度模式。《审视民营企业刑事风险与构建刑事合规体系研究》一文则从制度保障、民营企业自身规范和司法制度间的有效衔接三个层面，就民营企业刑事风险提供防控对策。《涉经济犯罪民营企业家民商事权利保障机制构建》一文从法理、规范和实践的不同层面深入考察，试图破解涉经济犯罪民营企业家民商事权利保障在实践中所面临的羁押措施之功能异化、会见权过度限制、企业经营权被剥夺等问题。

三、行政诉讼

电子警察技术的运用推动了交通违章审查方式的更新，也引发了对行政相对人权益保障的质疑。《过程论视野下自动化行政行为的司法审查》一文以道路交通非现场执法的时空情境为分析视角，通过对司法裁判现状的梳理以及规范衔接的分析，进一步探讨非现场执法司法审查模式的转变以及相应审查要素的分解。行政协议作为2014年《中华人民共和国行政诉讼法》修正新增的内容，一直都是行政诉讼领域内的热点问题。《行政协议确认违法判决的适用困境与优化路径》一文在对行政协议确认违法判决的内在法理、司法现状以及现实困境进行详细解析的基础上，提出了统一适用标准、加强说理、规范判决形式等一系列优化路径。《行政程序瑕疵的检视与进路》一文着重对2010—2019年间行政“程序瑕疵”认定的判决书进行了实证分析，并探讨了以“违法”充“瑕疵”现象背后的根源，进而提出行政程序瑕疵形态的类型以及规制进路。《行政诉讼“程序空转”的困境与突破》一文重点关注循环诉讼、多头诉讼等程序空转问题，通过分析造成“程序空转”的外部影响以及内部局限，从而提出解决“程序空转”问题的关键要素以及具体路径。

本书由湖南省法学会诉讼法学研究会会长廖永安教授和副会长谭曼博士共同担任主编，湘潭大学法学院夏先华老师和王译老师担任执行主编，协助进行统稿与编辑，湘潭大学研究生费美望、唐莹、聂丹、贺雅玲、张凌菲、刘巧元、肖雅婷、雷燕萍、马沁兰、王瑞琳全程参与了全书的编辑与校对工作，在此表示感谢。

目　录

民事诉讼

检视与应对：智慧法院建设何以跨越数字鸿沟 …………………… 张浩涵（3）
冲突与融合：欠发达地区人民法庭信息化建设的反思
——以科技嵌入乡土的不适应现象为视角 ……………………………………
…………………………………………………… 阿　毅　高　岚　汪媛媛（17）
老年群体融入智慧法院建设的困境及消解
——以数字司法与人文司法为视角 ……………… 邓美丹　李　剑（31）
智慧法院建设背景下声音真实性的辨认分析
——以电话交谈为视角 …………………………………… 陆银清（43）
论客观预备合并之诉的程式与裁判规则
——以《民法典》与《民事诉讼法》的交互衔接为视角 …………………
…………………………………………………………………… 梁春霞（57）
论未成年人致人损害案件中适格被告的论争与厘定 …………… 聂　丹（72）
检视与规范：物权期待权排除强制执行之判定程式 … 周晓敏　李治豪（88）
居住权在执行程序中的排除与适用
——以权利冲突的价值选择为视角 ……………… 李发达　余　强（102）
债权中心主义下创新型执行手段的思辨
——以人格尊严融入为视角 ……………………………… 易文华（114）
论生态环境损害救济体系的整合路径
——以主体维度下的索赔与预防二分为展开 ……………… 王智杰（130）

预防性环境民事公益诉讼“重大风险”认定标准形塑 ………… 曹 辰（143）
食药领域检察公益诉讼惩罚性赔偿金的适用 ………………… 孙亮月（157）

刑事诉讼

认罪认罚从宽制度背景下值班律师制度的思考
——以36748篇裁判文书为研究样本 …………… 陈建华 陈敏敏（173）
认罪认罚从宽机制下检察院抗诉权的行使：问题与应对
——以150份抗诉案件裁判文书为样本 … 陈明灿 李雅芳 刘晓慧（185）
在线诉讼视域下刑事证据电子化问题研究 ………………… 符慧敏（195）
论大数据分析报告的相关性与可信性
——以审查判断为中心 ………………………………… 洪 涛（209）
降低“案－件比”实证研究
——以湖南省永州市检察机关3年来“案－件比”情况为样本 …………
……………………………………………………………… 蒋亚梅（223）
探析智能量刑系统算法的法律规制与技术革新 ……………… 王丹阳（233）
法治化营商环境司法保障的困境与出路 ………………………… 谢 炜（246）
“两怀妇女”暂予监外执行监督规范化思考 ……………………… 张 丽（260）
企业合规不起诉改革：与认罪认罚从宽的捆绑与解绑 …………
………………………………………………… 邝山子 张智燊（269）
审视民营企业刑事风险与构建刑事合规体系研究 ……………… 周璐莹（285）
涉经济犯罪民营企业家民商事权利保障机制构建 ……………… 周 明（302）

行政诉讼

过程论视野下自动化行政行为的司法审查
——以道路交通非现场执法时空情境分析为视角 ……………………
………………………………………………… 周文清 黄含未（317）
行政协议确认违法判决的适用困境与优化路径 ………………… 唐 莹（337）
行政程序瑕疵的检视与进路
——基于行政公定力与意思自治的双重维度考察 ……………………
……………………………… 陈明灿 阮兰芳 方 盐 吴莉霞（349）
行政诉讼“程序空转”的困境与突破 …………………………… 应 巧（364）

民事诉讼

检视与应对：智慧法院建设何以跨越数字鸿沟

张浩涵

互联网正在让世界变平，但它本身却“沟壑纵横”。① 人们在收获数字技术带来的“数字红利”时，也会遭遇难以跨越的“数字鸿沟”，成为数字世界乃至现实世界的“贫困户”。2020 年 8 月，一段“老人无健康码乘地铁受阻”的视频在网上热传，引发公众对于老年人遭遇“数字鸿沟”窘境的热议。从表面上来看，引发热议的只是老年人在疫情防控期间所遇的困境。但实际上，面对“数字鸿沟”的“贫困户”是否仅为老年群体？这种尴尬场景是否仅出现在“疫情防控期间”的“某些”行业？答案显然是否定的。2021 年 3 月 4 日，最高人民法院举行新闻发布会，针对老年人难以使用智能手机导致的诉讼不便问题，最高人民法院立案庭庭长、诉讼服务中心主任表示“在诉讼服务大厅设立绿色服务窗口，对老年人原则上不引导自助立案，直接提供窗口立案服务”。众所周知，信息化建设“马蹄疾”的诉讼服务中心，作为智慧法院的前哨阵地，其面对的往往是问题的最初形态，一旦处理不好就会衍生出更多问题。“智慧法院”作为法院信息化建设的总目标，自提出到现在，已轰轰烈烈地建设了多年。《法治蓝皮书：中国法院信息化发展报告（2021）》（以下简称《法院信息化蓝皮书》）更是指出“随着智慧法院建设的不断深入，智慧诉服已经成为人民法院诉讼服务的主要方式，让群众更加充分享受信息化带来的‘数字红利’”。但如果翻转身去重新审视，或许在建设的同时，也在诉讼场域深挖了一条巨大的数字鸿沟。这场景不只是前端的立案环节，而是整个诉讼场

① 支振锋：《消除互联网发展的数字鸿沟》，载《人民日报》2016 年 4 月 25 日，第 5 版。

域的多个环节，遭遇数字鸿沟的人们不只是当事人，也包括司法干警。因此亟须检视问题，反思成因和调整方案，为智慧法院建设建言献策。

一、何为智慧法院：多维视阈下的解读

习近平总书记曾指出“没有信息化就没有现代化”。智慧法院作为人民法院借助信息技术推进审判体系和审判能力现代化的最新成果，最早由最高人民法院院长周强提出。此后围绕智慧法院建设，又陆续发布了一系列的指导性政策文本（见表1），进一步加深了智慧法院的内涵，丰富了其外延。总体而言，如果借用网络热词评价智慧法院，那就是“高大上”。

表1　2016—2021年有关“智慧法院”建设政策文本一览表

序号	发布日期	政策文本名称	相关内容
1	2016年7月	《国家信息化发展战略纲要》《“十三五”国家信息化规划》	标志着“智慧法院”建设已纳入国家信息化发展整体战略和规划
2	2017年4月	《最高人民法院关于加快建设智慧法院的意见》	智慧法院是人民法院充分利用先进信息化系统，支持全业务网上办理、全流程依法公开、全方位智能服务，实现公正司法、司法为民的组织、建设和运行形态
3	2018年4月	网络安全与信息化领导小组2018年第一次全体会议	努力攻克以智慧法院人工智能技术为标志的一批关键技术，推动全国法院全面实现电子卷宗随案同步生成和深度应用，建成覆盖全国各级法院的执行指挥平台，推动电子诉讼和移动电子诉讼的部署应用
4	2018年12月	《最高人民法院关于开展2018年全国智慧法院建设评价工作的通知》	发布智慧法院建设评价指标体系（2018年版），部署全国四级法院评价工作

续表

序号	发布日期	政策文本名称	相关内容
5	2019 年 2 月	《关于深化人民法院司法体制综合配套改革的意见——人民法院第五个五年改革纲要(2019—2023)》	全面推进智慧法院建设，推动建立跨部门大数据办案平台，促进语音识别远程视频、智能辅助、电子卷宗等科技创新手段深度运用，有序扩大电子诉讼覆盖范围，推动实现审判方式、诉讼制度与互联网技术深度融合，构建中国特色社会主义现代化智慧法院应用体系
6	2019 年 6 月	全国高级法院院长座谈会	提出“智慧诉讼服务”新模式
7	2019 年 8 月	《关于建设一站式多元解纷机制一站式诉讼服务中心的意见》	提出全面建设集约高效、多元解纷、便民利民、智慧精准、开放互动、交融共享的现代化诉讼服务体系
8	2020 年 4 月	《最高人民法院关于人民法院贯彻落实党的十九届四中全会精神推进审判体系和审判能力现代化的意见》	积极推进互联网、人工智能、大数据、云计算、区块链、5G 等现代科技在司法领域的深度应用，提升智慧审判、智慧执行、智慧服务、智慧管理水平
9	2020 年 8 月	《关于深化司法责任制综合配套改革的实施意见》	各高级人民法院应当依托智慧法院建设，大力推进辖区法院区块链技术应用，积极探索智能合约深度应用，加强以司法大数据管理和服务平台为基础的智慧数据中台建设。各级人民法院应当进一步探索拓展人工智能、5G 等现代科技在审判工作中的应用形态，完善“电子档案为主，纸质档案为辅”的案件归档方式

续表

序号	发布日期	政策文本名称	相关内容
10	2020 年 9 月	《最高人民法院关于完善统一法律适用标准工作机制的意见》	各级人民法院应当深化智慧法院建设，为统一法律适用标准提供信息化保障。最高人民法院加快建设以司法大数据管理和服务平台为基础的智慧数据中台，完善类案智能化推送和审判支持系统，加强类案同判规则数据库和优秀案例分析数据库建设
11	2020 年 9 月	《关于人民法院服务保障进一步扩大对外开放的指导意见》	充分运用智慧法院建设成果，加强大数据、云计算、区块链、人工智能、5G 等前沿技术在涉外审判领域应用。完善涉外案件在线立案、在线调解、在线庭审等机制
12	2021 年 5 月	《最高人民法院信息化建设五年发展规划（2021—2025 年)》	加强智慧法院建设，推进智能协同应用，拓展数据知识服务，构建一体云网设施，提升质效运维水平，夯实主动安全体系，加强科技创新引领，打造全方位智能化、全系统一体化、全业务协同化、全时空泛在化、全体系自主化的人民法院信息化 4.0 版，推动智慧法院支持多元解纷、诉讼服务、审判执行、司法管理、司法决策等能力水平实现新的跃升，构建中国特色、世界领先的互联网司法新模式，创造更高水平的数字正义

（一）政策文件维度：法院信息化建设的应然选择

“智慧法院”自被提出以来，已成为各种政策文件中频繁出现的热词（见表 1)，成为信息化建设、司法改革的必选项目。在受重视的层级上，其不但是最高人民法院的要求，而且是国家战略的需要，完全符合国家力量主导的智慧司法的现实样态。① 在受重视的范围上，其不但出现在司法改革纲要中，而

① 刘品新：《智慧司法的中国创新》，载《国家检察官学院学报》2021 年第 3 期。

且出现在了众多具体的改革方案中，可谓全面发力。例如，诉讼服务改革、司法责任制改革，甚至具体到统一法律适用标准改革中。

（二）建设标准维度：高标准与新技术兼顾

从以上文本还可以发现，首先，“智慧法院”的建设标准非常高。例如，要求全业务网上办理、全流程依法公开、全方位智能服务等。其次，要求运用最新的科技手段。例如，人工智能、大数据、云计算、区块链、5G 等现代科技。再次，建设力求最大覆盖，涉及法院工作的方方面面，甚至包括对外诉讼服务。例如，覆盖审判、执行、诉讼服务、审判管理等工作。

（三）技术应用维度：多技术集合的应用图景

时至今日，智慧法院已不是一份蓝图，而是实实在在的图景。一是应用丰富。包括电子卷宗、语音识别、远程视频、智能化推送等应用。二是锐意创新。“掌上服务”“指尖服务”能让当事人足不出户办理各类诉讼事务；“收转发 E 中心”能实现诉讼材料全流程集约化、智能化管理；运用语音识别技术能将庭审时间平均缩短 30% 至 50% 等。三是影响巨大。2020 年，全国法院接收网上立案 1080 万件，占一审立案量的 54%；中国裁判文书网文书总量突破 1 亿篇，访问总量近 480 亿次；中国庭审公开网庭审直播突破 900 万场。

二、智慧法院建设何以遭遇数字鸿沟：基于多重样态的探因

如果提取“智慧法院”的关键词，我们能够发现“数字技术”跃然纸面。但我们始终不要忘记科学技术是把“双刃剑”——科学技术既可能造福人类，又可能带来负面的危害。因此，即便是“高大上”的智慧法院，也必然会存在“阴影面”。

（一）数字鸿沟在智慧法院中的典型形态

1. 需求幻象：应用出现“冰火两重天”现象

近年来，为了解决“案多人少”“立案难”等司法供需矛盾，全国各地法院对线下业务进行了线上化重点建设。然而，工作人员却发现了“需求幻象”——人们还是习惯于在人工窗口办理业务。而自助立案、风险评估等智能化设备却少有人使用。但是网上缴费系统却大受欢迎，当事人能够娴熟借助手机 App 或二维码完成缴费。例如，2020 年，全国网上缴费案件超过 700 万件，占一审立案量的 35%。显然智慧应用“冰火两重天”现象背后，隐藏着的是数字鸿沟。但即便如此，各地法院仍在以创新为名低水平地重复开发制作各种应用，造成了有限司法资源的分散和浪费。

2. 对象遗漏：法院内部数字弱势人群被遗忘

在智慧法院建设初期，其服务力度在干警与人民群众之间或许难以达到绝对平衡，但至少不应存在被忽视的数字弱势群体。如果将“2021 年 3 月最高人民法院答复”作为智慧法院解决“适老”问题的宣言，那么这则宣言虽然及时，但仍有不周之处。因为该宣言遗漏了“法院老人”这个数字弱势群体，而他们恰好在智慧法院建设中遇到了更为严重的数字鸿沟。例如，无纸化办公系统、案件管理系统、文书校对、类案检索软件等。法院系统内部还存在着技术能力、数字素养欠缺的弱者。当这些法院干警必须通过智能系统办案、结案时，却无处反馈所遭遇的数字鸿沟，从而难以得到应有的、必要的帮助。

3. 深层隐忧：裁判基于错误、失真数据产生

所谓智慧赋能就是要高度重视数据价值，整合数据资源，深挖数据潜能。例如，通过大数据技术分析裁判文书，获取社会学意义上的实证结论。只有拥有了司法正义的“全样本”，才可能实现精准的算法正义。① 但当数据存在不可靠，甚至存在错误时，就会导致智慧法院的结论变得不可靠、不真实。而更让人忧心忡忡的是智慧法院的赋能如果运用不真实数据或是失真的数据，那么通过技术赋能产生的智慧结果，必然是一个错误的答案，必将损害司法公正。

（二）智慧法院场域下数字鸿沟的成因分析

智慧法院场域内数字鸿沟的产生，除“物理接入”“技能使用”“数字素养差异”三方面常因外，还受到诉讼规则、法律文化等场域增量因素影响。因此，还需对其成因进行系统分析。

1. 理念偏差：过当运用技术而非真正解决诉讼困难

为了实现全覆盖目标，各地法院制作了很多应用程序。但诉讼有其自身的规律性和专业性。在设计过程中，由于存在技术人员不懂法律，法律人士不懂技术的情形，导致虚拟程序难以对接现实司法需求。因为这只是把法院原有业务借助数字渠道输出到外部，打造的也只是带有数字化标签的产品，只会让智慧法院沦为诉讼业务数字化输出平台。因为平台化和信息化的应用并不是直接应用人工智能的技术。② 如果继续秉承法院业务数字化的建设理念，不但会造成重复建设，还会造成智慧法院低能发展，更谈不上实质性化解诉讼困难，更

① 马长山：《迈向数字社会的法律》，法律出版社 2021 年版，第 207 页。

② 刘奕群、吴玥悦：《信息化与智能化：司法语境下的辨析》，载《中国应用法学》2021 年第 2 期。

甚者还可能制造数字鸿沟。

2. 观念失衡：过度关注外部需求而忽视内部体验

与"满足人民群众新期待"相比，智慧法院建设似乎并未重视法院干警的实际困难和获得感，甚至未意识到内部数字弱势群体的存在。而事实上，法院系统的信息化建设和大数据系统构建在方向和设计上应以减轻办案人员压力为目标。① 首先，智慧法院不能代替法官行使审判权模式，智能化辅助系统不是完全自动化的程序，而是在关键环节由人来参与程序运行，把握系统决策的方向②，因而必须服务于司法裁判人员。其次，由于裁判人员不但需要有深厚的专业知识，而且要有丰富的司法实践。虽然较之外部需求，法院干警总量上可能不大，但其使用智慧产品的频率更高，体验更丰富，感触更深刻，受到的影响也更大。综上，智慧法院建设应充分关注法院干警，围绕其需求打造内部应用生态，并借助外部培训来提升数字技术应用能力，而不能遗漏必要的关注和回应。

3. 技术限制：过分依赖数字技术反而造成诉讼困难

（1）技术无法解决所有诉讼困难。理想状态下，智慧法院寄希望于通过数字技术解决所有诉讼难题。如果将诉讼难题归纳为一个圆集合，将技术优势归纳为另一个圆集合，那么基于用技术消融诉讼困难的目的，只有当这两者的外部边界无限趋近，甚至重合时为最优模式。简而言之，技术优势"挖空"了诉讼困难，且不带来外部技术困难（见图 1）。

图 1　最优模式：技术优势"挖空"诉讼困难

但这只是理想状态，从当前智慧法院的实践情况来看，其主要是解决了诉讼场域的部分时空难题。例如，据《法院信息化蓝皮书》统计，"网上立案占

① 高晋康、杨继文：《迎接智能法学的到来》，法律出版社 2019 年版，第 3 页。

② 魏斌：《智慧司法的法理反思与应对》，载《政治与法律》2021 年第 8 期。

一审立案量的54%，当事人在非工作时段提交的网上立案申请占全部网上立案申请量的23.6%；非工作日的立案申请占网上立案申请总量的10%左右。”现实情况是技术既发挥了优势消融了部分诉讼困难，又带来了部分技术困难(见图2)。因为技术对于法院中的正义实现方式具有双重影响。① 一方面，数字技术通过在线咨询、在线法律产品以及连接客户和执业律师，降低了法律咨询的成本。另一方面，数字技术也被认为给“接近正义”制造了障碍，因为纸面化通信仍不可或缺，且不同的社会经济阶层之间存在着网络获取鸿沟。②

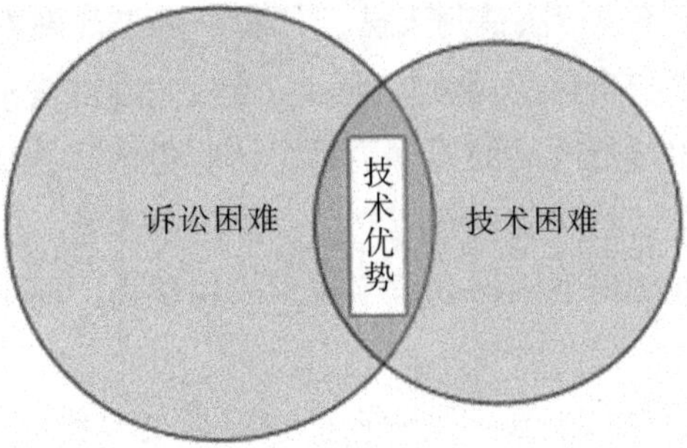

图2　通常模式：技术优势消融部分诉讼困难

此外，有些时空难题并非自然原因形成，而是基于诉讼伦理规则产生的，且无法通过技术消融。例如，人工智能无法代替法官作出裁判；有些必须由司法人员到场查验；有些当事人必须到庭参加诉讼；在线庭审难以保证庭审活动的庄严性以及当事人的司法礼仪。因此，寄希望于通过数字技术解决所有问题是不现实的。

（2）技术困难叠加诉讼困难。或许每个时代都有数字鸿沟，这是信息化社会长期存在的事实，只能在快速迭代中“缓解”而无法消除。③ 例如，智慧法院的网络化、移动化、平台化会让不熟悉数字技术、数字素养不高的群体不仅难以享受数字红利，而且会遭遇到“老诉讼场域”不曾有的数字鸿沟，陷入诉讼困难叠加技术困难的双重境地中（见图3）。

---

① ［美］伊森·凯什、［以色列］奥娜·拉比诺维奇·艾尼：《数字正义：当纠纷解决遇见互联网科技》，赵蕾、赵精武、曹建峰译，法律出版社2019年版，第248页。

② James E. Cabral et al. , Using Technology to Enhance Access to Justice, Harvard Journal of Law &Technology, 2012, Vol. 26, p. 241, 246, 278.

③ 杨涛：《能否跨越数字鸿沟》，载《中国金融》2021年第4期。

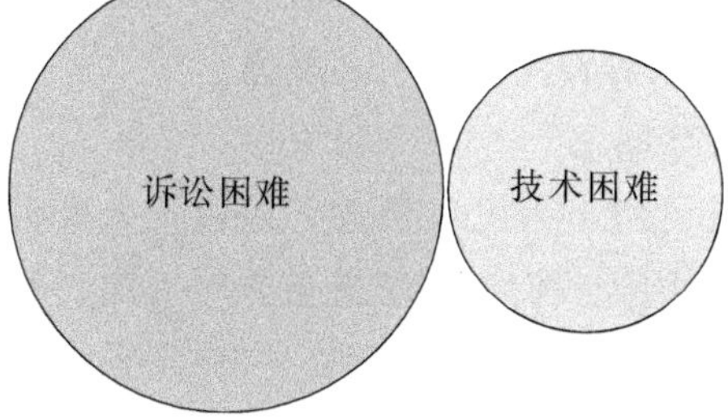

图 3　最劣模式：技术困难叠加诉讼困难

遭遇这种困境不仅有特定人群自身的原因，而且还涉及技术自身的问题。首先，通过数字技术搭建起来的虚拟世界，并不能等同于现实世界。当源自现实世界的一些底层性、基础性保障缺失后，虚拟世界的不可靠性就会彻底暴露出来。此外，诉讼场域对于事物的真实性、客观性要求又远高于其他场域。其次，数字技术存在安全性问题。例如，黑客可以利用技术优势破坏客观存在的数据。而基于诉讼场域的特殊性——司法是一项非常复杂的定分止争机制，涉及人财物、时间地点、主客观状态、行为方式、涉案工具，单一的个案就会产生大量的司法数据。① 智慧法院因保存有这些个人信息或隐私，容易成为黑客攻击的首选对象。例如，勒索病毒感染全国法院数字化系统平台。

三、智慧法院建设如何跨越数字鸿沟：理念更新与应用优化

“接地气”是指广泛接触老百姓的普通生活，与最广大的人民群众打成一片，反映最底层普通民众的愿望、诉求、利益。智慧法院要脚踏实地，不断满足人民群众的司法需求，并以高效、便捷、公开的方式实现公平、正义，进而达到司法为民的目标。

（一）完善理念：贯彻以人民为中心思想

“智慧法院”的提出是建立在法院信息化基础上，是人民法院信息化建设的延伸与深化，是对法院传统信息化理念的颠覆。② 但司法信息化要避免过度迷信和依赖信息技术以及智慧司法而忽视人类的复杂命题。③ 当前智慧法院建设理念总的方向正确，但存在不全面、不系统、不深刻的问题。例如，唯技术

① 马长山：《迈向数字社会的法律》，法律出版社 2021 年版，第 207 页。

② 施珠妹：《智慧法院建设与“大数据”质量》，载《东方论坛》2019 年第 1 期。

③ 孙笑侠：《论司法信息化的人文“止境”》，载《法学评论》2021 年第 1 期。

论导致数字技术虽被广泛应用，但很少用于诉讼机制改革。因此，必须贯彻“一切为了人民，一切依靠人民”的中心思想。

1. 树立数字化转型理念

智慧法院应秉承“司法为民”理念，以满足人民群众司法需求为中心。而不是“唯技术论”。因为我们正在塑造更少对抗性、更灵活、更有活力、更透彻、更高效以及更平衡的新型诉讼程序。① 首先要纠正法院业务数字化的表面“包装”行为，通过数字技术创新业务流程、组织架构，在技术应用、程序规则、实体裁判等领域全面转型升级，真正消解诉讼困难。其次要维护司法公正，通过提供普惠的、公共的智能产品，从而避免在诉讼双方之间造成不平等，防止数字技术成为贵族眼中的“武器”，穷人眼中的“奢侈品”。

2. 推动内外协调的建设观

智慧法院所要服务的人群应是最广泛的人群，当然得包括法院干警。因此要纠正以往只重视外部需求，忽视内部体验的建设观。对内外两端的需求进行再平衡，双向回应人民群众和法院干警的实际需求和使用体验。要引入智慧法院满意度评价模型，构建感知程度指标，有的放矢地改进建设方式。即基于不同感知要素，分别打造人民群众（见图4）和法院干警（见图5）满意度模型。例如，大部分人民群众受法律专业知识及主观立场限制，其满意度主要体现在诉讼效率和外观公平上。

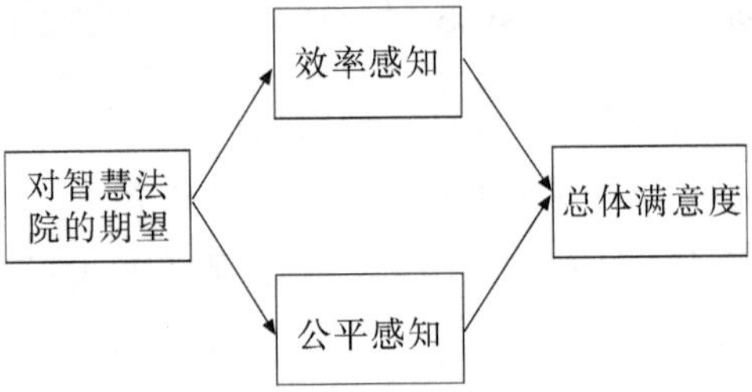

图4　对外模型：人民群众对智慧法院的满意度模型

而法院干警由于受司法责任制要求（终身负责制），则更注重质量要素。如果智慧法院在功能上存在不可靠性，那么其满意度将大打折扣。因此，智慧法院应用不能仅停留在浅层次的应用上，还要满足干警的专业需要，提供可靠的、智能的辅助支持。例如，类案智能推送、文书查错等智慧功能。

① ［美］伊森·凯什、［以色列］奥娜·拉比诺维奇·艾尼：《数字正义：当纠纷解决遇见互联网科技》，赵蕾、赵精武、曹建峰译，法律出版社2019年版，第244页。

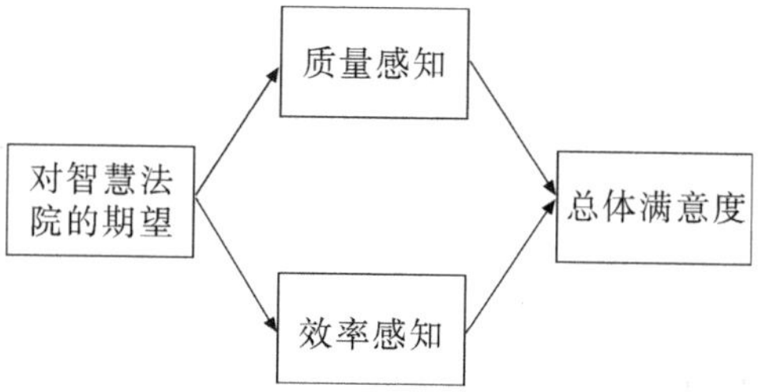

图 5　对内模型：法院干警对智慧法院的满意度模型

3. 依托复合型人才领军建设

智慧法院建设应以人为本，即不但需要数字技术人才，而且需要法律专业人才，更需要两者兼备的复合型人才领军建设。人工智能在法律上的运用之所以还没有结出丰硕成果来，并不是因为人工智能研究的水平不高，而是因为法学研究的水平不高。① 因此，要转变过去依赖技术人员，靠外包的做法，寻求多元主体共谋共商共建的新路径。要制定智慧法院人才培养计划，面向法院和高校，建设数据法学学科，培训数字资源鉴别收集能力、内容创造和输出能力、数字知识交流学习能力及安全维护能力，打造属于智慧法院的人才教培体系。

（二）打造生态：丰富智能化的应用场景

1. 通过生态建设强化系统功能

智慧法院建设是将网络、数据、人工智能等作为审判执行的生产工具，来解决司法的效率、公正和公信力问题，创造更高水平的司法文明。② 因此，智慧法院建设要在数据共享、资质公认、系统共通等方面实现从分散式建设到体系化、集约化建设，避免应用碎片化、单一化问题。要统筹规划，精心打造诉讼服务、审判执行辅助、审判管理三大生态系统；要借助智能化消除线上优势，促进诉讼公平。智慧法院要从数字化向智能化转变，就必须增加人们的可得性和普惠性，构建多层次、深层次的智能服务体系。例如，裁判文书在线查询功能是兼具可得性与普惠性的典型范式，其不但内容丰富、全面，而且使用门槛低，无需任何费用，故深受欢迎，且围绕其打造的大数据统计系统能够有

---

① 於兴中：《人工智能、话语理论与可辩驳推理》，载《法律方法与法律思维》2005 年第 1 期。

② 华宇元典法律人工智能研究院编：《让法律人读懂人工智能》，法律出版社 2019 年版，第 253 页。

效提供数据支持。总之，智慧法院应是一种智能化、便利化、集约化的生态，能够全面地重塑诉讼场域，扫除顽瘴痼疾，大幅提升工作效率。

2. 通过多方协调丰富应用场景

只有丰富的应用场景才能促使数字技术更好应对现实世界需要，并融入现实生活。在线缴费应用之所以火爆就在于其丰富的应用场景，已构建了多渠道、全场景的诉讼费缴纳模式。例如，既可在诉讼服务大厅以现金、POS 机、微信、支付宝等方式进行缴费，也可以在移动网络端、固定网络端以多种方式进行网上缴费，完全满足了当事人在各种场景下的支付需求。但值得注意的是这种丰富的场景并非智慧法院一家所打造，而需要银行、第三方支付平台等主体共同构建。因此，智慧法院应当主动邀请、协调各主体共建应用场景。

3. 通过智能化提升应用可操作性

提升可操作性的目的在于改善用户体验。既要注重普适性，聚焦常用功能的改善提升，打造界面友好、流程简洁、操作便捷的应用。又要注重个别群体的特殊需要，针对数字弱势群体改造软硬件设施。例如，推进适老软硬件改造，硬件上推出大屏幕、带语音输入/输出设备；软件上推出大图标、大字体、高对比度版、语音版、简洁版的专属应用。此外，发展创新上还要注重设备的感知智能化，软件的自动化，培育智慧法院的应用生态。

（三）兜底保障：确保数据质量安全及线下功能

司法数据是数字技术促进法治建设的基础资源。司法大数据不仅是实现人民法院信息化的基础，更是破解案多人少难题、实现法院工作从粗放运行到精细管理的重要手段。① 智慧法院建设必须构建从数据采集、归类、分析、开放到共享的全周期流程。但前提是确保数据质量和安全及基本线下功能。

1. 保障数据质量

针对影响数据质量的故意造假和失真问题，在前段建立全面、先进、可靠的收集处理模式，建立跨层级、跨生态、跨部门的数据归集、共享、交换管理框架。例如，裁判文书公开要避免数据不全。在中段建立有效的数据处置模式，要压实输入端责任，确保录入的准确性，并对数据进行全口径梳理、全活化归集、全精准管理、全过程评估。例如，对案件基本信息的输入、材料的扫描要避免错误或瑕疵。在末段建立协同有效的数字监管模式。首先，在主体

---

① 庞景玉：《善于运用司法大数据破解难题补齐短板》，载《人民法院报》2016 年 4 月 6 日，第 8 版。

上，为了在数据生成和收集阶段就甄别出有偏见的数据，可以通过设立数据活动专家和专门的数据监管部门来实施监管。① 其次，在系统上，要构造一体化的数字比对标准，打通诉讼服务、审判执行辅助、审判管理三大生态系统，实现所收集数据可通过诉讼规则进行查验、核实和共用。例如，立案部门收集的当事人信息，可以成为执行部门执行信息、情报；电子档案中记载的当事人地址可以成为审判执行的送达地址。在服务端要建立普遍可用的应用模式。通过“用数据说话、用数据管理、用数据决策”提升数据的综合使用性，避免算法歧视，增强司法公正性，展示司法公信力。例如，裁判文书是司法数据的第一载体，保障数据质量必须以此为核心。要加强裁判文书要件化、标准化建设。借助数字技术深度挖掘分析司法数据，揭示其中蕴含的经济社会发展规律，为科学立法、严格司法提供重要参考。

2. 确保数据安全

与其他数据信息相比，司法大数据具有客观真实、类型多样、数量巨大、开放共享等特点。因此，数字技术为法院业务带来改革创新性时，也承担了越来越多的数据管理风险。任意一环节的数据管理缺位都可能导致关键业务停摆。针对以上问题，在业务上要区分安全级别，进行分级外包，严格管控，避免造成数据泄露或丢失。例如，电子卷宗的扫描和制作要由法院集中处理。程序上要设置管控环节，避免随意操作、错误操作，造成对外公开事项泄露个人信息、隐私。例如，裁判文书审核把关不严导致错误上网；庭审直播未采取保密措施。在技术上，应考虑使用更高效的数据保护解决方案，为所有系统安全运行提供可靠保护。例如，建成具备内外网存证能力的全国统一“司法链”平台，实现核心应用全上链、上链数据防篡改、数据篡改可验证的全流程留痕监管机制，全面保障法院数据安全。

3. 保留线下功能

民事诉讼智能化作为技术手段的应用也应当符合民事诉讼基本原则的要求，受到基本原则的制约。② 司法公正包含保障诉讼权利的行使，即不能让当事人因为数字技术的使用而阻碍、损害其行使诉权。而数字技术应用不平衡、不充分这一客观现象的存在，要求在建设智慧法院的同时，还须在一定程度上

---

① 林洹民：《自动决策算法的法律规制：以数据活动顾问为核心的二元监管路径》，载《法律科学（西北政法大学学报）》2019 年第 3 期。

② 张卫平：《民事诉讼智能化：挑战与法律应对》，载《法商研究》2021 年第 4 期。

保留原有的线下功能。因此，在数字化程度不协调的地区间，一是要保留智慧法院的差异发展需求。例如。经济欠发达地区的智慧法院建设应跳出跟随经济发达地区先进经验和模式建设的思维定式。二是应结合本地区特点建设智慧法院功能。例如，针对少数民族地区、贫困地区的智慧法院功能应更加注重普惠性和便利性。但针对诉讼弱势群体，智慧法院则要主动舍弃数字技术的加持，进行“降维”服务——恢复到传统人工模式，以此保障基本诉讼公平。例如，为老年群体立案提供绿色通道，为残疾人群提供无障碍通道。综上所述，必须在诉讼场域保留基本诉讼秩序，保存线下空间的入口，提供“线上＋线下”的双轨制司法场域服务，避免因数字技术而陷入道德困境。

结　语

“如果我们根本不知道道路会导向何方，我们就不可能智慧地选择路径。”① 弹指一挥间，“高大上”的智慧法院建设已迈入国民经济和社会发展的“十四五”阶段。面对日新月异的数字技术，智慧法院要处理的案件未必会变成冰冷的数字“0”或“1”，算法背后要遵循的依旧是公平正义。只有真正遵循司法为民的“高大上”理念，并采用“一切为了人民，一切依靠人民”的“接地气”方式，智慧法院的建设才能不迷失发展方向，一路向前。

（张浩涵：湖南省邵阳市双清区人民法院）

① ［美］本杰明·内森·卡多佐：《司法过程的性质》，苏力译，商务印书馆1998年版，第61页。

冲突与融合：欠发达地区人民法庭信息化建设的反思

——以科技嵌入乡土的不适应现象为视角

阿毅　高岚　汪媛媛

当前，信息化技术正不断引领生产的崭新变革、改变着人类的生活方式、创新着社会治理的路径。然而，当现代化的信息技术嵌入到以“熟人”为特征的传统乡土社会时，却产生了一些不适应。这种不适应，不仅反映在经济、文化、生活的各个层次，也突出表现在人民法庭的基层司法之中。透视这种不适应，会发现这不仅事关传统的基层司法该如何在信息化背景下有效运作，而且也促使我们反思现代科技与乡土司法的关系这一宏大命题。为弄清这种不适应，笔者选取了位于中部A省6个基层法院的22个人民法庭，西部B、C、D、E、F、G省的52个基层法院的158个人民法庭作为调查样本①，并借助辅助调查，使样本扩充至224个②，进行了一次全面的实证调研，试图找到这一问题的答案。

一、现状描摹：欠发达地区人民法庭信息化建设的实证呈现

近年来，欠发达地区人民法庭信息化建设取得了较大进展，为详细描述其信息化建设的现状，笔者拟从四个方面进行全面的实证呈现。③

① 综合采取问卷调查、现场访谈、实地观察等方式。在调研中，共发放问卷2120份，回收问卷1981份，问卷回收率为93.44%，包括法庭及法院人员、当事人及其他人员。

② 主要采用电话访谈、文献查阅等方式，对样本周边及其他地区进行辅助调查。

③ 笔者依据《人民法院信息化建设五年发展规划（2016—2020）》和《人民法院第五个五年改革纲要（2019—2013）》（以下简称《五五纲要》）等文件进行梳理。

（一）基础设施建设彰显后发优势

在信息化基础设施方面，各地虽然起步晚、底子薄、基础弱，但往往都能抓住西部大开发等重大国家发展战略，充分利用上级的专项资金，注重发挥后发优势，在学习借鉴先进发达地区的基础上，进行跨越式发展（见图1）。

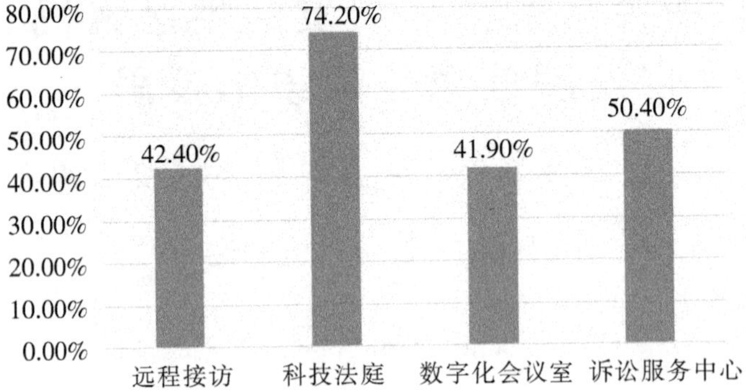

图1　224个人民法庭信息化基础设施建设概况

由图1可知，各地人民法庭的信息化基础设施建设成效显著。其中，科技法庭比例最高，达到74.20%。其后依次为诉讼服务中心、远程接访、数字化会议室。究其原因，信息化基础设施建设成效与法院实际需求紧密相关，比如，诉讼服务中心作为接待当事人的第一环，故而受到各地法院的重视；远程接访有助于当地信访维稳工作，也受到各地法院的充分关注。

（二）信息化融入审判成效明显

关于推动流程改造方面，各地都能严格执行。目前，不仅全国法院已实现一张网办公、办案，各法庭还根据自身实际需求进行了积极探索。例如，在网络建设方面，拓展了外部专网、移动网络与涉密专网；在电子化方面，注重电子卷宗建设；在推进立案信访方面，各地也进行了一定的探索，如部分法庭借助电子签章与统一立案平台，推行异地立案，减少当事人立案奔波，便利当事人就近选择法庭办理立案手续；在依托信息化解决执行难问题方面，多个地区进行积极探索形成了各具特色的方案，在实际调研的112个人民法庭中，A省22个人民法庭启动了“一案一账号”信息管理系统，做到执行款动态监管、全程留痕、全程监管，进一步规范执行流程；B、D省55个人民法庭不断完善“点对点”查控机制，利用信息化手段进行精准定位、精准查控，实现有效执行；G省35个人民法庭与县征信办联动，在法院外网、当地的政府外网、户外电子显示屏、报刊、电视及手机客户端上发布被执行人名单，让群众足不出村即可了解情况。

（三）“互联网＋阳光司法”深化便民利民成效

各地司法公开的水平差异较大。在实际调研的154个人民法庭中，A省22个人民法庭通过电子送达方式提高了送达效率；B省23个人民法庭通过支付宝、微博、邮箱等渠道实现文书精准送达；C省22个人民法庭启用电子签章、自助立案系统、电子送达、网上预约立案等方式，为当事人提供一站式诉讼服务；D省32个人民法庭启用智能语音留痕系统录下法官与当事人之间的通话，解决了民事诉讼送达的存证问题；E省20个人民法庭实行网上立案，减轻当事人诉累，为其提供更便捷的诉讼服务；G省35个人民法庭建立了12368语音服务平台，开通24小时网上立案系统，实行档案管理的数字化。上述调研结果显示群众对于便民利民的成果较为满意，尤其是24小时网上立案、巡回流动车等直接面向受众的便民措施，使得群众有较强的获得感与体验感。

（四）智能技术凸显当地特色

在人工智能技术方面，部分法庭结合自身地域特色，开发出语音转换、文字翻译智能系统，其背后的原因在于，欠发达地区很多都是西部边远地区，少数民族聚居情况普遍，双语庭审需求强烈。另外，根据实地调研，对信息的自动提取以及文书有关要素的智能回填，能有效减少法官的工作量，故而此种智能系统在全国各地迅速发展。例如A省22个人民法庭为法官配备了大型显示器，通过分屏技术实现文书“左看右写”，同时凭借大数据信息技术，建立了简易案件文书自动生成系统；B省23个人民法庭运用智能审理系统，通过自动提取相关要素，实现智能回填诉讼文书；F省26个人民法庭联合大学开发案件要素智能审判系统，分为立案、审判、疑难、类案、基础参数等多个部分，实现信息自动提取、文书部分自动生成、审案辅助等功能。

二、现实困惑：欠发达地区人民法庭信息化建设的不适应现象

各地法庭虽然在信息化建设方面取得了一定成效，但问题依然存在，特别是科技嵌入乡土产生的“不适应”现象比较明显。

（一）理念的偏差：统一推广思维与各地现实需求的不适应

受制于经济发展不平衡以及地理位置差异，各地法庭信息化建设虽然进步较快，但还是出现了差异，这种差异不仅体现在硬件设施的配置上，也体现在软件建设的强度中。

不仅如此，受资金等因素影响，还有一些人民法庭的信息化建设仍处于初级建设阶段。此外，笔者还发现一个更为特殊的现象，那就是部分基层法院领导对于法庭信息化建设持有怀疑态度，认为乡土基层司法自身已经有着一套良好的运行方式，没有必要嵌入最新的信息化科技。这些问题深深反映出，受传统惯性思维的影响，运用一体化方式对各地法院均进行信息化建设，此种做法忽视了乡土司法的自身特点，没有考虑到乡土司法需求的独特性。

（二）使用的冲突：外部程式化输入与内生惯性的不适应

据一项权威统计显示，当前法院信息化建设的不足突出表现在“重建设、轻应用，部分举措不能有效地帮助法官”①。根据调研，有一些人民法庭的干警对于信息化应用认识不够充分，对于信息化的了解仅仅局限于会进行操作、打字以及传发文件，常常认为信息化与自身关联不大。出现这种情况的原因是复合的，既有本地领导主观重视不足的因素，也有地方信息化建设未能形成制度化、奖惩考评制度缺位的原因。但究其根本，是建设思维依然遵循外部程式化的简单输入，重建设、轻应用，导致技术优势在各地没有被充分发挥出来。

（三）操作的障碍：装备转型升级与配套不足的不适应

在调研中，据部分法庭干警反映，当前信息化运行的整体态势比较好，但运行还是产生了诸多问题。问题的成因主要是当前信息化建设仍停留在装备升级层面，而缺乏技术与人才的双重保障，由于相关配套没有完全跟上，致使信息化运行的基础较为薄弱。

以系统兼容问题为例，法院大数据管理平台是一个多部门、跨层级、多业务的综合性管理平台，承担着数据分析、辅助业务开展等重要职能，但该系统又往往接入多个外部不同网络系统与平台，每个平台之中又有多个子系统，如此导致标准不一，数据共享存在问题。② 此外，就安全维护而言，在信息化建设中，尤其是互联网应用中，病毒防范、信息泄密等安全问题呈现出越来越多的趋势，这迫切需要信息化建设转型升级。最后，就人才培养而言，当前法庭信息化建设需要既懂网络又懂法律的复合型人才，而调研结果显示，这种复合

① 陈甦、田禾：《中国法院信息化发展报告 NO.3（2019）》，社会科学文献出版社 2019 年版，第 21 页。

② 陈甦、田禾：《中国法院信息化发展报告 NO.3（2019）》，社会科学文献出版社 2019 年版，第 24 页。

型人才在该地区尤为欠缺。[①] 正如某权威报告指出，信息化建设对网络技术人才提出了颇高的要求，但现实对其待遇等职业保障还没有完全到位。

（四）需求的错位：成果刚性化供给与受众弹性化偏好的不适应

信息化成果多是依据传统决策模式加以推进、作出构想、形成决策以及组织实施，而受众往往处于“被需求”的地位，受众本身应有的参与权、意见表达权相应缺失，导致成果刚性化供给与受众弹性化偏好相冲突。突出表现在部分群众对信息化成果的亲切感缺失，往往需要别人从旁指导。比如，部分当事人对于自助立案感到不适应，总感觉“有点陌生、不自然”；部分当事人对于庭审语音转换感到不适应，认为“以前有啥说啥，现在对着机器，反而说不出来”。

三、深度求解：乡土司法与技术智能化的内在紧张关系

诚然，乡土司法中的信息化建设虽然存在一些不适应，其结果也并不令人十分担忧。追根溯源，不适应的背后，反映出的是信息化技术与乡土基层司法的内在张力。

（一）技术理性对司法亲历性之消解

尽管信息技术对司法的价值不容置疑，但也不可否认技术本身在司法领域中的种种不适。技术作为人类改造事物的一种科学手段，与理性高度契合。以可计算性、可预测性、可重复性和可置换性为基本要求的技术逻辑，以效率优先为原则的工具理性思维，以普遍性、非人格性为特征的形式合理性品格，以技术进步为衡量标准的价值主旨，构成了工具理性的思维方式和行为方式。[②] 工具理性因注重规范性、客观性、科学性，通过操作流程与技术标准来规制事物，排除情感因素与价值判断，因而在社会管理的诸多领域具有良好的适用价值。然而，工具理性具有的这种特性与司法的特性却不一定契合。司法技艺是超越形式理性的，其关于是非曲直的判断本身就涉及价值评价的内容。[③] 司法的正当性在于双方当事人的同意，为达到纠纷化解目的而构筑的三方结构是司法运行的逻辑，这一逻辑如此具有权威性，以至于尊重法院的裁决已经成为社

① 根据调研，问题主要表现在专职人员数量不足、技能不强、待遇不高以及发展前景不明四个方面。

② 何颖：《政治学视域下工具理性的功能》，载《政治学研究》2010 年第 4 期。

③ 郑曦：《人工智能技术在司法裁判中的运用及规制》，载《中外法学》2020 年第 3 期。

会的一种普遍现象。① 当事人双方对第三方的选择以及解决纠纷程序的同意，是裁决获得尊重并得以执行的前提。在心理学上，这种尊重是公众感受公正的基础，也是其笃信司法神圣的关键。智慧法院是工具理性在司法领域的典型代表，简化工作流程、减轻法官的工作负担是其基本功能。但是，诉讼的过程本身就蕴含法理辨析与纠纷化解的功能，司法的亲历性要求“法官应加入诉讼过程的对话之中，倾听所有的理由，法官在裁决书上署名实际是对当事人保证其参加了诉讼的所有过程并愿意承担责任，如此才能使我们认可司法权力”②。在传统乡土社会中，亲历性更有着其特有的表现形式，它要求法官走出法庭，变“坐堂问案”为“走出去”办案，通过上门调解、田间调查等方式来赢得当地群众支持。这就与智慧法院倡导的简单、便捷的理念相冲突，造成部分群众对信息化建设成果感到陌生与疏离，从而在一定程度上影响了其成效。以电子送达、线上调解、线上开庭为例，当事人对这些信息化建设成果表示肯定之余，也存在着诸多疑虑（见表1）。

表1　对电子送达、线上调解与线上开庭的问卷反馈

信息化建设成果	问卷反馈
电子送达	部分当事人对电子送达方式感到陌生，从而出现达而不悉的状况
	部分当事人认为由法官亲自送达文书，更有利于其向法官当面反映情况
	部分当事人认为现场送达也是一次化解矛盾的机会，如果法官利用此机会多做双方的思想工作，会更有助于化解矛盾
线上调解	虽然线上调解很便捷，但物理距离较远，所能做的思想工作比较有限
	虽然很方便，但认为对着手机、电脑说话会比较别扭，很多想法没有一吐为快，不如当面向法官陈述的效果好
线上开庭	线上开庭的技术与设备有待完善，庭审的过程常因技术问题而中断
	认为数字化开庭让人感到不适应，不能向法官完整阐述自己的想法

① ［美］马丁·夏皮罗：《法院：比较法上和政治学上的分析》，张生、李彤译，中国政法大学出版社2005年版，第2页。

② ［美］欧文·费斯：《如法所能》，师帅译，中国政法大学出版社2008年版，第85页。

（二）智能化对司法平等之分化

在信息化技术中，数据融合带来的便利性确实值得肯定，但智能化的前提就是给诉讼参与人分类、贴标签，如是否有良好的征信记录（证据的可采性）、是否有诉讼记录（诉讼经验）、经济状况是否良好（对裁决数额的敏感性）等。经过深度应用，智能化还能进一步分析出当事人参与诉讼的心理状况、上诉上访的可能性等指标。法官基于智能化的数据分析，给诉讼参与人贴上印记并进行预判，已然形成先入为主的预断。诚然，在智能化数据前，法官的预判已经有之，但进入智能化时代，这种预判变得理性且清晰，基于信访压力与社会效果的考量，法官在其指引之下会更加精准地运用解纷策略。如同忠诚员工得到加薪与晋升的机会要少于提出辞职要求的员工一样，智能化数据也会指引法官在不知不觉中偏向“会哭的小孩”。

对乡土诉讼参与人来说，参与诉讼的能力也会因数据智能化的应用而加剧分化。智能化技术的运用本应提升司法的效能，保障公民的诉权，但数据的技术壁垒与应用差异可能会导致数字鸿沟①，进一步扩大诉讼参与人的诉讼能力差异。

此外，拥有经济与技术优势的一方更能利用好智能数据，在诉讼中作出更优的策略选择。当然，未来智能数据的应用本来就会更加便捷，但诉讼参与人的能力仍有待提高，具备一定数字技能的人会倾向于减少不利信息的展示，尽可能拒绝有利信息的共享，甚至通过维护数据以优化自身信誉，从而创造出更能符合法院裁决系统的数据指标，以获得优势。比如盛行的“网络推手”与“论坛水军”提供的司法数据服务优化便是一个典型事例。更有甚者，随着网络信息的不断发展，原本帮助弱势群体获得关注的信息技术也可能被滥用，熟悉网络新型技术文化者可能更容易得到广泛的关注与同情。是否理解和掌握新型网络技术文化，成为“新数字鸿沟”的判断标准。②

（三）全景管理与司法自主的疏离

信息技术无疑实现了精准管理与统一控制的高度结合，信息化建设必然加强对法官的管理。技术的刚性与全方位的管理系统限制了审判者的审判权力运

---

① 数字鸿沟，指的是不同群体在互联网使用方面的能力差异。参见邱泽奇、张樹沁、刘世定、许英康：《从数字鸿沟到红利差异——互联网资本的视角》，载《中国社会科学》2016年第10期。

② 陆宇峰：《信息社会中的技术反噬效应及其法治挑战——基于四起网络舆情事件的观察》，载《环球法律评论》2019年第3期。

行，当然也为全面监督与考核法官提供了技术能力。[①] 因此，法官的举动被自动如实地记录下来，经过精细化分析后呈现给管理者，各项指标前所未有的复杂但却清晰。不管这样的指标考核是否客观，管理者对各法官的印象评价已客观生成，而作为经济理性人的法官也会主动“迎合”这种指标考核，依据现有指标改变自身的行动策略，精心管理自己的数据指标，从而生成一张漂亮的数据图表。比如文书自动生成，许多法官会尽可能去填充文书模式所要求的内容，而不是沿用逻辑去说服当事人。此外，数据考核也只能考察业绩中易于量化且识别的部分，对于责任心、敬业奉献精神与正义感等特点无法通过数据精准反映出来。因此，数据智能化所塑造的“唯数据论”，导致管理者与被管理者过于依赖数据，忽视法官主体性地位，压制其维护价值体系与法律规范的自觉，也影响职业尊荣与离职意向（见表2）。抑制其通过个案维护合法权利、化解纠纷、促进社会治理的主观能动性，导致司法智识不再为法官独享。

表2　110位法庭法官的心理评价分析

评价指标	具体内容	程度
工作熟悉度	以前审案比较轻松，现在开庭信息化技术掌握不好，影响了工作的进展	一般
	以前写文书非常熟悉，现在信息化的类案推送、法条查阅比较麻烦	强烈
	以前办案网上操作较少，现在要网上操作，导致需要经常请教别人	较强
工作愉悦度	现在考核非常严，网上程序意识特别严格，感到吃力	一般
	较少从工作中得到愉悦，感到焦虑、无助、压抑	较强
	害怕审理案件中失误而被追责、为当事人的信访而担忧	一般
职业尊荣	现在的考评比较重视数字，对于本人为案件付出的努力没有过多关注，相比之下成就感有所下降	强烈
	与其他职业相比，感觉自卑	一般
	对法庭工作感到倦怠，存在较多的无奈与烦心	一般

① 钱大军：《司法人工智能的中国进程：功能替代与结构强化》，载《法学评论》2018年第5期。

可见，尽管新兴技术介入司法场域并不是才发生的个案，但与传统的信息技术相比，以人工智能著称的新兴技术会呈现出算法依赖的特征，甚至形成“算法即权力”的形态①，可能会使司法被纳入更隐蔽、更多元的技术规制之中。殊不知，基层社会矛盾的复杂与多样同法律的稳定性相冲突，为成功化解矛盾，在法律条文运用于个案时，基层法庭的法官必须将二者反复思考与权衡，通过情、理、法并用，在纠纷化解中体现法治精神。

四、路径探寻：基于现代科技应用与基层司法改革的深度融合

基层司法之所以特殊，就在于其与正式的司法逻辑有着较大差异，基层司法改革之所以经常陷入困境，就在于总是期待以正式司法的原理和逻辑去要求和塑造它，最终又不得不以现实主义的态度作出妥协，长久徘徊于正式与非正式的制度和程序之间。② 基层司法有其自身的特点，它和现代法治意义上的正式司法存在着一定的区别，产生区别的根源就在于人民群众司法需求的多元化。因此，破除现代化科技与乡土司法的不适应，必须以科技应用与基层司法改革的深度融合为路径，从受众需求着手。

（一）智慧感知：精准定位服务需求

有观点指出，基层法庭建设应朝向庄严、肃穆的目标挺进，这符合一般民众的心理期待，但这种论断不足之处在于，用过于宏大单一的视角消融了基层乡土微观多元的特性，基层法庭建设应尝试走多元化的发展路径。③ 其实，法庭的信息化建设也可适当借鉴这一思路，走多元化、接地气的发展路径，克服技术所造成的疏离感。

伴随着经济社会的飞速发展与深刻转型，乡土社会也不断变迁，乡土人的社会黏合度正不断降低，基层社会的“碎片化”与“原子化”趋势不断增强，基层个体的利益诉求日渐多元，凡此种种，都使得乡土基层司法呈现出一种复杂状态，兼具传统与现代的因素。不仅如此，不同主体所能接受的司法服务的方式也有所差异（见表3）。

---

① 郑戈：《算法的法律与法律的算法》，载《中国法律评论》2018 年第 2 期。

② 范愉：《纠纷解决的理论与实践》，清华大学出版社 2007 年版，第 387 页。

③ 刘星：《基层法庭空间的塑造：从中国另类实践看》，载《法律科学（西北政法大学学报）》2019 年第 4 期。

表3 不同群体所乐意接受的司法信息化方式

群体类别	具体内容	喜欢原因
农村留守老人与务农者	比较乐于接受田间地头、家门口开庭的方式，比较喜欢拉家常、诉说苦闷等	这种方式比较亲切，能够近距离观察，亲身诉说
年轻打工人	比较喜欢微信等智能新兴技术，喜欢网络性语言	由于工作在外地，这种方式较方便
农村私营企业者	喜欢现场开庭的方式，喜欢请律师来代理，对有关问题进行诉讼维权	这种方式比较清晰、权威，能够比较彻底地解决问题
乡村企业雇工	比较关注自身的权益与稳定的生活，对于传统与新兴的方式都能接受	两种方式都有优缺点，只要能维护自身的合法权益

但是，在提供司法服务时，现有的需求识别机制却存在一定偏差。首先，几乎以供给者单向分析为基础，缺乏受众意愿的吸收，即使做过一定意愿数据的量化收集，但不太精细准确，加上数据获取的长期性，导致了服务供给静态化与需求意愿动态化的脱节。其次，受众意愿表达的渠道还有待畅通，不能及时有效地反馈，在提供服务时，没有对受众需求进行差别化区分与识别。① 所以，乡土基层司法信息化建设有必要借助于大数据，根据需求侧进行调整。

（二）智慧推送：有效组织服务供给

信息化技术在改变传统基层司法运行模式的同时，不可避免地受到不同乡土司法中“碎片化”的传统价值、运行模式与管理思维等因素的影响（见表4），这是导致欠发达地区法庭信息化建设供给呈现不协调、不适应与不均衡的重要因素。

表4 影响信息化建设的意见整理

意见类别	具体内容	程度
传统价值	部分基层司法人员特别注重田间送达、上门开庭与炕上开庭的现场感，这种方式既能拉近与群众的距离，也能培养自身的威信，更有利于矛盾化解	一般

① 上述问题均是笔者在实地调研中获取。

续表

意见类别	具体内容	程度
运行模式	以前的立案、开庭等方式，对许多基层年长司法人员来说已经驾轻就熟，他们很大程度上不想甚至不愿改变	较强
制度思维	基层人民法庭常年采用传统的制度方法，何时送达、集中开庭、几时开会、何时汇报等环节，几乎已经成为一种约定俗成的模式，而信息化的应用在很大程度上改变了这种方式	强烈
利益偏好	部分地区的院领导对于信息化建设也有项目选择的偏好，比如或侧重于具体工作的不同进度、不同地区的要求、各自的成果展示等	一般

有鉴于此，在建设的过程中，应秉持一种差异化、区别化的原则，更加注重发挥传统与现代的优势，对于已经熟悉传统方式的干警尽量采取以前的运作模式，而对于法庭的新生力量则更多倡导信息化的模式，同时注重发挥技术魅力的引导，让更多的干警体会到信息化技术的便捷与优势，进而在实践中逐渐应用。当然，信息化建设的最终成果是要服务于基层群众，让群众切实有感。为此，笔者结合《五五纲要》等文件，设计出一套初步的基层司法信息化供给举措，以供参考（见表5）。

表5　基层司法信息化建设供给举措设想

供给举措	内容	
审判功能重构与信息化结合	按照“三个面向”与“两便”原则，建设中心法庭为主，社区法庭与巡回审判点为辅的布局模式	综合运用信息化成果，尤其“信息化系统”，逐步实现并优化网上立案、庭审直播等系统，提高审判质效
	中心法庭由于案件数量较多，故在信息化建设上要充分投入，可比照基层法院的标准进行建设	
	不设人民法庭的乡镇、村，可设立巡回审判点，信息化投入适当减少，以实际需要为标准，避免重复建设，大力推广车载法庭等进行巡回审判	

续表

供给举措	内容
纠纷化解工作创新＋信息化技术	依托法庭的信息化建设，打造"法庭＋司法所＋调解委员会"三级网络联合调解模式，一定程度上实现资源共享，明确职责，形成合力
	人民法庭要加大专业调解的指导力度，同时大力推广线上与线下相结合的调解结果确认机制，使得结果能迅速得到确认，矛盾就地化解
	大力推动多元化纠纷解决机制的建立，不断完善在线矛盾纠纷化解平台，提升纠纷化解的效率
信息化技术推动其他工作创新	法庭的诉讼服务中心要坚持现代性与人性化理念的并重，结合当地的风俗文化，打造独具风格的调解室、接待室，让群众切实增强对现代化科技司法的认同
	通过巡回审判等方式，加大以案释法、法庭讲座、咨询问答等信息化技术的深度利用，用群众感受亲切的方式宣传普法
	深化大数据的应用，注重资源的整合，助力当地三大攻坚战役，为地方经济社会高质量发展提供保障

首先，为增加信息化供给的本土适应性，应注重发挥新兴技术的引领作用，让受众在喜闻乐见中增强体验感与便捷感。① 其次，针对存在的"技术障碍"问题，可以在诉讼前对其进行必要的培训②，以提升其信息化使用能力。最后，伴随经济社会的飞速发展，乡土社会的结构也急剧分化与重组，形成了多元价值并存的局面。基层司法正遭遇着越来越多具有"脱域"特质的复杂纠纷，马锡五式审判方式逐渐被理性推理的现代审判方式所取代。即便是马锡五式的法官模范，其获得认同的机理中已然出现了法理型权威的特征。比如陈燕萍工作方式，其更多融合现代司法的规则意识，更好的注重形式主义对司法的作用。透过这一方式，在社会中立起一种全新的法官典范——一种更多制度

① 有观点指出，在农村，手机智能技术的普及应用速度远高于电脑宽带，究其原因，就是因为前者调动了群众的内生性需求动力。参见赵万里、高芙蓉：《乡村振兴战略中的信息化建设及其需求侧转向》，载《江苏行政学院学报》2019 年第 2 期。

② 左为民：《中国在线诉讼：实证研究与发展展望》，载《比较法研究》2020 年第 4 期。

认同特征的典型形象。① 鉴于此，必须发挥制度引领功能，注重技术的普惠价值，关注当事人诉讼权利的实质平等，防止技术壁垒与数字鸿沟，强化指导，让其在体验中增强对技术的认同，进而坚定对司法的认同。

（三）智慧测评：协调管理服务质效

针对法庭信息化建设中存在的进度不一，不均衡、技术的高效性不足、配套不完善、运行不适应等问题，有必要借鉴整体性治理的思路②，从中央、省级、基层三个维度进行统筹。就中央而言，主要是从顶层设计的层面进行完善，以及协调区域间的不平衡；省级区域层面，则是改变地方法院间的竞争模式，走合作为主、竞争为次、资源整合的模式；就基层来说，则是倡导信任与贡献，将信息化成果落到实处，并不断完善（见表6）。

表6　整体性治理完善对策建议

层级	对策建议
顶层	加强技术前瞻性预测，进一步统一技术的标准，切实解决好系统兼容性的问题，强化技术的研发，倡导深度化应用，切实为法官减负
	进一步强化对各地法庭信息化的资源投入力度，改变不均衡状况，要协调各地区域间的竞争，走良性竞争合作的轨道
	完善信息化应用的制度性规范，特别要考虑到法庭的特点，进一步明确并保障法官的主体性地位，防止技术依赖现象
地方	在顶层设计的基础上，结合本省法庭特点，制定细则化方案，针对信息化建设中出现的问题进行调整，改变单纯程式化输入的状况，各省级地方在法庭信息化建设上要加强合作，良性竞争
	强化法庭信息化技术人才的培养，提升其待遇，保持队伍稳定
	改善全景式管理的方式，合理设置考评指标，使考评更加科学

① 吴英姿：《论司法认同：危机与重建》，载《中国法学》2016年第3期。

② 整体性治理，是指实现资源的整合、坚持一种协调、系统策略，通过层级、部门以及个体整合与协调联动，来达到应对目的。参见宋迎法、高娴：《整体性治理：电子政务建设“碎片化”的治理逻辑》，载《中国行政管理学会2011年年会暨“加强行政管理研究，推动政府体制改革”研讨会论文集》，第32页。

续表

层级	对策建议
基层	根据法庭的特点，进行分类指导，尤其要注重对部分法院领导及年长法官的引导，让其在使用中增强体验，感受到信息化所带来的优越，进而逐渐加以应用。在使用中发现不足与问题，要积极反馈意见，以便更好调整
	要加强法庭信息化成果的宣传，重视引导，让人民群众能亲身感受到信息化技术成果所带来的便利，并能逐步消除疏离感与陌生感

结　语

多少年来，乡土社会自成一体，乡土基层司法也有着自身的运行逻辑，当信息化技术嵌入乡土社会之时，基层司法也悄然发生了变化。信息化技术降低了基层司法的运行成本，使诉讼突破了地域的限制，但也逐渐改变了司法运行的方式。基层司法在技术理性的支撑下，是否还能如以往一样平等地照顾每一位乡亲？那个奔走在田间地头的乡土法官是否也一如往昔？凡此种种，都促使笔者深思。道路是曲折的，但前途却是光明的，笔者坚信，当科技嵌入乡土之时，虽然产生了些许不适，但随着基层司法改革的不断深入，这些冲突必将得到消除，实现融合，未来乡土司法将会沐浴在信息化的春风之中。

（阿毅　高岚：湖南省津市市人民法院；汪媛媛：湖南省常德市人民法院）

老年群体融入智慧法院建设的困境及消解

——以数字司法与人文司法为视角

邓美丹　李　剑

受社会老龄化与社会治理数字化双重叠加效应的影响，老年群体面临数字鸿沟已成为亟须解决的社会问题。从司法维度观之，目前老年群体对智慧法院存在认知不足、参与程度低、体验感不强等问题，折射出司法智能产品设计忽略老年群体需求，存在重建设轻应用、重司法数字主义、轻司法人文主义的深层困境。针对老年群体数字融入困境，智慧法院建设应秉承司法为民、人文价值观、数字平等权、精细化诉讼服务等理念，弥补制度漏洞：一是要丰富宣传方式厚植智慧法院人文底蕴；二是要协助老年群体参与法院信息化建设；三是要利用智能化手段补足主体能力短板；四是要建立成果多元化评估机制；五是要保持平台设备的深度应用，以盼缩小数字鸿沟，保障老年群体的司法数字权利。

2012 年以来，中国的司法大数据建设实现了跨越式发展，成为中国司法“亮丽的名片”，它是法院延伸司法功能、积极服务国家治理的创新举措。① 特别是自周强院长提出全面深化智慧法院建设，加快推进人民法院信息化 4.0 版建设以来②，现代科技与法院工作愈发深度融合，信息时代审判运行新模式正在逐步形成，为服务司法实践、服务公众需求、服务社会发展提供有力科技支撑。但各地智慧法院建设水平在发展程度上并非整齐划一，一定程度上存在忽

---

① 孙晓勇：《司法大数据在中国法院的应用与前景展望》，载《中国法学》2021 年第 4 期。

② 周强：《全面深化智慧法院建设》，载人民网，http：//cpc. people. com. cn/n1/2020/1204/c64094 – 31955483. html，2022 年 4 月 27 日最后访问。

略不同群体尤其是老年人的深层次需求及重建设轻应用、重数字主义、轻人文主义的现象，横亘在老年群体面前的数字鸿沟依然存在。① 当前我国人口老龄化正在深入发展，面对数字时代的滚滚浪潮，如何确保老年群体能更好地融入法院信息化建设，平等享受科技红利，成为司法亟须研究解决的问题，也是应对老龄化进程中亟待解决的重要课题。

一、智慧法院建设中老年群体数字融入的困境揭示

笔者对于智慧法院建设中涉及老年群体数字融入的相关问题，一方面通过问卷形式、直接询问，向400名老年人进行了深度问卷调查，共得到有效问卷368份;② 另一方面从中国法院网、人民法院报、百度、新浪微博以及笔者所在法院等平台考察各地老年群体参与智慧法院的情况。深入分析后发现目前存在老年群体对智慧法院认知不足、参与程度低、体验感不强等问题。

不同人群的年龄、职业、学历、经济条件等各不相同，决定了其诉讼能力各有差异，对诉讼服务的需求亦大异其趣。老年群体的学历程度是数字鸿沟的主要影响因素之一，为全面展示老年群体的现状，笔者选取了不同学历程度的老年群体，其中小学21人、初中90人、高中85人、中专101人、大专87人、本科16人，保证受访群体样本的全面性和差异性。

（一）老年群体对智慧法院建设的认知不足

智慧法院建设已在我国各地法院全面开展，网上立案、调解、保全、电子送达等已陆续投入使用，但实践中仍有较多老年群体对智慧法院存在认知不足的问题。

一是对智慧法院本身认知不足。如表1所述，55%的老年群体根本不知我国正在推广智慧法院项目。自2016年1月29日首次提出，智慧法院建设已过5年，但因定位群体不全，宣传未考虑老年群体喜闻乐见的方式，导致老年群体基本接收不到相关信息，对智慧法院本身全然不知，更别说参与其中了。

二是对智慧法院功能认知不足。笔者调查中，有45%的老年群体不知智慧法院具体是何物、有何作用及如何使用。各地对智慧法院的宣传主要集中在该院有何作为、取得何种成就、项目推广到哪个阶段等，对项目及详细操作方

① 林宝：《老年群体数字贫困治理的难点与重点》，载人民论坛网，http://www.rmlt.com.cn/2020/1023/596988.shtml，2022年4月27日最后访问。

② 调查问卷涵盖湖南、广东城乡两地60周岁以上的老年人。

法仅只言片语，且未入社区、乡村进行宣传指导。老年群体对智慧法院的认知仅停留在表面，对其包含的功能及具体运作未有深入的了解。

表1　智慧法院建设中老年群体的适用现状

序号	问题	占比情况	
1	是否知道智慧法院	55% 的人表示不知道	45% 的人表示听说过，但不知道具体是何物，有何作用及如何使用
2	是否会网上立案、网上缴费、跨域立案、网上开庭、网上调解等	82% 的人完全不会	18% 的人会一点，但不熟悉
3	若您不会操作，工作人员是直接帮您操作还是一步步教您	95% 的人表示是直接操作	5% 的人声称会指导
4	您所在地区法院是否专门设置老年窗口	96% 的人表示没有	4% 的人表示有专门设置
5	您觉得智慧法院对老人方便吗	89% 的人表示不方便	8% 的人表示较方便，还有 3% 的未表态

（二）老年群体对智慧法院建设的参与不足

针对是否知道智慧法院的老年群体，笔者设计下一题“您是否会网上立案、缴费、开庭、调解、跨域立案等?”82% 的老年人表示完全不会，剩余的老年人无法独立操作。另外，自 2021 年 1 月 1 日起至 8 月 13 日止，笔者所在法院已收民事案件 1516 件，网上立案 254 件，审核通过 147 件，经统计 116 件系代理人申请，剩余 28 件系当事人申请，其中 24 岁至 41 岁的当事人 22 个，47 岁至 54 岁的仅有 6 个，老年群体严重参与不足。老年群体主动参与始于思想动机及对对象正确、全面、深入的认知。

一是需求收集阶段参与不足。笔者在百度、法院网站等平台并未搜索到智慧法院建设过程中向老年群体征求意见的宣传报道，这就致使老年群体的需求被忽视，严重影响到后期老年群体的参与率。

二是规则构建阶段参与不足。智慧法院是由法院主导推广，应用系统是由年轻人或中年人设计，主要面向娴熟掌握信息技术的人群，规则是由法院与程序员共同制定，整个过程中鲜少考虑老年群体的意见及使用习惯，但在使用阶段该群体却被强行卷入智慧司法的漩涡，其自身能力无法掌握目前的运行规则。

三是社会评价阶段参与不足。主体参与是客观评价的必经之路，需求收集及规则构建阶段的缺席，严重影响到老年群体的参与。有限的参与无法给予好与坏的评价，而社会评价阶段的参与不足又将导致法院信息化建设难以得到全面客观的评价，难以针对当前存在的问题予以改进。

（三）少数参与智慧法院的老年群体体验感不强

一是形式化参与。根据笔者调查，部分法院要求老年群体在网上立案窗口、网上调解室等旁拍照，之后宣传老年群体积极参与智慧司法，实质上则是选择传统方式进行诉讼。这种方式中老年群体仅是目睹了高大上的智能设备，却未真正地参与其中。

二是表面式参与。官渡法院一篇报道中写道，“想要网上立案、跨域立案，大爹大妈不会操作，我们诉讼服务中心的干警帮您操作”。在干警的帮助下，老年群体确有亲自操作，例如输入身份证、点相关按钮、电子签名等，但该种参与主要停留在表面，且是断断续续的，并未全程参与。

三是非自愿参与。部分地方法院为达到上级信息化考核标准，强制要求老年群体在立案大厅进行网上立案、缴费等，基本不管老年群体的意愿。该方式可能让老年群体产生反感、抵触的情绪，无法形成长效机制。

二、智慧法院建设中老年群体遭遇数字困境的深层分析

（一）理念偏差：过于强调司法数字主义

数字化是推进数字司法建设的基础条件和底层支撑，是数字司法内容范畴的一切要素或构件的“基础中的基础”。① 但多地法院存在盲目追求数字化，对智慧法院建设理念的理解尚有偏差。

一方面，以数量评判建设成果。目前我国法院平台数量多、涵盖范围广，但平台基本是用来应付检查，真正使用率较低，甚至法院内部也只有管理平台的干警会使用。又如诉状智能生成一体机、诉讼风险评估机等设备设立后也成

---

① 张锐昕、张昊：《“互联网＋养老”服务智能化建设的条件限度和优化逻辑》，载《理论探讨》2021年第2期。

为供人观赏之物，并未发挥应有的作用。这种简单地以平台、设备数量来评判建设成果的高低，会让人产生一种信息化错觉。

另一方面，以数字评判建设成果。有些地方法院并非以提供高质量的信息化服务为准则，而是简单地以高数字为基准。例如广州互联网法院、德州市德城区法院、乳山市法院等多家法院均报道其网上立案率达到了 99.98% 或者 100%，简单地将高数字等同于高质量，以数字判断智慧法院建设成果，较少关注当事人的想法、信息化建设的真实成效以及存在的问题。

粗放式的数字主义反映出各地法院对公众的回应不够，并将智慧司法等同于数字主义，粗放式的供给与差异化的社会需求之间无法实现有效匹配。

（二）价值偏差：司法人文主义尚有缺失

司法人文包括对诉讼当事人、司法主体和司法活动规律以及人类尊严和独特价值的尊重，① 数字包容应当是基本人权的一部分，但多地法院忽视了以人为本和对人的全面发展的基本原则。

首先，智能产品设计缺乏人性关怀。智能产品、系统基本系年轻或者中年程序员设计，设计时未考虑到老年群体的知识水平、使用能力及身体能力，且因年龄差距难以感同身受，无法提供具有温度的服务，产品设计缺乏个性化关怀。

其次，少数地方法院建设成果内卷。据最高人民法院统计，2020 年全国法院接收网上立案 1080 万件，占一审立案量的 54%，处于较好的水平。② 然笔者在新浪微博搜索“法院网上立案”，2021 年 3 月 30 日至 7 月 20 日共 161 条搜索结果，正面评价 118 条，包括法院、中国之声、京法网事等官方微博发布 107 条，个人发布 11 条；负面评价 29 条，均为个人发布；剩余 14 条未作评价。强烈的反差说明，智慧法院服务的自我评估与社会评价存在一定的差距，外向视角缺位下的评估结果出现了失真。

再者，忽视老年群体的主体地位及意愿。人文原则指出，法权概念须以维护人作为主体的地位和尊严为价值依托③，但如下文所述，智慧法院忽视老年群体的主体地位，剥夺了该群体的数字权利。同时，在上文统计的 29 条负面

---

① 孙笑侠：《论司法信息化的人文“止境”》，载《法学评论》2021 年第 1 期。

② 最高人民法院：《建设智慧法院 促进绿色发展 成效分析报告》，载最高人民法院网，https://www.court.gov.cn/zixun-xiangqing-318871.html，2022 年 4 月 27 日最后访问。

③ 陈璞：《论网络法权构建中的主体性原则》，载《中国法学》2018 年第 3 期。

评价中，法院要求全部网上立案或是拒绝网上立案是原因之一。例如，有网友表示广州铁路法院拒绝现场立案，要求必须网上立案；还有网友写道，老律师不会用智能手机也得网上立案，不许线下立案。在法院内的考核指标下，有的法院将信息化这一便民神器异化为扰民的形式主义工具，无视当事人多样化的需求。

美国联邦最高法院首席大法官厄尔·沃伦等人认为——人文价值难以证明，但需要呵护。日益加剧的信息化不平等让生产力高度发达的数字经济充满矛盾，司法人文主义应当成为智慧司法的止境和标杆，应当被呵护。①

（三）定位偏差：服务主体定位有缺陷

当前我国智慧法院建设的应用系统及智能设备均是采取信息化高科技手段，设计之初则定位使用者系年轻人或是熟悉掌握信息技术的人。该类人群在使用智慧法院的应用系统和智能设备上可谓如鱼得水，大大地缩减了诉讼时间及人力成本，但对于老年群体则是寸步难行，无形中将其置之度外，严重影响到老年群体的参与率。一方面，从主体之于客体的认知性。因服务主体定位不全，宣传侧重于微信、微博、官媒等普通大众易于接受的方式，而未采取老年群体喜闻乐见的形式，致使老年群体对智慧法院的认知不够。另一方面，从主体行动的自主性。马克思曾指出，科学的“实践的唯物主义”对对象、现实、感情的理解，不是只着眼于客体的成直观的形式，而是把它们当作人的感性活动，当作实践去理解，即从主体的方面去理解。对事物全面的了解是吸引主体主动接触、参与的媒介，主体片面化影响老年群体对智慧司法的认知，导致其无法自发融入，未能保护好老年群体的知情权和参与权。

（四）技术偏差：智能设备应用和设计主体有欠缺

首先是硬件方面。我国多地法院已建立智能化诉讼服务中心，比如濮阳县法院、龙安法院诉讼服务中心将诉状智能生成一体机、诉讼风险评估一体机及自助立案、查询、缴费一体机三部智能设备调试安装到位。智能设备看似高端智能，但指向对象都是熟谙人工智能的当事人，老年群体基本不会使用。硬件设计忽略了当事人的接受度，使不熟悉智能设备的老年群体面临操作上的困境，实际运用中并未发挥出整体效用价值，存在重建设轻应用的现象。

其次是软件方面。智慧法院的应用系统及功能基本是由较年轻的程序员主导设计，应用软件研发者与使用者在知识、理念等方面存在不统一，研发者懂

---

① 孙笑侠：《论司法信息化的人文“止境”》，载《法学评论》2021 年第 1 期。

技术但可能不懂老年群体的心理和使用习惯、不懂法律。第一，忽视了老年群体的知识水平、使用能力及身体能力；第二，同理心的缺乏使得他们较难顾及老年用户的共情感受和为其提供具有温度的服务；① 第三，研发者懂技术不懂法律、法官懂法律不懂技术，研发者所理解的司法流程与司法人员所习惯的司法流程可能存在一定的偏差，导致法官在操作过程中一旦遇到技术问题，还需频繁向技术人员咨询。单向的输出模式发展局面及重科技创新轻司法规律的现象，可能导致使用效果不佳，或被卷入科技竞争市场。

人类的需求本身具有层次性，面对日渐庞大的老龄群体和日益突出的诉讼服务供需矛盾，现有智慧法院硬件、软件及其服务模式难以有效满足个性化和特殊性的需求，更无力满足老年人多层次、多样化、有温度的精神需求。

三、我国智慧法院建设中司法理念的更新

智慧法院建设只有内嵌更多的智慧理念，方能促进智能司法向智慧司法趋近，为老年群体提供和谐友好的诉讼环境。

（一）坚持以人民为中心

《最高人民法院关于建设一站式多元解纷机制、一站式诉讼服务中心的意见》总体要求第 2 项规定：坚持以人民为中心。我国人民民主专政的社会主义国家性质以及根本政治制度的选择决定了司法为民的特质，始终坚持以人民为中心的理念，以民生福祉为根本出发点和落脚点，全心全意为人民服务，始终为人民利益和幸福而努力奋斗，是习近平法治思想的根本立场。② 坚持以人民为中心，要求智慧法院建设必须坚持司法为民、公正司法，始终以人民呼声为第一信号，坚持人人共享发展的法治价值原则，准确把握老年群体的诉讼需求，为老年群体提供个性化、人性化服务，让法治建设成果更好惠及广大老年群体，努力让老年群体的获得感更足、幸福感更可持续、安全感更有保障，这是智慧法院建设的出发点和落脚点。

（二）树立司法人文价值观

现代人文主义作为一种复杂历史变迁学说和具有较大涵盖力的概念，它的

① 张锐昕、张昊：《“互联网 + 养老”服务智能化建设的条件限度和优化逻辑》，载《理论探讨》2021 年第 2 期。

② 周尚君：《坚持以人民为中心的法治思想》，载《法学杂志》2021 年第 1 期。

核心就是“人之为人的尊崇和尊重”①，而法律人文主义正是这种终极标准的延伸，法律的灵魂就是人文主义，目的是保护人权，以人为本。② 孙笑侠曾指出，司法科技的“止境”在于司法人文。③ 无独有偶，2021 年 7 月 28 日科技部发布《关于加强科技伦理治理的指导意见（征求意见稿）》中明确伦理先行、敏捷治理等基本要求。可信的、负责任的、以人为本的人工智能已是 AI 领域的主旋律。智慧法院建设应当把人文关怀体现在每个环节，通过人性化的设计为老年群体提供均等、优质、高效的诉讼服务，让冰冷的数字信息转化为充满人性化、时刻彰显人文关怀的生动字符，并且充分尊重老年群体对司法线上服务的自愿选择，以人为本充分保障老年群体的数字权利，努力实现法院公共服务均等化。④ 孙子兵法说：“攻城为下，攻心为上”，智慧法院建设只有从细节着手，时刻彰显人文精神，才能从根本上获得老年群体的接受和支持，进而调动老年群体参与智慧法院建设的积极性和主动性。

（三）保障老年群体数字平等权

自由与平等是人类生活的主题，是人作为人不可剥夺的元权利，尤其是在讨论弱者权利保护问题时，就无法回避对弱者权利的平等保护问题。⑤ 平等观念是社会主义核心价值，其为一种价值准则已经成为社会的共识，我国《宪法》第 33 条第 2 款规定：“中华人民共和国公民在法律面前一律平等。”人工智能时代，信息资源已经变得像工业时期的能源一样重要，信息以及信息的掌握能力是当今社会的核心资源，已经成为社会分层考量的重要维度。在网络时代成长起来的一代人能够轻松自如地应对信息化，而老年群体则受到普遍的数字歧视，对信息技术差异化使用程度逐渐从最初的数字鸿沟发展到了数字不平等。数字不平等主要指技术机会的不平等，它是对传统意义上平等权的延伸。普惠性正义的诉求在于把不平等问题的最终解决作为根本目的，对于信息化时

---

① 杜晏林：《法律的人文主义解释》，人民法院出版社 2005 年版，第 19 页。

② 顾乐勇、潘玉君：《民事司法人文主义的价值及其实现——从纠纷的实质解决出发》，载中国法院网，https：//www. chinacourt. org/article/detail/2007/02/id/237017. shtml，2022 年 4 月 27 日最后访问。

③ 孙笑侠：《论司法信息化的人文“止境”》，载《法学评论》2021 年第 1 期。

④ 孙红玲、唐未兵、沈裕谋：《论人的城镇化与人均公共服务均等化》，载《中国工业经济》2014 年第 5 期。

⑤ 杨海坤：《宪法平等权与弱者权利的立法保障——以老年人权益保护立法为例》，载《法学杂志》2013 年第 10 期。

代的老年群体来说，数字平等权已经成为其首要权利，保障老年群体的数字平等权就是实现普惠性正义，就是坚持法律面前人人平等。智慧法院建设中最大程度地保护多数人的利益是极其重要的，但这并不意味着可以忽略或是视而不见少数人的利益，努力让人民群众在每一个司法案件中感受到公平正义，通过基本科技资源的公平分配保障老年群体平等发展的权利，让公平正义普惠人民群众。①

（四）坚持普遍适用与分类推进结合

诉讼服务的精细化强调在人本主义理念下，依托现代信息技术，精准识别需求，靶向提供服务，以契合老年群体多样化、层次化、个性化需求，提升获得感。② 精细化服务的理论基础和根本目的是保障基本公共服务均等化③，这是实现社会公平正义的核心要求。智慧法院建设作为基本的公共法律服务，必须强化问题导向和需求导向，避免眉毛胡子一把抓，为老年群体提供精准化服务。对信息化接受能力较强的人群可以采取普遍适用的方式，推广适用，但针对老年群体这类数字能力较弱的群众，绝不能一刀切式的强行入轨，应考虑智能设备的适老化设计、提供人性化帮助或是线下人工服务，要因材施教、循序渐进，不断提升智能化服务水平，建立长效机制。同时，论及实现智慧法院智能化系统及其功能的限度，其涵盖诉讼服务项目的范围自然是越大越好，但数量却并非越多越好，程度也并非越深越强，而是看其是否能够很好地体现老年群体的需求及利益、以针对老年群体的个性化需求提供令其满意的“多维度、多层次、多样化”的诉讼服务功能等作为评价尺度。精准服务，无疑是提升了司法的质效，体现出司法为民的力度。

智慧法院进程中不可仅停留在完善相关制度框架上，应当强调“伦理即服务”，运用科技工具或其他方式将抽象的司法为民、以人为本、数字平等权等伦理原则转译为具体的司法服务措施，以数字化服务工具的方式将伦理要求嵌入司法 AI 产品与服务的全生命周期，从而推动司法 AI 伦理的实践和落地。司法科技伦理是伦理思想在司法科学研究和技术开发等司法科技活动中的应

① 肖广岭、孙灿：《论区域科技资源分配的普惠性正义与差异性正义》，载《科学管理研究》2020 年第 4 期。

② 何兰萍、傅利平等：《公共服务供给与居民获得感——社会治理精细化的视角》，中国社会科学出版社 2019 年版，第 11、13、39 页。

③ 翟相娟：《推进我国基本公共服务均等化的经济法思考》，载《经济法研究》2010 年第 1 期。

用，是司法科技活动需要遵循的价值理念和行为规范。

四、智慧法院建设中老年群体数字融入的践行路径

老年群体是智慧法院诉讼服务的消费者，提升智慧法院诉讼服务效能必须秉持“同理心”，站在老年群体的立场上识变从宜①，以提供公共性、基本性、均等性、个性化诉讼服务为基本目标。

（一）丰富宣传形式厚植智慧法院人文底蕴

完成好社会宣传动员，是智慧法院建设成果的一次大展示，是厚植智慧法院人文底蕴，为后期建设奠基良好群众基础的前提。一方面，报刊、广播、电视、互联网等新闻媒体要结合工作实际，列出专题、开辟专栏，贴近群众、广泛深入地宣传。例如，可与腾讯视频、芒果视频、央视频等视频网站合作拍摄法院信息化建设纪录片，每周定时播放，或者创作推出一批反映智慧法院建设背景、意义、进程以及智能设备、司法小程序操作方法的文艺作品，扩大智慧法院的影响力。另一方面，各地法院应加强与当地政府的沟通交流，通过组织宣讲、开展座谈讨论、观看影片等方式，面向群众深入浅出地进行宣传动员。同时发挥法庭优势，利用派驻法庭进乡村开展宣传工作，由法庭法官向村委及群众发放宣传资料，介绍“两个一站式”、网上立案、诉前调解及多元调解、诉讼服务平台的操作方法等，组织下载相关 App 及现场指导实践操作，让群众亲身体验智慧司法带来的便利，并充分听取村民对现代化诉讼建设的意见，切实改进工作。

（二）协助老年群体积极参与智慧法院建设

老年群体受制于身体条件、教育程度及数字素养匮乏等原因，短时间内无法依靠其自身能力改变现状，需法院协助老年群体完成智慧司法的转型。第一，立案大厅设置导诉员指引。遇到老年群体诉诸法院却无法应对信息化时，立案大厅导诉员应当主动作为，对于经济困难的老年群体可引导申请法律援助，并全程负责引导老年群体进行网上立案、缴费、调解、保全等事宜。导诉员行使指引时必须尊重老年群体的意思自治，不能超越老年群体的意思表示乱作为、胡作为。第二，庭审中由法官及辅助人员指引。域外实践表明，审判应当在庭审的各个阶段进行指引，《美国联邦刑事诉讼规则》阐明，在审判人员依据实际情况觉得合适的时机，将相关事项告知老年人诉讼参加者，比如作为

---

① 徐骏：《智慧法院的法理审思》，载《法学》2017 年第 3 期。

当事人的老年人或者代理人，他们对争执的事实作出裁决时所适用的法律原则。案件进入审判阶段后，法官或辅助人员除了对法律法规及程序进行解释，还应对智能设备的使用步骤进行阐述，一步步引导老年群体操作，帮助其逐渐适应线上诉讼。我们既要鼓励老年人使用新技术、拥抱数字生活，也要兼顾老年人对线下服务的需求，保留非数字化的传统服务选项，坚持传统服务与智能创新“两条腿”走路。

（三）利用智能化手段补足主体能力短板

智能化既是智慧化的手段，也是智慧嵌入并固化于诉讼服务系统及其功能的结果，其作用逻辑在于通过智能化工具延伸人的能力边界。智能化设备是为了提高老年人的诉讼能力和质量，今后司法产品及程序设计应多加考虑老年人的使用习惯，程序设计尽量追求简单化，同时增加适合老年人听力的语音引导及设计专属使用说明书，新增老年版视图，从顶层做实做细为老年群体服务的各项工作，加强信息技术与老年群体诉讼服务的深度融合。以智能化补足主体能力短板，意味着新的智能化诉讼服务将要更精准、精确、高效地聚焦老年人的服务需求，助推诉讼服务体系优化升级。

（四）建立智慧法院建设成果多元化评估机制

人民是法治建设的参与者及成果的享有者，其对我国法治建设最具发言权，智慧法院建设成果应当以公众满意度为导向，以科学的考核指标为准则，构建多元化评估体系。

首先，吸收公众意见，着眼于外向视角提升成果。国内外研究表明，公众能够准确感知服务质量，公众评价结果与实际工作效能之间具有高度一致性①，能够有效消弭指标化的局限性。全面、客观、真实的外向视角可以反映智慧法院取得的成果和应予改进的问题，为此，智慧法院应当秉持以公众意见为导向，保证建设成果的科学性、客观性、实效性。

其次，科学设立考核指标，避免以数据为中心。单纯的数据考核易导致各地法院闭门造数据、唯数据马首是瞻，表面上看似如火如荼，实则“门可罗雀”。数据指标可作为考核方式之一，但智慧法院建设成果的好与坏不应以数据为单一的考核准则，而是将其作为观测、了解各地智慧法院进度、效果的窗口。

---

① 倪星、李佳源：《政府绩效的公众主观评价模式：有效，抑或无效？——关于公众主观评价效度争议的述评》，载《中国人民大学学报》2010年第4期。

最后，变单一评估主体为多元评估主体。因不同主体的视角各有千秋，应当积极吸收公众、律师、法院自我评估、第三方专业评估等意见为考核依据，变单一化评估准则和评估主体为多元化，群策群力，设立科学、多元的考核标准，减少评估结果失真的现象。

（五）保持智慧法院平台设备的深度应用

司法信息化既要建设也要重视应用，更要发挥出效益和作用。对已经建成的平台设备应当进行应用评估，尤其是使用频率进行跟踪监测。对于使用频率高的，要进一步完善升级，更好地为当事人、审判工作服务；对于使用频率较低的，要认真研究项目的建设方向是否真正符合司法工作需要。① 卡多佐大法官多次强调，“法学发展的真正源泉，法律真知的真正来源，必定是法律的实践和社会现实”②，而精通法律实践与社会现实的无疑是一线实务工作者。因此，应当注重提升法律人在智能建设中的参与度，以需求主导、技术统筹为原则，从法律人、当事人的真正需求出发，对数据背后的法律条文与法学理论进行深度挖掘与分析，让技术研发从法学家、实务工作者的专业角度出发，健康发展。③

结　语

数字没有温度，但数字背后的智慧法院建设却应当有。对于老年群体面临的数字鸿沟，应注重考虑特殊群体的个性化需要，让温度化为制度，把鸿沟变成红利，建设不分年龄、人人共享的社会，帮助老年群体更好地适应信息化时代，是智慧法院建设的应有之义，也是贯彻以人为中心的发展理念、实现以人为本的包容性数字治理的必要之举。

（邓美丹　李　剑：湖南省郴州市资兴市人民法院）

① 蔡立东：《智慧法院建设：实施原则与制度支撑》，载《中国应用法学》2017 年第 2 期。

② ［美］本杰明·卡多佐：《司法过程的性质》，苏力译，商务印书馆 1998 年版，第 4 页。

③ 杨焘、杨宁：《现实与理想：检察机关智能建设现状考察与未来展望——以 Z 市 G 区检察院智慧检务试点为分析样本》，载《西南政法大学学报》2021 年第 2 期。

智慧法院建设背景下声音真实性的辨认分析

——以电话交谈为视角

陆银清

周强院长指出："要立足移动互联时代新形势新特点，把握不同群体司法需求，提高司法服务针对性、实效性。"①信息技术的变革在证据法的领域尤为突出，其中录音作为信息化的技术手段，因其制取简便、高效、互动性强，能生动还原案件事实，在涉毒品刑事案件中往往作为关键证据存在。然而，录音同样具有技术依赖性、可复制性和脆弱性的特点，加之其在感知、记忆、诚实性、叙述等方面存在传闻风险，如何辨认声音真伪成为法院审查判断过程中的棘手问题。

当前，关于电话交谈的声音真实性辨认，存在辩方参与程度不足、审查内容凌乱含糊、推理方法粗疏、过度依赖声纹鉴定意见等问题，折射出在声音真实性辨认中，传统证据真实观难以适应声音真实性辨认的需求，声音真实性辨认受"知识—权力"话语支配，推理缺乏明确的思维，衍生说理不足。对此，针对声音载体、数据、主体、内容不同要素，构建相应的判断规则：首先在声音载体与声音数据层面上，适用形式证据规定，使用频谱检验技术来推定声音的形式真实；其次在声音主体层面上，运用声音熟悉度、拨打电话与回复准则的方式对声音主体是否同一进行辨认；最后在声音内容的层面上，通过借助证明负担减轻规则、心理学、犯罪隐语等方式进行实质判断。力图在法律审查规则与保护程序的保障下，构建"形式＋实质"复合体系化的声音真实性的辨

① 人民法院新闻传媒总社：《周强出席杭州互联网法院成立一周年座谈会强调：探索互联网司法新机制，积极推动互联网法治发展》，载中国法院网，https://www.chinacourt.org/article/detail/2018/10/id/3556927.shtml，2021年4月25日最后访问。

认规则，以盼实现证据的科学审查与智能化路径。

一、声音真实性辨认的现状扫描

（一）过程隐匿：辩方参与程度不足

案例一：A检察院指控被告人王某向彭某购买5块海洛因，其主要证据为一份手机通话录音，内含王某与彭某毒品交易的电话交谈记录，王某及其辩护人则提出该通话录音未当庭播放，事实不清，不能作为定案的依据。法院经审查认为，彭某与王某的通话录音系侦查机关采取技术侦查措施取得，已由检察员、审判员进行了庭外核实，并转化为证据材料，故采信该份证据。①

案例一反映了实践中虽然外观上大多案件的录音证据已在庭审中出示并进行质证，但证据多为经过转换的证据，辩方在声音辨认过程中的参与程度不足。例如，为了不暴露技术侦查人员身份和有关技术手段，原始录音证据常常不被纳入案卷材料之中，当庭播放该原始录音证据更是少之又少，通常是以朗读相应的翻音资料来代替。因此，辩护人往往会对声音真实性产生怀疑。对此，法官常援引《刑事诉讼法》第152条庭外对证据进行核实的规定。这反映了当前司法实践中声音真实性辨认过程隐匿的现象，与直接审理原则的要求相悖。翻音资料属于经过编译、转换及裁剪的证据代替品，在原始录音证据不当庭播放的情形下，辩方难以就声音本身进行有针对性的质证，而控方也难以对辩方的质疑作出有力答复。

（二）层次模糊："声音真实"理解片面

案例二：B检察院指控被告人段某向胡某贩卖海洛因，其中一份关键证据为二人交易前的录音光碟，段某及其辩护人认为录音中的声音并不真实。法院认为，录音证据复制于派出所提供给胡某并由派出所控制的录音笔，该录音资料在复制过程中未进行过删减、篡改，且辩护人并未申请法庭鉴定，也未提交相反证据证实本证据不能成立，故采信该份证据。②

按照证据法学的主流观点，证据是"证据载体"和"证据事实"的有机统一。③ 在案例二中，从审查内容的要素组成来看，法官列举了侦查取证方式、存储介质的提取等，对其交谈内容的声音真实性进行了认定，但未有意识

---

① （2015）川刑终字第432号刑事裁定书。

② （2018）黔0221刑初33号刑事判决书。

③ 陈瑞华：《形式证据法学》，北京大学出版社2014年版，第66页。

地区分声音载体、声音数据、声音主体及声音内容的不同层面，也未明确相应的审查判断顺序，审查层次呈现模糊化的样态。在实践中，法官未特别留意录音证据的存在形式与其记录载体 的可分离性质，通常是将声音证据的真实性作为整体进行审查，导致审查层面的单一化，缺乏一套层次鲜明的判断逻辑。

（三）方法粗疏："概括思维模式"有失严谨

案例三：C检察院指控被告人龙某向刘某贩卖毒品，关键证据为刘某事先与龙某购买毒品的电话交谈录音光碟，龙某及其辩护人认为电话交谈记录并不完整，同时否认其贩卖毒品的事实。法院在"本院认为"部分，未对该份证据的采信过程及与案件事实的勾连过程展开论述，仅概括表明"原判认定上诉人龙某犯贩卖毒品罪的事实清楚"，并在其后列举龙某的供述和辩解、证人刘某的证言、物证鉴定中心检验报告、情况说明、技术侦查措施获取证据材料等证据，最终认定龙某及其辩护人的上诉理由和辩护意见无事实和法律依据。①

案例三呈现当前司法中对于声音是否实质真实的辨认方法相对粗疏的常态，常采用"有相关证据"证实的格式化笼统表达，关于录音证据与其他证据之间的印证情况分析、声音内容与案件事实全貌的互动描述，法官并未在判决中进行详细展示。这反映了法官在声音真实性辨认的"概括思维模式"，通过对证据建立全局式概览，依赖直觉形成初步结论，随后再以各个证据印证结论的正确性，而非通过推理方法有步骤、有逻辑地得出结论。虽然法官在审查声音真实性的过程中运用到演绎、归纳等逻辑手段，但总体而言缺乏一种系统化的声音推理方法，辨认模式具有粗疏性和跳跃性的特点。

（四）依据单一：过度依赖科技手段

对于电话交谈的声音是否真实这一争议，在笔者抽样的13个案例中，法院均未采纳被告人关于声音真实性的异议，且均采用了声纹鉴定。不同的是，其中1例仅从声纹鉴定的程序合法层面展开论述，11例则以声纹鉴定意见为主，结合其他证据的概括式印证进行判断，仅有1个案例通过详细推理综合认定被告人声音是否真实（见表1）。不过声纹鉴定意见亦有被污染和伪造的可能，声音真实性辨认不应是单纯的技术问题，而应将判断的语境限定在个案

① （2016）辽03刑终49号刑事裁定书。

中，使之不至于成为虚幻的技术对抗。①

表1　声音真实性判断依据典型归纳

案件	被告人异议内容	是否采纳异议	采纳或不采纳的原因	判断类型归纳
平某走私、贩卖、运输、制造毒品罪一案	贩卖毒品的事实不清，证据不足，录音资料不能作为认定犯罪的依据	否	公安部物证鉴定中心所作的声纹鉴定符合法律规定	中心型
白某走私、贩卖、运输、制造毒品罪一案	声音内容没有直接涉及毒品运输，无法排除合理怀疑	否	声纹鉴定意见系由侦查机关依法定程序依照相关规定进行鉴定得出的，且与其他证据相互印证	概括结合证据型
李某、张某走私、贩卖、运输、制造毒品罪一案	声纹鉴定检材内容没有涉及交易毒品的明确内容，无法证实李某与张某进行毒品交易	否	声纹鉴定检材未移交法庭核实，不能作为定案的依据；但法院依据张某的供述与案外人与李某的联系过程、通话记录进行分析推理，最终认定李某贩卖毒品的事实	证据推理型

二、声音真实性辨认的深层问题

（一）传统证据真实观难以适应声音真实性辨认之需求

声音证据不仅存在一个层面，如上文所述，声音真实性分为“形式+实质”双重视角的四个不同层面：一是声音载体真实性，即法官需审查声音来源的原始性及其在移送、流转过程中的同一性；二是审查声音数据的真实性，确保声音数据不存在被删除、修改、增加等情况；三是审查声音主体的同一性，即确保录音中交谈主体的身份与控方所指控的对象一致；四是审查声音内

① 宋远升：《新刑事诉讼法背景下的视听资料证据适用之省思》，载《苏州大学学报（法学版）》2014年第1期。

容的真实性，即声音所反映的信息能准确证明案件事实。上述四个方面具有不同的内涵和要求，在确定声音真实性的辨认分析规则时，应针对上述四个方面的内容分层次有序展开，而非笼统地将其视为一个整体。

传统声音真实性辨认往往停留在单一层面而忽略了其四个层面之间的逻辑关系，通常情况下都是在保持声音主体同一性的前提下，分析声音证据真实性的另外三个层面之间的联系和区别。相互联系主要表现在：声音载体的真实性是声音数据真实性的外部保障，声音数据的真实性是声音内容真实性的技术基础。若是在一定程度上能保障声音载体的原始性、同一性和完整性，势必也能保证声音数据的原始性、同一性和完整性，进而保障声音内容的原始性、同一性和完整性。区别主要表现在：首先，声音数据的真实性与声音载体的真实性是有差异的，即声音数据的篡改、删除等不会对声音载体构成影响，存储于载体之中的数据可自由地在载体之间转移，声音载体发生变化并不意味着声音数据为假。其次，声音载体的真实性与声音内容的真实性也具有差异性，声音载体真实性系指存储设备，如U盘等介质，而内容真实性则关注声音所包含的信息是否能证明案件事实，与其他证据形成印证关系。最后，声音数据的真实性与声音内容的真实性也是属于不同层面的，声音数据的真实性主要关注声音内容在流转过程中的同一性，但不必然推导出声音数据的真实性就会保障声音内容的真实性。①

（二）声音真实性辨认受“知识－权力”话语支配

“知识－权力”话语的存在，使得“专门知识”在进入刑事司法领域获得符号权力，一定程度上影响裁判的作出。② 声音证据基于声音证据具有高科技属性的特点，完全可认为是某领域的“专门知识”，其真实性审查需要很强的技术保障。同样，声音证据需要在诉讼程序中不断转移和流转，对其真实性的保障和审查始终离不开程序规则。法官在判断声音证据真实性时通常要借助于鉴定人、笔录制作人、见证人、取证人制作的鉴定意见书、笔录、证言内容。

司法实践中往往忽略这个过程，比如案例二中，法院在被告人未对录音光碟提出鉴定异议的情况下就采信该录音证据，更没有在法庭展示提取该录音光

① 褚福民：《电子证据真实性的三个层面——以刑事诉讼为例的分析》，载《法学研究》2018年第4期。

② 谢澍：《刑事司法证明中的专门知识：从权力支配到认知偏差》，载《法律科学（西北政法大学学报）》2018年第4期。

碟的全程笔录或录像等固定证据过程，显然是加大了案件出错风险。法官通常在法律方面具备相关专业知识，但在声音真实性的技术辨认方面往往欠缺专业知识，此时不得不借助专业领域的鉴定意见作为参考，结合自己自由心证以及在审判方面的权力进而作出是否采纳该声音证据的决定。声音真实性相关的专业知识，比如在声纹鉴定过程中，分析声音证据真实性要从语音同一性、语音人身性、录音真实检验、音源同一性、声音载体、噪声、录音信噪比和录音内容多方面分析。对于模拟录音，在技术上要能识别声音证据是否有剪除痕迹、添加或拼接形成的声痕；对于数字录音，要能分辨得出本底噪声不一致现象、录音电平变化现象、脉冲信号“冲直条”样现象、音频信号丢失现象、背景噪声不连续现象、背景噪声不一致现象、脉冲谱线强度突变现象、录音剪切粘贴现象等。

(三) 声音真实性内部层次之间辨认顺序混乱

一般来讲证据的形式真实性（客观性）是实质真实性（可靠性）的前提，在声音真实性中表现为声音载体和声音数据的真实性是声音内容真实性的前提。在辨认声音真实性时，在确保声音主体同一性的前提下，对另外三个层次辨认应遵循以下基本顺序：首先，审查声音载体的真实性，在此基础上再审查声音数据的真实性，最后审查声音内容的真实性。这个顺序在一定程度上具有强制性，否则容易导致审查步骤无效。以案例二为例，该录音光碟就是声音的存储载体，法院应先审查该录音光碟的真实性，确认该录音光碟是否被破坏；再审查录音资料在复制过程中录音数据是否被篡改、删减或剪辑；最后审查与原录音笔内容是否具有同一性、是否与其他证据相互印证。该案中法院基于该录音光碟复制于派出所控制下的录音笔，就忽略对录音光碟这个声音载体真实性的审查有欠妥之嫌，未完全遵守审查顺序，最后采信该证据的行为值得商榷。因为这样会导致录音数据真实性的审查缺乏根基，即录音本身可能为错误的审查对象，即使录音内容与其他证据相互印证，也是徒劳，毕竟对录音内容真实性的认定存在较大的出错风险。在实践中，对声音证据真实性辨认规则缺乏对其四个层面的区分，一般情况下在声音主体同一性下没有明确其他三个层面之间的审查顺序的案例比比皆是，原因就是法官在辨认声音时缺乏明确的思维线路图：即声音载体－声音数据－声音主体－声音内容。

三、声音载体与数据的真实性认定规则

声音的电话录音载体存在损坏、覆盖、灭失、伪造及变造的可能，数据则

存在被修改、删除、增加等风险。应采取科学认定规则对声音载体与数据的真实性鉴真。

（一）以自我验真的形式推定减轻举证责任

2006年，美国《联邦民事诉讼规则》确认电话录音材料具备电子证据形式。美国《联邦证据规则》第901条（a）对举证方出示电子数据过程和系统，是否能发生改变真实性进行了规定，尤其注重对证据保管链条进行规定。① 保管链条存在四个方面的审查：保管人合法、保管链条持续完整、经辨认该证据是该电话交谈、庭审证据与证据收集时没有发生实质改变。为此，为减轻如上电子数据载体认证负担，美国《联邦证据规则》第902条确立了“自我验真”证据规则，详细列举电子数据自我验真类别，无需外在真实性认定要求，即可推定电子数据为真，如电子过程或系统产生的经认证的记录或从电子设备、存储介质或文件复制的经认证的数据。根据第902（11）和（12）条规定，允许反对者对自我验真证据反驳，针对反对者质疑证据系传闻或副本不具真实性问题，美国采用散列值手段验证副本与原件是否同一。散列值是一个数字，通常表示为字符序列，其基于驱动器、媒体或文件数字内容的算法产生。如原件和副本的散列值不同，则副本与原件不完全相同；如原件和副本的散列值相同，则原件和副本不相同的可能性非常小。因此，原件和副本相同的散列值可以有效证明同一性。

案例四：戴恩被指控与他人合伙抢劫银行，控方指出戴恩是通过手机与犯罪同伙联络，警方截取了电话谈话录音，内含对抢劫的谋划。根据第902（13）条规则，警方请技术人员对戴恩的手机操作系统作证：截取电话录音的记录，录音过程及录音是准确记录。法官在无相反证据证明戴恩提供的电话交谈录音系伪造或存在删减的情形下，推定戴恩手机的电话交谈录音之真实性，并予采用。②

我国对声音载体与数据真实性审核可以借鉴美国“表面真实推定”的方法，如案例四，即录音由侦查机关采用技术侦查手段录制，声音音质清晰、采用常规方法录制、无非法侵入或人工剪辑的质疑，录音载体运行正常规范，并

① 徐磊、敖意：《美国证据法上的辨认和鉴真规则》，载《西华大学学报（哲学社会科学版）》2011年第5期。

② Hon. Paul W. Grimm, Daniel J. Capra, Gregory P. Joseph, Authenticating Digital Evidence, Baylor Law Review, 2017, vol. 69, p. 44.

附有录制的保管链、录制人、录制清单且录制证据与庭审证据一致，则符合形式真实性推定、满足鉴真要求，减轻举证者的举证责任。除非被告有足够理由质疑，即可认定具有真实性。如果录音是源自私人，则其真实性审核应当更加严格，不仅要符合保管链的四项要求，当被告人反驳提出异议，应采取谨慎态度对电话录音进行鉴定。

（二）借助频谱检验技术推断声音形式真实性

随着数字化的应用，采用类似伪装方式的假声语音材料与样本间的一些指标参数具备稳定性，可以通过该稳定性确定待检材料与样本是否同一。为检测声音真实性，刑事侦查普遍采用频谱检验技术，该技术系通过分析研究数字音频文件篡改方法的原理，使用专业语音分析系统软件的平均频谱分析、区域平均、频谱对比，采用直方图分析、DC 偏移检验、相位分析等对篡改后的音频文件分析并找到规律。① 伴随适用频率的增多及改进，频谱检验技术目前是公安机关鉴定录音证据的常用技术。

以案例一中王某与彭某电话交谈录音的平均频谱分析为例，法院通过对 A 检察院提交的王某与彭某就购买海洛因的电话交谈录音证据进行长时多次的平均功率谱分析，产生平均频谱曲线，查看每次频谱曲线的变化规律，分析该电话交谈录音证据有无类似重新采用或剪切编辑导致的陡增或大减的情形，从而推断录音中声音形式的真实性。

借鉴美国《联众证据规则》以及公安机关侦查中的频谱检验技术可以回应电话交谈的声音载体在制作、保管、传输时是否变更或转移，检查制作人的签名、盖章。审查声音数据是否存在篡改、增加、删减或剪辑，认定电话交谈录音证据的原件与副本的同一性，从而验证电话交谈录音证据的载体与数据真实性。②

四、声音主体的真实性推定规则

对电话交谈的主体确定，被告人往往否认声音的主体是其本人，以此为借口否认录音的真实性。在声音载体与数据审核认定真实下，辨认声音主体的真实性是采用录音证据定罪的突破口。

---

① 申小虎、金恬、张长珍、万荣春：《录音资料真实性鉴定的频谱检验技术研究》，载《刑事技术》2017 年第 3 期。

② 陈瑞华：《刑事证据法学》，北京大学出版社 2014 年版，第 183 页。

（一）采用声音熟悉度推定交谈对象范围

技术层面的剪辑、拼接能够通过技术方式予以辨认，但诸如配音、拟声等语音变调调制方法制作的录音，很难被发现修改痕迹，其表现方式一般体现在时域插值拼接和频域变更，由于变更后的电话交谈材料音色往往失真，需要通过对声音的熟悉度判断真实性。关于声音熟悉度验真，美国《联邦证据规则》第901（b）款第（5）项中规定“通过亲耳聆听，或者通过机械或电子设备传送或录音，基于曾在与讲话人有关的环境中听过其声音对该声音辨认”。

案例五：在R v E. J. Smith案中，受害人在庭审中称匪徒的声音很独特，说话时声音粗、哑，且语调偏高，让人感觉非常急躁，并有压迫性。此外，说话时还带有澳大利亚的口音。据此，警方通过受害人的描述，排除了说话完全没有上述特征的嫌疑人员，进而框定了相对确定的可疑对象之范围。在庭审中，法院据此认可了声音辨认的证明力。①

有学者做过声音熟悉度辨认实验，实验结果得出虽然人的记忆能力不同，但听觉系统具有记忆性与敏感力，不仅对熟悉的声音记忆清楚，而且对特质性的声音能够辨别。② 实验得出，辨认熟悉的声音只需四十分之一秒的时间，辨认的准确度高达97%到99%。这也印证了詹姆斯·威尔逊的观点，“一个人无需展开视觉理论，便可基于正常的五官，比描述更容易感知到证据。”③ 用记忆中高熟悉度的方式辨认声音真实性时，其较任一方式证明都要简单。因此，在保证语音材料清晰的情况下，根据不同说话人的语言习惯、特质性特征及发音特点，可以对声音辨别鉴真声音主体真实性。

（二）通过拨打电话验证交谈对象为真

根据电话交谈的对象与性质，可分为个人或者组织。当向个人拨打电话核实时，形式上确定该交谈对象的姓名、性别以及交谈时间为真，实质上则通过进一步的确定交谈内容为真。但当向组织拨打电话核实时，若确有交谈对象，并由其做相关工作，便可直接推定电话交谈声音的形式与实质真实。对此，美国《联邦证据规则》第901（b）款第（6）项中规定：“通过在电话公司指定的时间、指定的号码对特定的个人或单位打电话的证据来辨认电话通话，如

---

① R v. E. J. Smith (unreported, CCA, 10 April 1986).

② 张巍：《伪装语音的听觉识别研究》，载《科技视界》2016年第13期。

③ James Wilson, The Works of James Wilson, Chicago: Callaghan and Company, 1896, Vol. 1, p. 480.

果：(A) 在对人的情况下，情况（包括自我辨认）表明接电话的人正是所寻呼的人；(B) 在对单位的情况下，电话打到单位所在地，有关业务的谈话是通过电话合理进行。”

案例六：被告人犯有抢劫罪，被害人报案。警察追缉被告人，被告人跑入巷子后不见。当时与被告人坐在一起的人告诉警察，被告人外号“火箭腿”。警察追入巷子后，有人告诉警察“火箭腿”名为格莱斯。于是警察留下电话，如果见到此人，打电话给他。三天后，警察接到一通电话，对方：“我是火箭腿—格莱斯，你找我有什么事”，警察说：“在你出租屋找到被害人钱包”。被告人说：“有本事来抓我啊”。该电话交谈提交法庭后作为认定被告人有罪的证据，法官采纳了该证据。①

在案例六中，该录音可作证的原因是电话交谈的内容可以认定对话人是警察抓捕的被告人：首先，有人称被告人外号叫“火箭腿”；其次，有人告知警察“火箭腿”真名叫“格莱斯”，警察留下电话号码；最后，警察接到电话，电话里的人自称是“火箭腿”，并说出真名是格莱斯。如上形成一个完整事实的验真闭环，确认电话交谈人是被告人。

案例七：电话回拨与犯罪嫌疑人身份确认实例。被告人持刀来到一个披萨店，当日经理在店当班，被告人冲向经理，用刀架在经理脖子上，被告人抢劫后离开披萨店，经理报警。第二天，经理接到一通电话，电话内自称是昨日抢劫披萨店的被告人，被告人问经理是否受伤。恰巧店内的电话有回拨功能，通过对最近接到的电话回拨，确定被告人打电话的地点是对面的小吃店。尔后，警察在小吃店抓到实施抢劫的男子。②

案例七是通过电话回拨功能验真，将电话回拨瞄准打电话的男子使用的电话是对面的小吃店，通过回拨电话，确定犯罪嫌疑人的身份。

通过以上两则案例，我国在声音主体辨别中可以借鉴上述拨打电话验证交谈对象为真。由侦查机关提供拨打电话案件的事实情节，由法官对情节进行事实闭环推定，并与移动电信部门合作，借鉴美国区分涉案电话号码的公私主体，对单位和私人电话号码采用不同的事实推定，准确定位拨打号码的声音主体。对涉案声音主体进行犯罪事实关联度大小定性，将声音的熟悉度辨认一并纳入，与案件其他事实合并进行逻辑推理，减轻声音主体认证负担，以科学推

---

① People v. Lynes, 1980.

② Pounds v. state, 1994 WL 543, 466, Tex. App, 1994.

理规则提高声音主体真实性认定。

（三）适用回复准则推定交谈主体同一

伴随科技发展与人工智能的应用，回复方式不只是信件之单一形式，还可通过视频、电话、信息等形式。电话交谈对象自发回复，因无暗示性与诱导性，更能体现真实意思表示。而法律也亦以遵循真实意思为圭臬，正如托马斯·杰斐逊指出“法律的进步必须依托人们的真实意思”①。法院可将回复内容与电话交谈连接，对比二者的同一性来认定是否形成闭环，即若二者同向一致，则形成完整闭环，共同证实电话交谈的声音对象真实。

同时，鉴于声音主体推定的难度，可引入人工智能对语音识别，在不同的声音材料中，利用大数据、云计算等技术将声纹数据对比分析，根据音频信号、关键词信号，对信号数据处理，形成声音分析报告，分析声音主体本人的真实性，将发声主体性别、年龄、方言及情绪、是否说谎等进行详细分析，为办案人员提供分析对比依据。将声音数据类似指纹收集模式纳入人工数据库，让人工智能发挥“工具理性”，利用对声音细节的高度敏感度，找出专家证言和司法鉴定对声音主体鉴定的错误，科学识别伪造和虚假证据，提高声音主体真实性判断。

五、声音内容的真实性推定规则

判定电话交谈证据的证明力实质上是对声音内容的推定，隐藏了“推定”的逻辑思维，借鉴域外内容真实推定的方法，对电话交谈声音内容的真实性推定进行认定。

（一）适用证明负担减轻规则

2017 年，美国修订《联邦证据规则》制定了第 902（13）和（14）减轻电子认证的负担，要求满足相关因素中的一个或两个就足以让法院相信陪审员可以发现其真实性。具体采用规则是第 104（a）条中关于证据可采性的初步问题的一般规则和第 104（b）条中“条件相关性”规则，结合两个规则对电子证据真实性认证。规则认为“当证据的相关性取决于一个事实是否存在时，必须引入足够的证据支持该事实确实存在。法院可以接受提出的证据，但条件是迟些提出证据。”

---

① Vivek Wadhwa, Laws and Ethics Can't Keep Pace with Technology: Codes we Live by, Laws We Follow, and Computers that Move too Fast to Care, MIT Technology Review, 2014.

案例八：女士起诉她的上司在职位升迁上，因“歧视女性”，将职位给予比她资历低的男士，她通过一则电话谈话录音作为证据，录音内容涉及上司对女士的歧视话语。上司律师以“没有证据证明该电话里的声音是上司，并且上司的电话是办公电话，任何人可以使用；并有5个参会人可以证明上司在开会，根据公司规定开会期间不可以打电话”进行辩驳。[①]

在案例八中，法官认为，首先，辩护律师没有对排除电话谈话作出任何解释，只是得出原告证据没有足够基础的结论。其次，律师没有提供证据表明上司不是声音本人，而是推测可能是其他人，法官可要求原告律师出庭“证明是否定的”，即只有上司才是说话者。但根据规则第104（a）条，原告不需要承担证明声音的可接受性责任。相反，原告所要做的就是与对方碰面，根据第901（a）条规定，原告的义务是“提供证据”足以支持一项发现，即该证据是证据提出者所主张，不需要确定性。所需要的只是足够的证据说服一个合理的陪审员，虽然被告律师辩驳原告没有任何证据证明声音是上司，但原告已经证明了这通电话来是上司的电话拨出，电话号码是公司的电话。根据规则第901（b）（4）条“外观、内容、实质或该物品的其他显著特征综合起来在所有情况下”倾向于表明该电话是上司打的。除非有明显推翻原告主张的证据，如“它可能被黑了”或“它可能被剪辑修改过”。

我国可以借鉴美国法官根据《联众证据规则》对声音内容真伪辨别：如果证据的提出者提出了可信的证据，而证据的反对者只是推测或猜测，而不是事实，只是反驳关于证据是如何或由谁“可能”创造出来的，法官不接受反驳者的意见而采纳该证据。同时，运用人工智能提高声音内容推定的合逻辑性与准确性。人工智能审查证据内容的可能性、一致性与详细性，通过大数据分析、运算与线性逻辑思维推理，对供述内容分析，找到矛盾与漏洞，提示法官内容瑕疵，提高真实性判断。借鉴人工智能似真推理，降低内容推理的不准确率，当法官对证据内容真实性推定存在冲突时，人工智能似真推理模拟人的思维模式，对声音资源的证据坚固与可靠性大小推理，对声音冲突内容进行似真性排序，确定最大似真情况。对专家证言、鉴定意见进行似真评估。通过类似上述人工智能似真推理为科学证据采纳提供借鉴，帮助法官对声音内容的推定选择最好认定方案，提高法官对证据判断的准确率。

---

① Hon. Paul W. Grimm, Daniel J. Capra, Gregory P. Joseph, Authenticating Digital Evidence, Baylor Law Review, 2017, vol. 69, p. 6.

（二）运用心理学揭露谎言推定声音内容的真伪

运用心理学从说话者的语音与内容推定声音内容的真伪，揭露声音内容是不是谎言：一是从声音内容角度，包括事件、态度、情绪与情感；二是从发出声音的手段角度，又包括捏造、隐瞒、暗示与伪装。通过内容和手段，推定说谎者的动机，挖掘说谎者的真实目的和隐藏的利益。同时，从说谎者在案件中的角色、谎言的方式、说谎的后果及谎言的识别度推定声音内容的真伪。① 要进一步推定是否说谎，还应从音色、音量、语速、语气等角度，从词语的选择、修辞语的选用，以及结合当前我国的语言检测，检测说话者在紧张情绪下发音器官是否异变，脑电与肌电信号检测衔接，将测谎技术纳入声音内容真实性认定中，提高声音内容推定的真实性。

（三）采用特定案件犯罪隐语推定声音内容的真伪

有的刑事案件犯罪行为具有较强的隐蔽性，尤其是在走私、贩卖毒品、拐卖人口案中，狡猾的犯罪分子往往采用交往、联络的行话实施犯罪，将电话交谈中录制截取的行话分析是发现犯罪的重要线索及有罪证据的方式之一，如在贩卖毒品的犯罪中，犯罪分子在电话交谈中常常采用隐语交易："四号"暗指四号海洛因、"蚂蚁上树"暗指医用注射器注射毒品、"调蹬踢"暗指毒品交易用语②，"货"在多种犯罪中都有涉及。在电话交谈声音内容中，可以结合犯罪隐语推定犯罪的动机与意图，结合隐语的多样化、复杂化等特点，再结合案发的时间、地点、手段、背景与语境进行综合推定。故对犯罪隐语的识别能够起到对声音内容真实性推定作用，但不一定能够作为唯一定案依据，还需结合其他证据综合认定。

整体而言，电话交谈的声音真实性判断标准模糊，完全任由法官自由心证，即影响了案件事实真实客观的实质认定，又增加了法官办案的内心压力。采用本文如上之方法，形成"形式＋实质"复合体系化之声音真实性的辨认规则，助力司法实践证据辨认的科学性。

结　语

如何辨析电话交谈的声音真实性直接关系案件事实的认定与实质正义的实现。声音真实性认定具有系统性、规则性与逻辑性。首先是对外部层面—载体

---

① 羊芙葳：《谎言的识别研究》，华中科技大学2010年博士学位论文，第123页。

② 陈建蒙：《涉毒隐语、行话释义》，载《江苏警官学院学报》2006年第2期。

与数据的审查，采用审核认定规则；其次是中间层面—声音主体认定，采用推定规则；最后是内部层面—声音内容，采用推定规则，三个层面依次进行。倘若一个层面的失真，将导致整个声音证据不真实，影响证据证明能力。细化电话交谈声音审核规则，便于法官从容适法，实现案件事实认定的真实客观。

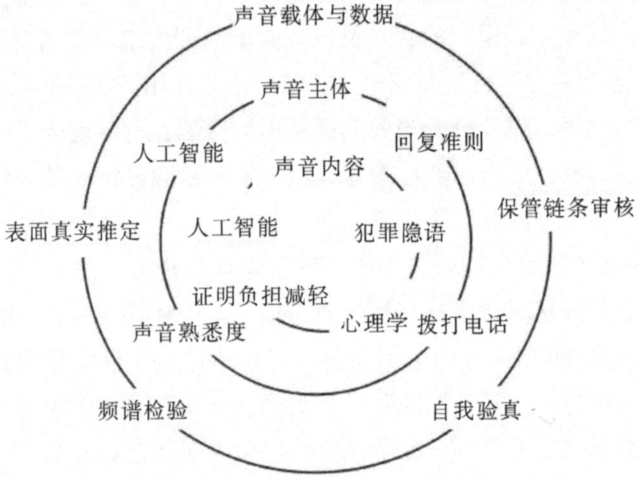

图1　电话谈话声音真实性认定的途径

（陆银清：湖南省怀化市人民法院）

论客观预备合并之诉的程式与裁判规则

——以《民法典》与《民事诉讼法》的交互衔接为视角

梁春霞

《民法典》对民事实体法规范进行了体系整合和理论升华，为实体法与程序法的相互融合衔接提供了充分的基础，而《民事诉讼法》亦强化了民法的裁判规范功能。客观预备合并之诉是实现民法规范和程序法规范衔接的重要一环，是解决请求权竞合问题的最优路径。但是客观预备合并之诉亦存在法律规范缺乏、司法审判标准杂异等问题。司法实务中当事人如何提起、法院如何审理并不明确，故应以旧实体法说为基础，保留现有的请求权体系和传统诉讼标的理论，允许权利人同时提出有竞合关系、具有先后顺位的数个请求权，形成从起诉到审理，再到衔接的客观预备合并之诉司法裁判规则。

2020年5月28日，《民法典》在第十三届全国人民代表大会第三次会议表决通过，其不仅为民事诉讼理论的验证提供了更加广阔的试验场，而且也为程序法与实体法的相互融合衔接提供了充分的基础。《民法典》对民事实体法规范进行了体系整合和理论升华。[①] 而《民事诉讼法》可以强化民法的裁判规范功能，对民事权利起着保存、扩张和强化作用；同时，民法请求权基础之于诉讼标的、案由的确定、证明责任分配等具有决定性的意义。[②] 在具体的诉讼中，原告在起诉状中列明诉讼标的，法院以此作为审判对象，作出相应裁判。那么围绕诉讼标的之内涵和识别标准等问题，民事诉讼法理论界存在着较大争议，不同学说之间的争议主要是围绕请求权竞合问题展开的，有旧实体法说

① 肖建国、丁金钰：《程序法视域下民法典违约精神损害赔偿制度的解释论》，载《苏州大学学报（哲学社会科学版）》2020年第4期。

② 江伟、肖建国：《民事诉讼法》，中国人民大学出版社2018年版，第29页。

(传统诉讼标的理论)、诉讼法说、新实体法说三种观点，其中旧实体法说占据主流，为现行通说。旧实体法说认为，诉讼标的是原告在诉讼中提出的具体的实体法上的权利主张，其识别标准是民事实体法上的请求权。但是由于实体法体系中存在请求权竞合的问题，故当基于同一生活事实同时构建两个或者多个实体法请求权时，就会导致理论上原告可基于同一事实获得重复给付的不公平现象，这是旧实体法说的缺陷与不足。虽然旧实体法说存在上述问题，但是其识别诉讼标的的范围却非常明确清晰，其亦更加贴近《民法典》民事权利体系。但如何解决请求权竞合之困扰，笔者认为应坚持旧实体法说的诉讼标的理论、辅以“客观预备合并理论”，允许权利人同时提出有竞合关系的数个请求权，但须向法院明确多个请求权之间的顺位关系，是较为合理的方案。客观预备合并之诉以承认请求权自由竞合说和旧实体法说为基础，不触动现有的请求权体系和传统诉讼标的理论，最大程度与现有体制保持一致，应该成为解决请求权竞合问题的首选途径。

一、问题剖析：客观预备合并之诉的司法现状与困境反思

（一）现象：一个纠纷不能一次解决

【案例一】A 与 B 公司的股东 H 签订股权转让协议，受让股东 H 所持有的 B 公司 10% 的股权，后 A 替 B 公司支付了 25 万元的房租，A 认为该钱款系其支付的股权转让款，A 起诉 B 公司，请求确认 B 公司的 10% 的股权属于 A 所有。庭审中，B 公司表示，上述钱款确系 A 替 B 公司支付，但是系借款，并非股权转让款。法院经审理后，认为股权转让协议存在瑕疵，未生效，故驳回了 A 的诉讼请求。基于上述同一笔钱款，A 以民间借贷为由，诉请 B 公司返还借款 25 万元及其资金占用利息。庭审中，B 公司自认上述钱款确系借款，故法院最终判令 B 公司归还借款并支付相应利息。

【问题】在庭审中，A 能否请求变更诉讼请求，提起客观预备合并之诉，主位请求为请求确认 B 公司的 10% 的股权属于 A 所有，备位请求为如股东资格确认未获支持，则请求双方存在借贷，判令 B 公司归还借款并支付资金占用利息？法院在庭审过程中，能否就此进行释明？如经释明后，A 仍然不变更诉讼请求，而坚持原诉讼请求，应如何处理？具体见图 1。

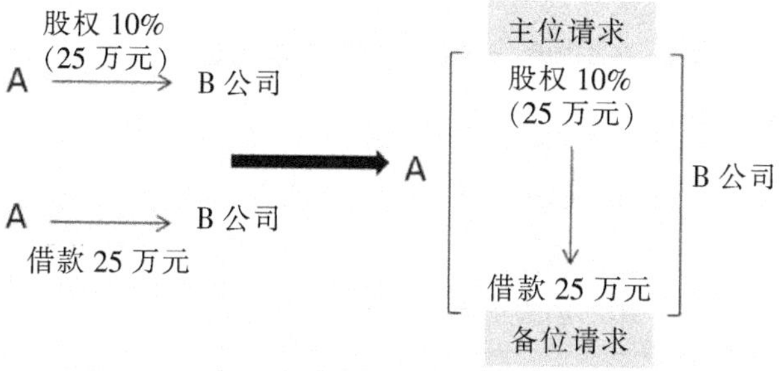

图 1　股权转让纠纷案例中诉讼请求示意图

【案例二】D 与 F 公司就“城中村”项目改造签订《协议书》，约定 D 于签订协议后五个工作日内支付 F 公司 50 万元的项目预付款，F 公司在 2018 年 12 月 1 日前只要项目开工即归还 50 万元给 D。现项目未能开工，D 认为上述 50 万元系借款，诉请 F 公司归还该钱款。法院经审理后认为，D 与 F 公司之间没有借贷合意，双方不存在借贷关系，故全部驳回了 D 的诉讼请求。基于上述同一笔钱款，D 以不当得利为由，诉请 F 公司返还 50 万元。法院最终判令 F 公司返还 D 上述钱款。

【问题】D 可否在本案中提起客观的预备合并之诉，主位请求为判令 F 公司归还 50 万元借款，备位请求为如认定借贷不能成立，则诉请以不当得利判令 F 公司返还 50 万元？具体详见图 2。

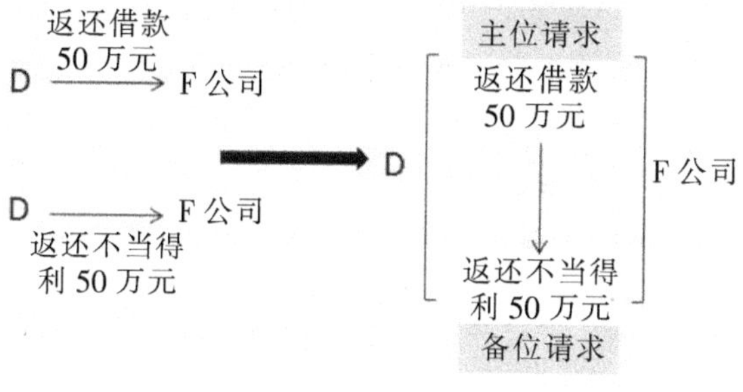

图 2　民间借贷纠纷案例中诉讼请求示意图

根据上述两个案例引发的问题，我们不得不思考客观预备合并之诉在司法审判实践中的运用现状。笔者以“预备合并”“民事”为关键词，在中国裁判文书网搜索到 45 篇裁判文书，主要涉及的案由为合同纠纷 40 件，劳动争议纠纷 1 件、债权人代位权纠纷 1 件、侵权纠纷 1 件、股东资格确认纠纷 1 件、股权转让纠纷 1 件，其中支持客观预备合并之诉的有 42 件，不支持的 3 件，具体理由详见表1。

表1　客观预备合并之诉支持与否的司法观点梳理

序号	支持与否	理　由
1	支持	原告的诉讼请求在诉讼法学理论上称之为预备合并之诉，并不违反我国民事诉讼法的相关规定，符合诉讼便利和经济的原则，也有利于对当事人争议裁判的协调统一，并无不当①
2		原告在提出一个主位诉讼请求后，可同时再提出一个预备诉讼请求，通过一次诉讼，穷尽追求自己可能得到利益的路径，使自己在同一事件中受到的损失，最大限度地获得司法救济，符合有关法律规定，本院予以支持②
3		该诉讼请求有先后顺序，并不能同时得到支持，是减少当事人诉累的一种诉讼方式，并非诉讼请求不具体、不明确，该诉讼请求符合《民事诉讼法》第119条第3项之规定，人民法院应当进行审理③
4	不支持	根据“一事一诉”的民事诉讼原则，原告提出的两个诉讼依法不应在一案中合并审理。经庭审释明后原告明确坚持其诉讼请求，不予变更或放弃，故原告的诉讼请求没有固定并唯一，不符合《民事诉讼法》第119条第3项的规定，故驳回原告诉讼请求④
5		诉的预备合并仅是学理上解释，现行法律未有明确规定，孙某的上诉主张不成立⑤

基于上述两种不同的观点可知，司法实践中关于客观预备合并之诉并未形成统一的裁判标准，但是细观最高人民法院的相关案例，我们仍然可以窥见司

① 北京市知识产权法院（2020）京73民终3358号民事判决书。
② 湖北省宜昌市夷陵区人民法院（2020）鄂0506民初690号民事判决书。
③ 呼和浩特市中级人民法院（2016）内01民终874号民事判决书。
④ 最高人民法院（2016）最高法民终416号民事判决书。
⑤ 内蒙古自治区赤峰市中级人民法院（2019）内04民终5791号民事判决书。

法裁判的倾向性意见。最高人民法院在（2016）最高法民终416号案件中否定了客观预备合并，但是在（2019）最高法民申1016号案件中却认可了客观预备合并，认为其不违反民事诉讼法的相关规定，符合诉讼便利和经济的原则，也有利于法院对当事人争议裁判的协调统一。有鉴于此，客观预备合并之诉逐步得到最高人民法院的认可，司法倾向性意见还是允许并接受当事人提起预备合并之诉，其具有一定的现实必要性和需求性。当然，客观的预备合并之诉仍然存在诸多问题，其具体如何操作有待于探讨研究，例如何种情形下可以提起客观预备合并之诉，客观预备合并之诉有哪些类型；当事人如何提起客观预备合并之诉，诉讼请求如何设定；客观预备合并之诉的诉讼费用收取标准如何；法官如何行使释明权；法官如何审理裁判客观预备合并之诉；客观预备合并之诉上诉审理范围等。

（二）反思：客观预备合并之诉的现实必要性与现存问题

1. 客观预备合并之诉的现实需要与司法功能

（1）实现民法与民事诉讼法的法理互通

长期以来，部门法学之间存在“各自为阵”的弊病，民法与民事诉讼法亦存在这样的问题，从而人为地造成了解决同一法律问题的法律概念与理论之间的割裂，给司法审判造成了认知差异与混乱。坚持实体法说的诉讼标的理论，将诉讼标的界定为“当事人向法院提出的请求权主张”具有两方面的益处：一方面，民法理论主张，“请求权”是民事基础权利的救济权、是私法性质的权利，将诉讼标的界定为“当事人向法院提出的请求权主张”，则“基础权利—请求权—请求权主张（诉讼标的）”的概念逻辑非常清晰，实现了民法理论与诉讼法理论的互连互通。另一方面，《民法典》改变了原《侵权责任法》的“大侵权请求权保护模式”，深化了物权请求权、人身权请求权、身份权请求权等支配权请求权细化的趋势，这样请求权竞合必然从违约责任与侵权责任请求权竞合向更多竞合类型拓展，根据诉的预备合并理论形成的前述请求权竞合解决方案较之其他方案更能适应这种立法趋势。①

（2）纠纷一次性解决

“一次性纠纷解决”是源自美国的一项司法原则，包括两方面的含义：一是全部请求合并规则，即某一当事人在向其他当事人提出请求时，应当提出与

① 王德新：《〈民法典〉中请求权竞合条款实施研究》，载《法学杂志》2021年第5期。

双方之间的纠纷有关的全部诉讼请求；二是全部当事人之合并规则，即对某项纠纷有请求或义务的人都应当作为本案的诉讼当事人。① 这体现了一种实用主义的司法理念，“实用主义的方法，……是确立方向的一种态度，这个态度不是去看最先的事务、原则、范畴和假定是必需的东西，而是去看最后的事物、收获、效果和事实。”② 虽然我国长期面临“案多人少”的司法困境，但“一次性纠纷解决”原理并没有受到学术界和司法界足够的重视。法院审判未能贯彻“一次性纠纷解决”原理的原因主要有：当事人对诉讼请求处分不当，对本应一并主张的诉讼请求未能全部提出；诉的合并制度单一，诉的竞合合并、预备合并理论等不被承认；法官为求快速结案而忽视“案结事了”的要求，为再次诉讼留下诱因等。③ 但是，客观预备合并之诉却可以在坚持诉讼标的理论通说的基础上，基于同一事实，一次性解决双方当事人之间的纠纷。

2. 客观预备合并之诉的现存问题

（1）诉讼标的理论与司法实践脱节

诉讼标的是当事人展开诉讼活动的基础，是法院审理和裁判的对象，诉讼标的的识别对于贯彻一事不再理原则、维护民事既判力有重要意义，也是认识诉的提起、变更、合并、分离的重要工具。然而，从事民事诉讼学研究的人私下都承认，诉讼标的理论是由“请求权竞合”问题引发的一个理论“怪圈”。④ 诉讼标的作为客观预备合并之诉研究的基础，纷繁复杂，与司法实践脱节，导致客观预备合并之诉研究仍处于边缘化位置，未形成系统的理论通说，相关论述也大多是简单套用大陆法系国家的学说，对于司法实践中面临的现实难题缺乏针对性的解决措施，一度使得其陷入适用尴尬的局面。

（2）法律规范指引缺失

《最高人民法院关于适用〈中华人民共和国民事诉讼法〉的解释》（以下简称《民事诉讼法司法解释》）第221条规定，“基于同一事实发生的纠纷，当事人分别向同一人民法院起诉的，人民法院可以合并审理”。由此，客观预备合并之诉在司法解释的层面有了前提条件，但就其本身而言，并无明确的法

① 王惠奕：《美国民事诉讼的一次性解决纠纷原则——以反诉制度为视角》，载《广西政法管理干部学院学报》2001年第4期。

② 张乃根：《西方法哲学史纲》，中国政法大学出版社1993年版，第249页。

③ 北京市第一中级人民法院课题组：《关于建立民事审判“纠纷一次性解决机制”的调研报告》，载《法律适用》2013年第1期。

④ 吴英姿：《诉讼标的理论“内卷化”批判》，载《中国法学》2011年第2期。

律规范规定。然而，部分地方司法性文件中曾对这一概念或类似概念作出界定，例如上海市高级人民法院《关于审理涉及债权转让纠纷案件若干问题的解答》（2006 年 6 月 23 日颁布）第 2 条规定："预备诉讼是在同一诉讼中，同一原告针对同一被告在主要诉讼请求得不到满足时的备位诉讼请求……"。又如重庆市高级人民法院《关于当前民事审判若干法律问题的指导意见》（2007 年 11 月 22 日颁布）第 52 条规定："补充性诉讼请求，又称预备性诉讼请求，是指当事人提出两个或两个以上的诉讼请求，为了防止第一位的主要请求不被承认，事先就提出如果第一位的主要请求不被承认就要审理第二位次要请求，如果第一位的主要请求被承认就不用审理第二位次要请求的情形……诉讼中不必要求原告必须选择一个请求提交法院审判，但判决必须确定具体"。

（3）司法实务审判标准异杂

不同的法官基于专业背景、知识储备及实践经验等的差异，法官对同一法律条款的理解与认知或存在一定程度上的差异，"同法不同解"导致对客观预备合并之诉会有不同的态度，审判标准杂异。就前述对现行司法裁判观点的梳理可知，法官支持或不支持客观预备合并之诉，其分歧主要在于对《民事诉讼法》第 122 条第 3 款的理解不同，即诉讼请求是否具体明确。此外，法官在处理该类案件过程中，除了自身业务能力限制，亦缺乏明确、有针对性的类案裁判规则，例如如何提起客观预备合并之诉，法官均无裁判规则可循。因此，在案件日益增多，法官工作量增大的情况下，"一事一诉"似乎更有利于法官审结案件。此外，司法责任制改革后，"让审理者裁判，让裁判者负责"，法院内部管理上去行政化，独任法官、合议庭获得审判的主动权，法官个体司法裁判能力的差异便突显出来，同类案件不同判的现象也相应增多，从而在某种程度上也会影响法官对客观预备合并之诉的司法态度。

二、理性思辨：客观预备合并之诉的类型化分析

请求权，请求他人为一定的行为（作为或不作为）。请求权基础，指得支持一方当事人向他方当事人有所主张的法律规范。请求权竞合，指以同一给付目的数个请求权并存，当事人得选择行使之，其中一个请求权因目的达到而消灭时，其他请求权亦因目的达到而消灭；反之，就一个请求权因目的达到以外

之原因而消灭（如罹于实效）时，则仍得行使其他请求权。①《民法典》总则编并未设置关于请求权竞合的一般条款，而是采用对部分典型的请求权竞合情形分别应对的立法技术，但是其又未对全部的请求权竞合情形予以回应。② 因此，当发生请求权竞合时，当事人如何恰当地向法院主张权利，从而采取最优方式维护自身的合法权益，是诉讼法需要考量的重要问题。而客观预备合并之诉，便是最优的诉讼方式。

（一）缘起：当事人提起客观预备合并之诉的原因分析

客观预备合并之诉提起的前提是当事人有多个不同的诉讼请求，存在主次之分，且不同请求之间相互排斥，不能同时获得支持。那么当事人为何要提起客观预备合并之诉，其原因主要有以下几个方面。

1. 请求权基础的不同

若同一法律行为既构成违约，又构成侵权，当事人得选择不同的请求权基础，提出不同顺位的请求权。例如当事人先按照合同约定，请求违约方赔偿 8 万元违约金，如违约金得不到支持，则依据侵权提起备位请求，要求对方赔偿经济损失 5 万元。由此，当事人是根据实体法所赋予的不同实体权利，结合利益最大化所提出的客观预备合并之诉。

2. 合同性质认识不同

如双方当事人有资金往来，但是否有借贷合意不明，原告主位请求要求偿还借款，备位请求要求返还不当得利。又如，父母与儿子媳妇签订远远低于市场价格的房屋买卖合同，房屋完成过户，但是购房款一直未支付，后儿子媳妇准备离婚，现父母想要回房子，那么双方之间的合同性质是房屋买卖合同，还是名为买卖实为赠与？

3. 合同效力认识不同

如原告主位请求为确认保证合同有效，要求被告承担连带保证责任，若法院认为保证合同无效，原告提出备位请求要求被告承担过错赔偿责任。又如主位请求为要求撤销抵押合同，备位请求为解除抵押合同。还如原告主位请求为确认合同无效，如法院审理后认为合同有效，原告提出备位请求要求解除

---

① 王泽鉴：《民法思维：请求权基础理论体系》，北京大学出版社 2009 年版，第 46、51、131 页。

② 王德新：《〈民法典〉中请求权竞合条款实施研究》，载《法学杂志》2021 年第 5 期。

合同。

4. 责任承担方式不同且相互排斥

如原告主位请求要求法院确认合同解除，被告返还原物，如法院不支持合同解除，则提出备位请求为继续履行合同，请求对方支付价款。又如当事人在合同中既约定了定金，又约定了违约金，起诉时主位请求要求双倍返还定金，备位请求为要求支付每日万分之五的违约金。

（二）分类：客观预备合并之诉的类型化分析

1. 合同责任与准合同责任间请求权竞合的客观预备合并之诉

《民法典》将无因管理、不当得利纳入了“准合同”编，但是合同、无因管理、不当得利属于三种不同类型的独立之债。在特定条件下，当事人一方因为合同而取得之利益，亦可以成立不当得利。① 根据前文对司法审判现状的梳理，往往存在很多合同与不当得利竞合的情形，例如当事人先以民间借贷起诉，当借贷诉请被驳回之后，再以不当得利另行诉讼。

2. 合同责任与侵权责任间请求权竞合的客观预备合并之诉

按照通说，合同责任按其产生的时间阶段依次包括缔约过失责任、合同无效责任、违约责任和后契约责任。② 上诉四种合同责任形态均有可能与侵权责任发生竞合，产生客观预备合并之诉，具体如下：（1）缔约过失责任与侵权责任竞合。缔约过失责任发生在合同订立阶段，即合同未生效，属于先契约责任，其保护的是当事人的信赖利益。《民法典》第500条规定，在订立合同过程中，因一方恶意磋商、故意隐瞒、提供虚假情况等违背诚实信用原则的行为造成对方损失的，应承担赔偿责任。因缔约过失行为损害对方权益的，受害方可基于缔约过失责任与侵权责任产生两种请求权，从而发生请求权竞合。（2）合同无效责任与侵权责任的竞合。合同无效一般发生在合同成立之后、生效履行之前，为合同责任，不属于违约责任，保护的也是当事人的信赖利益。《民法典》第157条明确了合同无效后将财产予以返还、折价补偿、损害赔偿等责任。在同时符合侵权责任构成要件时，也会发生请求权竞合。（3）违约责任与侵权责任竞合。违约责任发生在合同生效后，包括预期违约、实际违约和

---

① 邹海林：《不当得利请求权与其他请求权的竞合》，载《法商研究》2000年第1期。

② 杨立新：《中国合同责任研究（上）》，载《河南省政法管理干部学院学报》2000年第1期。

加害给付三种情形，因违约造成合同相对方人身财产权益受到损害的，会产生违约与侵权两种请求权竞合。《民法典》总则编第186条①即规定了这两种请求权竞合的情形，我国司法实践的处理规则多遵循“择一行使、择一消灭”模式，但该种模式有违诉讼运行规律和诉讼法理，可能会侵害受害人的合法权益，导致受害人的两个请求权都无法获得司法保障。因此，对该条文的理解，应采用文义解释，着眼于“有权”，即受害方在起诉时“有权选择行使最有利于自己的一个请求权”，也“有权同时主张存在竞合关系的两个请求权”，以主位请求和备位请求的方式提出。但是需要注意的是，如原告未提起备位请求，而是选择最有利于自己的一个请求权，则应视为其放弃另一请求权，此既符合第186条的条文释义，又尊重了原告的处分权和选择权，更能为请求权人提供更加全面合理的保障。（4）后契约责任与侵权责任竞合。后契约责任是发生在合同终止履行之后，一方当事人违反合同的附随义务而产生的。《民法典》第558条规定，债权债务终止后，当事人应当遵循诚实信用原则，根据交易习惯履行通知、协助、保密、旧物回收等义务。

3. 准合同责任与侵权责任间请求权竞合的客观预备合并之诉

如前所述，无因管理、不当得利纳入《民法典》的“准合同”编，此类与侵权的竞合主要有以下两种情形：（1）不当得利的本质是“受益人获利、没有合法根据”，一般包括两种类型：一是给付不当得利，包括自始欠缺目的、目的不达、目的消灭；二是非给付不当得利，包括侵害他人权益不当得利、支出费用偿还不当得利、求偿不当得利。② 其中，侵害他人权益的不当得利与侵害责任存在竞合，亦会发生客观预备合并之诉。

4. 支配权请求权与侵权责任请求权间的客观预备合并之诉

《民法典》相较于《侵权责任法》而言，改变了大侵权保护模式，增加了物权、人格权、知识产权、身份权等对应的请求权，有利于当事人明确具体的请求权，同时也增加了其与侵权请求权竞合的概率。例如《民法典》物权编第238条是关于物权请求权与侵权责任或合同责任请求权竞合的条款，其规定：“侵权物权，造成权利人损害的，权利人可以依法请求损害赔偿，也可以

---

① 《民法典》第186条规定：“因当事人一方的违约行为，损害对方人身权益、财产权益的，受损害方有权选择请求其承担违约责任或者侵权责任。”该条延续了《合同法》第122条和《合同法司法解释（一）》第30条的规定。

② 王泽鉴：《不当得利》，北京大学出版社2009年版，第25页。

依法请求承担其他民事责任。”人格权编第995条是关于人格权请求权与侵权责任请求权竞合的条款，其规定：“人格权受到侵害的，受害人有权依照本法和其他法律的规定请求行为人承担民事责任。受害人的停止侵害、排除妨碍、消除影响、恢复名誉、赔礼道歉请求权，不适用诉讼时效的规定。”上述法律规定是对请求权竞合时实体权利的回应，其赋予当事人违约与侵权责任的自由选择权。然而，因对合并之诉规则的忽视，当事人在实体权利的自由选择权往往被误解为必须择一行使、择一主张。

三、路径探索：客观预备合并之诉的程序规则与司法裁判

（一）起诉：客观预备合并之诉的提起与诉讼费用的承担

1. 当事人提出主义

当事人具有诉权，对诉讼请求的提出具有处分权，故客观预备合并之诉的启动应以当事人申请为主。原告一般在起诉阶段提起客观预备合并之诉，其应在起诉状中明确何为主位请求，何为备位请求。对于当事人的预备合并申请，法院应进行审查，符合标准的，应准许合并。当然，根据《民事诉讼法司法解释》第232条的规定，当事人也可以在法庭辩论终结之前提出。

2. 法官释明引导

法官在审理过程中，基于“判决矛盾”“诉讼经济”“纠纷解决”与诉讼程序平衡等价值考量，一方面，法官应允许原告提起客观预备合并之诉，但仍然应审查其请求是否明确，即是否符合《民事诉讼法》第122条的规定，“有具体的诉讼请求和事实、理由”。而如何认定诉讼请求是否明确，对原告提出主位请求和备位请求，原则上可以认为诉讼请求是明确的，但应要求原告对提出的备位请求的理由作出说明，两个请求都应有相应的基础事实和理由。如原告对备位请求提出无法作出合理说明的，完全不符合客观预备合并之诉的，法官应予以释明，引导其明确诉讼请求。另一方面，如原告没有提起备位请求，法官不应就此进行释明，其主要基于以下考量：一是在现有的传统诉讼标的理论为通说的情况下，原告即使不提起备位请求，其仍然可以另行诉讼予以救济；二是法官如释明原告增加一个备位请求，便打破了程序平衡；三是法院“案多人少”，由此将进一步增加法官的工作量和工作难度。因此，法官要尊重原告的处分权和选择权，允许其提起客观预备合并之诉，但是释明引导要适当。

3. 诉讼费用收取

我国2007年4月1日起施行的《诉讼费用交纳办法》，我国民事诉讼中的财产案件依争议的金额或者价额按一定比例分段累计交纳。在诉讼实践中，争议的金额或者价额通常以原告诉讼请求的金额为计算标准。在普通的诉讼形态中，当事人的多项诉讼请求相互独立，一般以各项请求数额之和计算诉讼费用。但是在客观预备合并之诉中，主位请求和备位请求存在顺位差别，主位请求不予支持，才审理备位请求。因此，客观预备合并之诉与普通的诉讼形态不一样，如果按照普通的诉讼形态收取费用，对当事人不合理。如广东省高级人民法院审理的一起客观预备合并之诉案件，认为客观预备合并之诉存在主位请求和备位请求，但是两者不能并存，不可能同时获得胜诉判决，至多只能有一个获得胜诉判决，所以不能对二者合并计算诉讼标的额，只能择其较高者计算诉讼标的额。① 但是上述处理方式亦存在一定问题，如主位请求的标的较高，那么按照主位请求计算诉讼费，但是如果主位请求不予支持，那么法院还需要审理备位请求，但是该部分诉请金额，当事人并未缴纳诉讼费。因此，对于客观预备合并之诉的诉讼费用，应该作出有别于一般合并之诉的特别规定：一是在主位请求获得胜诉判决的情况下，备位请求无需再进行审理，故交纳主位请求的诉讼费即可，备位请求不缴纳诉讼费用。二是主位请求不予支持，需要审理备位请求。此时当事人交纳主位请求和备位请求的诉讼费用，其中备位请求诉讼费用参照主位请求诉讼费用按照一定比例缴纳。三是上诉的诉讼费用按照上诉请求的金额或价额计算，原被告都上诉的，各自缴纳诉讼费用。

（二）审理：客观预备合并之诉的裁判规则

1. 一审法院审理与裁判的规则

客观预备合并之诉的主位请求和备位请求有先后顺位差别，备位请求是对主位请求的补救或者备选。“在客观的诉之预备合并，法院应按原告诉之声明所列数项请求之顺序，依次审判之。换言之，即应就先位之诉先审判，必须认为先位之诉为无理由时，始得就预备之诉调查审判。”② “惟数诉之行预备合并者，法院应依原告所为预备或假定之声明，先就第一位之诉有无理由为辩论，非认第一位之诉为无理由，不得就第二位之诉为审判。”③ 因此，一审法院应

① 参见广东省高级人民法院（2018）粤民初120号民事判决书。

② 吴明轩：《民事诉讼法》，五南图书出版公司1981年版，第133页。

③ 石志泉原著，杨建华增订：《民事诉讼法释义》，三民书局1981年版，第284页。

对先位之诉（先位请求）进行审理，如果认为先位诉请有理由，则应支持主位请求，驳回备位请求；如果认为主位请求没有理由，备位请求有理由，则判决支持备位请求，驳回主位请求；如果经审理认为主位请求和备位请求均不能成立，则判决驳回全部诉讼请求。

但是有一种情形比较复杂，即是主位请求得到部分支持的，备位请求是否予以审理 。该种情形应结合当事人提起客观预备合并之诉的原因进行综合分析，如果客观预备合并之诉是根据合同性质不同、合同效力不同而提出的，因诉讼请求之间是相互排斥的，如果主位请求对应的合同性质、合同效力得到法院支持认可的，仅仅是诉请金额不能得到全部支持的，法院应根据主位请求进行判决。如果是基于请求权基础不同、责任承担方式不同，而作出的主位请求与备位请求，鉴于当事人在实体上同时有两种以上权利，更多是基于可得利益作出的选择，如果法院经审理后认为，主位请求获得的金额小于备位请求可以获得支持的金额，应按照支持备位请求作出的判决。

2. 二审法院审理范围的确定

二审法院审理范围一般是根据上诉人的上诉范围而定，而上诉人一般又是针对一审法院判决主文提出上诉。在客观预备合并之诉之中，一审法院对主位请求、预备诉请的判决结果不同，导致二审法院审理的范围亦有些许不同。

（1）一审法院支持主位请求

一审法院支持原告主位请求，原告正常情况下是不会上诉的，上诉请求往往是被告提出的。此时，二审法院应首先审理主位请求是否成立，如果成立，二审判决维持即可。如果二审法院认为上诉理由成立，即主位请求不能成立，为维护当事人的上诉权利，二审法院应在此情形下将案件发回一审法院重审，而不能直接改判，以便保障当事人的诉权。

（2）一审法院支持备位请求

一审法院判决支持备位请求的，原告或者被告均有可能不服而提起上诉，故根据上诉人不同分为三种情形：一是原告上诉，被告未上诉。原告提起上诉，主要是要求支持主位请求，或者全额支持备位请求。鉴于被告并未提起上诉，故二审法院应围绕上诉请求进行审理。如果原告上诉要求改判支持主位请求，那么法院应当审理主位请求能否得到支持，如果主位请求成立，那么二审法院可直接予以改判；如果不成立，那么可判决驳回上诉，维持原判。如果原告仅仅是针对备位请求未获得支持部分提起上诉，那么法院应就该未获得支持的部分进行审理，无需对主位请求进行审理，如果认为可予以支持，那么直接改判；如果认为不可支持，则判决驳回上诉，维持原判。二是被告上诉，原告未上诉。被告上诉要求驳回全部备位请求，或者要求减少备位请求金额，原告未上诉，二审法院应首先审理备位请求是否成立，如果成立，则予以维持；如果不成立，则还应审理主位请求是否成立，如主位请求成立，则改判支持主位请求，如主位请求不成立，则改判驳回全部诉讼请求。三是原被告均上诉。此时，当事人主要根据双方上诉的诉请予以确定上诉审理范围，如原告上诉要求支持主位请求，则首先审理主位请求是否成立，再审理备位请求。如果双方都仅仅针对备位请求上诉，那么法院应审理备位请求，如果认为备位请求成立，则判决维持；如果仅仅是备位请求金额调整，那么审理之后进行对金额进行调整即可；如果认为备位请求不成立，那么应当审理主位请求，进而改判支持主位请求，或者改判全部驳回原告诉讼请求。

（3）一审法院判决驳回原告全部诉请

一审法院驳回原告全部诉请情形下，被告一般不会再提起上诉，而提起上诉的往往是原告，原告上诉要求法院支持主位请求，如果主位请求不能获得支持，则请求支持备位请求。二审法院审理范围可类同于一审法院，不再赘述。

（三）衔接：客观预备合并之诉的配套制度

1. 完善关联案件数据识别

通过大数据信息处理，识别出所有关联案件，并且在法院审判系统中增加“关联案件链接”切口，法官可以随时查看基于同一事实的关联案件，而后通过释明，引导当事人在同一案件中提出客观预备合并之诉。当然，此种情形之下，涉及管辖权问题，例如与不动产有关的案件便涉及专属管辖。因此，当事人提起客观预备合并之诉时，亦需要注意法院管辖权。而从立法部门和法院角度来看，亦需要通过法律制度完善及配套制度设计来解决上述问题。

2. 形成客观预备合并之诉类案裁判规范

类案裁判方法总结虽然没有法律效力，但是具有一定的参考性和约束性。对客观预备合并之诉进行类案裁判方法总结，形成相应的类案裁判规范，指导司法审判实践。当然，类案裁判方法总结的撰写与形成，需要法官群体相对一致地正确运用“法律解释方法”“法律适用方法”“利益衡量方法”，在归纳时，更加注重提炼审判的技巧性经验、总结专业的归纳演绎方法，并由一定的审核机制予以规范。

3. 提升法官业务能力

通过提升法官业务能力，可以不断缩小不同法官之间裁判标准的差异。一是短期内清晰认识办案人员的个体能力差异，优化人员匹配，根据案件难易程度，科学合理区分案件繁简类型，加强人案适配，确保案件的质效水平。二是长期规划要重视法官队伍整体司法能力提升，重视法官法律思维和方法论培养，特别是实体法与程序法交互思维训练，着重提高法官举一反三解决各类疑难问题的能力。

结 语

在《民法典》新时代，民事诉讼法的总体任务不是局限于私权的确认和实现，而是国家对于完整的和有生命力的私法秩序进行持续性的保护。因此，实体法理论和程序法规则需要对接、契合、统一，完成民法规范和程序法规范的合理有效衔接。而客观预备合并之诉便是实现民法规范和程序法规范衔接的重要一环，其以请求权自由竞合说和旧实体法说为基础，保留现有的请求权体系和传统诉讼标的理论，最大程度与现有体制保持一致，是解决请求权竞合问题的最优路径。当然，客观预备合并之诉在学理和司法审判实务中都极其复杂，对其理论和实务研究仍然有待于进一步探索和完善。

（梁春霞：上海市第一中级人民法院）

论未成年人致人损害案件中适格被告的论争与厘定

聂 丹

程序法以保障实体法的实现为目的，实体法则通过司法程序得以检验其正当性与实效性，因此二者应当相契合、相协调。当前有关未成年人致人损害的司法案件中，对于被告的选择存在不同的观点和做法，也因此产生了一些争议和问题：原告仅以未成年人为被告，大部分判决却最终要求其监护人承担侵权责任，这就面临违反法理的质疑；原告将监护人列为被告，可能面临将致人损害且有独立财产的未成年人置于何种诉讼地位的拷问；原告以未成年人和其监护人为共同被告，但最终赔偿责任由监护人承担，无法避免未成年人财产的有无是否为其承担责任的前提条件这一问题困境。然而，关于监护人与未成年人的诉讼地位，早在2015年《最高人民法院关于适用〈中华人民共和国民事诉讼法〉的解释》（以下简称《民事诉讼法司法解释》）新增的第67条①就予以明确，作为无民事行为能力人、限制民事行为能力人的未成年人，与其监护人列为共同被告参与诉讼，但程序法中法定代理人的相关规定与实体法中规定的监护人责任却让司法实务中的法官和受害人有了不同的考量，这也就意味着未成年人致人损害纠纷中有关实体规范和程序规定之间出现了龃龉。②

以上争执虽以程序问题为表现形式，但究其实质，其所折射出的却是对于《民法典》中监护人责任内涵理解的不同，尤其是在未成年人的责任能力、监

---

① 《最高人民法院关于适用〈中华人民共和国民事诉讼法〉的解释》（2022修正）第67条规定："无民事行为能力人、限制民事行为能力人造成他人损害的，无民事行为能力人、限制民事行为能力人和其监护人为共同被告。"

② 朱广新：《论未成年人致人损害的赔偿责任》，载《法商研究》2020年第1期。

护人责任适用的归责原则、监护人责任的性质等基本问题上所持立场的差别。因此，在对争议解决之道的找寻中，既要对程序法方面的规定表示关切、予以思考，同时也要对实体法层面的规定进行探讨。本文立足于未成年人致人损害纠纷所涉及的立法规范与司法实践，意图从解释论的角度对《民法典》第1188条的理解与使用表达自己的观点与看法，明晰未成年人致人损害纠纷中的责任承担主体，阐明未成年人致人损害中的适格被告，以期打破现有规范与司法实践不能完全相适应的尴尬局面，为实务中被告的确定、责任承担主体的确认提供一种较无争议的选择路径，实现受害人、致害的未成年人与其监护人之间的利益平衡。

一、未成年人致人损害案件中适格被告的立法规范与司法现状

（一）我国未成年人致人损害纠纷的规范梳理

1. 实体法上不同时期存在不同的责任承担模式

未成年人因缺乏足够的认知能力和辨别能力，在社会生活中常有实施侵害他人人身、财产权益的行为。为了救济受害人的权利，我国民事实体法对此进行规定，让受害人因未成年人的致害行为请求赔偿有确切正当的请求权基础。从规范发展脉络来看，我国在不同时期对于未成年人致人损害案件中的责任承担，并非一以贯之地以监护人为唯一责任承担主体，而是存在不同的立法模式和主体选择。

表1　我国不同时期立法针对未成年人致人损害的责任承担规定

法律规范（包含规范草案）	内容归要	所存变化
1955年《债编通则第一次草稿》第37条	区分无民事行为能力人（表格内以下简称无民人）和限制民事行为能力人（表格内以下简称限民人）的民事责任能力。无民人无责任能力，由其法定代理人负赔偿责任，限民人有责任能力，责任自负，但不能或赔偿不足时，由法定代理人赔偿	
1964年《民法草案（试拟稿）》第18条第3款	未区分无民人和限民人，规定监护人对于未成年人造成的财产上的损失，应当承担赔偿责任	取消限民人具有民事责任能力的规定

续表

法律规范（包含规范草案）	内容归要	所存变化
1980年《民法草案（征求意见稿）》第448条	采用“识别主义”，“能辨认自己行为的后果+有独立经济收入”的未成年人，与其监护人承担连带责任	对于损失的范围，不限于财产上的损害，扩大到“不法造成的损害”，即可包括人身上的损害
1982年《民法草案（第四稿）》第426条①	监护人承担责任，监护人能证明尽到了监护责任的，可以酌情减轻或免除其责任	删除了关于连带责任的规定
1986年《民法通则》第133条②	监护人承担民事责任，对于尽了监护责任的监护人，可以适当减轻其民事责任；单位担任监护人的，免除其补充性赔偿义务	对于尽到监护职责的监护人，删除了可以酌情免除其责任的规定
2010年《侵权责任法》第32条③	监护人承担侵权责任，监护人尽了监护责任的，可以减轻其侵权责任	取消“适当”这一字样，删除了关于单位监护人的除外规定
2020年《民法典》第1188条④	监护人承担侵权责任，监护人尽了监护职责的，可以减轻其侵权责任	将《侵权责任法》中的“监护责任”改为“监护职责”

① 本草案及其以上草案内容，参见何勤华、李秀清、陈颐：《新中国民法典草案总览》，法律出版社2003年版，第101、181、428、616页。

② 《民法通则》第133条规定：“无民事行为能力人、限制民事行为能力人造成他人损害的，由监护人承担民事责任。监护人尽了监护责任的，可以适当减轻他的民事责任。有财产的无民事行为能力人、限制民事行为能力人造成他人损害的，从本人财产中支付赔偿费用。不足部分，由监护人适当赔偿，但单位担任监护人的除外。”

③ 《侵权责任法》第32条规定：“无民事行为能力人、限制民事行为能力人造成他人损害的，由监护人承担侵权责任。监护人尽到监护责任的，可以减轻其侵权责任。有财产的无民事行为能力人、限制民事行为能力人造成他人损害的，从本人财产中支付赔偿费用。不足部分，由监护人赔偿。”

④ 《民法典》第1188条规定：“无民事行为能力人、限制民事行为能力人造成他人损害的，由监护人承担侵权责任。监护人尽到监护职责的，可以减轻其侵权责任。有财产的无民事行为能力人、限制民事行为能力人造成他人损害的，从本人财产中支付赔偿费用；不足部分，由监护人赔偿。”

由表1可知，关于未成年人致人损害的实体法规范，相关条款几经变更。在责任承担主体方面，从“二元”（有责任能力的限制民事行为能力人+监护人）→“一元”（监护人）→“二元”（能辨认自己行为的后果并有独立经济收入的未成年人+监护人）→“一元”（监护人）；在责任承担范围方面，从“受害人财产上的损失”→“致害人不法造成的损害”；在责任承担抗辩方面，从“可酌情减轻/免除”→“可适当减轻”→“可减轻”。这些立法上的变化反映出对受害人权益救济的愈加重视和对监护人责任承担的愈加规范，但同时也体现出在责任承担者这一问题上的反复与不确定。2020年颁布的《民法典》仅将《侵权责任法》第32条第1款的“监护责任”改为“监护职责”，并未对条文内容进行实质性修改。对于这一条文，诸如是否引入责任能力、监护人的归责原则、监护人责任性质等问题在学界仍未达成共识，而这些问题又直接影响责任承担主体的认定。实体法上清晰明确的权责关系，是程序法中适格当事人制度运行的基础。正因为实体法规范存在着诸多争议并且未得到妥善解决，反映到与之相衔接的程序法规范上便出现不协调的现象，以致实务中对于未成年人致人损害纠纷中的被告适格问题仍是意见纷呈。

2. 程序法上不同阶段采用不同的诉讼构造

对未成年人致人损害提起侵权诉讼，如何确定适格的被告是一直以来争议颇多的问题。最高人民法院出台相关司法解释则为法院审理案件提供了有效的指引，只是在不同阶段，最高人民法院出台的司法解释内容不同，由此呈现不同的诉讼构造。1988年发布的《最高人民法院关于贯彻执行〈中华人民共和国民法通则〉若干问题的意见（试行）》第161条①以经济能力和年龄作为未成年人承担责任的构成要件，实际上认可了满足条件的未成年人作为诉讼被告的地位，但是这一司法解释事实上突破了《民法通则》第133条的规定，《民法通则》第133条针对有财产的未成年人，只是表述为“从本人财产中支付赔偿费用”，但最高人民法院的这一司法解释直接规定行为人在诉讼时已满18周岁且有经济能力的“应当承担民事责任”，尽管未对未成年人与其监护人构成共同被告予以明确，但实际上建立起“满足条件的未成年人+监护人”的

---

① 《最高人民法院关于贯彻执行〈中华人民共和国民法通则〉若干问题的意见（试行）》第161条规定：“侵权行为发生时行为人不满十八周岁，在诉讼时已满十八周岁，并有经济能力的，应当承担民事责任；行为人没有经济能力的，应当由原监护人承担民事责任。行为人致人损害时年满十八周岁的，应当由本人承担民事责任；没有经济收入的，由扶养人垫付，垫付有困难的，也可以判决或者调解延期给付。”

被告构造。1990年最高人民法院就《吉林省高级人民法院关于监护责任两个问题的请示》作出答复，关于“侵权行为人在侵权时不满18周岁，在诉讼时已满18周岁，且本人无经济赔偿能力，其原监护人的诉讼法律地位应如何列”的问题，最高人民法院答复称“我们认为：原监护人应列为本案第三人，承担民事责任。因原监护人对本案的诉讼标的无独立请求权，只是案件处理结果同本人有法律上的利害关系，因此，系无独立请求权的第三人”。① 由此否定了监护人在未成年人致人损害案件中的被告地位。最高人民法院的答复从“实用主义”出发，因诉讼时行为人已成年，具备民事实体法规定的完全民事行为能力，所以在诉讼中能以被告的身份参与庭审，又因其不具备经济能力，所以将其监护人列为第三人，方便在判决时将监护人作为赔偿义务主体，以实现对受害人权益的救济。然而，这一具备司法解释性质的文件，却没有以实体法规范为基础，甚至可以说背离了《民法通则》第133条的立法原意。《民法通则》第133条规定监护人承担民事责任没有任何前置性条件，监护人作为实体法上的责任承担主体，其对应到程序法中也不应仅被赋予无独立请求权第三人的身份，而应该是充当“两造对抗”中的一方角色。2015年出台的《民事诉讼法司法解释》在其第67条明确提出了“共同被告”的诉讼构造，尽管2020年《民事诉讼法司法解释》作出修正，但对这一条文的内容并未做任何改动，因此一直沿用至今。

（二）我国未成年人致人损害纠纷的司法实践考察

为考察未成年人致人损害纠纷中对于被告适格问题的司法立场，笔者通过“威科先行·法律信息库”② 进行案件检索。以2010年7月1日至2015年2月3日为一个阶段，以2015年2月4日至2022年5月10日为一个阶段③，选择案由“监护人责任纠纷”，文书类型“判决书”，关键词“被告”和“未成年人”为检索条件。前一阶段检索到判决书82篇，后一阶段检索到判决书

---

① 载北大法宝法律数据库，https：//www. pkulaw. com. cn/，详见《最高人民法院民事审判庭关于监护责任两个问题的电话答复》。

② 载威科先行·法律信息库，https：//law. wkinfo. com. cn/，2022年5月10日最后访问。

③ 本文是从实体法规范影响程序中诉讼构造的角度来展开检索，因此选取《侵权责任法》施行的时间即2010年7月1日至2015年《民事诉讼法司法解释》施行时间这一时间段，并选择2015年2月4日至最后访问平台时间这一时间段，考察在《民事诉讼法司法解释》第67条适用前后，司法实践对于被告选择的不同立场。

236 篇，排除重复文书 12 篇，共检索到有关未成年人致人损害案件的判决书 306 篇。

1. 将未成年人及其监护人列为共同被告非唯一选择

通过对案例进行分析整理，发现实务中受害人选择被告存在三种情形，具体的分布情况为：

表 2　不同阶段未成年人致人损害案件被告情况及对应案件数量

2010 年 7 月 1 日至 2015 年 2 月 3 日		2015 年 2 月 4 日至 2022 年 5 月 10 日	
被告情况	案件个数	被告情况	案件个数
未成年人为被告	21	未成年人为被告	15
监护人为被告	13	监护人为被告	24
未成年人与监护人为共同被告	44	未成年人与监护人为共同被告	189

如表 2 所示，实务中占主流的观点是将未成年人与其监护人列为共同被告，前后两个阶段采取“共同被告”诉讼构造的案件数量占所检索未成年人致人损害案件数量的 76.1%，即使是在《民事诉讼法司法解释》第 67 条生效之前，仍有较多案件将未成年人及其监护人列为共同被告。2015 年 2 月 4 日之后，由于《民事诉讼法司法解释》第 67 条明确作出规定，因此实践中绝大多数情况下原告会选择将实施加害行为的未成年人与其监护人列为共同被告以维护自身合法权益。但与此同时，不管是在《民事诉讼法司法解释》第 67 条生效前还是生效后，都存在单独列未成年人为被告或以监护人为唯一被告的情形，且这些案件中的大部分法官在审理案件时，并未进行主动释明，向原告表示可以追加被告或者依职权追加被告，而是选择尊重原告的当事人处分权。2015 年 2 月 4 日前，一些受害人在起诉时仅将未成年人单独列为被告，主要依据《最高人民法院关于贯彻执行〈中华人民共和国民法通则〉若干问题的意见（试行）》第 161 条的规定。此外，因为未成年人是实施致害行为的行为主体，尽管未成年人不具有诉讼行为能力，但是可以由其监护人作为法定代理人代为进行诉讼活动，这是受害人依据《民事诉讼法》第 60 条①作出的被告选择。也有以《最高人民法院民事审判庭关于监护责任两个问题的电话答复》

① 《民事诉讼法》（2021 修正）第 60 条规定：“无诉讼行为能力人由他的监护人作为法定代理人代为诉讼。法定代理人之间互相推诿代理责任的，由人民法院指定其中一人代为诉讼。”

为法律依据，而选择将未成年人作为被告、将监护人列为第三人的案件。① 对于选择列监护人为单独被告的，则是贯彻了实体法规范中有关监护人责任的规定。对比表 2 中前后两个时间段以监护人为被告的案件数量，可以看到后一阶段比前一阶段还多增加了 13 份判决文书，并未因《民事诉讼法司法解释》第 67 条确立了“共同被告”的诉讼构造，而使得以监护人为被告的情形减少。以监护人为责任主体是侵权责任中的特殊规定，此种责任形态下责任人与行为人并非同一人，受害人在通过诉讼以求损害赔偿时，考虑更多的是最终有能力承担赔偿责任的主体，尽管按照《民法典》第 1188 条第 2 款（原《侵权责任法》第 32 条第 2 款）的规定，可以让未成年人先行赔付，但是从现实的角度考虑，如果在起诉时还要去调查未成年人是否有自己的独立财产，那对受害人而言无疑是增加负担，因此一些受害人选择以监护人为单独被告，以确保实现获得足额赔偿的目的。

2. 被告选择与责任承担出现相分离的情形

诉讼中的正当被告，应当是受案件判决拘束的当事人，在原告胜诉的情况下，即为依判决内容应承担责任的主体，然而，在将未成年人列为单独被告或共同被告的案件中，却呈现出案件被告与责任承担者相分离的情形。

表 3　不同被告选择情况下责任承担主体及对应案件数量

被告情况 责任承担方式	未成年人为被告	监护人为被告	未成年人与 监护人共同被告
未成年人单独责任	5	0	0
监护人单独责任	24	26	207
监护人补充责任	2	5	19
未成年人与监护人共同责任	5	6	7

由表 3 以观之，以未成年人为被告的 36 个案件中有 24 个案件的法官判决实施加害行为的未成年人的监护人承担赔偿责任。仅有 5 个案件判决未成年人与监护人共同对原告的损失承担责任，如“被告贾某 1 及其监护人贾某 2 赔偿原告李某 1 人民币 19882 元，于本判决生效后立即履行”②。在这一类案件中，

① 如张成洲与邢杰辉健康权纠纷案，详见河南省息县人民法院（2014）息民初字第 434 号民事判决书。

② 详见内蒙古自治区商都县人民法院（2021）内 0923 民初 400 号民事判决书。

监护人作为法定代理人参加诉讼，最终却被判决承担因未成年人的致害行为而产生的法律责任，这是不符合法理的。民事诉讼法赋予法定代理人同当事人相类似的诉讼地位，代当事人实施或接受诉讼行为，但在实体法层面，其既非权利享有者，也非义务承担者，最终的法律后果仍是归属于当事人。① 因此实务中以未成年人为被告最终却要求作为法定代理人参与诉讼的监护人承担责任，实属违背了法定代理人制度，不利于案件公平公正的解决。裁判文书中以未成年人和其监护人为共同被告的，责任承担方式呈现出三种不同的情形：监护人单独承担责任、监护人承担补充责任以及未成年人与其监护人承担连带责任。在将未成年人与监护人列为共同被告的这 233 个案件中，责任承担主体既有监护人也有未成年人的案件所占比例仅为 11.2%，绝大部分以未成年人和其监护人为共同被告的案件，最终只判决监护人承担赔偿责任，而同被列为被告且系直接侵权人的未成年人则被排除在责任承担者之外，由此形成一种原告选择起诉的被告与法院判决的责任承担者不一致的怪诞现象。

3. 未成年人财产状况较少提及且举证责任分配不一

在 306 份关于未成年人致人损害的判决书中，仅有 43 份判决书提及了未成年人的财产状况，且在谁应对未成年人有独立财产承担证明责任的问题上出现了不同的观点，有认为监护人应承担证明责任的，如“被告莫艳丰、石锦娣未提交证据证明被告莫文彬有财产，被告莫文彬因本次事故造成原告张锦瑛的损失，应由被告莫艳丰、石锦娣承担赔偿责任”。② 有认为未成年人应该对自己有独立财产提供证据予以证明的，如“闫春旭未提供证据证明其本人有财产，故应依法由其法定代理人闫忠宝负赔偿责任”。③ 也有未明确表态而以各方当事人未举证证明实施致害行为的未成年人有个人财产为由判决监护人承担责任的。在“徐某诉岳某 2、向贤福等生命权、健康权、身体权纠纷”这一经典案例中，未成年人岳某 1 与其监护人岳某 2、向贤福同为被告，一审判决三被告共同对受害人进行赔偿，二审进行改判，未经任何一方当事人申请，也未依职权要求任何一方当事人举证，直接认定身为未成年人的岳某 1 没有经济能力，将其从责任承担者中择出，判决仅由作为监护人的岳某 2 和向贤福承担赔偿责任。通过这一系列案件，我们可以发现尽管《民法典》第 1188 条第 2

① 江伟、肖建国：《民事诉讼法》，中国人民大学出版社 2018 年版，第 56 页。
② 详见广东省佛冈县人民法院（2020）粤 1821 民初 2589 号民事判决书。
③ 详见吉林省德惠市人民法院（2021）吉 0183 民初 394 号民事判决书。

款（原《侵权责任法》第32条第2款）在实务中有所涉及，但判决说理中在未成年人是否有独立财产且由谁予以举证证明的问题上着墨不多，最终多以监护人承担责任为判决结果。众多案件中不同的被告选择与责任承担主体认定，让我们看到实务中各法院表现出的踌躇与不确定，而这也并不符合当下类案价值取向统一的趋势。为了解决这一现实困境，需明悉未成年人致人损害案件背后的法理基础，切实掌握实体法规范的立法原理和运行机制。

二、未成年人致人损害案件中被告适格的法理基础

（一）未成年人的责任能力

责任能力，又称归责能力，是指致害人因自身过错而承担民事责任的资格。[①] 责任能力的有无，关系到实体法规定的责任承担，对于诉讼中被告主体地位的确定具有决定意义。德国、日本和我国台湾地区等国家和地区，在其立法中设定责任能力，以年龄为标准区分不同年龄段的未成年人的责任能力，并以此决定未成年人的责任形态。不具有责任能力的未成年人，处于免责的责任形态，而由其监护人承担单独责任和公平责任；具有责任能力的未成年人，则在因其致害行为而导致的损害赔偿纠纷案件中与其监护人承担连带责任或由监护人承担补充责任。由于处于不同年龄段的未成年人其心智成熟程度和对自己行为性质的认知能力并不相同，因此不少学者仍主张引入责任能力的概念，以年龄作为区分未成年人的责任能力的标准。[②] 但我国立法没有采纳责任能力的概念，而是以民事行为能力代替责任能力，又或者说是将责任能力融于行为能力之中。完全民事行为能力人即为有责任能力人，可以自主承担民事责任，可以在诉讼中作为被告应诉；而限制民事行为能力人与无民事行为能力人则被认为均无责任能力，在因其行为致害案件中处于免责地位。《民法典》第1188条第1款虽然未表述成："无责任能力的限制民事行为能力人、无民事行为能力人致人损害的，由监护人承担侵权责任"，但是其实质上也默认了未成年人不具备责任能力。责任能力从侵权法的角度来说其实就是过错能力，过错能力可以进一步理解成认知能力、辨别能力，未成年人因认知能力、辨别能力受

---

① 李永军：《论民法典上"自然人"的概念》，载《苏州大学学报（哲学社会科学版）》2020年第4期。

② 杨代雄：《重思民事责任能力与民事行为能力的关系——兼评我国〈侵权责任法〉第32条》，载《法学论坛》2012年第2期。

限，对于自己的行为及其造成的损害他人权益的结果无法作出准确的判断，所以使其免受“法律上的责难”。因为没有责任能力，未成年人不具备承担民事责任的法律前提，所以无法成为其致害行为的责任承担主体，也就不具备作为诉讼被告的正当性。

（二）未成年人致人损害的归责原则

关于我国未成年人致人损害监护人责任的归责原则，我国学界一直争鸣不断，主要分为“无过错责任说”与“过错推定责任说”两大阵营。支持过错推定原则的学者认为以无过错责任作为归责原则过于严苛，对于没有过错的监护人而规定其承担责任，会使其过分强调对未成年人的看管和教育，不利于未成年人身心健康发展，且“会把子女和高度危险的来源可笑地混同起来”①。但笔者认为，过错推定责任原则用于监护人责任的观点值得商榷。若说是过错推定原则，其一，为什么对于已尽到监护职责的监护人只是规定可以“减轻责任”而没有“免除责任”？其二，持过错推定原则观点的学者们，大多是建立在区分未成年人责任能力的基础上，建议以年龄为区分标准对未成年人的责任能力进行划分，对于达到一定年龄具备责任能力的未成年人，监护人只要证明自己没有过错，切实履行了监护义务的，则可以不用承担责任。② 但是，我们讨论监护人责任的归责原则，更应该是建立在现行立法的基础上。目前我国立法没有规定未成年人的责任能力，又或者立法者的态度其实是将限制民事行为能力人和无民事行为能力人统归于无责任能力。无责任能力则无责任承担，未成年人不对自己的致害行为承担责任，但受害人的权益我们却不能不救济，规定监护人承担无过错责任，便是对受害人获得赔偿的最大保障。至于说无过错责任会将未成年人与“高度危险”混同起来，笔者认为，此种归责原则会让监护人们更加重视日常生活中对未成年人的教育，通过言传身教、寓教于行的方式，让未成年人从小树立遵纪守法、诚信做人的意识，便能从源头避免或减少对第三人的侵害。通过敦促监护人积极履行管理、教育未成年人的监护职责，从而实现对受害人更为全面的保护和预防侵害行为的发生，相较于让监护人承担过错推定责任，既能节约家庭经济成本，又能维护社会公共利益，未尝

① ［苏］约菲：《损害赔偿的债》，中央政法干部学校翻译室译，法律出版社 1956 年版，第 52 页。

② 于飞：《〈民法典〉背景下监护人责任的解释论》，载《财经法学》2021 年第 2 期。

不是一个更佳的选择。

在《民法典》第1188条第1款和第2款的适用关系问题上，学界众说纷纭，当前主流观点认为第1款和第2款是平行关系，在适用时只能是“二选一”的情形，但是这一观点也遭到了不少学者的严厉驳斥，有学者主张将第1款视为原则规定，第2款为例外规定，即支持“原则与例外关系说”①，另外还有支持“主从关系说”“内外关系说”等学说的学者从不同角度对第1款和第2款的适用关系进行分析论证。在未成年人有个人财产的情况下，先从其个人财产中支付赔偿费用，则是公平责任原则的体现，为的是维持监护人与被监护人之间的利益均衡。第1款规定监护人承担侵权责任，这是一种无过错责任，为的是解决监护人与受害人之间的损害求偿问题，监护人是损害求偿关系中的唯一责任主体，受害人可以通过以监护人为被告提起诉讼而获得赔偿。第2款则是对第1款的补充或说明，规定被监护人有个人财产的，先于监护人对受害人进行赔付，为的是解决被监护人与监护人之间的损失分担问题。② 在被监护人有财产的情况下仍要求监护人承担全部赔偿责任，便显得不公，甚至可能影响家庭的和谐。另外，还存在父母等亲属之外的人员或者单位担任监护人的情况，如果要求此类监护人在被监护的未成年人留有个人财产时仍承担全部赔偿费用，可能会使其对担任监护人一事存在顾虑，甚至出现互相推诿的情形，这对未成年人的成长和生活反而会产生不利影响。③ 在未成年人有个人财产的情况下由其先支付赔偿费用，并不代表未成年人是责任承担主体，本质上是基于公平责任理念的支付方式，而非涉及责任承担的分配方式。未成年人有无财产不能作为其是否承担责任的标准，这既无法理依据，也易导致行为能力与财产状况的混同。在《民法典》第1188条第1款和第2款的适用关系上，前者是后者的适用前提，只有在前者适用于对外责任承担后，才会涉及后者对内支付的公平适用。

（三）监护人责任的性质

关于监护人责任的性质，学界对此素有分歧。有学者认为，监护人对未成

---

① 薛军：《走出监护人“补充责任”的误区——论〈侵权责任法〉第32条第2款的理解与适用》，载《华东政法大学学报》2010年第3期。

② 陈帮锋：《论监护人责任〈侵权责任法〉第32条的破解》，载《中外法学》2011年第1期。

③ 王杏飞：《论监护人的侵权责任与诉讼地位——以〈民法典〉第1188条的适用为中心》，载《法学评论》2021年第2期。

年人具有监管、教育义务，因怠于履行其监护义务而发生未成年人致人损害的事实，意味着监护人违反了此种义务，由此产生的监护人责任即为自己责任。① 而检视当下学说，监护人承担替代责任的见解仍是主流的观点。所谓替代责任，从完整意义来讲，是指由与直接加害人具有某种关系的人对因加害行为所造成的损害承担赔偿责任，而使直接加害人得以摆脱对受害者进行责任承担的侵权责任形态。②

有支持“自己责任说”的学者提出质疑：其一，替代责任以先对未成年人归责为前提，如果认为未成年人不具备民事责任能力因而不承担责任，如何实现责任的转移？其二，替代责任实际上是“代人受过”，既是“代受”，是否还涉及赔偿后监护人向未成年人追偿的问题？针对问题一，笔者认为，未成年人致人损害，在客观上表现为未成年人实施了侵害他人的行为，但因其不具备责任能力而在主观上阻却过错的认定，因此其无需承担责任。但这并不影响监护人替代责任的承担，因为行为人责任能力的缺乏，并不排除行为客观的违法性，而是排除了行为人的过错③，也就是说，监护人承担替代责任，系因未成年人行为客观上违法，给受害人造成了人身或财产上的损害，在不考虑监护人过失以及排除未成年人过错的情况下，由监护人代替未成年人对此承担责任。针对问题二，监护人与未成年人之间是否成立追偿关系，我国法律并没有作出明确的规定，但是可以通过与另一替代责任“用人者责任”的相关规定进行对比，便可知晓立法者对此问题的态度。《民法典》第 1191 条规定用人者承担替代责任后，可以向工作人员追偿，但以工作人员存在故意或重大过失为限。这是在原《侵权责任法》第 34 条的基础上新增的内容。反观《民法典》第 1188 条的规定，基本沿袭《侵权责任法》第 32 条的规定，并未增加“监护人可在未成年人成年后进行追偿”的类似规定，由此可以看出，立法者基于对未成年人保护之考虑，没有规定监护人的追偿权。因此即使将监护人责任的性质认定为替代责任，也无需担心监护人是否可以进行追偿的问题。

---

① 李晓倩：《未成年人致人损害的规范逻辑与立法选择》，载《环球法律评论》2018 年第 4 期。

② 杨立新：《中国侵权责任法研究（第四卷）》，中国人民大学出版社 2018 年版，第 461 页。

③ 李永军：《论民法典上“自然人”的概念》，载《苏州大学学报（哲学社会科学版）》2020 年第 4 期。

三、对未成年人致人损害案件适格被告之再思考

通过对立法规范的梳理审视和对司法实践的整理考察，可以看出由于对实体法中的监护人责任存在理解上的不同，对于未成年人致人损害纠纷中被告适格问题，法院的相关裁判也表现出了一定程度的混乱和踌躇。解决这一司法上的现实困境，有赖于对实体法律规范中的监护人责任作出合理、恰当的解释，并在此基础上对程序法中有关未成年人与监护人诉讼地位的现有规定进行修改，以实现《民法典》与《民事诉讼法》相关规定的衔接与协调。

（一）实体法规范的再解读

受害人合法权益的维护，最终的实现方式是获得损害赔偿费用，由监护人承担赔偿责任能最大化地实现这一立法目的，且在当今中国，囿于监护制度以及家庭伦理，未成年人于监护人之外拥有独立财产的情形仍未成为常态。将责任的负担和对被害人的救济请求，交付给对损害发生具有监管过失以及更具支付能力的监护人身上，更贴近责任原理的道德性，无疑是更好的选择。监护人在实体法上系责任主体，对应到诉讼中即为适格被告。此外，预防侵权行为的发生，要求监护人对未成年人的管理、教育应以更加认真、负责的态度对待，这也是于2021年10月23日通过的《家庭教育促进法》对监护人提出的特定要求。父母或其他监护人对未成年人的道德品质、身体素质、生活技能、文化修养、行为习惯等方面进行培育、引导和影响，能够促进未成年人全面健康成长，从而预防未成年人实施侵害他人人身权利、财产权益的行为。

1. 未成年人非实体法规范中的责任承担主体

从未成年人的责任能力角度而言，目前我国立法未承认未成年人的责任能力，或者说其实是将未成年人统归于无责任能力人，无责任能力则无责任承担。且强令未成年人对其无法辨识和控制的行为承担不利的法律后果，非但于侵权责任法所追求的预防和教育价值而言无实际意义，而且“剥夺要求儿童有辨别能力的这一保护性条件，无疑是给他们在开始自己的生活之前就加上了沉重的义务”①，因此即使是直接致害的未成年人，也不适宜在因其引起的纠纷案件中充当正当被告。

---

① ［德］克雷斯蒂安·冯·巴尔：《欧洲比较侵权行为法（上卷）》，张新宝译，法律出版社2001年版，第101页。

2. 对外适用无过错责任原则是对内适用公平原则的前提

从监护人责任归责原则的角度而言，应对《民法典》第1188条第1款和第2款作出合理、恰当的解释，认为第1款规定的是监护人的无过错责任，受害人可依此规定以监护人为被告提起诉讼最终让监护人承担赔偿责任，第2款则是规定未成年人与监护人的内部分配问题，不涉及责任的承担。未成年人有无财产并非责任承担的认定标准。只有通过外部司法程序认定监护人对未成年人实施的致人损害行为应承担无过错责任后，才会涉及内部有独立财产的未成年人先行支付，不足情况下由监护人补充支付的公平分担损失原则的适用。

3. 替代责任承担以未成年人行为的客观违法性为要件

从监护人责任的性质来看，监护人责任是替代责任而非自己责任。替代责任的承担，从监护人的角度，描述的是责任主体与损害肇因相分离的状态，未成年人的致害行为系损害肇因，监护人为未成年人致人损害纠纷当中的责任主体；从未成年人的角度，表现为未成年人退出责任承担关系，即使其实施加害行为，也因为其不具备过错能力而免于责任承担；从受害人的角度，意味着其请求权的指向是未直接致害而与致害的未成年人具有特定联系的监护人。

（二）程序中适格被告的规范调整与适用

笔者认为，在未成年人致人损害纠纷诉讼中，应列监护人为被告，同时以其作为赔偿义务主体承担责任；法官对被告适格情况应当向原告予以释明，同时尊重原告的处分自由；未成年人有个人财产，并不影响诉讼主体的认定以及实体责任之承担，仅影响具体的履行分配，在实际执行过程中，由监护人对未成年人存有个人财产履行财产披露义务。

1. 以监护人为未成年人致人损害案件中的适格被告

监护人作为未成年人致人损害案件中的适格被告，既能通过对实体法规范进行合理、正当的解释使之不违背法理的要求，又能满足司法实践的现实需要。在对《民事诉讼法》及其司法解释进行修订以与《民法典》相适应时，建议将“无民事行为能力人、限制民事行为能力人和其监护人为共同被告”的规定更改为“以无民事行为能力人、限制民事行为能力人的监护人作为被告”。有观点认为，应当根据不同案件的具体情况明确监护人的范围，如针对未成年人的父母已经离婚的情形，虽然离婚后未抚养子女的一方对于子女仍有教育、保护等监护权利和义务，但未成年人致人损害的，应当由与该子女共同生活的一方承担赔偿责任，即只列抚养子女的一方为被告，而不应当将未成年人的父母双方列为共同被告。[1] 依笔者浅见，此种观点无疑是在受害人寻求司法救济的路上多添了一道障碍，且于现行立法规定不符。现行民事诉讼法遵循立案登记制，就起诉要件中的被告一项而言，只要求有“明确的被告”即可，而没有对原告附以理清被告一方关系的义务。如果让原告在起诉前，还要先对未成年人父母的婚姻状况调查一番，会加重原告的诉讼负担，且不利于司法效率的提高和案件的顺利推进。未成年人的父母是其亲权人，对未成年人负有全面的监督义务。[2] 较为妥当的做法是，当监护人是未成年人的父母时，原告以未成年人的父母为共同被告，在诉讼中未与未成年人共同生活的父或母，可以提出抗辩，但抗辩是否成立仍需由法官综合案件情况而定。

2. 法官应就被告适格情况予以释明

被告是否适格是未成年人致人损害案件中法官审理认定的重要内容，所列被告不适格可能导致的诉讼结果是原告诉讼请求被驳回从而承担败诉风险。对于缺乏法律知识的受害人来说，往往可能秉持“冤有头，债有主”的朴素正义观而将直接侵权的未成年人作为被告，或者受“子不教，父之过”的家庭观影响，而将未成年人与其监护人列为共同被告提起诉讼，即使他们以《民法典》第1188条作为请求权基础以支持他们的主张，但是因实际选择的被告与实体法规范中的责任主体不相符合，而无法实现获得损害赔偿费用的诉讼目的。因此，需要法官在庭审前或当庭向受害人就被告适格情况予以释明。若受害人以直接实施致害行为的未成年人为被告，法官应向受害人释明相关法律规范，提示受害人将被告从未成年人变更为监护人，并释明不变更可能产生的法律风险。若受害人或者监护人要求追加未成年人为共同被告，法官除了要当庭予以释明，还需要在判决书中说明不追加未成年人为共同被告的理由，以作为对当事人就被告选择问题行使处分权利的回应。

3. 监护人对未成年人存留独立财产情况负有披露义务

在综合审查并认定未成年人致人损害案件中的“事实依据”后，法官多以《民法典》第1188条第1款为“法律准绳”作出最终裁判。根据笔者对裁判文书的梳理分析，可以发现实务中大多数受审法院在判决书中的说理部分少

[1] 崔娇：《未成年人致人损害赔偿诉讼被告适格问题研究》，华东政法大学2016年硕士学位论文，第28页。

[2] 张民安：《监护人和被监护人的侵权责任：未成年人、精神病人及其父母的侵权责任》，中山大学出版社2010年版，第103页。

有提及《民法典》第1188条第2款所规定的未成年人个人财产。笔者认为，无需在审理阶段调查未成年人是否有独立财产的情况，也无需在判决书中就未成年人个人财产作出说明，而是可以在执行阶段由监护人对未成年人存留独立财产情况进行披露。首先，就未成年人以其独立财产先行支付的性质而言，其是支付分配方式而非责任承担方式。诉讼阶段的主要工作是对责任承担主体的确认和损害赔偿费用的认定，因而未成年人是否有独立财产这一事项的核实调查并不在诉讼审查范畴之内。其次，由监护人对未成年人有个人财产这一事实进行披露，考虑到以下原因：其一，监护人对其监护的未成年人情况最为了解，现实生活中未成年人个人财产的有无、个人财产的多少等信息大多被监护人所掌握；其二，监护人系未成年人致人损害案件中的赔偿主体，披露未成年人有独立财产并以未成年人财产先行支付，有利于减轻监护人的赔偿负担，平衡监护人与被监护人之间的利益关系；其三，对于父母之外的其他监护人而言，如果能够通过披露未成年人有独立财产而使自身负累减轻，将会打消他们的顾虑，减少互相推诿、不愿接手的情况，这将使未成年人能在有监护人教育、保护的条件下健康茁壮成长。

未成年人作为未来的社会主义建设者和接班人，是我国民生保障工作中的重点关注对象，我们既要对其予以关爱与呵护，也不能忽视对其施以监管和教育。妥善对待未成年人致人损害问题，合理解释《民法典》中监护人责任相关规定，明确未成年人致人损害案件中的适格被告和责任承担主体，有利于实现《民法典》与《民事诉讼法》的衔接与协调，让法律的生命在实践中得以鲜活。

（聂 丹：湘潭大学法学院）

检视与规范：物权期待权排除强制执行之判定程式

周晓敏　李治豪

商品房消费者享有的物权期待权作为一种超越法定优先权的权利，规范于《执行异议和复议规定》第29条，在满足法定条件即可超越传统法定优先权，具有足以排除强制执行或停止处分的排他效力。囿于权利冲突与利益平衡的内生矛盾，各方权利关系错综复杂，呈现多重权利对抗的样态。[①] 而现有规范缺乏有效指引，导致权利优先性判定准则存在瑕疵。据此，以请求权基础为突破点，采取比较分析之法，识别不动产上的权利主体冲突与利益冲突之现象，厘定执行异议之诉中物权期待权优先性要件；同时，以利益衡量为切入点，采用目的性扩张的法律解释方法，弥补法律适用之瑕疵，辅以平衡各方利益，破解法律漏洞之适用困境，最终确保司法裁判符合立法意旨。

一、适用困境：囿于权利冲突与利益平衡的内生矛盾

商品房消费者物权期待权是一种法律拟制的新型权利形态，关于其权利属性，尚无定论，无法直接纳入人身权、财产权、知识产权等实体权利范畴中，保护的是商品房消费者居住权或生存利益[②]，并非确认不动产所有权。然商品房消费者的生存利益并非单独存在于不动产之中，往往与其他权利相伴共生，不同权利冲突引发利益博弈态势（如图1）。通过考察主体冲突与利益冲突两

---

① 丁宝同：《执行异议之诉：比较法视野下的谱系解读》，载《比较法研究》2015年第4期。

② 曾大鹏：《居住权的司法困境、功能嬗变与立法重构》，载《法学》2019年第12期。

个维度，引出权利冲突与利益平衡的内生矛盾。

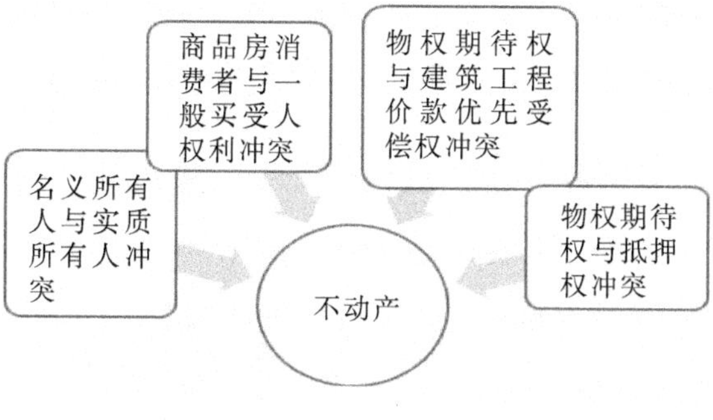

图1　同一不动产中可能存在的四种权利冲突态势

（一）权利主体冲突对抗

1. “名”与“实”的对抗

基于《民法典》第208条、第209条确定的物权公示主义以及不动产物权变动规则，对涉不动产执行异议以形式外观审查为主，即以主管部门登记的权属信息作为判定依据。然在新建商品房交易市场领域，由于商品房权属登记一般先由房地产开发商单方申请办理初始登记，在商品房消费者按约履行付款义务后，才由房地产开发商和商品房消费者共同向不动产登记机构申请办理房屋所有权变更登记。根据《商品房买卖合同司法解释》第14、15条之规定，自不动产房屋买卖合同签订并交付之日起90日为办证期间，此阶段中不动产“动”的安全（即交易安全）可能因出卖人未办理相关登记手续等原因而存在风险，引发“名义”与“实质”所有人之间的权利冲突。比如案例一①，朱某某和天建公司签署购房协议且缴纳了全部房款，天建公司仅交房但未办理房屋过户手续，其仍系案涉房屋登记的名义所有人。买受人朱某某作为实际占有人一直占有使用案涉房产，权利存在“名”“实”冲突，生效裁判确认实质所有人朱某某享有消费者物权期待权，并可排除强制执行。面对“名”与“实”冲突，权益如何取舍？

2. “特殊”与“一般”的对抗

在私法领域，只要是购房者，其购房权益都应平等保护，此乃公平交易应有之义。然商品房消费者与一般买受人的权利，在排除强制执行时的对抗效力

① （2020）鲁民终870号民事判决。

却存在明显差异。比如案例二①，案涉房屋根据《楼栋规划情况说明》明确性质为商业建筑，而《商品房买卖合同》却约定案涉房屋用途为住宅，但该合同其他条款以及房屋平面图、案涉房款收据均表明案涉房屋为商业建筑。此时买受人是商品房消费者还是一般买受人？生效裁判揭开形式面纱，认定案涉房屋实为商业用途，据此确定案涉房屋买受人系一般买受人，不享有商品房消费者物权期待权，不能排除强制执行。溯源可知，《执行异议和复议规定》第28、29条以购房用途作为基点，区分权利主体的对抗效力，符合法定权利构成要件时均可排除强制执行，但前者权利主体为一般买受人，较之于后者新增"未办证无过错原则"的限制规定，后者权利主体为商品房消费者，较之于前者限定为商品房消费者，二者存在竞合关系，是"一般"与"特殊"的关系。② 同是购房者，但生存利益却高于投资利益，是法理使然还是利益平衡？③

（二）权利利益冲突对抗

1. 生存权与建设工程价款优先权的对抗

根据《民法典》第807条之规定，建设工程承包人对建筑工程处置所得价款享有优先受偿权，该权利旨在保护施工劳务人员财产利益，权利实现顺位优于抵押权及其他一般债权，却不能对抗商品房消费者权利。该优先性的确立，并非偶然，因建设工程价款优先权的实现以处置该建筑工程为前提条件，若此权利优于商品房消费者的物权期待权，就意味着将商品房消费者已购买但尚未办过户手续的房屋，以拍卖、变卖形式用以清偿房地产开发商所负的金钱债务，房地产开发商自身债务变相由消费者承担。

于房地产开发商而言，其开发建设的房屋被处置后所得价款偿还自身债务，其权益并未受损，无非是"拆东墙补西墙"；于商品房消费者而言，其已付购房款却未获得相应房屋所有权，是典型的"竹篮打水一场空"，此举措与生存利益至上的立法意旨明显背道而驰。比如案例三④，万城公司作为债权人系案涉建设工程承包人，申请对被执行人盛世公司名下的房屋进行强制执行，案外人马某以有书面《商品房买卖合同》且已支付50%以上购房款，案涉房

① （2021）最高法民终678号民事判决。

② 庄加园：《不动产买受人的实体法地位辨析——兼谈〈异议复议规定〉第28条》，载《法治研究》2018年5期。

③ 王毓莹：《不动产买受人提起的执行异议之诉的处理》，载《人民法院报》2019年2月21日，第007版。

④ （2020）最高法民终318号民事判决。

屋是其唯一住房并实际占有居住为由主张排除强制执行。此时，马某对执行标的享有的物权期待权，与万城公司享有的建设工程价款优先受偿权在同一执行标的物中相冲突。生效裁判确认马某享有的权益可排除强制执行，那么商品房消费者物权期待权的优先性如何界定？

2. 生存权与抵押优先权的对抗

不动产抵押权根据物权法定原则以及登记生效主义，需经登记方才具有排他效力。商品房消费者物权期待权并非法定物权种类，亦无登记之说，依法不享有物权排他效力。然而，司法实践中确定商品房消费者所享有的物权期待权优于抵押权。① 但物权期待权毕竟是基于合同产生的债权，将该债权置于抵押权之前，直接动摇了抵押权优于债权的物权效力。比如案例四②，信达公司在建工程抵押担保的抵押登记在前，买受人闫某与房地产开发商形成的房屋买卖合同关系在后。信达公司享有的抵押优先受偿权与闫某享有的物权期待权并存时，生效裁判确认闫某享有的商品房消费者物权期待权优于抵押权。那么，商品房消费者物权期待权的优先性是否存在权利限制？

二、原因解读：权利优先性的多元基础与价值选择

在涉商品房执行异议之诉领域，多元主体共同参与，多重权利相互交织，难免存在权利冲突的问题。如何识别和权衡互相冲突的权利，是判定权利保护顺位的重要前提，也是确定权利优先性的基础。商品房消费者物权期待权作为附着于商品房上的诸多权利之一，其优先性主要来源于如下三个方面：

（一）规范文件奠定制度基础

最早赋予商品房消费者物权期待权优先保护地位，是在最高人民法院关于建设工程价款优先受偿权批复之中③，但该批复仅确定了优先性原则，并无认定优先性的权利要件，缺乏指引。《查封、扣押、冻结规定》第 17 条，将买受人没有办理权属登记，且自身无过错、已付全部购房款、实际占有房屋的情形，排除在法院可查封的范围外，权利要件雏形初显。《执行异议和复议规

---

① 张丽洁：《论物权期待权与抵押权的适用规则——从未经变更登记的房产强制执行的角度》，载《甘肃政法学院学报》2019 年第 2 期。

② （2021）最高法民终 770 号民事判决。

③ 最高人民法院在 2014 年 7 月 18 日再一次指明房屋买受人的权利优先于建筑工程承包人的优先受偿权与抵押权人的抵押权，体现了优先保护处于相对弱势地位的房屋买受人的精神。

定》出台后，排除强制执行的权利要件有章可循，即“书面有效合同 + 唯一住房 + 已付 50% 购房款”，但该规定关于行权主体认定资格、唯一住房套数、居住用途、购房款付款金额比例等判定问题未明确规定操作指南。《九民会议纪要》进一步厘清上述问题，确定实质要件优于形式要件的判定准则。

2019 年，在《执行异议之诉的司法解释征求意见稿》第 10 条中，对商品房消费者物权期待权设计了两种方案，方案一赋予案外人以商品房买受人名义提起执行异议之诉请求排除强制执行的权利，还将权利适用范围扩大到商品房预售领域。方案二赋予买受人对登记在房地产开发商名下的商品房，在符合《执行异议和复议规定》第 29 条权利要件基础上，可排除强制执行的权利。经分析，方案一充分考虑了当前房地产交易中商品房（含预售）交房后至办证期间的权利“真空期”，但规定此权利一律优于抵押权未免绝对化，且未考虑权利主体为被执行人情形；方案二对行权主体作描述性规定，可操作性更强。

（二）立法意旨赋予优先效能

根据物权法定原则，商品房消费者物权期待权并非法定物权种类，仍具有债权属性，只在符合法定条件时才有排除强制执行的优先效力。之所以具有准物权效力，是因为：首先，基于有效的商品房买卖合同。消费者与开发商以缔约方式达成转移房屋占有（或所有权）的合意，此种合意待合同履行完毕，并办理房屋所有权变更登记后，可发展成为所有权，此种可期待利益并未超出双方当事人缔约之目的，也与合同发展的最终结果相吻合。其次，基于占有的事实状态。占有本身具有公信力，当出卖人交付房屋后，消费者基于对不动产占有的事实状态，本身就排除他人干涉，是享有权利的事实外观[①]。消费者作为占有人是基于有效的商品房买卖合同的有权占有、自主占有，此种占有足以对抗善意第三人，恶意第三人的权益法律不予保护。[②] 最后，基于预告登记的法律效力。商品房买卖中的预告登记具备“债权物权化”效果，权利登记公示后，若义务人未得到其同意，而擅自处分该不动产的，则不发生物权变动效力。于物权期待权而言，其保护的正是消费者在购房后至办证前的权利真空时

① 施建红：《不动产买受人得排除强制执行的法律适用》，载《人民司法》2014 年第 10 期。

② ［德］迪特尔·梅迪库斯：《请求权基础》，陈卫、田士永、王洪亮、张双根译，法律出版社 2012 年版，第 155—159 页。

段，其法律效力与预告登记的法律效力一脉相承。

（三）实践呼唤催生制度需求

房屋作为不动产，其物上凝结的不仅是消费者购房支付的货币，更多的是承载着居住、生存需求，抑或改善生活条件、期待更美好的物质生活的愿景，更是人们安身立命的根本。① 保护商品房消费者物权期待权，则是保护蕴含在权利中的生存利益、居住权益。然而，在执行异议审查中，因倡导效率优先且采用外观主义形式审查标准，执行标的物有的存在“名”“实”相分离情形，而案外人提出执行异议，客观上促成执行异议之诉，使之成为异议后的当事人实体救济之选择。

另外，随着房地产行业的方兴未艾，涉不动产执行异议之诉随之“水涨船高”。比如在北上广深等一线城市，因就业人员多、居住刚性需求随之增加，而受房价高起、购房能力与意愿不足、商用与办公性质楼盘不在限购范围内等因素影响，许多购买商业用途房屋的投资者将房屋顺势改造成各类“蚁居”“蜗居”，上述房屋的买受人实际履行了买卖合同之后，并未获得相应的所有权证，当其住房被开发商的债权人申请法院强制执行时，其维权意识更为强烈，诉请更为直接，由此引发的执行异议之诉也不在少数。而买受人是否符合商品房消费者物权期待权主体资格，是否享有足以排除强制执行的民事权益，均值得进一步探讨。

通过中国裁判文书网查询，不难发现 2016 年至 2021 年（暂统计至 2021 年 8 月 31 日）全国涉不动产物权期待权执行异议之诉案件逐年增加，而笔者所在的 H 省，上述类型案件数占执行异议之诉案件的比例也呈不断上升趋势。究其根本，无外乎在经济快速发展过程中、市场转型升级过程中，人民群众法律意识提高，法律涵养提升，促使民事纠纷更多涌向司法领域由法院裁决，另一方面也是因执行异议审查程序囿于形式外观审查的局限性，不可避免地促成“真权利人”提案外人执行异议，不断催生执行异议之诉，使之呈上涨趋势。

三、实体续造：执行异议之诉中权利优先性的要件厘定

商品房消费者物权期待权因其超越法定优先权的特性，重要性不言而喻。现行权利构成要件主要适用于执行程序领域，在执行异议之诉中该权利构成要

① 鲁晓明：《论我国居住权立法之必要性及以物权性为主的立法模式——兼及完善我国民法典物权编草案居住权制度规范的建议》，载《政治与法律》2019 年第 3 期。

件尚未明确。虽然执行异议程序是启动执行异议之诉的前置程序，但其裁定结果并不能作为执行异议之诉的采信依据，执行异议之诉作为独立的诉讼程序，在实体审理中需重新对该权利进行审查，围绕权利主体、客体、内容三方面对其构成要件进行续造。

（一）权利主体范围再框定

顾名思义，商品房消费者所享有的物权期待权，行权主体特指消费者。关于消费者的定义始终围绕购房性质、用途展开，排除投资经营。若法人或其他组织以单位名义购买房屋并分配给其职工个人居住，也可认定为消费者。① 即便名下已有一套房屋，若新购房屋面积仅满足基本居住需求，亦可视为居住用途。多地高院纷纷出台执行异议指引规范，大多采纳上述意见。② 事实上，最高人民法院基本形成以买受人所购房屋登记性质作为判断购房用途的客观外在标准，此即形式主义审查标准。③ 若所购房屋系居住用房，则为消费者；反之，若是经营性房屋（如写字楼、门面商铺等），则非也。

但即便以居住为目的购房消费者，也不一定能享有商品房消费者物权期待权。比如在“借名买房”情形下，借名买房者通过与名义购房者订立《委托购房代理协议》，双方对物权归属进行约定，名义购房者基于《商品房销售协议》所享有的物权期待权，并不能扩大适用在借名买房者身上，因为物权期待权的请求权基础仅限于物权请求权，而借名买房者对房屋的请求权基础是基于《委托购房代理协议》产生的债权请求权。④ 由此可见，请求权基础完全不同，借名买房者虽然是“真实”购房者亦无法享有名义购房者所享有的物权期待权。

由此观之，商品房消费者物权期待权的权利主体名义上必须是以购买商品房为目的的消费者，实质上也必须是基于商品房买卖合同对所购房屋的所有权享有期待权，交房并非“偿债”的履行方式。诚然，若消费者所购房屋性质

---

① 江必新、刘贵祥：《最高人民法院关于人民法院办理执行异议和复议案件若干问题规定理解与适用》，人民法院出版社 2015 年版，第 432 页。

② 司伟：《执行异议之诉裁判思路与裁判规则》，法律出版社 2020 年版，第 214—220 页。

③ 魏大勇：《最高人民法院执行异议之诉裁判规则与典型案例》，中国法制出版社 2020 年版，第 162 页。

④ 范向阳：《执行异议之诉的规则与裁判》，人民法院出版社 2019 年版，第 293—300 页。

为商业用途，但购房者将其改造成单独的小房间二次销售给买受人使用，在合同有效的情况下，房屋买受人作为消费者购房构成有权占有，应受法律保护，但该消费者是否享有上述物权期待权，又需回到权利自身是否真实、请求权基础为何等问题，借此形成闭环关系，需内部证成。

（二）权利客体判断规则再优化

学理上，民事权利客体通常指民事行为主体的权利和义务所共同指向的对象，包含物、行为、智力成果等内容。商品房消费者物权期待权主要指向的是不动产，尚未扩大到动产范围。该权利指向不动产原则上应当是“清洁的”，即并未隐藏其他潜在法律关系。但由于市场经济发展的多元化，商品房买卖合同有时并非以买卖为缔约目的，比如“以物抵债”形式签订房屋买卖合同，交房是偿债的履约方式，此时交房的请求权基础是双方“以物抵债”的债权请求权①，并非物权给付请求权，缔约真实意图是涤除原出卖人对买受人所负担的债务或提供新的担保，背后并非基于生存利益，而是财产利益，故不属于可排除强制执行的民事权益；在商品房预售环节中，若开发商未取得房屋预售许可证就擅自对外销售，房屋买卖协议因违反法律强制性规定而无效，房屋所有权的给付请求权基础丧失，亦无法排除强制执行。

由上可知，构成权利客体的不动产，并不能仅凭书面买卖合同确认其请求权基础，还必须透过现象看本质，分析该不动产的权利请求权基础是否成立与真实，主要从合同效力、意思表示等角度审查。此外，针对动产，比如机动车、船舶、航空器，当登记所有权人与实际所有权人不一致时，亦可参照上述理论分析。动产交付后所有权便发生转移，登记仅具有对抗效力。然此处买受人应作限缩解释，仅限于与之交易的相对方，而非出卖人的债权人，因善意取得制度保护的仅是与无权处分人相交易的善意相对方，并非所有第三人。② 善意取得作为物权原始取得方式之一，构成善意取得可阻断原所有权人追索。

（三）权利内容要件审查再细化

商品房消费者物权期待权核心指向生存利益，权利内容要件主要便于审查权利的真实性，包含书面合同并履行 50% 以上付款义务，购房是为居住且名

① 贺小荣：《最高人民法院民事审判第二庭法官会议纪要》，人民法院出版社 2018 年版，第 1—11 页。

② 贺小荣：《最高人民法院第二巡回法庭法官会议纪要（第二辑）》，人民法院出版社 2021 年版，第 205—210 页。

下无其他房屋，排除投资购房者等内容。[①] 由于该权利尚无登记公示制度，书面合同作为判定商品房消费者是否享有物权期待权的重要依据。若无合同佐证，则无从考察权利内容的真实性，容易引发被执行人与案外人恶意串通，损害申请执行人的执行利益，客观上也会损害司法公信力。依照《九民会议纪要》第124条的规定，查封前后并非案外人行权分水岭，只要案外人有确权裁决或享有物权返还请求权，均可以排除执行。由此可见，是否付款是判定交易真实性的基础，也是行权的起点。因为一旦支付了金钱货币，消费者基于有效合同期待不动产所有权既符合法律规定，也符合市场交易习惯。至于商品房消费者已付购房款的金额占比问题，《九民会议纪要》第125条采实质说，不拘泥于形式，只要付款接近50%且已将剩余未付款交付执行即可。

但是，上述所有权利要件均是在金钱给付债权之中予以讨论。在以确权、给付裁判为执行依据的非金钱债权执行中，申请执行人与案外人之间存在权利冲突的主要形态为物权对抗物权形态，由于涉及原判决、裁定的实体内容，需审查原裁判实体内容是否有误，判定是否需进入再审。若裁定再审，则原执行程序因再审启动而中止，双方的权利冲突可在再审程序中予以解决，若未进入再审，则可另诉主张权利。

四、进阶判断：基于利益衡量的漏洞填补思路

在执行异议之诉中，主要衡量金钱给付之债的申请执行人和案外人之间的民事权益冲突，判定权利优先性既要基于权利构成要件，也要运用利益分析法衡量利益关系。[②] 利益可由点及面进阶到制度、由形式到实质扩大到整体，由个人到群体升华到全社会，将互相冲突的利益运用利益平衡方法，探寻最佳平衡点。[③]

（一）基准：请求权基础真实且合法

商品房消费者物权期待权对抗申请执行人的债权请求权时，在符合法定权利构成要件情况下，可排除强制执行，但必须在实体审查程序中判定案涉商品房上的请求权基础是否成立、真实，审查内容包括缔约是否真实意思表示、内

① 刘贵祥、范向阳：《〈关于人民法院办理执行异议和复议案件若干问题的规定〉的理解与适用》，载《人民司法·应用》2015年第11期。

② 梁上上：《利益衡量论》，北京大学出版社2021年版，第119页。

③ 梁上上：《利益的层次结构与利益衡量的展开——兼评加藤一郎的利益衡量论》，载《法学研究》2002年第1期。

容是否合法、是否实际履约、已付购房款情况等。另外，当商品房物权期待权和建设工程价款优先受偿权、抵押权等权利发生冲突时，司法实务界通说按照“商品房消费者物权期待权 > 建设工程价款优先受偿权 > 抵押权 > 普通债权”的顺位直接予以认定优先性。

（二）方法：不同情形下的利益衡量规则

《执行异议和复议规定》第 29 条仅赋予商品房消费者作为案外人时享有排除强制执行的民事权益，并未将商品房消费者作为被执行人或申请执行人与案外人均系商品房消费者买受人的情形纳入，此时存在法律漏洞。当法律条文存在明显法律漏洞时，司法实践中可采目的性扩张方式予以填补。① 目的性扩张的适用过程必须遵守立法意旨，同时其效力仅限于具体个案，以条文本身目的为基础，将条文之外的意思表示包含进去。② 此外，亦应兼顾利益平衡原则，有助于反面论证目的性扩张的结果是否符合立法意旨。

1. 当案外人享有商品房消费者物权期待权时，此为《执行异议和复议规定》第 29 条规定的常态，利益衡量如下所示（见表 1）③。

从表 1 可以看出，若保护案外人的商品房消费者物权期待权，则有助于保护与之相对应的群体，乃至制度与社会公共利益，对被执行人利益并无影响；反之，单纯保护申请执行人利益，会使商品房消费者物权期待权、群体利益以及社会公共利益均受损。保护物权期待权，便是保护交易安全与消费者的生存利益、居住权益。④

① 王利明：《法学方法论——以民法适用为视角》，中国人民大学出版社 2021 年版，第 499 页。

② 徐建：《行政审判中“目的性扩张”适用的逻辑与限度——以上海首例“顺风车”行政案件为例》，载《西安交通大学学报（社会科学版）》2018 年第 5 期。

③ 图表中的“√”表示权益受到法律保护，“×”表示受到损害，“0”表示无影响，下同。

④ 最高人民法院（2017）最高法民终 278 号民事判决中裁判要旨指出“在执行程序中，基于对消费者生存权的维护，赋予消费者对买受房屋享有排除另案执行效力的物权期待权”。

表1 案外人为商品房消费者买受人的利益衡量情况

选择保护对象	利益衡量结果							
	当事人具体利益			群体利益			制度利益	社会公共利益
	申请执行人（享有金钱债权的普通债权人）	被执行人（房地产开发商）	案外人（商品房消费者买受人）	债权人	债务人	商品房消费者买受人	（物权公示公信主义、交易安全、信赖利益保护）	居住权、生存利益
保护案外人，排除强制执行	×	0	√	×	0	√	√	√
不保护案外人，许可执行	√	0	×	√	0	×	×	×

2. 当案外人与申请执行人均享有物权期待权时，比如“一房多卖”情形，依上述条文的文义和字面解释，仅限于商品房消费者为案外人适用。此时上述条款适用明显存在漏洞，利益衡量如表2所示。

若案外人与申请执行人均对执行标的物主张权利，无论是主张返还标的物还是解除合同返还购房款，均指向同一标的物，存在权利冲突。若保护案外人作为商品房消费者的权益，则会导致申请执行人权益受损，与此同时亦损害了债权平等保护等制度利益以及相对应的生存利益等社会公共利益。然若保护申请执行人作为商品房消费者的权益，上述损害后果亦同样发生。同作为商品房消费者，谁的居住权、生存利益更具优先性？这无法得出结论。① 因为二者的权利基础具有同源性，并无孰优孰劣之分，若单纯只保护任一方，都会导致制

① 王毓莹、史智军：《涉商品房消费者之执行异议之诉的若干要件分析》，载《法治研究》2021年第3期。

度与社会公共利益受损。借此，当二者均为商品房消费者，权利优先性不复存在。而在普通民事案件中，在买卖合同均有效的前提下，保护善意买受人，可参考物权优于债权，已登记优于未登记等内容来综合确定权利保护顺位。①

3. 当被执行人享有商品房消费者物权期待权，而案外人为普通债权人，此时亦无法直接参照适用上述条文，利益衡量如表3所示。

表2　案外人与申请执行人均为商品房消费者买受人的利益衡量情况

选择保护对象	利益衡量结果							
	当事人具体利益			群体利益			制度利益	社会公共利益
	申请执行人（商品房消费者买受人）	被执行人（房地产开发商）	案外人（商品房消费者买受人）	债权人（商品房消费者买受人）	债务人	其他商品房消费者买受人	（债权平等保护、交易安全、信赖利益保护）	居住权、生存利益
保护案外人，排除强制执行	×	0	√	×	0	√	×	×
不保护案外人，许可执行	√	0	×	√	0	×	×	×

① 根据《第八次全国法院民事商事审判工作会议纪要》第15条的规定，法院应保护善意买受人，恶意买受人权利不大于善意买受人。在一房数卖的情况下，若买受人均要求履行合同且合同均有效，一般应按照已经办理房屋所有权变更登记、合法占有房屋以及合同履行情况、买卖合同成立先后等顺序确定权利保护顺位。

表3　被执行人为商品房消费者买受人的利益衡量情况

选择保护对象	利益衡量结果							
	当事人具体利益			群体利益			制度利益	社会公共利益
	申请执行人（享有金钱债权的普通债权人）	被执行人（商品房消费者买受人）	案外人（普通债权人）	债权人	债务人（商品房消费者买受人）	其他普通债权人	（债权平等保护、交易安全、信赖利益保护）	居住权、生存利益
保护案外人，排除强制执行	×	×	√	×	×	√	×	×
不保护案外人，许可执行	√	√	×	√	√	×	×	?

此种情况下，若保护案外人作为普通债权人的权益，排除强制执行，不但会损害申请执行人、被执行人利益，同时还损害了群体、制度以及社会公共利益。但若不保护案外人的债权利益，径直许可执行，不但导致案外人的债权利益落空，与此同时也损害了债权平等保护的制度利益，而被执行人的居住权、生存利益等关涉社会公共利益的事项，亦会受到一定的影响。

由此可见，当被执行人为商品房消费者享有物权期待权时，保护其合法权益存在漏洞，此时可基于利益平衡原则寻找填补方式，根据债权平等保护基本原则，进行利益衡量如下所示（见表4）：

表 4　许可执行且赋予在先债权优先受偿的利益衡量情况

选择保护对象	利益衡量结果							
	当事人具体利益			群体利益			制度利益	社会公共利益
	申请执行人（享有金钱债权的普通债权人）	被执行人（商品房消费者买受人）	案外人（普通债权人）	债权人	债务人（商品房消费者买受人）	其他普通债权人	（债权平等保护、交易安全、信赖利益保护）	居住权、生存利益
许可执行，并赋予成立在先的债权优先清偿	√	√	√	√	√	√	√	?

由上观之，确立成立在先的债权优于成立在后的债权得到清偿的规则时，各方当事人以及与此相对应的群体利益、制度利益均得到了维护。被执行人的居住权、生存利益等关涉社会公共利益的事项则由执行法院在执行阶段根据具体情况予以保障。

综上可知，商品房消费者享有的物权期待权只有在金钱债权执行中，才存在适用的空间。若是在非金钱债权执行中，多个物权期待权相冲突时，不存在何者更优先，均应按照债的清偿顺序执行。当存在法律漏洞时，采用目的性扩张方法对漏洞进行填补，运用价值平衡原则考量填补的法效，以期实现公平正义的最大化。

结　语

由于执行异议之诉尚处在制度建设初期，商品房消费者权利的适用规范不尽完善，在司法实务中存在分歧在所难免，且执行异议之诉牵涉多方主体，人身利益与财产权益交织导致纠纷较为复杂，在实务中需以具体请求权为基础分析商品房消费者权利构成与否，并与其他主体的民事权益进行比较，灵活运用利益平衡原则，对商品房消费者权利进行系统分析与审慎认定，最终促使各方利益最大化，实乃执行异议之诉的有益探索。

（周晓敏　李治豪：湖南省长沙市岳麓区人民法院）

居住权在执行程序中的排除与适用

——以权利冲突的价值选择为视角

李发达　余 强

居住权作为《民法典》中用益物权编的新增权利，有着诸多分类与多重价值，但也给法院强制执行带来一定的冲击和挑战。当事人如何救济自己的居住权、居住权实现与法院处分房屋如何相适应等一系列问题摆在面前。而对于居住权在执行程序中如何排除、适用也没有统一的标准，因此本文试图通过对执行程序中各种权利冲突情形分门别类地列举，深入探索居住权在执行程序中与其他权利发生冲突时的适用情况，积极化解权利冲突矛盾，在平衡负担于房屋之上的所有权利的情况下，将房屋物权利用率最大化。

一、多重定义：基于房产之上的居住权利

在《民法典》以及现有的法律规则中，对于居住权存在着多重定义。居住权最早源于罗马法，是所有人以外的人对他人所有的房屋进行居住的权利，居住权是作为人役权的一部分而存在的。① 在大陆法系中大部分保留了罗马法中救助性居住权（对生活困难的特定社会群体提供住房保障和救助功能）的规定，同时为了顺应社会经济的发展又作出可以流转的规定：法国民法典规定居住权由法律规定或自由约定予以设置，约定的居住权不受权利范围和内容的限制；德国则规定长期居住权可以流通转让，让房屋物权利用及投资收益达到最大化。在英美法系中，居住权一般是指因生存或生活需要而获得居住的生存权利，大多规定在婚姻家庭法律及判例中，为保障特定人的基本生活和生存权

---

① 刘阅春：《居住权的源流及立法借鉴意义》，载《现代法学》2004 年第 6 期。

利，解决婚姻家庭中关于房产的问题。[①] 由此可见，对于居住权不同的国家之间有着不同的解释，在当今中国居住权也有着多重定义，不同类型的居住权有着不同的内涵。笔者通过在中国裁判文书网以执行案件作为筛选项，搜索关键词“民法典”“居住权”对所涉裁判文书进行统计，共有 48 个样本[②]，居住权所涉及含义大致分布如图 1。

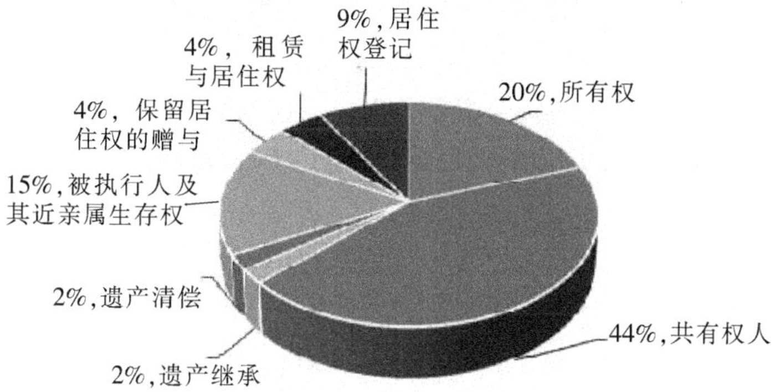

图 1　裁判文书中居住权所涉含义的示意图

（一）以设立居住权的目的划分：保障性居住权与效益性居住权

从设立居住权的目的来看，可以将现有法律制度下的居住权分为保障性居住权与效益性居住权。保障性居住权是指为了保障自然人日常生活居住所需对房屋设立的一种保障权，该权利并非来源于市场经济，而是法律为弱势群体兜底而设立的居住权利，诸如易地搬迁保障性住房、征收拆迁保障性住房、离婚案件中保留居住权的房产分割以及上文所统计的被执行人及其近亲属对房屋所提出的生存权利等。效益性居住权是指房屋所有权人以及通过租赁等合法形式占有房屋的权利人根据自己所需收取一定效益为他人设立居住的权利，诸如上文提到的登记居住权、居住权抵销债务等情形。效益性居住权实际上是应市场经济而生的，居住权的设立让房产上的权利不断叠加，最终让房屋权利利用率达到最优。当然，房屋权利利用率最优是一种理想化的状态，现实设立在房产上的权利有时是相互冲突的。

---

① 王富博：《居住权研究——我国物权立法的继受与创新》，中国政法大学 2006 年博士学位论文，第 11、21 页。

② 检索的时间段为 2021 年 1 月 1 日至 7 月 11 日。

（二）以设立居住权的方式划分：法定居住权与意定居住权

法定居住权是指法律直接规定权利人对房屋拥有居住的权利。法定居住权并非绝对的权利，而是权利人对房屋享有的某些权利中自然包含居住权，法律强制规定该权利人享有对房屋居住的权利，如图1中提到的所有权人、共有权人以及承租人等享有的房屋居住权利均属于法定居住权。意定居住权是指房屋的所有权人、共有权人以及承租人等合法占有房屋的权利人与他人签订合同，约定他人在一定期限内对房屋享有居住的权利，上文所述保留居住权的赠与、居住权设立登记等均属于意定居住权。意定居住权赋予房屋居住权的上位权利人更灵活的方式让房屋被更有效地加以利用，使得房屋收益最大化，同时该权利的设立符合现行市场经济的需求，让“房子是住的而不是用来炒的”的政策得以最大程度实现。

（三）以拥有居住权的主体来划分：自然人居住权和法人居住权

自然人居住权，指自然人对房产享有居住的权利。法人居住权，指法人、非法人组织等对房屋享有的居住的权利。我国传统观点认为，自然人享有居住权，法人并不享有居住权，如钱明星教授曾经提到居住权主要基于婚姻家庭关系产生，往往涉及家庭成员特有利益，居住权只能由自然人享有，而法人或其他非法人团体不可以享有。① 但是实际上随着经济飞速发展，否定法人居住权使得法律实务再次面临困境，破产清算、执行领域对法人的居住权没有执行的法律依据，无法计算或者执行其价值。法人虽然不具有自然人居住的生理需求，但这并不妨碍法人享有作为无形财产的居住权，并通过对居住权的处分来获取利益。② 在涉及厂房无法拍卖等一系列问题无法处理时，法人居住权可以作为价值性利益用以拍卖、变卖以偿还债务，使得房屋价值利用率最大化。

（四）小结

广义的居住权包含多种内涵，其并不局限于《民法典》用益物权编所规定的居住权，由此可以解决实际生活中小产权房、生存权益等一系列问题。它的存在让执行程序中许多无法处置的房屋变得更有价值，可以充分变现来履行案件。而狭义的居住权则指的是《民法典》用益物权编中的居住权，该权利

---

① 钱明星：《关于在我国物权法中设置居住权的几个问题》，载《中国法学》2001年第5期。

② 王富博：《居住权研究——我国物权立法的继受与创新》，中国政法大学2006年博士学位论文，第32页。

如何执行、在执行过程中如何排除则成为解决实际问题的焦点。在执行过程中，狭义的居住权面对较多的冲突，如何实现居住权与其他权益共存或排除，是执行案件解决实际问题的一道门槛。

二、多种组合：基于居住权上的冲突与困境

虽然居住权存在多种分类，也被赋予了多种价值功能，但是居住权的适用在实务中却存在诸多矛盾冲突。居住权在实务中的矛盾冲突不仅表现在实现债权过程中程序缺失，同时表现在与其他实体权利的相互冲突。针对以上 48 个样本，笔者选择其中 7 个典型案例进行对比（如表 1），同时对不同冲突及困境进行具体分析。

表 1　居住权典型案例中的冲突与价值选择

序号	冲突形式	裁判理由	价值选择
1	抵押权与居住权	居住权人未办理登记、未通知管理人①	抵押权 > 居住权
2	居住权与所有权	离婚确定所有权并过户登记，债务发生在过户之后，居住权价值无法处置②	所有权 > 居住权 居住权无处置价值
		未办理居住权登记，居住权未设立③	居住权 < 所有权
3	拍卖与居住权	共有权人、被执行人及其近亲属可以保留租金以保障生活需要④	排除居住权拍卖，实现债权清偿
		附加保留居住权的赠与房产所有权，应当对居住权进行审查⑤	带居住权拍卖 居住权 > 所有权
		附加保留居住权赠与，不得对抗法院执行，不得对抗所有权人⑥	驳回居住权 所有权 > 居住权
4	居住权与租赁权	虽成立在民法典实施前，但未进行过居住权登记，不享有法律规定的居住权⑦	排除居住权，以租赁认定

① 详见山西省孝义市人民法院（2021）晋 1181 执异 16 号执行裁定书。
② 详见湖北省武汉市武昌区人民法院（2020）鄂 0106 执异 211 号执行裁定书。
③ 详见河南省荥阳市人民法院（2021）豫 0182 执异 9 号执行裁定书。
④ 详见山东省临沂市河东区人民法院（2021）鲁 1312 执异 57 号执行裁定书。
⑤ 详见河北省唐山市中级人民法院（2021）冀 02 执复 6 号执行裁定书。
⑥ 详见湖南省临武县人民法院（2021）湘 1025 执异 24 号执行裁定书。
⑦ 详见云南省蒙自市人民法院执行裁定书（2021）云 2503 执异 4 号。

（一）“去居拍卖”的程序缺失

在司法实践标的房屋存在诸多用益物权、担保物权时，通常的做法分为两种，如图2。在传统的处理方法过程中，不论是带负担权利处理，还是去负担权利处理，房屋最终都能完成拍卖，债权得以实现。但是存在居住权的房屋则不同，且面临许多困境。

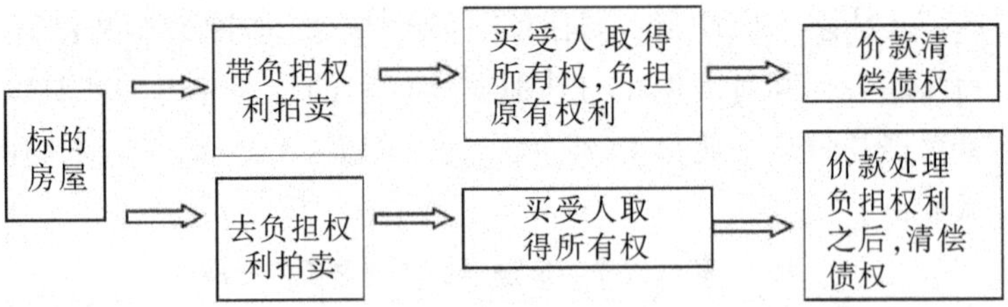

图2　传统房屋拍卖程序

居住权具有排他性，居住权的权能包括占有、使用、自然孳息的收益、事实性处分等内容①，它存在人身依附性和周期长的两个特点，对于强制执行中的拍卖程序来说是非常困难的。随着市场经济的发展以及中国文化的根深蒂固，房屋租赁一般时间较短，因此带租拍卖在实践过程中是可以实现的，但是房屋租赁时间一般超过五年甚至更长期限的房产基本流拍。首先，与房屋租赁不同，居住权设置的期间一般较长，可能存在二十年、三十年，甚至终身，因此长时间得不到房屋居住的权利则会导致房屋在经济市场无法变现，最终无法清偿债务。其次，居住权的设立可以有偿也可以无偿，为被执行人利用居住权无偿性逃避执行提供了便利。正如前面提到的居住权期间较长，通过无偿设置居住权并在不动产管理部门进行登记，这样可以让被执行人的其他亲属居住，被执行人依然可以居住在里面，那么负担居住权拍卖房屋必将导致房屋无法拍卖成功。那么去居住权拍卖房屋是否可以解决问题呢？答案是否定的。有学者提出因离异而保留的居住权应当视为无固定期限居住权②，但忽视了被执行人利用“假离婚”设置居住权来规避执行的现象，且此类居住权在某些情况下具有终身性，给法院强制执行造成极大不便。居住权设置的期间较长，如何去

① 林洋、唐万钰：《我国居住权制度的解构模式及其规则重释》，载《学术探索》2021年第7期。

② 于霄：《居住权期限的类型化与体系因应》，载《中国不动产法研究》2021年第1辑。

居拍卖并没有标准参考，随着时间以及市场经济的变化，居住权人对另行租房的要求比较高，例如教育医疗资源是否与居住权存在的房屋大致相等、相同，以及租金按什么标准给到多少年合适等，都是实践过程中遇到的困境。

（二）实现居住权的程序缺失

保障性居住权具有一定的人身依附性，但同时也体现一定的财产价值。在执行程序中如何让居住权从纸面上的权利变为实际的权利，成为执行面临的困境。在以往的离婚案件中，因一方经济较为困难无处可住，法院判决没有房产的一方对另一方拥有的房产享有居住权。虽然法律规定法院可以如此判决，但在实践过程中大多以经济补偿金的方式代替。另外一方面，即便判决一方享有居住权，在执行过程中也大多是调解解决问题，仍然没有直面居住权如何实现的问题。在意定居住权方面，设立居住权的权利人和居住权人均不享有随时解除合同的权利，同时居住权附着于房产之上，目前还没有法律规定居住权的执行程序，也没有可供参照的程序规则。因此，实现居住权成为摆在现实面前的一道难题。

（三）所有权与居住权之间的权利冲突

房屋所有权具有绝对排他性，房屋所有权人对房屋拥有使用、占有、收益、处分等权利。同时，居住权人对房屋的占有也具有相对排他性。两个具有排他性的权利必有一个选择，否则房屋之上的权利将无法融合。正如上文提到的离婚判决中设立的居住权，具有相应的人身依附性和保障性，虽然此时房屋所有权具有绝对的排他性，但为了保障离婚案件中没有房产的一方生存的权利，所有权不得排除居住权，这也是英美法系设置居住权的初衷。遗赠抚养协议中居住权人履行抚养义务，所有权人也当然不得排除居住权。① 那么所有权是否都不得排除居住权呢？如果是这样，那依然存在的问题便是上文提到的房屋拍卖无法去负担权利而使得房屋价值无法变现，虽然房产属于债务人的财产却因无法拍卖出去而导致债务无法履行。同时，城郊、城乡接合部以及城中村等小产权房由于政策原因被限制交易，也给法院拍卖带来不小阻力，一方面在执行此类房产时，根据不动产登记情况房屋所有权依然归原房主，另一方面房屋买受人通过执行异议排除执行房产。当被执行人为房屋买受人或者是原房主时，如何执行没有明确的方法，各地做法也不同。小产权房在市场上的买卖依然没有法律依据的支撑，但国家在经济发展以及改革开放中产生了大量的小产

---

① 许盘盘：《居住权制度完善研究》，云南财经大学2021年硕士学位论文，第24页。

权房交易，实际上买受人并未取得房屋所有权。但是像城郊、城乡接合部以及城中村的房屋依然存在经济价值，有学者提出居住权制度可以发挥盘活闲置房屋及宅基地的功能，虽然不能解决土地属性问题但为农村房屋流转提供了方案①，笔者认为居住权的法律规则同时也为小产权房提供了解决方案。另外，因瑕疵房产的所有权受到限制，买受人在购买房产之后签订居住权合同却无法登记居住权，居住权在此类房产之中设置将困难重重。因此在许多案件中，这两类权利冲突需要具体问题具体分析。

（四）抵押权与居住权之间的权利冲突

抵押权属于担保物权，居住权属于用益物权。担保物权关注物的交换价值，用益物权利用物的使用价值，二者在性质上可以相容，可并存于同一标的物上，但在担保物权实现时担保物权与用益物权之间难免发生权利冲突。② 在房屋上已经设立抵押权，并不影响所有权人另行设立居住权，已经在房屋上设立居住权也不影响设立抵押权，但是当为了实现抵押权的担保作用时，居住权与抵押权就产生了权利冲突。同时存在居住权和抵押权时，为实现债权清偿处置房屋必然要解决两者的冲突。居住权与抵押权两种权利哪种优先于哪种，目前法律并未规制，因此就需要对这两类权利的冲突作进一步的分析。

（五）租赁权与居住权之间的权利冲突

租赁与居住权均属于对所有权中使用权的流转，因此目前国内学者普遍认为两者界限越发模糊，不论是在制度功能，还是在权利外观等方面都有诸多相似之处。③ 因此，居住权制度也在一定程度上给租赁权带来冲击，在“买卖不破租赁”的制度下使得租赁物权化具有对抗第三人效益，两者发生权利冲突时如何选择使得法院执行陷入困境。根据《民法典》第 369 条规定，设立居住权的房屋不得出租，当事人另有约定除外。根据该法律条文，反向可以得出出租可以设立居住权，即承租人可以设立居住权，并且可以不受限制。一般说来，承租人设立的居住权的权限、范围及期限应均小于承租人的权利范畴，实际上法律并没有明文确定，法无明文规定即自由，由此带来的后果是居住权人的权利范畴大于给其设定权利的承租人。同时，但书条款给所有权人逃避执行

---

① 陆剑、胡梦杰：《我国农村房屋上设立居住权的现实价值与规则解析》，载《中国不动产法研究》2021 年第 1 辑。

② 陈洪：《不动产物权冲突研究》，载《私法》2002 年第 1 辑。

③ 林洋、唐万钰：《我国居住权制度的解构模式及其规则重释》，载《学术探索》2021 年第 7 期。

营造空间。根据该法律条文的规制，设立居住权的房屋通过双方当事人的另外约定可以对外出租，那么被执行人则可以通过设立一段较长时间的虚假居住权，通过另行约定来对外出租，以获得利润。对于房屋所有权人来说，并不需要付出什么代价，只需要在房屋之上设立一个长时间的虚假居住权，二十、三十年甚至终身居住权。如上文所述房屋极有可能无法拍卖成功，之后由居住权人对外招租、收取租金，房屋所有权人却能以居住权对抗法院强制执行，并获得收取租金的权利，债权因被执行人设置居住权而落空，容易造成人民对法院工作的质疑，严重影响法律的威严。

三、多方缘由：基于房产之上的因果叠加

为何居住权与其他权利有如此之多的冲突？马克思曾提出“能动”的因果概念，即试图通过主体的行动及其与对象间的关系来解释因果关系。正如恩格斯所指出的，能够以行动造成某个事件的条件，就意味着其是引起该事件的原因。① 由此可见，各权利与居住权之间冲突不断以及居住权实现中程序缺失的问题是由多个“能动”的原因叠加造成的，笔者试图寻找并分析冲突背后的缘由。

（一）心理因素：逃避执行与兑现债权

趋利避害是人存在于社会的本性，有关心理学家曾提出趋利避害相容效应，即人们趋近积极刺激、回避消极刺激比趋近消极刺激、回避积极刺激的速度更快，动机定向理论是解释趋利避害相容效应的最佳理论。② 在面对官司败诉，自己所拥有的住房将被执行时，被执行人第一动机并非积极履行案件，在大多数案件中被执行人通常希望以不履行、消极履行等方式来对抗执行。从全国法院激增的执行案件来看，一方面有执行不能的原因，另一方面便是被执行人趋利避害心理在作祟。因此一些当事人寄希望设立居住权来消极对抗执行，通过各种方法以达到自己依然占有房屋却无法被执行的目的。对于申请执行人来讲，如何快速兑现案件是其主要的动机。被执行人通过设立居住权或设立居住权之后转租的方式来逃避执行，申请执行人会更加不能理解法院执行工作，

---

① 甄龙：《马克思基于实践活动理解因果概念》，载《中国社会科学报》2019 年 4 月 23 日，第 2 版。

② 张晓雯、禤宇明、傅小兰：《情绪效价对趋避反应的作用》，载《心理科学进展》2012 年第 7 期。

甚至会认为法院偏袒被执行人。因此为实现当事人债权，对于此类案件应当出台相关法律，解决被执行人设立居住权以排除或妨碍执行的问题，排除此类居住权让房屋拍卖能够顺利进行。

（二）法律因素：法律滞后性与经济发展

法律滞后性是指法律在固化立法意图而成为其载体后，在其稳定的调控区间内，反映和调控社会关系的效能逐渐变弱的属性。简而言之，法律滞后性就是指“昨日”法律与“今日”现实之间的时空差异性及由此引起的法律功能性损伤。[①] 在经济发展如此之快的今天，法律滞后性让许多案件在处理过程中变得更加棘手。改革开放以来，我国城镇化发展特别快，随之而来便是征收拆迁，在经济利益的驱使下小产权房成为特定历史产物，学区房更是经济催生、炒热的产物。在实践过程中，因小产权房、易地搬迁房屋以及拆迁安置房均属于限制交易房屋，如何将房屋变现用以清偿债务成为许多执行一线干警面临的困难。根据目前的法律政策以及相关部门的文件，小产权房因法律及相关政策原因被限制交易，特别是城中村、城乡接合部以及城郊中进行交易的房屋，虽然属于小产权房但是却有极高的经济价值，法律滞后性让这些房屋无法被成功处置。对于拆迁安置房，在没有取得房产证之前均不得交易，有些地方甚至规定在取得房产证五年内不得交易，行为人因被征收而取得房产，但因政策及法律原因无法将房屋拍卖。

（三）衡平因素：公平保障与效益追求

追求效益是市场经济主导下的必然产物，如何利用有限资源来创造最大利益，成为衡量社会价值标准的重要方法。但是一味追求效益，必将导致强者对弱者的剥削，而公平将会失衡，势必又将影响社会的良性发展。然而过度强调绝对公平也会影响效益的取得，两种价值在一定程度上存在着冲突。[②] 在经济市场下的价值冲突，导致执行案件中的价值选择有所偏向。特别是在面临生存权保障与债权实现的问题时，居住权成为讨论的焦点。一方面追求效益，法院强制执行则必须排除居住权，用来实现债权清偿；另一方面追求公平，则必须适用居住权，以保障被执行人以及其亲属的生存权。同时，居住权作为市场经济中一项重要权利，可以在清偿债务时体现其价值，如上文提及的用居住权抵销债务以使债务得到全面清偿，由此兼顾了效率与公平。因此必须完善对居住

① 殷冬水：《法律滞后三论》，载《行政与法》1998 年第 2 期。

② 刘勇华、黄婷：《论惩罚性赔偿价值取向》，载《民间法》2018 年第 22 卷。

权的限制以及适用范围，以保障居住权能够在市场经济下平稳运行，否则《民法典》中增加居住权在实践中将成为空谈。

四、多样方法：执行程序中居住权排除与适用的路径探索

研究居住权以及与其他权利的冲突，目的是让房屋在保障居住价值的前提下，实现房屋经济价值的最大化，同时更是为了解决居住权在执行过程中的困境。在权利实现的顺位上，应当充分考虑基础法律关系、权利来源以及各方当事人的风险分配，才能尽可能做到公平合理处理当事人之间的利益冲突。① 如何真正做到强制执行债权与保障生存的平衡，根本方法是必须遵循“同样情况同样对待、不同情况区别对待”的原则，才能达到平衡或保持均衡。② 在面对不同类型的居住权与其他权利冲突的案件时，需要具体情况具体分析。

（一）执行程序中居住权的适用

根据上文分析，在面对不同冲突时应当依法适用居住权，让居住权成为实现房屋价值的途径。特别是在执行过程中居住权的设立与适用，让以前执行程序中无法解决的问题可以得到解决。

第一，离婚案件因一方困难确定的居住权。在执行此类案件中，居住权系一方对另一方的困难救助，该居住权具有很强的人身依附性且保障生存权利。虽然在实践过程中许多案件通过调解、判决，以困难救助金、经济帮助金等形式来实现婚姻中一方对另一方的救助义务和扶持义务，但是在双方都比较困难，房屋变卖或拍卖都将使得双方失去居住地方的情况下，此时将居住权作为一项救济途径是比较适合的。当被执行人拒不履行时，对于此类居住权的执行就有两种方式。一种方式就是参照探望权的执行模式，一方不得拒绝另一方居住，若有违反则对其进行司法惩戒，多次违反或情节严重的则可以拒不执行法院裁定、判决罪论处。另外一种方式则与经济帮助金等类似，将居住权转换成为租金，对有房产的一方的财产进行执行，执行财产用以抵偿另一方租房的租金，租金可以计算至一定年限。

第二，城中村、城郊以及城乡接合部的小产权房以及拆迁安置房、法人居

---

① 张亮、孙恬静：《案外人执行异议之诉中债权人与隐名股东保护的价值衡量——兼论商事外观主义在强制执行程序中的运用边界》，载《法律适用》2021 年第 8 期。

② ［英］哈特：《法律的概念》，张文显、郑成良等译，中国大百科全书出版社 1996 年版，第 157 页。

住权。在现有政策下，小产权房的交易仍然受到限制，拆迁安置房也受到一定的限制。但是在市场经济支配下，小产权房以及拆迁安置房等均具有一定的价值，特别是一些学区房很有市场价值，但执行过程中往往只能放弃处置房产。而一些小产权房买受人，因房产并不登记在其名下，在执行过程中更是无法处理。笔者认为，在现有的法律政策下可以探索建立对小产权房居住权的拍卖、变卖程序，让小产权房等瑕疵房产能够实现其价值，做到物尽其用以达到清偿债务的目的。同时，法人或非法人组织等在城郊或农村建立的厂房、办公场所等有一定的市场价值和经济效益，但在现有的法律制度之中没有确定法人居住权，在实务过程中因土地属性原因往往无法被处置，导致厂房废弃。因此笔者认为确定法人居住权，将其作为法人的物权资产，通过市场评估之后，再对其进行拍卖变卖，实现"废物"利用的绿色循环。

第三，保有居住权赠与以遗赠抚养协议等附条件赠与所有权的房屋。对于此类房产，首先可以确定的是这些房产具有极强的人身依附性以及价值交换作用。因此为了保障保有居住权人的权利，对房产所有权人执行居住权时，可以参照适用上述离婚案件中保有居住权的做法。

（二）执行程序中居住权的排除

第一，易地搬迁房及扶贫安置房。易地搬迁房及扶贫安置房实际上是国家为保障弱势群体所设置的房产，根据现有政策房产至少在二十年内不能买卖，而扶贫安置房的所有权者是国家。此类房产本就是为了解决贫困以及为了保障我国人民居住生存生活所需，因此对于此类房产，在没有出台相关政策之前，不宜流入市场交易。

第二，房产拍卖。对于房产拍卖，上文已经论述了通常的做法，但是当房屋之上存在居住权时不论适用何种方式都会让房屋拍卖变得困难。因此笔者认为，应当通过排除居住权来拍卖房屋，即去居住权拍卖。一来是为了防止当事人设置虚假居住权阻碍执行，二来是为了房产能最大程度实现其价值。上文对于居住权的适用提及了关于房产居住权置换成租金的类型，笔者认为对于被执行人及其亲属或者附条件赠与等情形均可以利用此方法来排除居住权，探索建立居住权与租金转换的程序，通过"以租代居"的方式让房产得以顺利处置。对于有偿设立居住权的，可以通过参照支付合同项下对等金额的合理数额，来确定返还居住权人支付的费用。对于保有居住权赠与所有权、遗赠抚养协议以及无偿设立居住权等房产，可以通过以"以租代居"的方式将居住权进行排除，参照当地租房的平均价格确定租金，从房产拍卖所得价款中进行优先受偿。

（三）外观主义原则——抵押权与居住权冲突的价值选择

外观主义原则实际上是为了保护交易安全，在实际权利人与第三人之间权利发生冲突时的价值选择，即外观与实质之间发生冲突时，不得已牺牲实际权利人的利益。[①] 房屋抵押权与居住权均属于登记设立的权利且兼具外观公示，两者在没有发生冲突之前均互相不受影响，可以在设有抵押权的房产上设立居住权，也可以在设立居住权的房产上设立抵押权。但是当实现物权担保及优先受偿权时，两者发生冲突将如何选择呢？笔者认为可以通过以下形式来确定权利的先后顺序。

第一，已经登记的优于未登记的。根据《民法典》物权编的法律规则，不论是不动产的抵押权还是居住权均需要登记才能设立，因此居住权与抵押权不论哪项登记，就已经确定该项权利。没有进行登记的，自然就没有设立该项权利。

第二，先登记的优于后登记的。由于两者均需要登记，因此可以根据时间先后顺序规则确定房产登记情况。如抵押权先行登记则先行设立，居住权人之后进行登记的，说明其认可该房产之上的抵押权，因此在清偿时抵押权应优先于居住权。同样的，如居住权先行登记则先行设立，居住权应当优先于抵押权执行。

第三，在合同均有效的情况下，按照合同签订先后顺序确定。不动产抵押权与居住权因未登记，未能设立权利。但同时存在抵押合同与居住权合同，两者债权存在冲突，因此可以根据合同签订的先后来确定两者的先后顺序。

结　语

居住权是《民法典》新增加的一项权利，在执行案件中居住权不仅可以解决实务的一些问题，同时也带来了权利冲突。笔者发现居住权在实际过程中与其他权利存在多种冲突与困境，因此试图通过价值衡量来确定建立居住权在执行程序中的适用与排除规则。在现有的法律规则之下，居住权仍然面临多重冲突，笔者希望通过探索建立居住权相关程序及法律规则，为《民法典》关于用益物权的实施贡献自己的力量。

（李发达 余 强：湖南省岳阳市平江县人民法院）

---

① 张亮、孙恬静：《案外人执行异议之诉中债权人与隐名股东保护的价值衡量——兼论商事外观主义在强制执行程序中的运用边界》，载《法律适用》2021年第8期。

债权中心主义下创新型执行手段的思辨

——以人格尊严融入为视角

易文华

社会公众日益增长的解决“执行难”的司法需求与不充分的执行工作发展之间的矛盾日趋激化，倒逼司法机关在重大社会舆论威压下，对现行执行工作机制予以重新审视和变革。2015 年习近平总书记提出“创新”发展理念，使之贯穿党和国家的一切工作。2016 年周强院长郑重承诺“用两到三年时间基本解决执行难问题”。上述指示精神将解决执行难作为司法工作的首要任务予以推进，致使债权实现的实体正义目的在司法政策导向、公权力加持、社会舆论威慑三重效应下被推向了极致，形成了以债权保护为中心的执行体系。并因试点法院创新惩治“老赖”举措取得的执行成效在互联网媒体的宣传报道下产生示范效应，全国各地法院掀起了创新执行手段的热潮。

各级法院紧紧围绕实现债权的实体正义目的创新了一系列执行手段，虽在一定程度上提升了执行质效，但也因创新内容不当扩张、创新规范层级较低、创新边界模糊不清，招致滥用民事执行权的质疑。且利用互联网曝光甚至“丑化”被执行人，限缩了其生活空间，侵害了其隐私权、名誉权、人身自由及人格尊严。此种以“牺牲”被执行人的人格权乃至人格尊严为代价的“创新型执行手段”，在《民法典》确立人格尊严为人格权编的首要地位之际广受诟病。为此，理性认识被执行人的私权利保障的正当性，是实现司法公正、确保权力运行与权利保障相对平衡的必然要求。在完善路径上，应以法律保留原则、比例原则和人格尊严保障的底线为基本遵循，并从禁止不当联结、明确信息公开范围和构建失信修复机制等具体路径上规范“创新型执行手段”。

一、检视：创新型执行手段的样本分析

（一）创新型执行手段的样本检索

经在最高人民法院官网及各省高院官网查询，近五年（2016 年 1 月 1 日至 2020 年 8 月 13 日），有关“创新型执行手段”的法院要闻共 174 条，涉及 28 个省、55 个市级法院，联合部门和协执单位 100 余家，创新执行手段共 21 种，按照创新内容的指向不同，归纳出四类“创新型执行手段”（如表 1）。

表 1　“创新型执行手段”的样本罗列

类型	具体实例
执行主体的创新	1. 信用管理机构“芝麻信用”接收法院共享的失信名单后，限制被执行人使用淘宝、天猫、支付宝的支付功能、限制买动车票
执行对象的创新	2. 军校招录时对被执行人的子女政审考核不合格 3. 对失信人员一律限制高消费、一律限制出境或禁办护照、一律宣布护照作废、一律实施司法拘留
执行方式的创新	4. 限制参与本市京牌小客车指标摇号配置 5. 设立海淀智慧停车管理系统查询专线，提供布控告警功能，实时推送布控车辆信息 6. 对车辆、手机进行 GPS 定位 7. 定制专属“失信彩铃”和“电子彩印”、电话标记 8. 限制入网 9. 设“美人计”抓老赖 10. 封禁被执行人的直播账号 11. 线上线下一体布控、临控被执行人及其车辆 12. “点对点”“执行天眼”实时查控被执行人及其车辆 13. 开通“淘宝查询栏”，查询被执行人的购物收货地址和联系方式，以锁定其住所、抓到被执行人 14. 汇集人口、婚姻、金融、政务、电商、信用、社交等周边数据，建立执行预警平台，全方位评价当事人的身份特质、行为偏好、资产状况、信用历史，建立涉案当事人的信用画像 15. 自主研发微信小程序“老赖地图”，定位用户身边 500 米范围内的“老赖”数量和身份信息，并发出“预警等级”

续表

类型	具体实例
其他	16. 不得在星级以上宾馆、酒店等场所消费 17. 在各大媒体网站、公众号、微信朋友圈、微博上及各大营业厅、政务厅、车站台、社区街道上公布失信人员的姓名、照片、身份证号码、家庭住址、执行法院、案号、标的等信息 18. 开设“失信曝光台” 19. 发布“限驾限高令”、“豪车限驾令” 20. 作废失信被执行人的护照 21. 全程网络直播抓老赖

这些创新手段均是各地方法院根据当地的执行工作实际，以抓到被执行人、找到被执行人财产、曝光被执行人信息为直接目的，迫使被执行人履行生效裁判义务为终极目的而探索出的“联动”“信息化+”惩戒之举。“联动”惩戒主要体现在：（1）纵向维度上，最高人民法院主导各地方法院建立了自上而下的创新执行体系，如最高人民法院与原国土资源部联合下发《关于推进信息共享和网络执行查询机制建设的意见》，下级法院遵照执行建立“点对点”查控系统；（2）横向维度上，以法院为主导，联合多部门、全民形成了由内及外的创新惩戒机制，如发布“限驾令”、GPS定位、定制“失信彩铃”、设置“失信曝光台”等，均需由法院与公安机关、交管部门、通信公司、网络媒体共享信息、相互配合才能实施。且在网络全球化时代，通过网络直播、多媒体“失信曝光台”、“老赖地图”等将被执行人的个人信息和案件信息曝光在全民视野中，并发布悬赏公告、提供举报热线，直接扩大了对被执行人的监督范围和监督力度，形成执行合力全覆盖。“信息化+”惩戒是指利用云计算、人工智能等技术手段对被执行人的个人信息进行归集、处理①，为执行自动化决策提供效能，如网上“布控”预警、智能推送失信名单、“点对点”网络查控等。上述执行手段与传统的纸上媒体、线下协同、分散执行存在明显区别，具有相当的创新性。因此，本文将这类执行措施统称为“创新型执行手段”。

① 闫光永、郭锋：《弘扬社会主义核心价值观的法律政策体系研究》，载《行政管理改革》2020年第8期。

（二）创新型执行手段的特征提取

1. 创新内容不当扩张

表1显示，创新内容不当扩张主要体现在四个方面：一是执行主体不当增加。民事执行权隶属于司法权，并专属于人民法院行使。① 联合部门和协执单位只能在法院的“授权”范围内行使权力，而不能越权行使；否则，变相地扩张了执行主体。表1中第一类创新手段，系征信机构“芝麻信用”接收法院共享的失信名单后，主动对用户的“芝麻分”进行减分并限制用户使用合作商淘宝、天猫、支付宝的支付功能，此种自主决策行为违反了“专属”规定。同时，将携程、去哪儿、途牛等互联网旅游服务公司、电信、移动、联通公司、阿里巴巴、航空公司、直播平台等非公权力组织作为联合部门共同实施强制执行手段，不符合《民事诉讼法》“被执行人所在单位、银行、信用合作社和其他有储蓄业务的单位、财产权证照办理单位有协助法院执行的义务”的规定。

二是执行对象不当扩大。表1中第二类创新手段，将“消极履行、规避执行或抗拒执行的被执行人”等同于“所有被执行人”、将“拒不履行生效裁判文书的债务人”扩大到“被执行人的子女”，实则异化了法定的执行对象，有违司法公正之嫌。

三是执行手段不当运用。如表1中采取GPS定位、布控、临控、“执行天眼”跟踪被执行人手机及其车辆、“点对点”实时查控被执行人消费信息等技术手段，因现行对公民个人可采取电子监控技术的规定只见于刑法领域，且规定只有在严重危害社会犯罪案件中才能采取该类技术侦查措施，不涉及民法领域，故前述创新手段限制被执行人的人身自由和通信自由等缺乏正当性基础。

四是执行依据不当类推。表1中第四类创新手段，将“消费行为”等同于“高消费行为”、将“限坐行为”等同于“限驾行为”、将“限制出境”等同于“作废护照”、将“公布不履行义务信息”等同于“公布个人信息、隐私信息”等，泛化了《最高人民法院关于限制被执行人高消费及有关消费的若干规定》（以下简称《限制高消费规定》）第3条规定的高消费行为的范围，且此种异化行为在法律解释上应属于类推解释，而我国禁止类推解释。

2. 创新规范层级较低

实施以上扩张内容的主要依据是：各地方法院联合当地有关部门共同制定

---

① 张立平：《论民事执行权是司法权》，载《求索》2006年第11期。

的《关于限制失信被执行人参与本市小客车指标配置的工作意见》《执行联动战略协作协议》《执行联动机制建设合作备忘录》等（如表2），这属于相关部门发布的指示、命令、措施等非立法性文件，因其在一定区域内也具有普遍约束力，故又称非立法性规范性文件，属于广义的规范性文件范畴。① 同狭义的规范性文件的宪法、法律、法规、规章相比，属于最低层级的规范性文件。从我国《民事诉讼法》第255条规定“法律规定的其他措施”这一兜底条款来看，创新执行措施原则上要有法律及法律以上效力层级的规范依据，前述最低效力层级的非立法性文件与上位法精神相违背，不符合现代法治的基本要求，易造成执行权滥用，助长“执行乱”之风。

表2 实施“创新型执行手段”的依据罗列

制作主体	制作文件
北京市高院与北京市经济和信息化委员会、北京市交通委员会	共同签署《关于限制失信被执行人参与本市小客车指标配置的工作意见》
福建省安溪县法院与中国电信、中国移动、中国联通	联合签署《执行联动机制建设合作备忘录》
福建省莆田市中院与中国电信、中国移动、中国联通	联合签署《执行联动战略协作协议》
福建省泉州市中院与泉州市电信、移动和联通公司	联合签署《关于对失信被执行人实施联合惩戒措施合作备忘录》
福建省洛江区法院与县电信、移动和联通公司	联合签署《关于对失信被执行人实施联合惩戒措施合作备忘录》
泉州市鲤城区法院与中国移动公司	签署《关于定制失信彩铃等的工作备忘录》
福建省厦门市中院	下发《关于加快推进失信被执行人信用监督、警示和惩戒机制建设的实施细则》
福建省厦门市同安区法院与交警部门	发布《关于限制被执行人驾驶小型汽车的实施办法》

① 丁桂华、滕修福：《非立法性规范性文件备案审查的法理依据及相关问题》，载《人大研究》2017年第9期。

续表

制作主体	制作文件
湖北省孝感市中院与孝感电信、移动、联通公司	签署《执行联动战略协作协议》
湖北省十堰市中院	出台《关于限制被执行人驾驶非营运小汽车的实施意见（试行）》
黑龙江省高院与省通信管理局	联合印发《关于为失信被执行人开通失信彩铃业务的通知》
重庆市黔江区法院与电信、移动、联通公司重庆分公司	重庆市高法院与三家通信公司联合发布《关于开展失信被执行人专属铃声定制试点工作的通知》
浙江省杭州市中院与杭州市委政法委牵头公检法司等部门	《强化查控惩戒 合理攻克“执行难”》
浙江台州市中院与市公安局	《关于建立车辆网络执行查控协作机制联席会议纪要》
浙江省仙居县法院与交警部门	与全县19家单位签署联合《惩戒失信被执行人的会议纪要》，出台了62项限制失信被执行人措施
山东省高院与省公安厅	联合下发《关于推进解决执行难的协作备忘录》
山西省朔州市中院与国土部门和房产管理部门	最高人民法院和国土资源部（今自然资源部）联合下发的《关于推进信息共享和网络执行查询机制建设的意见》
天津市高院与天津市委政法委、检察院、发改委、公安局、教育、民政、建设规划、交通、市场监督、税务、金融等21家单位	出台《关于建立天津市司法裁判执行联动中心的实施方案》
天津市高院与天津市交通运输委员会、发展和改革委员会、市场监督管理委员会、精神文明建设委员会办公室	联合签发《关于限制失信被执行人参与本市小客车指标配置的协议》

续表

制作主体	制作文件
天津市高院与天津市公安交管局	联合签署《关于建立被执行人车辆查控协作机制的协议》
天津市高院与天津市公积金管理中心	联合签署《关于共同建设“点对点”网络执行查询机制的合作协议》
贵州省高院与贵州铁路公安机关	贵州高院下发《贵州省高级人民法院关于建立全省法院铁路执行联控机制的通知》
湖南省高院与湖南省公安厅交警总队	联合发布《关于建立信息共享及机动车辆查控协作机制的协议》《关于联合交警部门启动被执行人机动车辆扣押工作的通知》

3. 创新边界模糊不清

执行创新主要是指执行手段和执行体系的创新，利用现代通信、网络、数据库等技术，建立上下一体、内外联动的执行机制，以快速、精准查控被执行人及其财产、实现债权利益。从本质上讲，创新执行手段是改进执行工作机制的一种技术手段。然而有些技术手段存在“造法”之嫌，如发布“限驾令”，无论是最高人民法院出台的《限制高消费规定》，还是中办、国办印发的《关于加快推进失信被执行人信用监督、警示和惩戒机制建设的意见》，均无相关被执行人驾车的禁止性规定。同时，有些创新手段违反了道德观，如表1中“微信上扮美人诱捕老赖”。自古至今“信”为处理人与人关系的道德准则，指待人处事诚实不欺、言行一致的态度。法官利用被执行人“好色”的特点，假扮美女和其交往，实则是欺骗、不诚实的表现，违反了“信”的道德观，也违背了“诚实信用”的基本原则，更破坏了以“公正”著称的司法形象。以上创新手段在技术与法律、伦理之间来回穿梭，实际存在与应然状态能否存在的不确切性，导致创新边界模糊不清。

二、聚焦：创新型执行手段中的权利冲突

（一）债权保护中心机制：关系结构失衡

在审判阶段，人民法院处于中立地位，与原、被告形成“等腰三角形”结构。裁判生效后，因败诉当事人未主动履行义务而进入执行程序，人民法院成为胜诉当事人追偿债权的“帮手”，运用民事执行权对被执行人的民事权益

实施执行手段，致使原本申请执行人与被执行人两方对立局势，因人民法院从中立地位向申请执行人一方偏移而转变为“1 + 1 > 1”对立模式，并随着民事执行权的不断扩张，申请执行人的债权保护力度不断加大。尤其是在社会公众普遍认同实现债权是确保司法公正、提升司法公信力、维护社会公共利益的必然要求的环境下，债权地位显著提升，由一般保护转变为重点保护对象，并在司法政策的导向和社会舆论的威慑下将债权保护的实体正义推向了极致，逐渐“中心化”。与之对立的被执行人的权利保障则逐渐“边缘”。

（二）权利限制失宜：行为惩戒措施适用无序

根据《民事诉讼法》《限制高消费规定》的有关规定，被执行人不履行生效裁判确定义务的，人民法院可视情形对其采取拘留、限制出境的方式限制被执行人的身体、行动自由和限制高消费、非生活、经营必需的有关消费行为。但未规定驾车行为、乘车行为及生活、经营所必需的消费行为也属于行为惩戒的范畴，这实则侵犯了被执行人的人身自由。同时，所实施的“封禁直播账号”从本质上讲属于限制通信自由和限制劳动自由的行为，实施的“停水、停电、停气迫使腾空交房”属于侵犯公民的住宅安宁权益的行为。

（三）信息公开失当：公众视野下被执行人“透明化”

个人信息是以电子或其他方式记录的能够单独或与其他信息结合识别特定自然人的各种信息。① 在大数据时代，个人信息已基本实现“数字化”，成为计算机可识别的语言，易被 Cookie 技术自动收集和保存，为国家、社会及个人自动化决策提供效能，但在对个人信息进行归集、处理过程中，因个人信息的自由流动和非自主公开造成个人被“网红化”。表 1 中，人民法院联合各部门利用信息化技术向不特定或特定的社会公众曝光被执行人的姓名、头像、身份证号码、家庭住址、行踪轨迹、工作岗位等个人信息及执行法院、案号、标的等案件信息，能够全方位、立体地刻画出被执行人的体貌、能力、品性、信用等状况。对于别有用心的陌生人而言，即便不采用“人肉搜索”也可识别和锁定被执行人，更何况是被执行人的微信朋友圈好友及其社区、工作周边人群。

同时，向社会大众公开的被执行人家庭住址、婚姻状况、财务状况、微信记录等个人信息涉及其隐私，原则上未进行脱敏化处理或未经法律明确规定和权利人明确同意的情况下，不得公开。然而公共利益的驱动和执行效率的加持

① 《民法典》第 1034 条第 2 款规定。

下，被执行人已基本失去对个人信息的控制能力，从而在公众视野下无隐私权，逐渐“透明化”，成为司法领域、金融领域、市场领域、社交领域等众多领域的“公众人物”。

尽人皆知的“老赖”一词即是被执行人成为“公众人物”的代名词。但这与艺术家、明星等公众人物靠出众出彩增加收益截然相反，“老赖”是以出众出丑减少收益。因为作为一个社会人，在参与社会生活、扮演社会角色过程中，必然少不了要与人交往，并通过交往获得认同感和一定的社会地位，但交往不是单方面的、孤立的，必然会受到交往对象、周围环境和社会评价的影响，从而影响生活、学习、工作的各个方面。前述曝光被执行人“丑”的个人信息和隐私信息在公众视野下并予以反向警示宣传，间接引导了社会大众对“老赖”产生指责、厌恶乃至歧视心理，从而降低其信用水平和社会评价，对其名誉产生消极影响。

（四）人格保障失范：被执行人的人格尊严受侵犯

从《民法典》的人格权编体例上来看，人身自由、名誉权、隐私权和个人信息均属于人格权的保障范畴，且人格权以人格尊严的保护为最高指导价值。① 根据《民法典》第990条规定，人格权包括具体人格权和一般人格权，具体人格权是一般人格权的具体化，且人格尊严作为一般人格权，对侵害人格尊严的新型人格利益提供兜底保护，这是确立以人格尊严为中心的价值体系的内在逻辑。由此，侵犯公民具体人格权的，当然也侵犯了其人格尊严。

同时，表1中人民法院与各联合部门实施信息共享，利用互联网、人工智能对被执行人的婚姻、财产、信用、社交等数据（信息）进行汇总、加工，进行信誉评估和人格画像，进而针对特定人群植入失信广告、发出情报预警，以降低社会交往中的信息不对称问题，提高周边人群对被执行人的警惕性、减少交往和交易风险。但这种特殊标记易使社会公众放大对被执行人“丑”的行为及人格的解读，变相加深了对被执行人的反感和歧视感，致使其人格尊严遭受到侮辱，妨害其人格的自由发展。

综上所述，申请执行人的债权与被执行人的人格权随着强制执行程序的启动、运行而同步行使和变化，但二者变化呈对立关系，即在公权力作用下，不断加强对被执行人的惩戒力度，则其隐私权、名誉权、人身自由和人格尊严受

---

① 王利明：《人格权法的发展与完善——以人格尊严的保护为视角》，载《法律科学（西北政法大学学报）》2012年第4期。

“侵害”程度就越深，债权实现可能性就越大，两方当事人的权利冲突也就越明显。

三、思辨：被执行人权利保障的正当性证成

“法无禁止即自由”，强调公民享有行使个人权利的自由，但该自由并非没有边界，因为人人在行使他的权利和自由时，因保证对旁人的权利和自由的承认和尊重以及适应道德、公共秩序的正当需要，必须受到法律的应有限制。① 被执行人的个人权利既受生效裁定确定履行义务的羁束，也因“欠债还钱”成为普世实体正义而受限于债权实现这一公共利益目的。按照学者洛克的理解“公共利益是一种‘特权’”②，即执行法院为维护社会公平正义和促进司法效益，在无法律明确规定，运用自由裁量权克减被执行人权利的情况下，享有一定程度的豁免权。但豁免程度不是无限的，必须以私权利最低保障为界，不能毁灭人类所固有的权利的实质。③ 否则，个人权利的存在已无必要，只能沦为公共利益的牺牲品。

（一）司法公正内含权力与权利相互尊重之义

司法公正的真正内涵既指结果公正，也指程序公正，二者的关系是辩证的。实现胜诉当事人的债权是实体公正的内涵，但不能片面地追求结果公正而漠视甚至践踏被执行人的基本人权；否则，以牺牲程序公正为代价的结果公正也必将成为司法公正的牺牲品。哲学家边沁的“功利主义”理论，将公共利益定性为各个人利益总和的最大化实现。一定程度上为公共利益衡量提供标准，但该标准只涉及纯粹经济利益的权衡，而不涉及道德、权利的比较；否则，存在利益的异质化之嫌，即在权利冲突面前，绝对的以多胜少衡量标准，将会导致“多数人的暴政”，致使公共利益被异化为“压迫每个人的工具”。④ 实则违背了以人为本的司法宗旨和权力运行的根本目的。在本源上，权力与权

① 《世界人权宣言》第 29 条第 2 项规定。

② ［英］洛克：《政府论（下）》，叶启芳等译，商务印书馆 1997 年版，第 101 页。

③ 王祯军：《从权利限制看不可克减的权利及其功能》，载《大连理工大学学报（社会科学版）》2009 年第 3 期。

④ 张千帆：《“公共利益”是什么？——社会功利主义的定义及其宪法上的局限性》，载《法学论坛》2005 年第 1 期。

利是一体的，是公民让渡部分权利的产物①，其根本目的是国家代表公民行使权力以更好地保护权利，而非压迫权利。因此，权力与权利互相尊重、互相依靠，才是司法公正的应然之意。

（二）权利保障对权力运行具有双重效应

权力运行作为国家进行社会治理一系列行为的结合，其首要追求是效率，因此，权力运行最理想的状态是没有任何反向作用力的阻碍。但“权力的掌控者因为人性的弱点，总是具有一种扩张的冲动”。② 因此，现代法治国家纷纷选择以权力的来源和目的——权利——对权力进行制约。在强调权利保障之初，权力受到反向作用力而呈现效率下降趋势，权力运行效率与权利保障强度呈负相关关系，且这一关系会存续一段时间（如图 1 的 A－B 段）。这能解释为什么执行权在运行过程中有意忽视权利保障，因为在执行人员看来，注重对被执行人的权利保护会影响执行效率。但这种负相关关系是暂时的，随着权利保障程度的不断加深，权利主体因对权力抵触感的消除而接受甚至支持权力运行，权力运行效率会出现转折并持续上升（如图 1 的 B－C 段）。不过权利保障程度也不是没有边界，若过度强调权利保护，权力运行效率则又会受到消极影响（如图 1 的 C－D 段）。质言之，权利保障对权力运行具有双重效应，二者呈现图 1 所示的 U 型与倒 U 型两层关系。

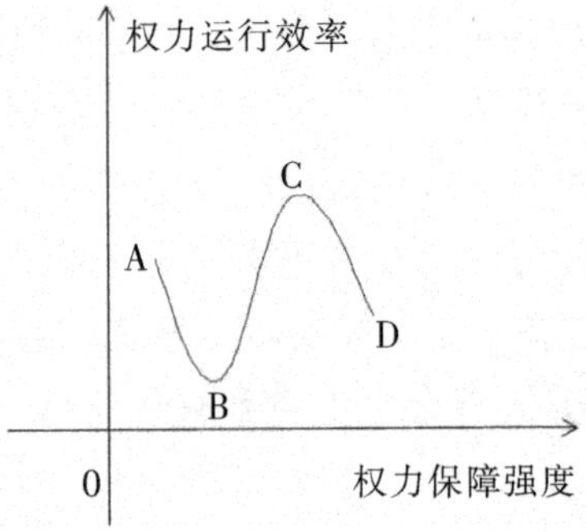

图 1　权利保障与权力运行的关系图

① 葛双龙、李婧：《公共权力运行与公民权利保障的冲突及平衡》，载《学术交流》2016 年第 3 期。

② 苏惠渔、孙万怀：《论国家刑权力》，北京大学出版社 2006 年版，第 37 页。

（三）小结

权力运行是公权力的重要内容和主要表达。① 图 1 启示我们，虽然公权力在运行过程中会产生与私权利保障的冲突问题，但二者并非绝对的对立关系，而是在一定范围内存在相互促进的可能。在权利保障与权力运行的两层关系中，B－C 段是我们所积极追求的效果。因此，在权利保障加强的初期，不应当因其对权力运行效率产生了一定的阻碍作用就否定权利保障的合理性，而是应持续加强权利保障，因为权利保障在达到一个临界点之后，反而有助于权力运行效率的提升。具体到民事执行程序中，则应充分尊重被执行人权利保障和执行权运行的双重关系，摒弃保障被执行人权利将影响执行效率的短视思维，将公权力置于合法性框架下运行，并给予被执行人应有的、充分的私权利保障，达到二者在一定范围内同向提升的效果。

四、完善：民法典视域下创新执行手段的制约方式

（一）创新执行手段适用的指导原则

1. 以法律保留原则为基准

根据《立法法》第 8、9 条规定，剥夺公民政治权利和限制公民人身自由的强制措施和处罚、司法制度等事项只能由全国人民代表大会及其常务委员会制定的法律予以规定，属于“绝对保留”事项；而对于民事基本制度等，在尚未制定法律的情况下，可以授权国务院根据实际需要事先制定行政法规，属于“相对保留”事项。具体而言，《宪法》规定的公民选举权与被选举权、言论、出版、集会自由的权利、担任国家机关职务的权利及人身自由等属于绝对保留事项，若要对其采取限制或剥夺的强制执行手段，均只能由法律作出明确的限制性规定，行政机关无权代为规定，更不用说非公权力组织有这种权限的可能了。同时，广义上人身自由除指自然人的身体和行动受其支配的积极自由外，还包括公民的人格尊严、住宅安宁不受侵犯和通信自由、通信秘密受法律保护的消极自由②，这是公民生存所需的最起码、最基本的权利。③ 故人格尊严等均应纳入绝对保留事项范畴。

---

① 葛双龙、李婧：《公共权力运行与公民权利保障的冲突及平衡》，载《学术交流》2016 年第 3 期。

② 邹瑜：《法学大辞典》，中国政法大学出版社 1991 年版，第 815 页。

③ 李继：《失信被执行人权利保护的路径选择——基于执行行为正当性的探讨》，载《政法论坛》2018 年第 5 期。

此外，《民法典》规定的具体人格权、身份权、个人信息权、财产权等制度，虽属于相对保留事项，可授权国务院制定行政法规，但应严格把控授权性规定的适用条件。原则上，已有法律规定了限制性条款的，不能再授权行使；符合授权情形的，也仅限于授权国务院制定行政法规，而不能授权给其他国家机关制定规章及以下规范性文件。表2中以各种“红头文件”的形式限制公民的基本权利，显然与立法法的精神相违背，有“侵权”之嫌。尽管我们承认这些“红头文件”为司法实践产生了功效，存在一定的正当性基础，应给予相对的尊重，但终归不能脱离合法性的轨道运行，应予以纠偏。

2. 以比例原则为保障

比例原则是指执行机关在行使自由裁量权实现执行目的时，所采取的执行手段不能超过必要限度，且应尽可能地选择对被执行人权益损害最小的执行手段，从而在执行权属于绝对强势一方的执行环境中最大限度地保护私权利和制约公权力，以使权力运行与权利保障处于相对平衡状态。运用到实践中，首先，要衡量生效法律文书确定的义务类型、多少与执行手段所针对的被执行人权利类型、大小是否相适应。原则上，对金钱给付请求权的执行应针对被执行人的财产权益采取执行手段（如查封、扣押、冻结、拍卖财产），执行不能或法律有特别规定的，再针对其人身权益实施强制执行。

其次，还应充分考量债务履行的相关因素，如被执行人的履行能力（包括本人、近亲属、债务人等相关人的履行能力）和履行意愿（包括对法院执行工作的配合程度、有无规避执行行为），因为这些因素直接影响着债权的实现力。对相关因素按照不同程度进行排列组合可形成9种参考系数（如表3）。通常情况下，参考系数越高的，债务履行的可能性越大，则债权实现力越高，采取的执行惩戒措施应越轻。

表3　执行手段相关因素考量系数列表

履行能力W / 履行意愿A	强1	中2	弱3
高1	W_1A_1	W_2A_1	W_3A_1
中2	W_1A_2	W_2A_2	W_3A_2
低3	W_1A_3	W_2A_3	W_3A_3

3. 以人格尊严保障为底线

在德国宪法学上，不可克减的权利内容适用“本质内容保障”理论，指基本权利的本质或核心内容不能限制或剥夺，这是底线。① 德国基本法规定“在任何情况下，不得危及基本权利的本质。”该“本质”既指权利的本质，也指人的本质，即人之为人的基本权利。《民法典》人格权独立成编并将人格尊严作为一般人格权予以规定，既实现了《宪法》中“国家尊重和保障人权”原则的私法化，也改变了传统民法的“重物轻人”思想，更确立了人格尊严是人格权编的首要价值。② 因此，人之为“人”这种生物的资格本质是人格尊严，是一切人都享有的最起码的社会地位和应受到他人最起码的尊重。换言之，一切自然人，无论种族、性别、样貌、职业、宗教信仰、文化差异、政治立场、财产状况有何差异，其为“人”的人格尊严都是相同的、平等的，不存在高低贵贱之分，当然也不存在为维护一方利益而有权克减另一方人格尊严的正当性基础。且人是目的，而非手段，人格尊严的无价性，超越了一切有等价物替代的财产权益，故人格尊严较财产权益具有更重要的地位，应置于更高的保护位阶，而财产利益只能作为人提升其人格的手段。③

（二）创新执行手段适用的具体路径

1. 禁止不当联结

禁止不当联结是禁止株连、责任自负原则演化的结果。④ 强调执行机关在行使权力时，行为与目的之间应具有实质的、合理的关联，对与立法目的无关的要素不应纳入考量范围，以防止权力过度扩张和滥用，侵害公民的私权利。⑤ 具体运用到民事执行上，主要聚焦于三个方面：一是义务主体特定，仅指生效裁判所确定的义务的履行者即被执行人，而非被执行人的子女、配偶等，“任何人不得因他人的不法行为而受到处罚”，即便是与被执行人具有亲密关系的家庭成员，也不能因被执行人的不履行债务行为而遭受不利影响；二是义务内容特定，即义务指向的权益与实施执行措施所针对的权益种类及数量应当相适应；三是义务领域特定，指只能惩戒不法行为所在领域，不当然包括其他领域，不同性质的行为所涉领域不能无条件地联结，如民间借贷关系中借

---

① 张翔：《基本权利限制问题的思考框架》，载《法学家》2008 年第 1 期。

② 王利明：《人格尊严：民法典人格权编的首要价值》，载《当代法学》2021 年第 1 期。

③ 王利明：《人格权法的发展与完善——以人格尊严的保护为视角》，载《法律科学（西北政法大学学报）》2012 年第 4 期。

④ 胡建淼：《法治禁止不当联结》，载《学习时报》2019 年 8 月 21 日，第 3 版。

⑤ 周佳宥：《行政法基本原则》，三民书局 2016 年版，第 151 页。

贷人不履行还款义务，所涉及的是商业领域，不必然涉及于教育领域、社交领域、政务领域等。

2. 限定信息公开的范围

随着互联网在科技领域的深入发展，个人信息已逐渐从隐私权中独立出为一项新的权利，在社会生活中起着至关重要的作用，无论是人们的衣食住行，还是工作、婚姻、旅行、社交等，都离不开电子化个人信息的流动与处理，在各个平台共享和公开的姓名、身份证号码、联系方式、住址、行程轨迹、通信记录、消费记录等个人信息，无时无刻不为商家实施精准营销提供商业数据。轻则违反了个人的知情同意权，重则侵犯了个人的隐私权、名誉权乃至人格尊严。为此，明确规制被执行人个人信息的公开范围十分必要。

按照《个人信息保护法》的规定，个人信息分为一般信息和敏感信息。原则上，一般信息属于执行法院依职权可以主动公开的范围，而敏感信息原则上不可公开，除非经被执行人同意（包括明示或默示）或因维护公共利益的需要，对敏感信息进行脱敏化处理后方可公开，或者被执行人已在其他公共场合自行公开或已合法公开。前述以设定权力运行的豁免权和信息主体的知情同意权的方式为敏感信息划定可公开的例外，最大程度确保了公共利益与个人利益均衡。

3. 构建失信修复机制

信用修复制度是社会信用体系建设的重要机制，是失信主体退出惩戒措施的制度保障。[①] 失信惩戒是法院主导、多部门联合、全民参与实施的，涉及多方主体、多个阶段，故在失信修复上应协调各方共同推进。具体构建上，应涉及三大内容：

一是明确失信修复的适用条件，包括（1）纳入失信的期限届满，且未依法续期的；（2）采取失信惩戒措施的执行依据已被依法撤销或改判的；（3）被执行人已依照生效裁判或执行和解协议积极履行义务或履行债务完毕的；（4）失信主体登记错误且造成信用受损的；（5）失信主体公开作出失信修复承诺，并征得申请执行人书面同意的；（6）其他应当修复失信的情形。

二是确立失信修复的启动方式，包括（1）依申请启动，即被执行人及其

① 朱一梵、李玥：《“老赖”怎么退出黑名单？国家公共信用信息中心这样说》，载人民网，http：//finance. people. com. cn/BIG5/n1/2018/1113/c1004 - 30397879. html，2020年8月13日最后访问。

利害关系人认为失信主体符合失信修复条件的，可以向执行法院申请失信修复，执行法院经审查后，作出是否准予失信修复的裁定；（2）依职权启动，即法院在执行过程中发现符合失信修复条件的，应在一定期限内予以主动修复。

三是明确责任主体及其义务，对应当失信修复的，执行法院应在特定期限内采取信用修复措施，并及时共享信息给各部门和在公布失信平台上发布信用修复信息，再由各部门在其职权范围内采取和发布失信修复信息。

结　语

毋庸置疑，实现申请执行人的债权仍是民事执行工作的根本目的。在当前执行形势下，创新执行手段是执行工作发展的必然要求，但在追求效率时理应兼顾公平。本文以《民法典》规定的人格尊严为视角，分析实践中“创新型执行手段”的不足，以突出对被执行人的私权利保障，为处理债权与人格权冲突及公权力运行与私权利保障冲突提供路径。但本文只是引入人格尊严，而有关人格尊严的内涵和识别，以及侵犯被执行人私权利的行为的归责机制和救济程序等，尚有待进一步论证。

（易文华：湘潭市岳塘区人民法院）

论生态环境损害救济体系的整合路径

——以主体维度下的索赔与预防二分为展开

王智杰

鉴于生态环境损害赔偿诉讼与环境民事公益诉讼在制度功能、适用范围、救济客体等方面存在着高度的一致性，为了避免程序适用的冲突，有效治理实务中所存在的不同地方法院对两种诉讼衔接处理方式各异的司法乱象①，2019年6月施行的《最高人民法院关于审理生态环境损害赔偿案件的若干规定(试行)》(以下简称《若干规定》)第17条对两诉②之间的程序衔接安排作出了原则性的规定，即"人民法院受理因同一损害生态环境行为提起的生态环境损害赔偿诉讼案件和民事公益诉讼案件，应先中止民事公益诉讼案件的审理，待生态环境损害赔偿诉讼案件审理完毕后，就民事公益诉讼案件未被涵盖的诉讼请求依法作出裁判"。笔者认为，此种"一刀切"式的做法严重忽视了两诉间的差异性以及具体个案的特殊性，限制制度实施成效的同时，亦可能导致诉讼资源的浪费；在具体的实践运用中亦未取得良好成效，深陷于程序重复、行政职责司法化、类案结果不一致的现实困境当中。在理论研究层面，针对两诉的程序衔接问题，亦存在着合并说与并存说的争议观点，在两诉制度功能的充分发挥与环境公益的全面维护方面存在着固有的局限性，未能实现制度特性与现实需求的有效调适，导致两诉实施效果的受限。笔者认为，应当对现有之生态环境损害救济途径的立法目的、价值目标与制度功能进行综合判断与

---

① 薄晓波：《三元模式归于二元模式——论环境公益救济诉讼体系之重构》，载《中国地质大学学报（社会科学版）》2020年第4期。

② 为了行文流畅、简练，下文中如无特别说明，"二者""两诉"即指生态环境损害赔偿诉讼与环境民事公益诉讼。

比较分析，在此基础上合理设计协调衔接机制，并在立法层面予以明确，切实发挥制度合力。

一、生态环境损害赔偿诉讼与环境民事公益诉讼衔接路径的反思

在当前的理论研究中，针对生态环境损害救济体系的整合路径问题，对于生态环境损害赔偿诉讼与环境民事公益诉讼之间的相互关系，主要存在着合并说①与并存说两种观点，并以并存说中的顺位设计为主流观点。② 故此，笔者拟主要针对已有的顺位设计方案予以评析，并针对现有方案中所存在的局限性提出切实可行的改进方案。

（一）顺位设计方案之具体内容的阐述

1. 确立生态环境损害赔偿诉讼的优先地位

在当前的顺位设计方案中，存在着生态环境损害赔偿诉讼优先、环境民事公益诉讼优先以及二者有限分类优先这三种观点。其中，绝大多数学者主张生态环境损害赔偿诉讼优先，其考量因素与理论支撑主要在于以下几个方面：第一，在权力属性方面，主张将作为生态环境损害赔偿诉讼之前置程序的磋商程序界定为行政性质兼具私法色彩，并将其纳入行政权的范畴，故而从行政权优于司法权的角度，认为其具有较之于环境民事公益诉讼的优先顺位。③ 第二，在理论基础方面，作为生态环境损害赔偿诉讼之适格主体的行政机关，无论是基于自然资源国家所有权所充当的直接利害关系人，抑或是基于国家环境保护

---

① 合并说主要基于二者之间的同质性，为了避免不必要的司法资源的浪费以及制度混乱、诉讼冲突，主张二者不必共存。具体可参见薄晓波：《三元模式归于二元模式——论环境公益救济诉讼体系之重构》，载《中国地质大学学报（社会科学版）》2020 年第 4 期。

② 在二元并存的理念之下，除了顺位设计说以外，还存在着适用顺序上的等同与在先受理的观点，因为尚为零星的少数派观点，在此便不予详述。具体可参见程多威、王灿发：《论生态环境损害赔偿制度与环境公益诉讼的衔接》，载《环境保护》2016 年第 2 期；李浩：《生态损害赔偿诉讼的本质及相关问题研究——以环境民事公益诉讼为视角的分析》，载《行政法学研究》2019 年第 4 期；刘慧慧：《生态环境损害赔偿诉讼衔接问题研究》，载《法律适用》2019 年第 21 期；王静：《生态环境损害赔偿刑法规制研究——以环境损害赔偿与环境民事公益诉讼顺位考量为视角》，载《法学杂志》2020 年第 9 期。

③ 黄大芬、张辉：《论生态环境损害赔偿磋商与环境民事公益诉讼调解、和解的衔接》，载《环境保护》2018 年第 21 期。

义务所承担的行政监管职责，理应赋予其优先地位。① 第三，在主体能力方面，学者们一致认可行政机关在诉讼能力、经济能力、诉讼效率等方面的优势，认同其在生态环境之维护与修复方面的专业性与制度优势。② 与此同时，现有研究认为，囿于社会组织自身所存在的人员组织、资金来源、调查能力方面的局限性以及诉讼成本的沉重负担，故此，由社会组织所提起的环境民事公益诉讼之合理定位乃是补充、监督的诉讼角色。③ 第四，在责任履行的可行性方面，认为环境民事公益诉讼存在着赔偿金的认领与环境修复的专业性这两大难题，而在生态环境损害赔偿诉讼中则得以化解，故而，应当以生态环境损害赔偿诉讼为主。④

2. 确立环境民事公益诉讼的优先地位

主张环境民事公益诉讼优先的学者虽为少数，但是其中的观点支撑与理论依据却是值得深入探究与反思的。主张这一观点的学者认为，基于充分发动社会力量的考量，鉴于环境行政执法部门在人力、物力方面之有限性的现状，故此，生态环境损害赔偿诉讼应当让位于社会组织所提起的环境民事公益诉讼。⑤ 由此可见，行政机关在生态环境损害救济体系中并非必然具有绝对的优势，而相较之下，社会组织也并非完全处于劣势。

3. 有限分类优先的设计方案

在有限分类优先的观点中，存在着“磋商优先、诉讼限权”与“主体扩张、分类优先”这两种主张。具体而言，第一种主张认为，应当建立社会组织与行政机关的信息机制与协商机制，公告磋商相关信息，磋商失败后，赔偿

---

① 彭中遥：《行政机关提起生态环境损害赔偿诉讼的理论争点及其合理解脱》，载《环境保护》2019 年第 5 期；牛颖秀：《生态环境损害赔偿诉讼与环境民事公益诉讼辨析——以诉讼标的为切入的分析》，载《新疆大学学报（哲学·人文社会科学版）》2019 年第 1 期。

② 浙江省湖州市中级人民法院与中国人民大学法学院联合课题组：《生态环境损害赔偿诉讼的目的、比较优势与立法需求》，载《法律适用》2020 年第 4 期；彭中遥：《行政机关提起生态环境损害赔偿诉讼的理论争点及其合理解脱》，载《环境保护》2019 年第 5 期。

③ 彭中遥：《论生态环境损害赔偿诉讼与环境公益诉讼之衔接》，载《重庆大学学报（社会科学版）》2021 年第 3 期。

④ 胡静、崔梦钰：《二元诉讼模式下生态环境修复责任履行的可行性研究》，载《中国地质大学学报（社会科学版）》2019 年第 6 期。

⑤ 邓少旭：《生态环境损害赔偿诉讼：定义与定位矫正》，载《中国环境管理》2020 年第 3 期。

权利人不得提起诉讼，需以支持起诉的身份参与到环境民事公益诉讼当中。[①]第二种主张认为，在《若干规定》范围内的环境损害情形，即损害严重的案件[②]，具有紧迫性，适用“行政机关优先，社会组织备位，检察机关补充”的顺位设计；《若干规定》范围外环境损害情形，即损害轻微、影响不大的案件，适用“行政机关与社会组织不加区分，检察机关补充”的顺位设计。[③]

（二）顺位设计方案的局限性

针对因两诉之间的功能、范围重叠而导致的实践混乱、资源浪费之困境，现有研究不约而同地陷入了优先顺位的论证旋涡，并以此为基点，片面论证己方观点的优越性，论证思维存在局限性，缺乏整体性考量，不仅忽视了实践当中行政机关未能积极履职的根源性问题，也未能从本质上改善两诉之间衔接不畅的现实窘境，反而增加了诉讼迟延的可能性，导致生态环境损害救济的滞后。

1. 能动性欠缺引发责任逃逸

在现有的顺位设计方案中，所秉持的逻辑起点乃是适格主体在生态损害救济过程中所具备的应然优势，则必然意味着预期救济效果的实现，故而应当由更具能力的主体扮演损害救济之主要角色，其他主体则充当协助及监督之角色，以此避免不同救济措施相互间的重复与冲突。然而，这一理论层面之论断与救济程序的运行现状有所偏离。有学者通过对相关裁判文书的分析发现，在诉讼程序之启动主体方面，检察机关所占比例绝对领先，社会组织次之，而由行政机关所提起的生态环境损害赔偿诉讼之数量则明显偏少。[④] 这一现象不仅体现出顺位设计方案对于诉权冲突与资源浪费之顾虑稍显主观化；而且对居于明显优势地位的行政机关所寄予的厚望实有可能落空，因为行政机关的主观能动性依然有待提高，甚至呈现出行政职能司法化、行政权向司法权逃逸、借由

---

① 向往、秦鹏：《生态环境损害赔偿诉讼与民事公益诉讼衔接规则的检讨与完善》，载《重庆大学学报（社会科学版）》2021 年第 1 期。

② 关于生态环境损害赔偿诉讼的适用范围，可参见《最高人民法院关于审理生态环境损害赔偿案件的若干规定（试行）》第 1 条。

③ 林莉红、邓嘉咏：《论生态环境损害赔偿诉讼与环境民事公益诉讼之关系定位》，载《南京工业大学学报（社会科学版）》2020 年第 1 期。

④ 王静：《生态环境损害赔偿刑法规制研究——以环境损害赔偿与环境民事公益诉讼顺位考量为视角》，载《法学杂志》2020 年第 9 期。

司法诉讼代为履行行政职责①的异化现象。故此，笔者认为，生态环境损害救济体系的整合应当将重点与前提定位为督促行政机关积极履职，涵盖穷尽行政手段与提起索赔诉讼两方面的内容，如此方可使得行政机关的主体优势得以充分发挥，避免环境行政监管职责的虚化。

2. 顺位补充有损诉讼效率

通过赋予行政机关、社会组织以及检察机关相应的起诉顺位，确实可在一定程度上有效缓解适格主体之间的诉权冲突问题，然而，顺位设计之方案却存在着不可避免之固有缺陷，即后序顺位的依次催告程序也将势必形成效率困境，在程序往复的过程中，导致诉讼资源的浪费、诉讼成本的提高与生态环境之救济的滞后，鉴于生态环境之损害的持续性、不确定性与不可逆性，有效救济的迟延势必使得损害结果进一步恶化甚至造成不可挽回之后果。故此，笔者认为，不同主体之间的顺位设计并不契合生态环境损害之本质特征，也难以实现及时救济之预期目标。出于对诉权协调与诉讼效率这一具有对立统一关系的目标要求予以兼顾之考量，需得有效划分不同主体之诉权的合理适用范围，在保证生态环境损害之全面救济的前提下，确保单一范围内诉权主体的唯一性。

3. 功能混同限制诉讼效果

在顺位设计方案中，无论是由行政机关提起生态环境损害赔偿诉讼优先、抑或是由社会组织提起的环境民事公益诉讼优先，皆忽视这两者之间在适用范围、制度功能、根本属性方面的差异以及各自与整合目标之间所存在的失洽之处。例如，生态环境损害赔偿诉讼仅适用于已经发生严重损害的环境事件，而对于存在环境重大风险的事件则无法提供救济；环保组织囿于自身专业能力的有限性与诉讼成本的沉重负担，当前由环保组织所提起的环境民事公益诉讼无论是在范围上还是在数量上都极为有限，难以实现生态环境损害的全面、有效救济。故此，笔者认为，应当在现有的适用范围制度规范的基础之上，综合考察行政机关在环境监管、环境治理方面的专业与资源优势，以及环保组织在预防为主的基本原则之顺畅运行与有效落实过程中所扮演的重要角色，将索赔诉讼与预防性诉讼分而治之，分别由契合之主体即行政机关与环保组织充当唯一的适格主体。

---

① 张宝：《生态环境损害政府索赔权与监管权的适用关系辨析》，载《法学论坛》2017 年第 3 期。

（三）功能区分视角下的范围限制之衔接路径

正如前文所述，现有研究多数陷入顺位设计之循环论证的漩涡，与当前的生态环境损害救济机制之运行现状相背离，同时，也将导致诉权协调与诉讼效率的对立，从而难以实现生态环境损害之全面、及时、有效的救济。对此，笔者认为应当摒弃顺位设计之路径依赖，分别由行政机关、环保组织提起索赔型生态环境损害赔偿诉讼与预防型环境民事公益诉讼，其适用范围分别为已经发生严重影响生态环境后果的事件①与具有损害社会公共利益重大风险的污染环境、破坏生态的行为②，针对适格主体缺位、不作为或违法作为之情形，则由检察机关分别提起环境行政公益诉讼与补充型环境民事公益诉讼。与此同时，针对处于这二者适用范围之外的环境损害事件即“较大以下突发环境事件、发生于其他生态区域的环境事件以及发生轻微影响生态环境后果的事件”，虽然《若干规定》未将其纳入可诉范围，但是，笔者认为，这是在权衡环境保护与经济发展、司法救济与诉讼资源之间的对立统一关系之后所作出的立法技术之选择，以此实现对“范围内”环境事件的强化保护，值得强调的是，这并不排除“区域外”事件的违法性，只是考虑到生态环境救济的紧迫性与诉讼程序的长周期、高成本，通过行政执法予以救济更为高效，故而应当由生态环境主管部门采取行政强制措施、行政命令、行政处罚等行政手段予以及时修复。

二、功能区分视角下范围限制之衔接路径的合理性分析

（一）制度规范层面的理性解读

1. 索赔与预防二分的制度空间

根据《最高人民法院关于审理环境民事公益诉讼案件适用法律若干问题的解释》（以下简称《环境民事公益诉讼司法解释》）第 1 条与《若干规定》第 1 条的规定，环境民事公益诉讼与生态环境损害赔偿诉讼在适用范围方面表现为包含与被包含的内在逻辑关系，前者涵盖了索赔型与预防型环境民事公益诉讼两种亚类型。故此，索赔型生态环境损害赔偿诉讼与预防型环境民事公益

---

① 参见《最高人民法院关于审理生态环境损害赔偿案件的若干规定（试行）》第 1 条。

② 参见《最高人民法院关于审理环境民事公益诉讼案件适用法律若干问题的解释》第 1 条。

诉讼的划分适用，皆符合现有规范之确定范围，而对于社会组织所提起环境民事公益诉讼之范围限缩，乃是出于兼顾诉权协调与诉讼效率、诉讼成本以及社会组织之诉讼能力的现实考量，并最终服务于生态环境损害之全面、及时、有效救济的目标实现。

2. 现有规范内容与效力的欠缺

虽然《若干规定》在其第16—18条对二者之间的衔接方式作出了具体的规定，其主旨即在于由行政机关所提起的生态环境损害赔偿诉讼居于优先地位，纵然如此，司法实践中有关于二者之间的诉权冲突之困境依然尚未实现根本性转变。① 如此“一刀切”式之规定，也势必导致已然启动甚或是即将结束之环境民事公益诉讼所耗费的资源、所取得的成果化为泡影；此外，对于《若干规定》的法律性质亦存在着一定的不确定性，亟需予以明确。虽然在最高人民法院官方网站将《若干规定》置于司法解释一栏②，但是，根据我国《立法法》第104条的规定，司法解释的对象仅限于司法审判过程中所涉及的具体法律条文之适用问题，而当前尚未出台关于生态环境损害赔偿诉讼之正式立法，换言之，《若干规定》的作用对象并非具体法律条文，故此，笔者认为，《若干规定》的法律位阶应当在司法解释之下，这也为两诉之间衔接方式的后续调整提供了便利。

（二）诉讼效率层面的助益

针对生态环境损害救济体系之整合问题，其根本主旨与终极目标即在于全面、及时、有效的生态环境损害救济之实现，内在举措与基本要求则表现为适格主体之诉权协调的有效性、司法救济的高效性以及诉讼负担的必要性，而主体维度之下索赔与预防二分的设计方案对于上述价值目标的圆满实现确有助益。索赔型生态环境损害赔偿诉讼与预防型环境民事公益诉讼在适用范围方面的划分与厘清，有助于避免重复诉讼、司法资源的浪费；而在适格主体方面的独立性与唯一性，有助于行政主体与环保组织之间诉权行使的明确与衔接。此外，诉讼程序的连贯性与稳定性，有助于避免诉讼进程的往复、提高诉讼效率。

---

① 潘牧天：《生态环境损害赔偿诉讼与环境民事公益诉讼的诉权冲突与有效衔接》，载《法学论坛》2020年第6期。

② 参见最高人民法院官方网站上所载明的《最高人民法院关于审理生态环境损害赔偿案件的若干规定（试行）》，http：//www. court. gov. cn/fabu - xiangqing - 162322. html，2021年3月9日最后访问。

（三）程序协调之诉讼效果层面的契合

功能区分视角下的范围限制之衔接路径，充分考量了两诉各自的逻辑重点以及行政主体与环保组织各自的主体优势，符合生态环境损害救济体系之整合的功能需求。首先，在制度层面，针对生态环境损害的不可逆性，环境公益诉讼则具有显著的预防作用①，而且，针对可能损害生态环境的行为及时采取司法救济更能彰显环境公益诉讼的本源价值。② 而生态环境损害赔偿诉讼则旨在填补、修复已有之生态环境损害。其次，在主体层面，行政主体在诉前保障、诉中调查取证、诉后强制执行与专业治理修复方面所具备的主体优势与索赔型生态环境损害赔偿诉讼的制度功能相契合，而环保组织得以集中社会力量、拓宽信息来源渠道、彰显维护环境公益的社会属性，便于及时发现损害生态环境的可能风险，有助于充分发挥环境民事公益诉讼的预防功能，亦可针对过度追求经济发展、忽视环境损害风险而怠于执法的行政机关实施社会监督，而现有的三起预防型环境民事公益诉讼皆是由环境组织所提起③，且皆针对的是相关工程建设项目对珍贵野生动植物的生存、河流水质所具有的潜在风险，彰显出环保组织在预防型环境民事公益诉讼中的优越性与必要性。一言以概之，“多元治理，尊重专长”即可合理阐释、高度概括主体维度之下两诉之间协同共治的衔接机理。

三、衔接路径实施的内在调适与外部保障

（一）索赔型生态环境损害赔偿诉讼的前置要件

1. 环境行政监管职责的充分履行

在当前的司法实践中，生态环境损害赔偿诉讼的功能定位已然异化为环境行政执法的替代性工具，表现为行政机关尚未充分履行行政管理职责而径行提

---

① 汪劲：《环境法学》，北京大学出版社 2014 年版，第 330 页。

② 唐瑭：《风险社会下环境公益诉讼的价值阐释及实现路径——基于预防性司法救济的视角》，载《上海交通大学学报（哲学社会科学版）》2019 年第 3 期。

③ 根据环保组织官网与裁判文书网的信息，仅有 3 例预防型环境民事公益诉讼被提起，分别为自然之友诉中石化云南石油有限公司案（以下简称“云南炼油案”）、自然之友诉中国水电顾问集团新平开发有限公司和中国电建集团昆明勘测设计研究院有限公司案（以下简称“绿孔雀案”）、绿发会诉雅砻江流域水电开发有限公司案（以下简称“五小叶槭案”）。

起索赔诉讼①，进而导致行政权与司法权的错位，产生“行政职权民事化、审判职能行政化”的不良后果。② 故此，基于生态环境损害领域行政责任与民事责任在责任方式上的竞合与生态修复层面的功能重叠③，例如，针对2015年环境民事公益诉讼中适用频次最高的“停止侵害”这一责任方式④，即可通过环境行政执法中的“责令停止”“限期治理”等行政责任予以实现。与此同时，考虑到行政管制手段所具有的灵活、高效、专业等优势特征，诉讼程序则存在着长周期与高成本的局限性，故而应当充分发挥环境行政监管的重要作用并依此确立环境行政执法的优先性与主体性，而生态环境损害赔偿诉讼则应当回归其作为行政机关履行环境监管职责之必要辅助与补充手段的应然定位，只有在穷尽行政手段仍然无法实现生态环境损害之救济时才能提起损害赔偿诉讼，如此方可有效纠正现行生态环境损害救济体系中行政机关的边缘化⑤，同时避免行政权与司法权的冲突。

2. 生态环境损害赔偿诉讼的诉前必要性审查

在环境行政执法优先的原则之下，居于补充、辅助地位的损害赔偿诉讼之启动，需以穷尽行政救济为启动要件，故此，需由人民法院进行必要性审查，而这也符合行政权与司法权相互之间“行政权负责治理，司法权负责监督依法履职”的应然分工⑥，亦可避免司法权对于行政执法的过度干预、导致司法越位。诉前必要性审查主要包括两方面的内容，即行政执法的有效性与诉前磋商的实质性。

行政执法的有效性，强调的是环境执法部门在生态环境损害救济过程中的

① 张宝：《环保局的原告资格之辨——以云南首例环境公益诉讼案件评析》，载《环境》2011年第5期。

② 彭中遥：《行政机关提起生态环境损害赔偿诉讼的理论争点及其合理解脱》，载《环境保护》2019年第5期。

③ 根据《最高人民法院审理环境民事公益诉讼案件适用法律若干问题的解释》第18条、《环境保护法》第59－63条的规定，生态环境损害救济场域下民事责任与行政责任的责任方式虽有表述上的细微差异，但其实质内涵确是一致的。

④ 参见巩固：《2015年中国环境民事公益诉讼的实证分析》，载《法学》2016年第9期。

⑤ 薄晓波：《三元模式归于二元模式——论环境公益救济诉讼体系之重构》，载《中国地质大学学报（社会科学版）》2020年第4期。

⑥ 林莉红：《论检察机关提起民事公益诉讼的制度空间》，载《行政法学研究》2018年第6期。

主动履职、有效参与、积极治理，可以通过对行政机关在法律授权范畴内所能够、应当采取的行政强制措施、发出的行政命令、作出的行政处罚与其实际行为予以比较，并综合考察行政执法行为的妥当性与有效性；对于诉前磋商的审查，虽然《若干规定》① 中已将提交“与被告进行磋商但未达成一致或者因客观原因无法与被告进行磋商的说明”作为人民法院登记立案的条件之一，但是，笔者认为，这一规定比较原则化，可操作性并不强，难以有效指导实践，而诉前磋商的实质性这一审查标准，强调的是当事人双方的平等性与磋商协议的合理性，并且可以通过更加具体的指标，为诉前审查提供可视化的直观数据。行政机关作为赔偿权利人与赔偿义务人所达成的磋商协议，在法律性质上虽非纯粹的民事合同，但却属于行政契约②，亦需遵从平等、自愿的基本原则，对此，可通过询问磋商失败的原因进行审查。磋商协议的合理性审查，则可以通过查阅磋商协议的具体内容与要求，并与生态环境损害评估检测报告进行比对，还需综合考察赔偿义务人的经济能力，如此方可将磋商协议本身从磋商失败的诱因当中排除，亦可进一步强化损害赔偿诉讼的必要性。

（二）预防型环境民事公益诉讼的基准调适

1. 预防为主之基本原则的价值需求

在以“保护优先，预防为主”作为基本原则的环境保护领域③，预防型环境民事公益诉讼本应当居于主导地位，然而，司法实践中的环境民事公益诉讼却整体凸显为“事后救济”而非“事前预防”，预防型环境民事公益诉讼的受案量极低，笔者认为，其中主要原因之一即为案件适用范围的模糊性。预防型环境民事公益诉讼的适用范围限定于“具有损害社会公共利益重大风险的污染环境、破坏生态的行为”④，而这其中有关于“重大风险”之认定标准的明确与统一，是厘清预防型环境民事公益诉讼之适用范围的重要前提，亦是有效指导司法实践、统一裁判标准的迫切需求，因为在当前为数不多的预防型环境民事公益诉讼当中，针对“重大风险”这一要件，明显呈现出内涵模糊、认

① 《最高人民法院关于审理生态环境损害赔偿案件的若干规定（试行）》第5条。

② 有关磋商协议作为行政契约之法律性质的内容，可参见康京涛：《生态环境损害赔偿磋商的法律性质及规范构造》，载《兰州学刊》2019年第4期。

③ 《中华人民共和国环境保护法》第5条。

④ 《最高人民法院审理环境民事公益诉讼案件适用法律若干问题的解释》第1条。

定主体错位、认定路径不清等异化现象①，其中，在“重大风险”的具体内涵与认定标准方面，现有的三起案件皆呈现出一定的抽象性与原则化，不利于预防型诉讼的规范运行与裁判认定的统一，亟须制定更加明确、具体的认定基准以切实保障预防原则的价值实现。

2. “重大风险”之认定标准的实践检视

在云南炼油案中②，二审法院以“上诉人要求全面停止案涉项目建设的环境影响评价报告已经取得国家环境保护主管部门的批复同意”为由，直接否定案涉项目建设具有损害社会公共利益的重大风险；在绿孔雀案中③，一审法院以“被诉行为对区域内绿孔雀之生存所产生的损害将是可以直观估计预测且不可逆转”为由，认定原告提出的被诉行为对绿孔雀的生存具有重大风险的主张成立，同时以“生态环境部责成案涉项目开展后评价”为主要依据否定了《环境影响报告书》中所作出的“无重大风险”之认定的证明力，二审法院对此予以了确认与维持；在五小叶槭案中④，法院则以“案涉项目建成后可能存在对案涉地五小叶槭原生存环境造成破坏、影响其生存的潜在风险”为由，确认了被诉项目的“重大风险”。由上可知，实践中对于“重大风险”的认定呈现出较大程度的主观性以及对于环境影响评价报告的依赖性，亟须制定相关的客观性、可量化的标准规范，为实践操作提供明确的指引与依据。

3. “重大风险”之认定标准的理论重塑

根据《里约环境与发展宣言》对于弱风险预防原则⑤的代表性表述，即要求各国在遇有严重的或者不可逆转损害的威胁时，不得以缺乏科学充分确实证据为理由，延迟采取符合成本效益的措施防止环境恶化⑥，综合我国当前经济转型期的特殊国情与科技发展水平，目前宜采严格标准，即可能之损害应当达到严重或不可逆转之程度，同时，预测风险转化为实际损害的可能性应当达到高度盖然性的标准，并需对此提供具有相当科学可信度的研究报告或实验数据

---

① 张洋、毋爱斌：《论预防性环境民事公益诉讼中“重大风险”的司法认定》，载《中国环境管理》2020 年第 2 期。

② 云南省高级人民法院（2017）云民终 417 号民事裁定书。

③ 云南省高级人民法院（2020）云民终 824 号民事判决书。

④ 四川省甘孜藏族自治州中级人民法院（2015）甘民初字第 45 号民事判决书。

⑤ 强风险预防原则即不论可能损害的严重程度，且不计成本地采取措施预防风险。

⑥ 张旭东：《预防性环境民事公益诉讼程序规则思考》，载《法律科学（西北政法大学学报）》2017 年第 4 期。

作为支撑的证明①，如上所述，“重大风险”的判定应当同时符合损害后果的程度要求与损害发生的可能性要求，其中，潜在风险的危害程度又可以通过进一步细化为风险的持续性、可能损害的对象与范围、救济迟延的后果、可逆转性等评估指标，推动实现环境风险的量化评估，提高“重大风险”认定标准的客观性与可操作性。当然，最终落脚点还是应当回归法律规范的制定，为“重大风险”的认定提供立法依据，得以借助生态环境大数据②的有力支撑，制定科学化、具体化的环境危险标准规范，可对上述相关指标的阈值作出明确规定。

（三）检察环境公益诉讼的监督保障

检察环境公益诉讼兼具全面维护社会公共利益与监督环境行政执法的双重职能，在生态环境损害救济体系中具有不可或缺的重要地位。在主体维度下索赔与预防二分的整合方案中，检察机关所提起的行政公益诉讼与民事公益诉讼分别作为索赔诉讼与预防诉讼的后位监督与补充程序，构建完善的生态环境损害救济体系，防止损害救济机制效果上的表面化与实质上的缺位。

在环境行政公益诉讼中，检察监督职能的充分发挥在由行政机关作为索赔诉讼之唯一适格主体的路径设计当中显得尤为重要，因为社会组织诉权的限缩，检察环境行政公益诉讼则成为索赔诉讼之后唯一的保障手段与救济途径。与此同时，应当妥善处理好司法谦抑与司法监督之间的关系，如上文所述，司法救济的应然定位当为执法之补充而非执法替代性工具，检察环境行政公益诉讼应当以监督环境监管部门依法全面履职为基本立场，督促行政机关在诉前程序中完成自我纠错。故此，应当着重强化诉前程序所担负的“外部监督 + 自我纠错”的职能，简化检察建议的内容，将重点调整为对行政行为的定性，便于行政机关对于自身不当行为的准确定位，提升检察建议的监督效能；根据执法行为所需调动的资源、复杂程度，灵活设置动态的履职期限，避免导致行政不能。

在检察环境民事公益诉讼中，由于预防型环境民事公益诉讼在“重大风险”的诉讼证明与证据收集方面具有较大的难度，因此，检察机关首先应当

---

① 吴行浩：《论奈米科技之环境与健康风险之法规范必要性——以我国现行法秩序之因应与未来可行之立法方向为中心》，载《科技法学评论》2010 年第 1 期。

② 生态环境大数据是一种广样本、多结构、大规模、实时性的数据体系。具体可参见程春明、李蔚、宋旭：《生态环境大数据建设的思考》，载《中国环境管理》2015 年第 6 期。

充分利用自身在调查取证方面的专业能力与制度优势，通过建立与社会组织的协作与沟通机制，以支持起诉的身份尽早介入预防诉讼当中，助力社会组织的举证、质证；针对适格社会组织暂时缺位的情形，笔者认为，鉴于风险预防的紧迫性与损害后果的不可逆性，检察机关得以不经诉前公告程序而直接提起预防型环境民事公益诉讼，这也得以充分体现检察机关作为环境公益代表人的职责与担当。

结语

针对现有的在适用范围、制度功能、价值目标等方面皆呈现出高度相似与竞合的三种生态环境损害救济途径，救济路径的整合与衔接是当前亟须予以回应的问题。功能区分视角下的范围限制之衔接路径，以穷尽行政手段为必要前提，得以督促环境执法部门依法全面履职；确立索赔与预防诉讼的唯一适格主体，得以避免诉权冲突，提高诉讼效率；对于诉前程序的侧重与强化，得以兼顾检察机关的外部监督与行政机关的自我纠错，充分发挥检察建议作用，坚持将诉前维护环境公益目的作为最佳司法状态，节约诉讼成本。与此同时，在“重大风险”之认定标准的量化基准方面与不同主体之间协作、沟通机制的构建方面依然有待进一步的完善，也期待日后相关法律规范的正式出台，最终实现不同救济路径相互之间协同共治的理想愿景。

（王智杰：湘潭大学法学院）

预防性环境民事公益诉讼“重大风险”认定标准形塑

曹　辰

环境民事公益诉讼制度在我国蓬勃发展。2020 年全年共受理环境民事公益诉讼类案件 4181 件，与 2019 年相比增长 68.05%。① 经过数年的发展，环境民事公益诉讼制度在实践中运行良好，呈现出诉讼主体范围明确化、诉讼规则规范化与健全化、公益诉讼类型多元化的趋势，但同时我国环境民事公益诉讼的发展亦面临着公益诉讼案件的种类和数量分布不均，实害型环境民事公益诉讼案件数量较多而预防性环境民事公益诉讼数量较少，事后救济特征明显等问题。② 司法手段在规制环境风险时能动性显著缺失，导致“双浦镇湖埠村发生自来水异常事件”“常州毒地事件”等污染环境事件频发，上述事件中折射出的是当前我国环境民事公益诉讼预防性尚存不足，预防性环境民事公益诉讼的职能没有得到较好的发挥。而阻碍预防性环境民事公益诉讼职能发挥的原因往往包括预防性环境民事公益诉讼的证明标准不清、适用范围不定、责任承担方式不明等，其中最核心的问题当属预防性环境民事公益诉讼的证明标准不清，即何种情形属于《最高人民法院关于审理环境民事公益诉讼案件适用法律若干问题的解释》（以下简称《环境民事公益诉讼解释》）所规定的“重大风险”、如何认定何种情形属于“重大风险”，其直接阻碍司法实践中预防性环境民事公益诉讼制度的适用。因此，为实现防患于未然的环境污染防控目

① 最高人民法院：《中国环境司法发展报告（2020）》，载中国法院网，https：// www. chinacourt. org/article/detail/2021/ 06/id/6079499. shtml，2022 年 4 月 5 日最后访问。

② 杜群、梁春艳：《我国环境公益诉讼单一模式及比较视域下的反思》，载《法律适用》2016 年第 1 期。

的，遏制生态环境损害的发生或扩大，首先应当厘清预防性环境民事公益诉讼中“重大风险”的认定标准，进而充分发挥预防性环境民事公益诉讼的功能，有效地保护国家生态利益以及公民环境权益。

一、预防性环境民事公益诉讼拷问：风险预防原则

（一）预防性环境民事公益诉讼规范溯源

环境民事公益诉讼制度最早由2012年《民事诉讼法》正式确立，借由2015年施行的新《环境保护法》与《环境民事公益诉讼解释》进一步完善，在这数年间我国环境民事公益诉讼制度实现了从无到有到不断完善发展的飞跃。当下我国已经形成了实体规则日趋完善、程序规则相对健全的环境民事公益诉讼制度，为预防性环境民事公益诉讼构建了相对完整的制度框架，提供了相应的规范指引。

预防性环境民事公益诉讼制度最早萌芽于2015年新《环境保护法》中对预防为主原则的初步确立，实际产生于《环境民事公益诉讼解释》颁布，该解释的第1条将环境民事公益诉讼分为，针对已经造成社会公共利益损害的实害型环境民事公益诉讼与针对具有造成社会公共利益损害重大风险的预防性环境民事公益诉讼。与实害型环境民事公益诉讼不同的是，预防性公益诉讼的救济对象是存在损害风险的公民环境权益与国家生态利益。自此预防性环境民事公益诉讼开始进入公众视野。相较于实害型环境民事公益诉讼，预防性环境民事公益诉讼因环境损害的不可逆性更贴合环境法的基本理念，同时预防性环境民事公益诉讼更有利于保护公民的程序性环境权，有助于消减重大环境社会矛盾，实现对环境公益诉讼功能的“最优化安排”。①

（二）风险预防原则——重构预防性环境民事公益诉讼的理路与进路

风险预防原则发源自德国污染控制法中空气污染控制的“预防原则”。其最初的含义是依当下科学技术水平尚无证据证明人类的行为确实会造成生态环境损害时要求国家采取预防措施防止可能生态环境损害的发生。② 20世纪70年代以来，风险预防原则渐渐在国际上产生了广泛而深远的影响，在《世界自然宪章》《伦敦宣言》《欧洲联盟条约》《里约环境与发展宣言》等国际条

---

① 吴凯杰：《论预防性环境公益诉讼》，载《理论与改革》2017年第3期。

② 赵鹏：《风险、不确定性与风险预防原则——一个行政法视角的考察》，载《行政法论丛》2009年第12卷。

约和多国立法中均有体现，并在实践的推动下衍生出不同版本。① 数十年来我国理论界与实务界对风险预防原则亦作出诸多不同解读，早已不再局限于“不顾科学上的不确定性而采取保护国民的行动”的解释。② 目前理论界多采用斯图尔特教授归纳的“四版本”学说对风险预防原则进行解构，即将对危害后果的预期及预防措施的选择纳入风险预防原则的视野，与预防逻辑和谨慎避免共同作为风险预防原则要素③，我国学者将“四版本”学说进一步演化，以危害预期、不确定性、预防措施及证明机制这四个要素整合既有论述，以便更系统地刻画风险预防原则各要素之间的关系并逐渐形成完备的理论体系。④

四要素中危害预期指仅有预期到法益可能遭受侵害时方才在法律层面适用风险预防原则。这里的预期没有必要也不可能绝对准确，在大多数情形下危害预期包含的是一个危害结果可能发生的区间而非明确的危害结果，即危害预期的区间必须包括从不发生或只发生最低限度的危害直至“最糟糕情景”;⑤ 不确定性是指风险不可能被完全或准确认知和度量的部分，现阶段在多学科的共同推动下，对不确定性的度量和分析工具呈现出相当程度的多样性。在对不确定性进行度量的工作中，度量工具的选择和运用将在很大程度上作用对不确定性的认知精度和准度；与常规的治理措施不同的是，在复杂和不确定的条件下限制相对人权利或自由风险预防措施往往会招致给予相对人带来过度负担的嫌疑，而导致过渡负担存在的主要原因则是因果关系的不明确，即为防止重大风险的发生，需阻断每一段可能引发危害结果的因果关系链。因此在因果关系的不明确的前提下，对因果关系的精确判断是决定预防措施是否符合比例原则的关键所在;⑥ 最后证明机制指不同主体下对风险产生的可能性进行证实或证伪的活动，即在一定条件下由声称相关活动将会引发严重后果的主体或由声称相关活动不会引起严重后果的主体对其主张加以证明或证伪。

---

① Neil A. Manson, Formulating the Precautionary Principle, Environmental Ethics, 2002, Vol. 23, p. 263.

② 金自宁：《风险规制与行政法治》，载《法制与社会发展》2012 年第 4 期。

③ Tobias Arnoldussen, Precautionary Logic and A Policy of Moderation, Erasmus Law Review, 2009, Vol. 2, p. 259, 264 - 265.

④ 苏宇：《风险预防原则的结构化阐释》，载《法学研究》2021 年第 1 期。

⑤ 杨小敏、戚建刚：《风险最糟糕情景认知模式及行政法制之改革》，载《法律科学（西北政法大学学报）》2012 年第 2 期。

⑥ Cass R. Sunstein, Beyond the Precautionary Principle, U. Pa. L. Rev, 2003, Vol. 151, p. 1003.

正如德国社会学家卢曼所言，目前法律危机主要源自于现行的实在法体系无法完全胜任于具有复杂性的分化社会。① 其在环境法领域则集中体现为现行环境法律体系总是滞后于各种环境风险的产生，故需借由风险预防原则应对相应法律危机，以风险预防原则对预防性环境民事公益诉讼制度进行重构具备如下好处：

首先，风险预防原则起源于环境法领域，其作为基础性原则主宰着我国环境法律体系的精神维度与变革路向，进而引导着环境规制模式从危险规制向风险规制的转变，为解决随时代发展而日新月异的环境风险与立法滞后性间的矛盾提供可行路径。②

其次，风险预防原则产生目的即为规制环境风险，其与环境公益诉讼维护环境公共利益，防止污染环境破坏生态的目的结合紧密，与环境公益诉讼尤其是预防性环境民事公益诉讼事前救济的立法理念相呼应，同时风险预防原则可以赋予环境风险治理相应的制度回应，为打好防范化解重大风险的攻坚战提供助力。

再者，风险预防原则可以帮助预防性环境民事公益诉讼制度补强理论基础、提升制度适用正当性，同时以不同环境要素所面临的环境风险为指引可以为预防性公益诉讼提供法律规范基础，更好地廓清其与一般环境侵权诉讼中预防性责任的区别。

最后，以风险预防原则重构预防性环境民事公益诉讼的证明规则有利于明确预防范围，厘清预防边界进而实现比例原则，力求在充分发挥预防性环境民事公益诉讼预防功能的同时保护相对人合法权益不受侵害。

二、预防性环境民事公益诉讼实证检视与困境剖析："重大风险"认定标准缺失

（一）预防性环境民事公益诉讼现实样态分析

近年来预防性环境民事公益诉讼逐渐进入公众的视野，但由于其存在法律规范尚待完善、配套制度尚待健全等问题，导致司法实践中预防性环境民事公益诉讼案件数量有限，尚未达到有效应对环境风险给现代社会带来的冲击与挑

---

① 图依布纳、矫波：《现代法中的实质要素和反思要素》，载《北大法律评论》1999年第2期。

② 杜辉：《挫折与修正：风险预防之下环境规制改革的进路选择》，载《现代法学》2015年第1期。

战。目前预防性环境民事公益诉讼案件主要集中于生态破坏领域，即要求被告人采取措施预防和消除环境风险以达到保护濒危野生动植物与自然环境的目的。① 本文从近年来预防性环境民事公益诉讼案例中选取四个典型案例进行分析，其中“云南绿孔雀案”是我国首例濒危动物保护预防性公益诉讼案件；“四川雅砻江五小叶槭案”是我国首例濒危植物保护预防性公益诉讼案件；“云南西双版纳回龙山水电站建设案”和“中石油云南炼油项目案”则是国内为数不多的针对大型在建工程项目预防性环境民事公益诉讼案件，以上四起典型案例均标志着我国预防性环境民事公益诉讼制度的兴起和发展，对诉讼理论和实践研究均具重要意义。

表 1　预防性环境民事公益诉讼典型案例分析

案件名称	案件内容	抗辩理由	审理进展
云南绿孔雀案	2017 年 7 月 12 日，环保组织“自然之友”因水电站建设可能造成绿孔雀、苏铁等珍稀濒危野生动植物以及热带雨林侵害的危险提起公益诉讼，请求判令两被告中国水电顾问集团新平开发有限公司和中国电建集团昆明勘测设计研究院有限公司共同消除水电站建设对绿孔雀、苏铁等珍稀濒危野生动植物以及热带雨林侵害的危险，立即停止该水电站建设，不得截流蓄水和砍伐水电站淹没区域植被。2020 年 3 月 20 日，昆明市中级人民法院作出一审判决，判令被告立即停止水电站建设项目，不得截流蓄水，不得对该水电站淹没区内植被进行砍伐。待被告按生态环境部要求完成环境影响后评价，采取改进措施并报生态环境部备案后，由相关行政主管部门视具体情况依法作出决定。2020 年 12 月 31 日，云南省高级人民法院判决驳回原被告双方上诉请求，维持原判	被告抗辩称：1. 虽然绿孔雀有时会在淹没区河滩地活动，但该区域并不是绿孔雀的主要栖息地。2. 该项目在进行环评工作时并未发现大量苏铁存在，且是元江苏铁。如在清库工作中发现珍贵物种将及时采取措施	已终审

① 刘梦瑶：《预防性环境民事公益诉讼的理路与进路——以环境风险的规范阐释为中心》，载《南京工业大学学报（社会科学版）》2021 年第 2 期。

续表

案件名称	案件内容	抗辩理由	审理进展
四川雅砻江五小叶槭案	2015年9月，原告中国生物多样性保护与绿色发展基金会因水电站及配套工程设施建设可能对五小叶槭的生存造成威胁，向四川省甘孜藏族自治州中级人民法院提起公益诉讼，请求判令被告雅砻江流域水电开发有限公司立即采取措施消除对五小叶槭的生存威胁，暂停水电站及配套工程设施的建设。2020年12月17日四川省甘孜藏族自治州中级人民法院作出一审判决，判令被告应当将五小叶槭的生存作为牙根水电站项目可研阶段环境评价工作的重要内容，环境影响报告书经环境保护行政主管部门审批通过后，才能继续开展下一步的工作	被告抗辩称：牙根水电站尚未经相关政府部门（包括环保部门）审批通过，绿发会针对雅砻江公司的内部论证行为提起诉讼缺乏诉的前提和基础	已终审
云南西双版纳回龙山水电站建设案	2018年2月，环保组织“自然之友”因认为回龙山水电站建设存在破坏国家重点保护植被、热带雨林，阻断澜沧江鱼类唯一洄游通道、淹没西双版纳国家级自然保护区等环境风险向云南省玉溪市中级人民法院提起公益诉讼，请求判令被告云南华润电力（西双版纳）有限公司停止云南西双版纳回龙山水电站建设	原被告双方达成调解协议：1. 由被告华润电力版纳公司落实生态流量保障措施；2. 由被告华润电力版纳公司在西双版纳州勐腊县南品河岸建设保护小区；3. 被告华润电力版纳公司对库尾现存的约3.7公里的带状天然林原则上不再清库	调解结案

续表

案件名称	案件内容	抗辩理由	审理进展
中石油云南炼油项目案	2017年7月，环保组织“自然之友”因认为被告炼油项目及排污口建设将严重污染“一湖两江”保护区，给大气、固体废物污染防治造成重大风险，对当地居民的健康安全造成重大事故和环境污染风险向昆明市中级人民法院提起公益诉讼，请求判令被告中石油云南石化有限公司全面停止建设运营炼油项目，不得向螳螂川排放任何污水。昆明市中级人民法院认为重大风险标准不明，故作出不予受理裁定，云南省高院驳回上诉，维持原审裁定	法院认为重大风险标准不明，裁定不予受理	法院不予受理

借由实证分析可以发现在上述典型案例中，被告的行为是否会造成《环境民事公益诉讼解释》所规定的“重大风险”是司法实践中法院在预防性环境民事公益诉讼案件中决定是否受案和如何认定责任的主要依据，也是目前司法实践中的主要困境，然而目前对“具有损害社会公共利益重大风险”这一规定的理解和适用上仍然存在对危害预期区间不明确，立案标准模糊不清；“重大风险”内涵不明，缺乏准确统一的风险度量工具；因果关系认定方式不当，被告人证明负担过重；证明机制尚不完备，重大风险的认定路径尚不清晰等问题。对“重大风险”界分问题也仍是预防性环境民事公益诉讼司法实践中的重点和难点，直接阻碍着预防性环境民事公益诉讼制度发展。

（二）风险预防原则视域下预防性环境民事公益诉讼困境成因剖析

1. 危害预期区间不明确，立案标准模糊不清

危害预期的区间指当预期到环境实体法益可能遭受侵害时从不发生或只发生最低程度的危害直至“最糟糕情景”之间的风险区间，该区间直接决定预防性环境民事公益诉讼的受案与否，即什么样的预防性环境民事公益诉讼案件应当纳入人民法院的司法审判范围。然而《环境民事公益诉讼解释》第一条对立案标准的规定仅仅停留在“具有损害社会公共利益重大风险的污染环境、破坏生态行为”层面上，而依《辞海》的解释可知，“重大”意为“大而重要”，“风险”意为“可能发生的危险”，二者均具有较强的主观色彩而无法作为一个在司法实践中切实可行的客观标准，进而导致司法人员在运用“重大

风险”标准判断案件受理范围时出现标准尺度不统一，主观性、随意性较强，进而导致“同案不同判”的现象出现，如上述典型案例中法院在“云南绿孔雀案”与“四川雅砻江五小叶槭案”中认定被告建设行为存在重大风险进而受理案件，而在“中石油云南炼油项目案”则认定不能说明重大风险的存在故不予受理，诚然“云南绿孔雀案”和“四川雅砻江五小叶槭案”保护的对象涉及濒危珍贵动植物而“中石油云南炼油项目案”不涉及，但单纯的将保护对象的“濒危”“珍贵”简单等同于“重大风险”显然没有从具有科学性和规范性的“质和量”标准层面对重大风险进行界分，是有失妥当的。

2. “重大风险”内涵不明，缺乏准确统一的风险度量工具

不确定性既是风险社会的基本特征也是与风险本身联系最为紧密的特征，其可能会随人类认知的不断扩展而减小，但受限于人类认知的局限性将无法消除①，因此人们度量确定性时只能无限接近但却无法达到其本身。而对度量工具的选择和运用将在很大程度上决定不确定性的认知精度和准度。而《环境民事公益诉讼解释》第 1 条虽规定适格主体可以对“具有损害社会公共利益重大风险的污染环境、破坏生态的行为”提起诉讼，但其并未对“重大风险”的外延和内涵作出具体规定，也没有明确如何对尚未造成现实损害的行为是否具有招致生态环境损害的风险进行度量。换言之，“重大风险”本身便是一个不确定的，没有被完全认知的概念范畴，而在预防性环境民事公益诉讼中选择一个本身就不确定的概念范畴作为度量工具去衡量同样具有不确定性的环境风险显然是难以为继的，如“中石油云南炼油项目案”中法院便因认定重大风险标准不明裁定不予受理案件。缺乏准确统一的风险度量工具将直接导致司法实践中出现对“重大风险”的认定障碍，造成法律适用困惑。

3. 因果关系认定方式不当，被告人证明负担过重

预防性环境民事公益诉讼中的因果关系即风险因素在外界环境与时间条件变动的情况下与某种损害结果所具有的因果联系。环境风险的复杂性、高度不确定性、潜伏性和生命周期性特征导致因果关系认定成为预防性环境民事公益诉讼中证明难度最高同时也最为重要的一个环节②，对因果关系的精确判断与认定是决定预防措施是否符合比例原则的关键所在。然而当下司法实践中对环

---

① 陈海嵩：《环境风险预防的国家任务及其司法控制》，载《暨南学报（哲学社会科学版）》2018 年第 3 期。

② 郭红欣：《环境风险法律规制研究》，北京大学出版社 2016 年版，第 14 页。

境公益诉讼和环境私益诉讼因果关系认定统一采取举证责任转移的“一刀切”式做法①，虽然排除了法官的自由裁量权，将证明责任固定在了被告人一方，但在环境公益诉讼中当事人地位失衡的情况已发生改变，检察机关和公益组织等反而在专业知识等方面居于优势地位，环境公益诉讼与私益诉讼存在较大差异②，简单采取一刀切的做法，要求被告人针对重大风险与损害结果间因果关系进行举证显然与比例原则相悖，不合理的加重了被告人的证明负担。

4. 证明机制尚不完备，重大风险认定路径不清晰

重大风险认定路径指司法机关认定“重大风险”的路径与方式，有别于静态的风险度量工具，认定路径主要发挥动态的风险认定途径作用，即司法机关借由重大风险认定路径判断何种情形属于“重大风险”的动态过程。从上述案例中可以看出，当下我国预防性环境民事公益诉讼中尚无统一的重大风险认定路径。然而预防性环境民事公益诉讼中“重大风险”认定路径上不清晰将会直接导致司法实践中一方面原告只能经由各种途径尽可能地证明“重大风险”存在，证明负担陡然增加；另一方面司法机关认定“重大风险”时也无准确凭依路径，陡然增大认定难度。

三、预防性环境民事公益诉讼规范形塑：以“重大风险”为阐释中心

（一）明晰危害预期区间范围，厘清立案标准

目前《环境民事公益诉讼解释》对预防性环境民事公益诉讼的立案标准停留在“具有重大风险”层面，要明晰预防性环境民事公益诉讼立案标准首先需要从“重大”和“风险”两个维度入手，对二者包含的范畴进行界分，进而明晰危害预期区间范围，厘清预防性环境民事公益诉讼立案标准。

1. “重大”维度的判断

其一，对“重大”的判断需要立足于行为本身。首先如果行为本身依照常人的认知或客观经验均属于具有高度危险性之行列，那么毫无疑问其应当被纳入“重大”范畴；其次如果基于常人的认知或客观经验无法判断则可借由有关机构鉴定意见或环境影响评价结论对行为是否具有高度危险性进行判定；

---

① 王秀卫：《我国环境民事公益诉讼举证责任分配的反思与重构》，载《法学评论》2019 年第 2 期。

② 吴伟华、李素娟：《民事诉讼证据收集制度的演进与发展——兼评环境公益诉讼证明困境的克服》，载《河北法学》2017 年第 7 期。

最后如果鉴定意见与环境影响评价无法得出准确客观的结论，则可以在参考鉴定或环境影响评价结论与结合专家意见辅助判断的基础上，由司法审判人员依据法律规范通过自由心证进行判定。

其二，“重大”的判断标准应当关注行为所影响的对象。如行为影响的对象数目较少或影响对象不具备高昂的生态价值与经济价值，那么该行为便很难被认为具有高度危险性进而纳入“重大”的范畴；反之，如果该行为作用于较多对象或影响对象具备较高的生态价值与经济价值，那么认定该行为具有高度危险性，应当被纳入“重大”范畴也无可争议。如在云南绿孔雀案与四川雅砻江五小叶槭案中即使涉诉建设项目影响对象数目不多，但其影响对象均为珍稀濒危动植物且具有较高的经济生态价值，故司法机关认定其属于“重大”范畴。

其三，“重大”的判断需要依据行为影响范围广度。如果该行为影响范围仅局限于面积较小、生态经济利益较少的区域，那么该行为就很难被认定为“重大”范畴，反之若影响范围面积较大、涉及较多生态经济利益，那么该行为便需要纳入“重大”的范畴。如云南西双版纳回龙山水电站建设一案中项目可能影响的范围涉及西双版纳国家级自然保护区部分区域，影响面积较大、涉及生态经济利益较多，应当被纳入“重大”范畴。

其四，“重大”的判断还需要依据行为影响的深度。判断行为影响的深度需综合考量影响区域生态环境承载力，如超出区域生态环境承载能力可能造成难以修复的影响，则该行为也应当被认为具有高度危险性，纳入“重大”范畴。

2. “风险”维度的厘定

依据环境损害发生的可能性程度高低可以将“风险”界分为危险和风险两个层次，对通常会发生的损害称之为危险；对通常不会发生，仅有造成损害可能性的则称之为风险（显然此处所述的风险不能直接等同于“重大风险”中的“风险”）。[①] 司法实践中如果将二层次中损害发生可能性相对较低的风险作为预防性环境民事公益诉讼立案界限则难免出现司法恣意，存在违反比例原则，赋予被告人过重负担的嫌疑，“如果在不考虑损失的情形下给风险行为

① 张旭东：《预防性环境民事公益诉讼程序规则思考》，载《法律科学（西北政法大学学报）》2017 年第 4 期。

课加法律责任，将会使人们沦为失败者”①；而如果将二层次中的损害发生可能性最高的危险作为预防性环境民事公益诉讼立案界限则难免存在亡羊补牢为时已晚的嫌疑，稍有不慎诉讼迟延危险便有可能转化为实际损害，不利于充分发挥诉讼预防效果。故可以将二层次中从危险到风险间的区间作为预防性环境民事公益诉讼的危害预期区间范围，凡“风险”在此区间内的案件均具有立案审查的价值，以达到有效地避免有违比例的司法恣意和因预防不及时导致的实际损害出现，进而实现在现行责任形式框架内获得一种积极的损益平衡的目的。

（二）明确“重大风险”内涵，建立准确的“重大风险”度量工具

明确“重大风险”的内涵，建立准确统一的风险度量工具涉及“重大风险”内涵中“质”和“量”两个判断，其中“质”的判断关键在于界定“重大风险”的基础对象；“量”的判断关键在于界定“重大风险”的程度要求，二者结合共同构成风险度量工具对诉争项目是否达到“重大风险”程度进行判断。

1. “重大风险”基础对象的界定

“重大风险”的基础对象指预防性环境民事公益诉讼所保护社会公共利益范围，厘清该范围是判断被告人行为是否具有损害社会公共利益重大风险的前提。目前学界对“重大风险”的基础对象存在单一基础对象说②和双重基础对象说③两种学说，即认为“重大风险”的对象是应仅有环境公益还是包括人身财产损害。最高人民法院采纳单一基础对象说，认为“污染环境、破坏生态的行为既可能造成环境公益损害，也可能造成人身财产损害，或同时造成两种损害，但环境民事公益诉讼的目的仅在于预防修复环境公益损害”。故预防性环境民事公益诉讼保护社会公共利益范围只包括公共环境利益，在质的层面对“重大风险”进行度量也应当仅从环境损害本身考虑，而不用从人身财产损害方面考虑。

2. “重大风险”程度的界定

对“重大风险”程度的界定主要从损害发生的盖然性程度与可能造成社

① ［英］珍妮·斯蒂尔：《风险与法律理论》，韩永强译，中国政法大学出版社 2012 年版，第 126 页。

② 竺效：《论环境民事公益诉讼救济的实体公益》，载《中国人民大学学报》2016 年第 2 期。

③ 陈亮：《环境公益诉讼研究》，法律出版社 2015 年版，第 107 页。

会公共利益损害后果的严重性程度两方面入手。

损害发生的盖然性程度指被告人行为导致环境损害发生的可能性高低。如果说危害预期区间范围是对案件是否属于预防性环境民事公益诉讼保护范畴的定性分析，那么在案件审查过程中对损害发生的盖然性程度的衡量便是对“重大风险”进行的定量分析，其与可能造成社会公共利益损害后果的严重性程度共同决定判决形式。与“重大风险”凡在危险与风险区间中便可以纳入审理范围的立案标准不同，审判中认定“重大风险”存在需达到高度盖然性，即在威胁现实化可能性方面就应要求达到前文所述“危险”程度，方可认定“重大风险”存在。

根据风险预防程度要求不同，可能造成社会公共利益损害后果的严重性程度可以划分为强预防程度与弱预防程度，强预防程度即对损害严重程度不做要求，不计成本保护环境；弱预防程度则需考量收益与成本，要求损害应达到严重或不可逆转程度。结合我国社会经济发展水平、环保科技水平可知我国尚处于社会主义初级阶段，社会经济发展水平与环保科技水平较西方发达国家而言仍稍逊一筹，故目前我国应遵循比例原则选择弱风险程度，即考量收益与成本，当可能造成社会公共利益损害后果的严重性程度达到严重或不可逆转时方才认定“重大风险”存在。待我国实现第二个百年奋斗目标，全面建设社会主义现代化强国，有足够的经济实力与科技水平支撑后再行采用强风险预防程度标准。

（三）重构因果关系认定方式，合理分配证明负担

虽然《民法典》侵权责任编第1230条规定了环境侵权之诉中对因果关系证明责任分配采取了举证责任转移模式，但作为公益诉讼的预防性环境民事公益诉讼举证责任分配规则不应简单与作为私益诉讼的环境侵权之诉趋同。而如果又简单地将因果关系证明责任完全交由原告负担又难免在无形中拔高预防性环境民事公益诉讼的起诉门槛，不利于预防职能的充分发挥。有鉴于此需要对预防性环境民事公益诉讼中因果关系认定方式进行重构，已达到在原被告间合理分配证明负担之目的。

1. 因果关系推定规则的适用

相较于一般环境侵权之诉的起诉人而言，公益诉讼人往往具备更丰富的专业知识，其收集分析证据的能力也相对较强，故比起“一刀切”式的举证责任转移做法，因果关系推定规则更可以合理分配公益诉讼中原被告双方举证责任负担。因果关系推定规则要求原告需负担一定程度的因果关系证明责任，但

不要求原告达到“因果关系全部或必然存在”的证明水平，只要达到“因果关系部分或相对存在”的证明水平即可，而被告则需要就因果关系不存在程度证明责任，否则法院将推定原告的主张成立。① 即原告仅需达到低盖然性标准便可证明因果关系存在，而被告则需达到高盖然性标准来反证因果关系不存在。

2. 适当引入价值判断

环境风险的复杂性、高度不确定性决定对其因果关系判断除了要依据案件事实作出事实判断外，审判者还应引入适当价值判断，即审判者进行裁判时需以“重大风险”作为考量因素对不同的价值利益作出衡量，做到“既要在实质意义上平衡环境公益与经济发展之间的张力，又应当兼顾法律的稳定性和可预测性”，既要充分考量公共利益，又要考量裁判的规范意义与实践意义，充分发挥法院作为国家审判机关作用，承担一定的国家防范化解环境风险义务。② 同时因果关系证明中价值判断只能作为事实判断的补充，不能任意扩大更不能取代事实判断以保障司法裁判机制的良好运行。

（四）完善证明机制，优化“重大风险”认定路径

在明晰危害预期区间范围，厘清预防性环境民事公益诉讼立案标准与建立准确统一的“重大风险”度量工具以度量“重大风险”内涵和外延的同时，也需要恰当优化“重大风险”的认定路径。优化“重大风险”的具体认定路径可以从优化环境质量标准和强化环境基准研究两方面入手。

1. 优化环境质量标准

环境质量标准指在一定时间和空间范围内，对环境中有害物质或因素的容许浓度的最大限度，是界定环境是否受到某种污染的各类限值。环境质量标准既要符合科学依据，又能够从法律层面得以引用实施。③ 优化“重大风险”认定路径首先需要对环境质量标准进行优化，以达到判断可能受到侵害的环境利益是否达到需要通过预防性环境民事公益诉讼保护的边界。

2. 强化环境基准研究

环境基准是指环境中污染物对特定对象不产生不良或有害影响的最大剂量

---

① 江国华、张彬：《中国环境民事公益诉讼的七个基本问题——从“某市环保联合会诉某化工公司环境污染案”说开去》，载《政法论丛》2017 年第 2 期。

② 王盛航：《环境侵权因果关系证明的价值判断》，载《法学论坛》2020 年第 4 期。

③ 陈伟：《环境质量标准的侵权法适用研究》，载《中国法学》2017 年第 1 期。

或浓度。① 强化环境基准的研究，可以为环境质量标准的制定提供科学合理的依据，同时有助于提升预防性环境民事公益诉讼“重大风险”认定的客观性、科学性与合理性，在司法实践中辅助“重大风险”认定。

结 语

党的十九届四中全会再次提出“生态文明是关系中华民族永续发展的千年大计”，维护生态文明需不断推进环境治理体系和治理能力的现代化，而预防性环境民事公益诉讼正是对环境治理体系和治理能力现代化的最好回应。然而在实践中预防性环境民事公益诉讼尚存在立案标准模糊不清、“重大风险”内涵不明确、重大风险的认定路径不清晰等问题，阻碍预防性环境民事公益诉讼制度进一步发展。故本文从风险预防原则角度入手，提出明晰危害预期区间范围、明确“重大风险”内涵、重构因果关系认定方式、合理分配证明负担、优化“重大风险”认定路径等建议，以求预防性环境民事公益诉讼机制日趋成熟，达到充分应对现代社会出现的各种环境风险，维护国家生态文明的目的。

（曹 辰：湘潭大学法学院）

① 曹红斌：《化学物质健康风险评价的理论与应用》，气象出版社2012年版，第104页。

食药领域检察公益诉讼惩罚性赔偿金的适用

孙亮月

近年来，食药领域检察公益诉讼中适用惩罚性赔偿的做法层出不穷。但由于食药领域检察公益诉讼自身的特殊性，适用惩罚性赔偿的定位不明以及缺少实体法支撑等原因，导致实践中出现了法院诉前公告流于形式，关于检察院可否提出惩罚性赔偿的争议较大、惩罚性赔偿金的基数及倍数计算基准不统一、惩罚性赔偿金的归处和用途不明确等问题。为此，急需通过立法探索建立食药领域的惩罚性赔偿金制度，统一诉前公告平台、明确检察院提起检察公益诉讼的主体资格、规范惩罚性赔偿金的计算基准和管理规则，从而发挥检察公益诉讼的追责功能，保护食药领域的公共利益。

一、问题的提出

案件事实：2020 年 10 月，小学文化的个体经营户陈秋梅因涉嫌生产销售有毒有害食品罪被贵州省凯里市人民检察院提起刑事附带民事公益诉讼。被告人陈秋梅在凯里市环城北路家中生产豆芽，过程中为使豆芽卖相好掺入含有 4 – 氯苯氧乙酸钠等的有毒有害物质，经市场监督管理局检测，结果不合格。凯里市人民检察院认为她侵害了众多不特定消费者的合法权益和身体健康，损害了社会公共利益，在依法完成诉前公告后提起诉讼。诉称陈秋梅应承担支付销售价款十倍惩罚性赔偿金并向社会公众赔礼道歉的责任。最后法院判决被告人陈秋梅犯生产、销售有毒、有害食品罪，判处有期徒刑十一个月，缓刑一年，并处罚金 8 万元，承担销售价款 10 倍的惩罚性赔偿金 40 万元。①

---

① 贵州省凯里市人民法院（2020）黔 2601 刑初 509 号刑事附带民事判决书。

此案引发笔者深思，检察院的诉前公告是否被公众及有关消费者团体知晓、法院参照检察机关认定的销售额做出判决是否妥当、对于本案中文化程度低的妇女摊贩采用顶格10倍惩罚性赔偿金是否过于严苛、已经做出行政处罚或者刑事处罚的不法经营者是否仍应当适用个人私益诉讼中的惩罚性赔偿标准。本文立足司法实践，以268篇裁判文书为对象，围绕这些问题展开讨论，并试图构建可行有效的制度空间。

二、食药领域检察公益诉讼惩罚性赔偿金的实践考察

笔者以“民事公益诉讼、惩罚性赔偿金、判决书”为关键词检索出559份裁判文书。① 去除2020年之前的裁判文书，共计344份，去除原告是消费者协会的案件及非食品药品领域的案件之后，共收集到有效的裁判文书268份。在整理裁判文书过程中笔者发现，案件类型主要以刑事附带民事诉讼案件居多，生产销售有毒有害食品罪案件134起，生产销售不符合安全标准食品罪案件69起，生产销售假药罪案件21起，也有些案件明显不符合现行《民事诉讼法》第58条第2款规定检察院可以提起公益诉讼的类型，但检察院仍然视为公益诉讼纠纷提起诉讼。② 如生产销售伪劣产品罪案件（生产不合格口罩）7起，假冒注册商标罪案件2起。这些案件显然违背了“法无授权不可为”的基本原则，因为医用口罩不属于药品，只能起到防护而不是医治的作用。

案件类型主要包括加明矾油条、毒豆芽、米粉里加明矾、肉汤里加罂粟壳、蔬菜使用禁用农药、卤肉卤菜使用过量亚硝酸盐等。笔者以1500元的销售额为分水岭，整理销售额小于1500元的有115份，大于1500元的有147份。销售额均小于1500元的案件③主要有两类：一类案件是被告被判决生产销售有毒有害食品罪，并判处罚金，然后公益诉讼起诉人要求其承担10倍惩

---

① 中国裁判文书网，https：//wenshu. court. gov. cn/，2021年10月12日最后访问。

② 根据2021年12月24日新修订的《民事诉讼法》第58条第2款规定：“人民检察院在履行职责中发现破坏生态环境和资源保护、食品药品安全领域侵害众多消费者合法权益等损害社会公共利益的行为，在没有前款规定的机关和组织或者前款规定的机关和组织不提起诉讼的情况下，可以向人民法院提起诉讼，前款规定的机关或者组织提起诉讼的，人民检察院可以支持起诉。”

③ 之所以笔者选用销售额1500元为分水岭，是因为按照顶格10倍惩罚性赔偿是15000元，仍然低于中国2020年度中国农村居民人均可支配收入17131元。属于不法经营者可赔偿范围内，威慑和惩罚力度不强。

罚性赔偿金。另一类案件是不构成刑事犯罪的，但市场监督管理部门已作出行政处罚，并要求缴纳罚金，然后公益诉讼起诉人要求其承担10倍惩罚性赔偿金。针对这种已经受过处罚的不法经营者再顶格处罚是否过于严苛？惩罚性赔偿金设立的最初目的是对有邪恶动机或非道德的，或故意的，或极恶之行为人施以一定惩处，进而防止他人效尤，而这种小摊贩是否就真的算拥有邪恶动机的非道德人呢？不少被告表示："自己生产的豆芽，不光卖，自己家人也食用"，被告方申请的证人也都有表示"从他家开早点店开始，自己早上如果想吃油条，都是来他家买的，也没吃出毛病"。赔偿标准的不当使用使得公益诉讼中惩罚力度过于强化，进而异化为一种报复性惩罚。[①] 报复性惩罚难免会产生责罚过重的后果，使得原本只是为了养家糊口的不法经营者丧失对经营革新发展的积极性，甚至面临破产。高额的惩罚性赔偿金将会给许多经营者强加过重的经济负担，不仅制约了不法经营者，同时对其他经营者也起到震慑作用，更有甚者会打击行业发展的信心，危害新产品技术的研究和开发进而影响社会经济整体发展。

（一）食药领域检察公益诉讼诉前公告流于形式

原本带有现代社会市民理论的公益诉讼无论从规范层面还是实践考察均体现了"国家公诉性"，为尊重社会自治和防止公权力的扩张，立法明确规定了诉前公告程序，明确检察机关在公益诉讼中起填缺补漏的作用[②]，并进一步明确即使是刑事附带民事公益诉讼也要进行诉前公告。[③] 笔者检索的344份裁判文书，其中以消费者保护协会起诉的案件仅有6起，其余338份均是由检察院提起公益诉讼。其中明确表明进行诉前公告的共计145份，未提及是否进行诉前公告的有114份，有3份明确显示未进行诉前公告。并且检察机关诉前公告的平台可谓花样百出，无统一的固定公告平台，37%的案件中明确表明已经在

① 郝海燕：《异化与归正：消费公益诉讼惩罚性赔偿适用研究》，载《四川大学学报（哲学社会科学版）》2021年第3期。

② 陈文华：《我国检察机关提起民事公益诉讼的实务评析与程序设计》，载《法学杂志》2010年第12期。

③ 最高人民法院和最高人民检察院修订《关于检察公益诉讼案件适用法律若干问题的解释》（2020修正）第13条规定："人民检察院在履行职责中发现破坏生态环境和资源保护，食品药品安全领域侵害众多消费者合法权益，侵害英雄烈士等的姓名、肖像、名誉、荣誉等损害社会公共利益的行为，拟提起公益诉讼的，应当依法公告，公告期间为三十日。公告期满，法律规定的机关和有关组织、英雄烈士等的近亲属不提起诉讼的，人民检察院可以向人民法院提起诉讼。"

正义网上发布诉前公告，其余也有在《环球日报》、《西部法制报》、《今日头条》以及检察院的官网等平台发布。诉前公告设置的本意是限制公权力的无限扩张，让有关消费者团体可以代替消费者提起诉讼或者权益受损消费者本人可以在看见后自行提起私益诉讼，而笔者整理的裁判文书中检察院看似已经完成了程序上的诉前公告，但实质上多数权益受损主体以及消费者保护组织并不太关注那些不知名的公告网站，使得诉前公告流于形式。

（二）检察机关提起惩罚性赔偿金的主体资格存在争议

在司法实践中，各法院关于公益诉讼起诉人是否有权主张惩罚性赔偿金做法不一：有法官认为检察院作为法律规定的提起民事公益诉讼的机关，其有主张惩罚性赔偿金的权利。因为依照相关法律规定，消费者可以提起惩罚性赔偿金，法律规定的机关和有关组织依法提起公益诉讼的，参照适用该规定。因此该部分法官主张公益诉讼起诉人有权主张惩罚性赔偿金。① 但也有法官认为检察院无权提起惩罚性赔偿金。该部分法官认为目前法律关于消费民事公益诉讼尚无被告需承担公益性损害赔偿、惩罚性赔偿的明确规定，而在此类诉讼中，被告应承担的民事责任有两类：另一类是预防性责任，包括停止侵害、排除妨碍、消除危险；一类是人格恢复性责任，即赔礼道歉。因此该部分法官主张公益诉讼起诉人无权提起惩罚性赔偿金。② 也有部分当事人认为检察院非适格主体，无权要求被告承担惩罚性赔偿责任。如四川省内江市人民检察院与被告徐友良消费者权益保护民事公益诉讼一案中，被告徐友良辩称惩罚性赔偿的诉讼主体是被侵权人或消费者，而非公益诉讼起诉人。检察机关履行法律监督职责，其享有相应的诉讼权利而非实体权利，其不等于是被侵权人或消费者。③

（三）惩罚性赔偿金的计算基数和倍数判定标准不统一

笔者整理的裁判文书中部分法院以查处当天的销售额为赔偿金计算基数，如“傅常林当天生产、销售添加含有硫酸铝铵的泡打粉菜包的销售额为100余元，法院判处惩罚性赔偿金为销售额10倍，共计1000元”④；也有法院以违法经营期间的营业额总计为赔偿金计算基数，如朱某某犯生产、销售不符合安全标准的食品罪一案中，公安民警查明朱某某在经营油条等早点生意期间，

---

① 四川省内江市中级人民法院（2020）川10民初48号民事判决书。

② 安徽省蚌埠市禹会区人民法院（2020）皖0304民初2194号民事判决书。

③ 四川省内江市中级人民法院（2020）川10民初48号民事判决书。

④ 安徽省淮北市中级人民法院（2020）皖06民初112号民事判决书。

每天炸制、销售油条约140根，每根1元，其连同检查的当天，共计经营了8天。共收取支付价款1120元，因此应支付惩罚性赔偿金11200元。① 目前在司法实践领域，尚无关于认定惩罚性赔偿金基数的统一规定。

笔者整理的数据显示，60%的法院判定被告承担销售价款10倍的惩罚性赔偿金，被告营业额较少的判决1000元惩罚性赔偿金的占12%，如“叶炳南出售了5斤含有二氧化硫的米粉给卓某经营的“福鼎风味”小吃店，得款15元，法院判处惩罚性赔偿金1000元”。② 判决赔偿销售价款3倍赔偿金的占7%，无计算依据的案件占4%，还有的以单价10倍、货值10倍、2倍或者大于3倍小于10倍等不同标准来缴纳惩罚性赔偿金。由此可以看出司法实践中针对惩罚性赔偿金额的计算并没有明确的标准。法院的大致做法有以下两种，一种是检察院根据《食品安全法》第147条③、第148条④、《中华人民共和国消费者权益保护法》第55条规定⑤提出具体的惩罚性赔偿金倍数，法院直接判处予以支持。另一种是法院根据实际情况作出合理倍数的惩罚性赔偿金判决。

（四）检察机关诉请的惩罚性赔偿金管理和使用规则不明确

目前我国尚未制定专门的关于食药领域检察公益诉讼惩罚性赔偿金管理和使用方面的法律及司法解释，实践探索中还存在一些不同的认识。在动用公权

---

① 安徽省蚌埠市禹会区人民法院（2020）皖0304刑初224号刑事附带民事判决书。

② 福建省寿宁县人民法院（2020）闽0924刑初141号刑事附带民事判决书。

③ 《食品安全法》（2021修正）第147条规定：“违反本法规定，造成人身、财产或者其他损害的，依法承担赔偿责任。生产经营者财产不足以同时承担民事赔偿责任和缴纳罚款、罚金时，先承担民事赔偿责任。”

④ 《食品安全法》（2021修正）第148条规定：“消费者因不符合食品安全标准的食品受到损害的，可以向经营者要求赔偿损失，也可以向生产者要求赔偿损失。接到消费者赔偿要求的生产经营者，应当实行首负责任制，先行赔付，不得推诿；属于生产者责任的，经营者赔偿后有权向生产者追偿；属于经营者责任的，生产者赔偿后有权向经营者追偿。生产不符合食品安全标准的食品或者经营明知是不符合食品安全标准的食品，消费者除要求赔偿损失外，还可以向生产者或者经营者要求支付价款十倍或者损失三倍的赔偿金；增加赔偿的金额不足一千元的，为一千元。但是，食品的标签、说明书存在不影响食品安全且不会对消费者造成误导的瑕疵的除外。”

⑤ 《消费者权益保护法》第55条规定：“经营者提供商品或者服务有欺诈行为的，应当按照消费者的要求增加赔偿其受到的损失，增加赔偿的金额为消费者购买商品的价款或者接受服务的费用的3倍；增加赔偿的金额不足500的，为500元。法律另有规定的，依照其规定。”

力得到惩罚性赔偿金后，大量的惩罚性赔偿金归于何处，用途为何，并没有明确的规定。笔者整理的裁判文书中没有说明去处的占 36%，上交检察院的占 27%，上交法院的占 10%，上交国库的占 14%，还有些是交给财政专户或者市场监督管理局账户，更有前沿法院纳入公益基金或者由财政局设立专门的惩罚性赔偿金专用账户（如安平县人民法院判决周明支付十倍惩罚性赔偿金给安平县财政局公益诉讼赔偿资金专用账户）。[①] 惩罚性赔偿金在管理上没有明确规定也使得大部分赔偿金束之高阁，并没有发挥其原本应该有的功效。

三、食药领域检察公益诉讼惩罚性赔偿金的问题反思

（一）食药领域检察公益诉讼具有特殊性

首先，食品药品的危害很多都是慢性且有潜在性，通常不会对食用者造成急性的损害，由于食品、药品生产社会化程度的加强以及批量生产幅度的增加，越来越多的人在网上点餐、在网上购买保健品等使得产品和服务对象是整个消费者群体，而非某个或者某些特定的人。经营者危害社会公共利益的一般违法行为，可能威胁到社会食品药品方面的安全秩序，如果不予制止，最终受害的仍然是消费者，每一个消费者都是潜在的可能受害人。如曾经轰动全国的“三鹿奶粉事件”，也是在很多年后危害性才显现出来。当前比较炙热的“保健品抗老”营销现象，也是抓住消费者想要健康、长寿的心理，很多保健品甚至还会使用面粉等制作，还有所谓的“明矾油条、毒豆芽”案件，这些都需要消费者长期且大量食用才有可能造成身体健康损害。其次，通常消费者本人的消费支出金额不高，不愿主张权利或者受损主体本人可能并不知晓自己已经受害，又可能因为很多消费者购买食品或者药品时不会索要发票等导致存在消费者举证困难等情形。受害人尽管根据《消费者权益保护法》享有赔偿请求权，但由于被侵害数额很小，基于成本与收益的权衡，维权成本高，不提起诉讼是多数人的理性选择，由此会造成消费侵权者的民事侵权责任落空，长此以往违法经营者违法成本外部化[②]，并转由全社会进行分担。最后，与私益诉讼不同，公益诉讼涉及不特定的消费者，其损害不像个人损害那么具有客观上

---

① 河北省安平县人民法院（2020）冀 1125 刑初 86 号刑事附带民事判决书。

② 外部性是经济学词汇，意指不法经营者将本应由自己承担的成本外化于他人或社会。不法经营者实施欺诈和生产缺陷产品的目的在于降低生产成本并因此获益。在资源总量不变的情况下，不法经营者降低生产成本的不当获益最终转换为外部性损失，并由不特定多数消费者和社会承担。

可评估、鉴定、计量、测算的方法，所以惩罚性赔偿金的计算是存在的较大难题之一。法院不可能找到每一个消费者，并将每个消费者损失额相加后的总额作为公益诉讼赔偿数额的计算标准。目前国际贸易带来的食品安全问题加深，食药安全标准与最严谨标准要求尚有一定差距，风险监测、评估、预警等基础工作薄弱，基层监管力量和技术手段跟不上。一些地方对食品安全重视不够，责任落实不到位，安全与发展的矛盾仍然突出。

（二）食药领域适用惩罚性赔偿制度功能定位不明

“监督监管者”和“严惩违法者”是食药领域提起检察公益诉讼制度的功能定位。① 所谓“监督监管者”是指检察院在公益诉讼中起监督和辅助作用，监督行政机关依法履行管理职责和监管消费者协会依法提起公益诉讼。之所以出现诉前公告流于形式，大量民事公益诉讼由检察院提起诉讼，而非消协提起诉讼，是因为检察院对自己的功能定位有误。“严惩违法者”简而言之是指严厉打击不法经营者。民间流传的“假一赔十”这一经验升华即是惩罚性赔偿。

惩罚性赔偿又称惩戒性赔偿，是侵权人给付给被侵权人超过其实际受损害数额的一种金钱赔偿。② 立法之所以要建立惩罚性赔偿制度，首要目的是激励消费者积极运用法律手段维护自己的权益。由于公共资源有限，公共执法难以对所有不法经营行为进行规制，客观上需要私人执法予以补充，进而节约行政执法成本以弥补公共资源投入不足。然而由于赔偿数额体现的是对“个别不法性”的评价，降低了消费者起诉的热情，无法实现惩罚性赔偿的惩罚和威慑功能。而公益诉讼惩罚性赔偿金正是在这一背景下产生的，惩罚与威慑是公益诉讼惩罚性赔偿金的预设功能。从消费者个人角度来看，当消费者在食品安全的权益遭到侵害时，受损消费者本人可以选择依据实体法要求不法经营者承担销售额十倍或者损害三倍的惩罚性赔偿金。但是消费者也可以基于自由处分原则不提起诉讼。这属于消费者个人诉权和处分权的体现，所以不法经营者所面临的不可能是全部销售价款 10 倍或者 3 倍的惩罚性赔偿。因此不论是按个人诉讼或是代表人诉讼，惩罚性赔偿金都不超过被告承担责任的能力，此时原告的诉讼请求才可能实现。而检察机关在该领域提起的公益诉讼往往是以不法

---

① 徐卉、李文慧：《食品药品安全检察公益诉讼中惩罚性赔偿规则完善研究》，载《江苏大学学报（社会科学版）》2021 年第 4 期。

② 苏志甫：《论我国知识产权惩罚性赔偿制度的目标、定位与司法适用》，载《中国应用法学》2021 年第 1 期。

经营者在违法期间的销售价款为基数计算惩罚性赔偿金数额，法院一般按照私益诉讼惩罚性赔偿标准去要求不法经营者缴纳惩罚性赔偿金，从某种程度上属于代替所有受损害的消费者要求惩罚性赔偿金。惩罚性赔偿金远高于其他两种诉讼，且可能远超被告的承受范围，以致诉请不能实现，还对受损消费者的诉权和个人处分权造成伤害。检察公益诉讼的惩罚性赔偿金是对“全部整体不法性”的评价而非私益诉讼的“个别不法性”评价。因此检察公益诉讼的惩罚性赔偿金数额不是私益诉讼的惩罚性赔偿金的简单相加。而司法实践中往往混淆两者的功能定位，所以才会出现一系列的高额惩罚性赔偿金以及惩罚性赔偿金无法发挥公益效果的现象。

（三）检察院惩罚性赔偿请求权基础缺失

请求权原则上应该依据实体法上的法律规范来行使，而现阶段司法实践中多是依据实体法的特别规定作出的判决。绝大多数法院依据《最高人民法院〈关于审理消费民事公益诉讼案件适用法律若干问题的解释〉》《最高人民检察院〈关于检察公益诉讼案件适用法律若干问题的解释〉》《消费者权益保护法》《最高人民法院〈关于审理食品药品纠纷案件适用法律若干问题的规定〉》《侵权责任法》第4条、第15条以及《食品安全法》第147条、第148条，判决被告应当支付惩罚性赔偿金。

根据上述法律规定，有权提起惩罚性赔偿请求的应当是受侵害的消费者，而检察机关并非受损本人，未支付合理对价，与受损消费者提起惩罚性赔偿的请求权存在实体法依据上的不同，因此关于公益诉讼起诉人作为惩罚性赔偿请求权的起诉主体，这一现状是存疑的。① 具体表现为：在民事侵权案件中提起惩罚性赔偿的主体，应当是平等对抗的双方，而公益诉讼往往具有较强的职权主义色彩，将消费者个人利益置于公益诉讼程序中，会打破私人利益的救济程序应有的对等关系，造成程序不公。② 不法经营者所要对抗的公益诉讼起诉人是公权力主体，其拥有着诉讼上的优势，诸如专业法律知识和法律技能、调查取证上的特殊权力、收集获取信息的多途径与及时性等③，使得原被告基于平

---

① 黄忠顺、刘宏林：《论检察机关提起惩罚性赔偿消费公益诉讼的谦抑性——基于990份惩罚性赔偿检察消费公益诉讼一审判决的分析》，载《河北法学》2021年第9期。

② 郝海燕：《异化与归正：消费公益诉讼惩罚性赔偿适用研究》，载《四川大学学报（哲学社会科学版）》2021年第3期。

③ 周信权、林世雄：《检察机关提起公益诉讼之制度构建》，载《国家检察官学院学报》2010年第3期。

等原则的攻击防御无法展开，严重破坏利益关系者之间的平衡。检察院惩罚性赔偿请求权基础缺失使得不少案件中存在检察院是否适格主体的争议。

四、食药领域检察公益诉讼惩罚性赔偿金的制度构建

探索建立食药安全检察公益诉讼惩罚性赔偿金制度，对于维护市场秩序、保护消费者合法权益、维护社会公共利益和推动食药安全国家治理体系和治理现代化具有重要意义。

（一）统一诉前公告平台

检察机关提起检察公益诉讼一方面有利于弥补不作为之诉对消费者权益救济的不足，更好地完善消费者在公益诉讼中的诉讼请求。另一方面，为因违法经营行为遭受损失的不特定多数消费者切实提供救济的途径，以维护社会公共利益。但是笔者以为消费者团体应为公益诉讼的第一起诉主体，检察机关为补充、辅助主体。因为检察公益诉讼本就应该是维护消费者在食品药品领域公共利益的最后一道防线，应以穷尽其他救济手段为适用前提。

虽然我国已经明确了诉前公告程序，但是从笔者整理的数据显示，公告程序流于形式，不能真正地起到补充作用。公告不是目的，是为了让更多受损消费者或者消费团体知晓。多而杂乱的诉前公告形式使人眼花缭乱，为此笔者建议关于诉前公告必须明确一个专属于诉前公告的官方平台，可以明确规定统一由正义网公布。关于公告内容可以包含有资格提起诉讼的消费者团体以便于其知晓，在消费者团体知晓后明确表示放弃提起公益诉讼的情况下或者在取证难度大、诉讼能力不足等情况下，检察机关可以提起公益诉讼。

（二）赋予检察院提起惩罚性赔偿金主体资格

2019 年 5 月，中央印发《食品安全工作意见》中明确提出“探索建立食品安全民事公益诉讼惩罚性赔偿制度”的要求；2020 年 10 月关于《在检察公益诉讼中加强协作配合依法保障食品药品安全的意见》中表示要在食药安全民事公益诉讼中探索提出惩罚性赔偿诉讼请求，对建立惩罚性赔偿制度开展联合调研，共同研究提出立法建议，这一意见的出台，使得绝大多数法院支持了检察院提起的惩罚性赔偿请求。2020 年 12 月 30 日最高人民法院、最高人民

检察院《关于检察公益诉讼案件适用法律若干问题的解释》第18条①规定中的“等”给予了法官自由裁量的选择权，可以包含提起惩罚性赔偿金的诉请；2021年7月14日最高检公布《人民检察院公益诉讼办案规则》其中第98条规定，人民检察院可以向人民法院提出要求被告停止侵害、排除妨碍、消除危险、恢复原状、赔偿损失等诉讼请求。该条规定为检察院作为适格主体提起惩罚性赔偿金提供支持。所以笔者以为要尽快出台关于检察公益诉讼在食药领域的惩罚性赔偿金制度的立法，明确公益诉讼起诉人作为适格主体有权提起惩罚性赔偿金的诉求。

（三）制定健全的惩罚性赔偿金计算标准

基于经营者的“经济人”本性，一般来说，在行为人经济承受能力的范围内，惩罚越重，威慑的效果越大。但是，当惩罚超过行为人承担责任的能力较多时，惩罚金越多反而会失去其威慑作用。② 常言道“光脚的不怕穿鞋的”，讲的就是此理。因此应该在合理的范围内设定惩罚性赔偿金。笔者以为可以借鉴美国的民事制裁金，民事制裁金金额方面法院应该考虑财产和经营状况，既要能够起到惩罚之作用，又不至于造成被告破产或经营困难。③

1. 以“销售额－无关交易额＝惩罚性赔偿金”为计算基数

由于消费者不确定，所以遭受的损失不易统计，依笔者浅见，以销售额为计算依据相对比较合理，但是也不排除被告对销售额有争议，有的被告主张自己的淘宝销售额没有那么多，因为前期会有刷单的金额；也有被告主张饭店的营业额很大一部分都是酒水、小菜等。因此可以以“销售额－无关交易额＝惩罚性赔偿金”为赔偿金的计算基数。

2. 采用四要素的方式计算惩罚性赔偿金的倍数

法院首先要对不法经营者的违法所得进行计算，笔者以为针对销售额在1500元以下的且主观恶性不大，危害的不特定人群范围较窄的，可以处以行政处罚，构成犯罪的处以刑事处罚，并加强行政部门的监督力度。因为对于这些学历比较低的小摊贩来说，他们并不太理解自己为生计靠双手吃饭，怎么就一个违法行为多部门处罚，所以笔者以为刑事处罚和罚金对他们已经构成了警

---

① 最高人民法院、最高人民检察院《关于检察公益诉讼案件适用法律若干问题的解释》（2020修正）第18条规定：“人民法院认为人民检察院提出的诉讼请求不足以保护社会公共利益的，可以向其释明变更或者增加停止侵害、恢复原状等诉讼请求。”

② 刘水林：《消费者公益诉讼中的惩罚性赔偿问题》，载《法学》2019年第8期。

③ 陶建国：《消费者公益诉讼研究》，人民出版社2013年版，第130页。

示和威慑作用，实在没有再加重惩罚性赔偿金的必要，而且还绝大多数是 10 倍处罚，在这些摊贩眼里，这就是政府变相收费。判处 1000 元的惩罚性赔偿金对他们的惩戒作用也甚小。采用不足 1000 元的惩罚 1000 元或者不足的罚 500 的限额实在没有必要，且损害具有明显的个案特征。对于食品药品领域销售金额大于 1500 元的，涉及人身健康与安全的产品，如果损害力度较大甚至可能造成疾病或者死亡的，对于这些可以判处惩罚性赔偿金。

其次对社会公共利益的损害程度进行考量，如果不法经营者确实造成明显的公益性损害，且该损害后果尚不具有消费者自行救济的期待可能性，可以认为具有适用惩罚性赔偿金的必要性。

再次对行为人的经济能力进行审查，陈秋梅就是典型的无偿还能力的代表，小学文凭的妇女靠在自己家里生产豆芽、销售豆芽为生，销售金额为 4 万元，要承担 10 倍的惩罚性赔偿金，据行为激励理论，只有当惩罚程度在行为人承担责任的能力限度范围内，惩罚金越高威慑效果越好。惩罚性赔偿金过高，不法经营者若无能力承担，诉讼请求即使被法院判决支持，也往往容易落空，不仅不具有惩罚意义，而且有违法律的公正、有损法律的尊严。①

最后考察其是否还有其他处罚（刑事罚金或行政罚款），多数法院依据《中华人民共和国侵权责任法》第 4 条第 1 款②认定不法经营者在承担刑事责任后还应当承担民事责任判处惩罚性赔偿金，但是该条适用的对象主要是刑事附带民事诉讼的私益诉讼，而非公益诉讼，所以笔者以为在进行刑事处罚并判处罚金后，由检察机关提起惩罚性赔偿的，可以按照低于私益诉讼的赔偿标准处罚。也可参照有些法院采取违法所得、罚金从惩罚性赔偿金中予以抵扣的做法。③

法官可以将惩罚性赔偿金的数额设置在三倍以上十倍以内，然后结合以上四要素，即不法经营者的违法所得、对社会公共利益的损害程度、行为人的经济能力、是否还有其他处罚四要素自由裁量。

（四）设立专门的检察公益诉讼基金账户

惩罚性赔偿指判定的损害赔偿金不仅是对原告的补偿，也是对故意加害人

---

① 刘水林：《消费者公益诉讼中的惩罚性赔偿问题》，载《法学》2019 年第 8 期。

② 《中华人民共和国侵权责任法》第 4 条第 1 款规定："侵权人因同一行为应当承担行政责任或者刑事责任的，不影响依法承担侵权责任。"

③ 山东省威海火炬高技术产业开发区人民法院（2020）鲁 1091 刑初 195 号刑事附带民事判决书。

的惩罚。惩罚性赔偿金的归属和使用情况目前还没有专门的立法进行规制，因此如何管理和使用惩罚性赔偿金才至关重要。首先应当确保将惩罚性赔偿金置于阳光下，有明确的法律规范，接受强有力的监督管理，最高检等七部门印发《探索建立食品安全民事公益诉讼惩罚性赔偿制度座谈会会议纪要》指出，食品安全民事公益诉讼惩罚性赔偿金的管理使用应坚持用之于公益的原则。各地可以探索把惩罚性赔偿金纳入专门公益基金账户统一管理，依法统筹用于消费者合法权益保护。若将惩罚性赔偿金纳入国库，容易造成罚金与惩罚性赔偿金混淆局面，若将赔偿金交由检察院，容易使公众误以为是检察院私吞该笔资金，混淆检察院公益诉讼起诉人的身份。因此笔者以为可以由财政局设立专门的检察公益基金账户，由不法经营者将赔偿金交由法院，法院缴入该基金账户。

笔者主张检察机关因提起检察公益诉讼所支出的必要诉讼费用可以从赔偿金中折扣，如和县检察院请求法院判决被告支付诉前公告费用800元；[①] 检察机关因调查取证而支出的专家咨询费，笔者以为也可从惩罚性赔偿金中扣除，如成都市双流区人民检察院诉请被告人徐平等人承担专家咨询费用4000元；[②] 还有的法院主张违法所得和罚金也可从惩罚性赔偿金中予以抵扣，威海火炬高技术产业开发区人民法院做出违法所得、罚金从惩罚性赔偿金中予以抵扣的判决。[③] 还有当事人因需要在主流媒体公开赔礼道歉而支出的刊登费用也可从惩罚性赔偿金中做抵扣。扣除完以上费用后，剩余费用缴入专门的检察公益基金账户，作为今后消费民事公益诉讼的启动资金。[④]

如若有消费者基于同一行为，主张维护本人的消费者合法权益的，可以直接从公益基金账户中予以拨付，避免不法经营者因同一不法行为被重复处罚。若一年后没有消费者主张权益，该笔资金可以用于增加公共投入，加大食品药品安全领域的监管力度；增加额外的宣传投入，向社会宣传安全食品的识别知

---

① 安徽省和县人民法院（2020）皖0523刑初46号刑事附带民事判决书。

② 四川省双流区人民法院（2020）川0016刑初353号刑事附带民事判决书。

③ 山东省威海火炬高技术产业开发区人民法院（2020）鲁1091刑初195号刑事附带民事判决书。

④ 李征、邓娟：《消费民事公益诉讼中适用惩罚性赔偿的域外研究及其启示》，载《法治论坛》2020年第3期。

识，挽回公众对食品行业的信心；增加对食品药品侵权诉讼的司法资源投入。[①] 也可以用来奖励为保护消费者权益的单位和个人，资助和参与商品检验、消费调查，救助受损害的消费者等[②]，做到该笔资金“取之于民，用之于民”。

（孙亮月：河南省安阳市殷都区纪委监委）

---

① 冯庆俊：《食品安全领域民事公益诉讼应增设惩罚性赔偿金》，载《检察日报》2019年4月25日，第003版。

② 陶建国：《消费者公益诉讼研究》，人民出版社2013年版，第348页。

刑事诉讼

认罪认罚从宽制度背景下值班律师制度的思考

——以36748篇裁判文书为研究样本*

陈建华　陈敏敏

目前，我国刑事辩护权的保障率在实际上总体偏低，认罪认罚从宽案件中对被追诉人辩护权的保障严重缺乏，而为了弥补人权保障不足的缺陷，2018年我国《刑事诉讼法》新增第36条、第173条以及第174条，正式确立了值班律师制度。但是由于相关条文规定得过于粗糙，故使得该项制度在司法实践中面临着较大难度的考验。

值班律师制度以为被追诉人提供临时性加应急性的法律救济为初衷而设立，从公开性和自愿性两个角度对认罪认罚从宽案件予以一定的保障，进而促进认罪认罚从宽制度在我国的有效实施。笔者通过在律师事务所的实习经历以及经过大数据进行分析得知，值班律师在实践中大多数只起到见证签署认罪认罚具结书的作用，至于其他相关的职能作用在司法实践中并未完全发挥出来。笔者认为，值班律师制度是一项值得深入贯彻执行的制度，尽管现阶段存在许多不足，但其实用性和有益性是毋庸置疑的。

此前，已经有部分学者对值班律师制度展开了分析研究。例如汪海燕教授通过对实践中出现的问题进行分析，结合我国相关法律规定，对完善该项制度提出了具体建议①；而樊崇义教授从该项制度发挥的作用以及值班律师参与认

---

* 基金项目：本文系最高人民法院司法研究重大课题“认罪认罚制度实务问题研究”（项目编号：ZGFYZDKT202105－01）阶段性成果。

① 汪海燕：《三重悖离：认罪认罚从宽程序中值班律师制度的困境》，载《法学杂志》2019年第12期。

罪认罚案件的现状与问题等方面进行论证，结合典型案例，进行实证分析；①顾永忠教授则是结合我国多年律师发展历程，分析律师覆盖率，针对值班律师的法律定位，展开说明了值班律师的定性问题。② 随着实践中有关问题越来越多，相关部门逐步出台指导意见，对值班律师制度的具体规范进一步进行了细化。

本文从认罪认罚从宽制度大框架下对值班律师制度进行研究，在现有公开案件中随机抽取一定数量的案例，通过对案件以及数据进行分析，针对所反映出来的问题，从问题成因入手，探求我国值班律师制度的完善之策。

一、值班律师制度的适用现状

笔者在中国裁判文书网上以“值班律师制度”作为标题进行了搜索，从2017年1月到2021年1月共有36748份裁判文书，并随机选择了其中的74份进行阅读。在通过对相关法律文书进行梳理、分析该项制度发展过程的同时，整合和分类相关数据，展现出值班律师制度在司法实践中所处的现状，分析如下：

（一）立法动向统计

表1 关于值班律师制度规范性文件一览表

出台时间	规范性文件
2014年8月	最高人民法院、最高人民检察院、公安部、司法部《关于在部分地区开展刑事案件速裁程序试点工作的办法》
2015年11月	中共中央办公厅、国务院办公厅《关于完善法律援助制度的意见》
2016年11月	最高人民法院、最高人民检察院、公安部、国家安全部、司法部《关于在部分地区开展刑事案件认罪认罚从宽制度试点工作的办法》
2017年2月	最高人民法院《关于全面推进以审判为中心的刑事诉讼制度改革的实施意见》
2017年8月	最高人民法院、最高人民检察院、公安部、国家安全部、司法部《关于开展法律援助值班律师工作的意见》

① 樊崇义：《值班律师制度的本土叙事：回顾、定位与完善》，载《法学杂志》2018年第9期。

② 顾永忠、肖沛权：《完善认罪认罚从宽制度的亲历观察与思考、建议——基于福清市等地刑事速裁程序中认罪认罚从宽制度的调研》，载《法治研究》2017年第1期。

续表

出台时间	规范性文件
2017 年 10 月	最高人民法院、司法部《关于开展刑事案件律师辩护全覆盖试点工作的办法》
2018 年 10 月	全国人大《中华人民共和国刑事诉讼法（2018 年修正）》
2019 年 11 月	最高人民法院、最高人民检察院、公安部、国家安全部、司法部《关于适用认罪认罚从宽制度的指导意见》
2020 年 8 月	最高人民法院、最高人民检察院、公安部、国家安全部、司法部《法律援助值班律师工作办法》

如表 1 所示，值班律师制度从提出试点法案到刑事诉讼法的正式确立再到正式颁布相关的指导意见，共持续七年的时间，在此期间有关部门不断作出更加积极、翔实的规定，以期推动值班律师制度在我国的良性发展。虽然该项制度在我国目前还不够成熟，还存在着非常多的困难和问题亟待解决，但不管是司法的改革者还是立法的决策者，都很重视刑事诉讼中被追诉人到底是否获得了有效的法律救济，这对于我国刑事辩护制度的完善具有重要意义。值班律师为被追诉人提供法律帮助，以此保障被追诉人辩护权的有效实现，提高了我国刑事辩护权的使用率以及覆盖率。

（二）适用年份差异统计

值班律师制度已经在 2018 年新修的《刑事诉讼法》中得到进一步确立，这使得值班律师制度适用案件数量猛增，并出现逐年递增的情况。这一现象表示值班律师制度在实践中适用率越来越高，也表明其实用性不断增强。值班律师制度是在认定罪行的从宽制度中，律师进行有效辩护的保障性服务制度，主要对象是轻微刑事案件的被诉人员，值班律师的参与加快了程序推进速度，既节省了时间，又提高了辩护率。由于值班律师制度不断完善，司法实践不断加强，促进了各地实践经验的积累和相关指导意见的出台，并且指导意见进一步强调这一制度细节方面的处理，使这一制度的可行性大大提高。

（三）适用地区差异统计

在东部沿海地区值班律师制度的适用率大大超过中部地区和西部地区，这表明经济发展在一定程度上会影响值班律师制度的适用。经济发展速度快的地区有足够的财政为值班律师制度在当地的发展提供资金支撑，并且由于发达地区交通方便，通信技术发达，信息交流快，这更加有利于值班律师制度在东部地区的落地生根，加快值班律师制度的发展。值班律师制度在认罪认罚从宽制度中对于律师角色的填补起到不可或缺的作用，有利于提高我国刑事辩护率。① 但经费不足可能吸引不到足够多、足够优秀的法律从业者加入，因此可能会导致值班律师过于年轻化、不够敬业、良莠不齐等问题出现，无法实现有效的法律帮助，不利于我国刑事辩护率的有效提高。以上情况表明经济支撑对值班律师制度在我国的发展有着重要作用，故应当加大对经济落后地区值班律师的经济补贴，以促进区域间的统筹发展。

（四）适用法院差异统计

值班律师制度大多适用于基层法院审理的案件，而中级人民法院和高级人民法院对值班律师制度的案件适用数量几乎可以忽略。这是因为大多数案件都属于轻微刑事案件，基本上都是由基层法院进行审理，所以基层法院适用值班律师制度的占比非常大。基层法院大多数案件面向的都是普通人民群众，他们可能会出于支付不起律师费等原因的考虑而选择自行辩护，但是，值班律师的参与能够充分防止其合法权益遭到侵害。在国内乃至全球范围内，法律援助的政府责任理念已被广泛认同。政府有责任保障诉讼程序的正当性以及诉讼结果的公正性。② 值班律师制度的大量适用也会产生相关问题，比如值班律师制度在基层法院适用之后，如果被追诉人上诉，那么值班律师制度是否真正发挥了作用？是否达到了应该达到的目的？这些问题都值得我们深思，笔者也会在下文对这些问题的思考予以阐述。

（五）适用类型差异统计

笔者研读的74份判决书中值班律师参与案件的终裁情况，分析显示值班律师参与的案件大多是一审判决即生效，大部分被追诉人都未进行上诉。而在笔者了解到的上诉案件中有一位上诉人上诉的理由是认为值班律师与检察机关的量刑协商没有达到自己想要的结果，认为值班律师就是检察机关的人，根本没有为自己提供有用的法律建议。这从侧面反映了被追诉人对值班律师缺乏信任感，被追诉人不愿向值班律师吐露自己的心声，不相信值班律师会为他们保守秘密。这就会导致值班律师不知晓或不熟悉相关案件事实，无法有效帮助被

---

① 宋汝沙、徐然：《认罪认罚从宽制度的理论与实践》，载国家检察官学院2017年《第十三届国家高级检察官论坛论文集》。

② Ellery E. Cuff. Public Defender System: The Los Angeles Story. Minn. L. Rev, 1960, (45).

追诉人。如何消除这种不信任感，建立起一座相互信任的桥梁，这正是本文要解决的问题之一。

二、值班律师制度适用之困境

值班律师制度在我国已经进行了多年试点，在试点过程中发现了值班律师制度存在的一些问题。陈卫东教授指出，认罪认罚从宽制度的落实保障值班律师制度的运行，在兼顾公平和效率的情况下，如果仅仅追求公平而放弃效率已经无法满足社会发展的需要，也会违背程序公正的意愿。① 因此，本文从司法实践中值班律师制度的现状出发，发现了四个方面问题。下面笔者将针对值班律师制度适用过程中产生的问题进行展开论述。

（一）法律条文规定不完善

值班律师制度是舶来品，要将其与我国具体国情相结合，才能使其在全国各地生根发芽。目前，该项制度在我国处于实践阶段，相关立法还不够完善，主要有法条规定模糊以及法条规定过于碎片化两方面的问题。

首先，法条规定过于模糊。在政策推行、司法改革的大背景下，值班律师制度有可能会成为地方追求司法建设政绩的一个工具，重形式而轻内容。与值班律师制度相关的法条主要是基本的、程序化的以及赋权性的，制度整体风格显得过于简略和粗糙，缺乏具体权利义务的内容构建，这有可能会直接导致法律的可操作性大大降低，现实控制能力孱弱。从内容上来看，我国《刑事诉讼法》相关条文其实更多的只是为该项制度的发展指明方向，但许多细节方面的规定还不够明确。法条规定过于模糊会导致许多不良后果，比如值班律师对自身权责的不确定性增加。而且关于值班律师在履行职责的过程中因为过错而导致被追诉人程序或者是实体利益受到损害，值班律师应否担责甚至是如何担责，担何种责，都缺乏清晰、可预见到的责任分配程式。②

其次，法条规定呈现形式过于碎片化，与值班律师制度相关的法条零散地分布在不同的法律文件中。值班律师制度在《刑事诉讼法》中被简单规定，只有少数的几个条文对此进行描述，其他关于值班律师制度的规定散落在相关法律文件中，内容过于笼统、简单，无法满足实践需求。各处条款的规定呈现

---

① 陈卫东：《认罪认罚从宽制度研究》，载《中国法学》2016年第2期。

② 王迎龙：《值班律师制度研究：实然分析与应然发展》，载《法学杂志》2018年第7期。

出碎片化特点，而这仅靠实际行动所探索出来的改革效果是难以继续加强和深化的。即使有些看似已经有了比较多的立法进行了严格规定，但相关内容仍然会显得有些过于简单，对值班律师制度的界限、职责范围、运行机制以及权力配置等有关问题也规定得较为简单，导致我们对该项制度所能发挥的预期作用没有达到。最终可能导致该制度在实践中适用不佳甚至形同虚设。[①] 因此，亟需层面高、覆盖广、内容完整的规范化解释予以系统性、整体性的释明。

（二）值班律师制度配套机制不健全

司法实践中值班律师制度配套机制的不健全，会在客观上制约该项制度的长远发展。律师是值班律师制度落实的关键所在，但在司法实践中，由于律师数量不足，造成了值班律师的严重不足以及分布不均匀的不良后果。截至2019年底，全国共有律师事务所3.2万所，全国共有执业律师47.3万多人[②]，我国的律师缺口仍然较大，导致值班律师数量也远远不够。值班律师数量从发达的地方到不那么发达的地方再到贫困地方逐渐减少，从省一级到市一级再到县一级逐渐减少。

配套机制的不健全甚至是缺乏会使值班律师工作缺乏动力。只有将对值班律师的保障机制落实到位，才能让值班律师无后顾之忧地对被追诉人进行有效的法律帮助，而不是让帮助流于形式，更不是让值班律师走过场。比如，由于值班律师的补贴比较低，工资待遇不高，进而直接导致值班律师对此项工作缺乏主动性，甚至对于在偏远贫困地区的值班律师而言，有时候在路上的支出就远远超过了补贴，因此，许多资深律师不愿意担任值班律师。由于年轻律师缺乏经验可能会出现被追诉人合法权益无法得到实质保障的情况。如果值班律师资历不够，职业道德不高，很可能在为被追诉人解答疑惑的时候，恶意夸大量刑结果。值班律师在奖惩考核方面没有具体的标准和细则，监管方面也存在严重不足，这会导致值班律师缺乏责任感。再有就是值班律师专业能力以及素质水平参差不齐，如果不能进行有效筛选和相关培训，可能将给被追诉人造成非常不好的后果，不利于该项制度的良性发展。

（三）值班律师定位不明确

律师的实质性参与是认罪认罚从宽案件的正当性基础，是保障被追诉人的

---

① 顾永忠：《追根溯源：再论值班律师的应然定位》，载《法学杂志》2018年第9期。

② 该数据来自司法部官网。

诉讼权利能够有效合法行使以及案件获得公正审判的前提条件。① 如果不将值班律师的定位予以明晰化，则会导致值班律师职能范围不够明确，进而导致值班律师无法将对被追诉人的法律帮助落到实处，导致其对被追诉人的帮助流于形式，这与值班律师制度的设立初衷是相违背的，如果只是形式上提高律师参与率，那么值班律师制度终将沦为形式。

学界对值班律师到底是否属于辩护律师或者说是属于辩护人产生了较大争议。第一种观点认为值班律师是法律帮助者②，就只是为被追诉人提供特殊的法律援助，保障被追诉人权利不受侵害，值班律师只是被随机分配给被追诉人，没有完整的辩护人的诉讼权利；第二种观点认为与辩护律师相比，值班律师主要职责是为当事人提供法律帮助③，其行使的是律师的帮助权而非辩护权。第三种观点认为值班律师并没有与被追诉人签订委托代理合同，可以视为准辩护人④，并赋予阅卷等权利；第四种观点认为值班律师是辩护人或者应当变为辩护人⑤，只有这样才能保证值班律师在认罪认罚从宽案件中发挥其真正的作用。

实践中值班律师是作为司法机关的见证人而存在，虚化的法律帮助权并不具备辩护权所应能发挥的对抗功能、发现事实功能、风险防范功能。目前，我国在相关法律法规中并未明文规定值班律师的相关职能和权利，这就直接导致了在司法实践中，值班律师进行法律帮助时出现形式大于实质、法律帮助的功能要弱于见证的功能等情况。在笔者研读的 74 份裁判文书中，发现有 90% 以上的值班律师的作用仅仅只是起到了参与和见证被追诉人签署具结书的工作，但值班律师身份不仅仅是见证人，还应该是被追诉人的参谋人以及司法公正的推进人。见证职能只是值班律师诸多职能中的其中一项，值班律师到底有没有认真地了解案件事实以及证据获取情况，到底有没有真正保护到被追诉人的合

---

① 魏虹、许野：《论认罪认罚从宽程序中律师的实质性参与》，载《政法学刊》2019 年第 2 期。

② 孔冠颖：《认罪认罚自愿性判断标准及其保障》，载《国家检察官学院学报》2017 年第 1 期。

③ 熊秋红：《审判视野下的律师有效辩护》，载《当代法学》2017 年第 6 期。

④ 姚莉：《认罪认罚程序中值班律师的角色与功能》，载《法商研究》2017 年第 6 期。

⑤ 侯东亮、李艳飞：《浅谈值班律师的定位与发展》，载《中国检察官学院学报》2018 年第 6 期。

法权益，这些都有待考证。

（四）司法程序衔接不顺畅

在实践中，由于法律援助机构会在不同的诉讼阶段设立辩护律师，而值班律师并不全程介入，只是负责某个诉讼阶段的法律帮助，这可能会导致在各个诉讼阶段值班律师工作衔接的不畅通，而造成衔接不畅通的原因主要是因为相关机关衔接机制中缺乏沟通渠道。在具体司法实践中，值班律师提供的法律服务不够深入，只是一些表层或者说是一些很表面上的东西①，在服务完成后，就自行宣告援助行为自动完成。对于一些被追诉人而言，如果值班律师草率结束工作后就离去，则会造成现实刑事辩护开展空缺的严重后果，也会再次导致被追诉人没有辩护人帮助、合法权益受到侵害而无法行使的尴尬境地。值班律师制度体系中的衔接问题主要体现在以下两个方面。

首先，值班律师与辩护律师在工作衔接等事情上存在着较大不足。值班律师的最大优势在于能够提供及时有效的法律帮助。而对人身自由受限制的被追诉人来讲，值班律师也充分满足了其对法律救济的急切需求。值班律师为被追诉人提供帮助的时间是在庭审外，而如果想要对诉讼过程中被追诉人的合法权益予以保障，还必须有能履行辩护职能律师的加入，于是就出现了值班律师与其他律师之间需要进行相互衔接合作的特殊需求。但现今值班律师与辩护律师之间仍然处于一种相对隔离的状态，这可能会导致值班律师不能及时与辩护律师沟通，造成值班律师案前搜集和分析出的相关信息不能有效传递给辩护律师，导致辩护律师又需要重新从头了解案件情况，造成司法资源的浪费。

其次，不同阶段的值班律师之间也会存在着衔接度不足的情况。被追诉人在不同的阶段所接受提供帮助的值班律师可能是不同的，比如在看守所提供法律帮助的值班律师与在检察机关提供法律帮助的律师不一定是同一个值班律师，这可能会造成值班律师工作上的重复，甚至无形中增加了许多工作量。更进一步地说，如果不同阶段的值班律师对案件提出不同意见，甚至意见完全相左，这可能会造成被追诉人不知所措的不良后果，导致被追诉人无法对值班律师提出的意见进行分析以及取舍，进而影响被追诉人对值班律师的信任感。除此之外，各机关之间也存在着一些衔接不当的问题，值班律师主要是在看守所与检察院等地方开展工作，但是却受法援机构的管理与监督，机构之间若是不

① 李刚：《打造“三方在场”具结书签署机制》，载《检察日报》2019年2月18日，第3版。

能加强沟通与协作，这对提高值班律师的工作效率无疑是非常不利的。

三、值班律师制度适用困境之突破

前述内容对值班律师制度运行的问题进行了分析。下面，笔者将针对上文提出的四个问题一一提出对策。

（一）探索完善立法规定

值班律师制度在立法体系层面的加强，可以从根本上解决值班律师制度的问题，从而为值班律师制度提供基础性、钢架性的支撑。回溯立法目的，加强立法体系建设，不仅能够更好地贯彻值班律师制度，也能更好地保护被追诉人的合法利益，发挥该项制度的最大作用。我国值班律师制度从起步到发展仅仅经过了短短几年时间，就连法律援助事业在我国也不过只有十几年时间。在法治社会中，一项制度想要在全国范围内有效构建起来，必须要有相应的法律保障，否则难以实现。而且，立法是人民遵纪守法的前提条件，是法律制度建立完善的基础，没有立法方面的完善规定，一项制度在我国是无法成功构建的。

首先，法律规定模糊，这会导致值班律师制度实施的不规范化，不利于该项制度的落地生根。因此，应当尽量细化相关规定，让司法实践机关可以依据相关规定规范行为。比如细化阅卷权、会见权的相关规定。我国应当在吸收国外先进经验的基础上，摈弃有害做法，再结合具体国情，对值班律师制度在我国法律体系上的不足进行填补。其次，对于该项制度过于分散，规定在不同法律法规当中的情况，笔者认为，随着各项制度不断发展和完善，应当将其整合成一部专门的法律或者法规，这有利于该项制度更好地发展，也能使该项制度更加规范。专门的法律法规能够在司法实践中为值班律师制度的发展起到引领示范的作用，能够帮助值班律师制度更好地发挥作用，加快法治进程，保障被追诉人的合法权益。

（二）完善值班律师配套机制

为了更好地发挥值班律师的作用，笔者认为，有必要对相关配套机制进行进一步的完善，将认罪认罚从宽案件中辩护权的行使落到实处，使辩护有效且实质。

首先，相关保障机制的建立与完善是必不可少的。笔者认为，如果想要有效提高法律帮助的质量，应当提高值班律师的工作福利，这样对调动值班律师工作的积极性有着极大促进作用。由于关于值班律师的工作规范还尚不明确，因此，可以以律协为首，牵头其他机构一起制定值班律师的工作细则，这样可以对值班律师的工作起到指引作用。还可以建立值班律师评价制度，完善评价内容收集工作，保证值班律师行使职能的公正性，并以此为基础对值班律师进行分类评级。

其次，应当建立和完善监管机制。司法行政机关要将值班律师的工作纳入目标责任和工作绩效考核体系，加强监督管理，制定规章制度，完善奖惩机制。一方面，要建立专业对口的人才库。建立人才库首先要将值班律师的个人基本情况、执业年限、工作经验以及所在的专业范围等相关信息全面入库。另一方面，还要重视值班律师人才培养工作的进行，及时进行岗位职责、服务要素、工作纪律等各个方面的培训，这样有利于帮助值班律师迅速熟悉工作流程以及工作内容等，保证值班律师人才管理制度在正确的轨道上顺利发展。

（三）明晰值班律师定位

首先，必须明确值班律师的定位，这个问题是一个备受争议和关注的问题。由于立法的不明确性，导致此问题一直被争论不休。域外值班律师制度属于法律援助，但一项制度的具体实施应当要从该国具体国情出发，值班律师制度引进的主要原因是我国刑事辩护全覆盖率过低，较多被追诉人无法得到有效辩护。从目前立法上来看，我国值班律师虽然名为“值班律师”，但实际上做的却是辩护律师的工作。笔者赞同值班律师是辩护人的观点，我国诉讼程序采取的是实体与程序并重的辩护理念，程序辩护应被认为是辩护的应有之义。如果律师能够有效地直接参与到宽容的程序供认和处罚，那么被追诉人将获得实际的法律帮助，在保护被追诉人法律诉讼权利的同时促进了监督权的依法行使。因此，确定值班律师为辩护人是该项制度落实到位的最佳理论选择，这样才能够更好地保障被追诉人的合法权益。①

其次，在认罪认罚从宽案件司法实践中，值班律师更需要详细了解案件情况，这样才能使其作出更加准确的判断，从而保障被追诉人能得到公正的判决。为达到上述效果，应当赋予值班律师以下权利：第一，查阅案卷的权利。值班律师要想深入细致地了解案件情况，至少应当要有查阅案件的权利，这其中还包括复制案卷、摘抄案卷的权利。第二，申请变更强制程序的权利。在司法实践中，有时办案机关为了绩效考核而特意提高批捕率或者审前羁押率，这可能会导致羁押必要性成为被忽略的问题。而为了避免此种情况的出现，赋予

---

① 刘振会：《“认罪认罚从宽”试点的规范与完善》，载《人民法院报》2018 年 4 月 13 日，第 2 版。

值班律师申请变更、申请羁押权利，能够有效避免审前羁押异化为变相处罚。第三，帮助被追诉人进行量刑协商和程序选择的权利。这有利于程序公正的推进，这也属于值班律师职能的内在应该有的意义的应有之义。第四，会见被羁押的被追诉人的权利。这有利于值班律师与被追诉人可以进行面对面的沟通和交流，减少信息传递的不安全性，也有利于加强彼此之间的信任感。第五，调查和获取证据的权利。该项权利主要是为了防止因刑讯逼供而导致被追诉人被迫认罪的不利证词以及发现保障被追人申请排除非法证据的权利。

（四）有效衔接司法程序

当被追诉人在没有律师帮助的情况下直面指控者，势必无法保证审判公正的实现。① 在值班律师工作完成，被追诉人另行委托辩护律师的情况下，由于不同主体间的身份变化会对案件的判断产生差异，因而需要形成规范的口头以及书面的信息对接机制。通过加强沟通的方式更好地进行工作上的衔接，这不仅能够进一步健全值班律师之间的衔接沟通机制，而且有利于被追诉人获得连续且稳定的法律帮助。

首先，应当加强值班律师和辩护律师之间的交流与合作。比如在被追诉人有指定辩护律师或者委托辩护律师后，要求值班律师必须与指定辩护律师或者委托辩护律师进行工作上的交接，要将其在工作过程中所得到的有关信息交给指定辩护律师或者委托辩护律师，只有这样，才能发挥出值班律师最早了解案件的优势，而且这在一定程度上也能够缓解辩护律师工作上的压力。开辟直接面对面的沟通渠道，毕竟面对面交流更能直接解决问题，提高工作效率。在实践中也有部分地区探索值班律师向辩护人的转任机制，这样可以保障法律保障的连续性。由被追诉人对相应的法律援助机构进行申请，然后由相关法援机构进行指派，指派值班律师为其提供帮助和救济，

其次，对于不同阶段的值班律师的衔接工作也应当进行完善。如形成工作经历，让前一阶段先了解到案件情况的值班律师与后一阶段参与进来的值班律师进行沟通和交流，了解前一阶段的值班律师所获取到的信息和关于案件情况的相关意见或建议，加强沟通交流，尽量减少同一案件中的不同意见或尽可能减少冲突意见，如果后一阶段值班律师有不同的意见或建议，前一阶段的值班律师可以对意见或者建议予以解释。最好是尽量保持值班律师的同一性或者尽

---

① ［美］彼得·德恩里科：《法的门前》，邓子滨译，北京大学出版社 2012 年版，第 261 页。

量能够由被追诉人自行选择值班律师，这有利于被追诉人对值班律师的认同和信任。而对于管理机构之间的问题和工作场所的问题，法援机构应当坚持独立的地位，不依附于侦查机关或者检察机关。

结　语

值班律师制度是舶来品，该项制度为我国认罪认罚从宽制度的实施提供了保障，对推动我国法律的发展起到了巨大助力作用。值班律师制度从一定程度上能够保障被追诉人的合法权益，保障认罪认罚从宽制度的平稳进行，对刑事辩护全覆盖发挥了重要作用，也对我国司法改革具有重要意义。根据行文分析，该项制度在司法实践过程中还存在着较多的问题，这就导致该项制度无法体现和发挥其应有的价值。因此，该项制度在我国的构建和具体实施还需要进行不断的探索以及完善。本文从四个层面对该项制度产生问题的原因进行分析，并一一提出对策，希望在未来司法实践中能对该制度进行不断完善，发挥其更大的作用。

（陈建华：湖南省郴州市人民法院；陈敏敏：湘南学院）

认罪认罚从宽机制下检察院抗诉权的行使：问题与应对

——以150份抗诉案件裁判文书为样本

陈明灿　李雅芳　刘晓慧

完善认罪认罚从宽制度，是党的十八届四中全会作出的重大改革部署。2018年10月26日，第十三届全国人大常委会第六次会议通过《关于修改〈中华人民共和国刑事诉讼法〉的决定》，正式以法律的形式确立了认罪认罚从宽制度。认罪认罚从宽制度自试点实施以来大幅度优化了司法资源配置，提高了刑事案件办案效率，实现了案件繁简分流。但是滥用抗诉权，以“抗诉”对抗“上诉”的方式，除具有剥夺被告人上诉权之嫌，还有以加刑威慑之名、行控辩失衡之实。认罪认罚从宽案件的庭审举证质证简化、流程简单，本就是为了追求诉讼经济而迫使被告人自愿放弃了部分诉讼权利，还要因担心抗诉加刑而怯于上诉，抗诉的震慑效果反作用于侦查、起诉阶段，长此以往甚至可能造成侦、诉、审三阶段的“隐性胁迫”现象①，控、辩、审结构可能面临全面失衡。对于那些证据链条薄弱案件或为寻求量刑优惠而选择认罪认罚的案件却畏惧上诉加刑，检察主导、检察定案必将成为现实，以审判为中心的改革成果也将付诸东流。为有效规制认罪认罚从宽案件抗诉权的滥用，使该制度真正提高刑事诉讼效率，实现司法公正，我们需要在现实层面展开更多探索。

一、实证考察：认罪认罚从宽案件的抗诉现状

本文以“刑事案由、二审、刑终、认罪认罚具结书、抗诉机关”为检索

① 闵丰锦：《一般不应抗诉：认罪认罚后“毁约”上诉的检察谦抑》，载《河南财经政法大学学报》2020年第3期。

条件，裁判时间范围选定在2018年10月26日至2020年4月30日，在中国裁判文书网上共检索文书158份。为研究认罪认罚从宽的抗诉情况，本文以其中150份有效的二审抗诉裁判书为研究对象，案件涉及全国多个省、自治区、直辖市，各个案由随机分布，样本具有统计意义上的代表性。

（一）抗诉理由集中

通过观察这150份裁判文书，发现该类案件的抗诉理由主要有两个：一是因原审被告人上诉而提起抗诉的案件86件，占认罪认罚从宽抗诉案件的57.33%；二是因原审法院未采纳检察院的量刑建议而提起抗诉的案件50件，占认罪认罚从宽抗诉案件的33.33%。

（二）抗诉裁判结果各异

检察院的主要抗诉理由之一是因原审被告人上诉而抗诉。经法院审理后，这86件案件中，裁定维持原判的有63件；减轻上诉人刑罚的有1件；加重上诉人刑罚的有22件。值得注意的是，这63份维持原判的裁定书中，上诉人在二审阶段申请撤回上诉，检察院亦随即申请撤回抗诉现象的案例就有4件。例如尹某掩饰、隐瞒犯罪所得案①就属于典型的因被告人上诉而抗诉的案件，当被告人撤回上诉，检察院亦随即撤回抗诉。

检察院主要的抗诉理由之二是人民法院未采纳检察院的量刑建议。根据《刑事诉讼法》第201条之规定②，对于认罪认罚案件，除法律规定的五种情形外，人民法院应当采纳检察院的量刑建议。人民法院若认为量刑建议明显不当，也要通知检察院予以更改。我们可以发现，检察院或仅以量刑建议合理提

---

① 详见河南省安阳市中级人民法院（2019）豫05刑终714号刑事裁定书：被告人尹某明知是犯罪所得而帮他人进行掩饰、隐瞒。一审法院适用认罪认罚从宽程序，采纳检察院的量刑建议以掩饰、隐瞒犯罪所得罪判处尹某有期徒刑十个月，并处罚金两万元。一审宣判后，因尹某提出上诉，检察院提起抗诉。二审审理期间，尹某申请撤回上诉，检察院申请撤回抗诉。二审法院认为，原判定罪准确，量刑适当，裁定准许上诉人撤回上诉，准许检察院撤回抗诉。

② 《刑事诉讼法》第201条规定："对于认罪认罚案件，人民法院依法作出判决时，一般应当采纳人民检察院指控的罪名和量刑建议，但有下列情形的除外：（一）被告人的行为不构成犯罪或者不应当追究其刑事责任的；（二）被告人违背意愿认罪认罚的；（三）被告人否认指控的犯罪事实的；（四）起诉指控的罪名与审理认定的罪名不一致的；（五）其他可能影响公正审判的情形。人民法院经审理认为量刑建议明显不当，或者被告人、辩护人对量刑建议提出异议的，人民检察院可以调整量刑建议。人民检察院不调整量刑建议或者调整量刑建议后仍然明显不当的，人民法院应当依法作出判决。"

起抗诉，或以原审法院未按照法律规定的程序通知检察院更改量刑建议为由提起抗诉。法院经审理后，52%的案件裁定维持原判。但是，仍然有48%的案件，因未采纳检察院的量刑建议被抗诉之后，法院或加重或减轻或发回重审。如陈某某容留他人吸毒案①，系因原审法院未采纳检察院的量刑建议而提起抗诉的案件。

（三）案件生效时间冗长

通过分析原审判决未采纳量刑建议而提起抗诉的35个案件②，认罪认罚案件的一审审结的时间大多在20天以内，有的甚至3天审结；因抗诉案件进入二审程序后，案件从立案到结案时间少则48天，多则299天，平均审结天数高达130天。

二、检视探索：检察院滥用抗辩权之弊端分析

（一）以“抗诉”对抗“上诉”的合理性缺失

研究发现，部分抗诉意见有违谦抑和审慎原则，有的检察院单纯因原审被告人上诉而抗诉，其中4个案件③的原审被告人申请撤回上诉后检察院也申请撤回抗诉。也有些检察院在一审认定的事实发生新变化（如一审判决后取得被害人谅解），仍然以原审被告人提起上诉违反具结书为由提起抗诉。④ 可是，原审法院已经基于检察院和被告人之间的合意作出了判决，确认了二者之间的量刑合意，其定罪量刑的基础和结果均没有出现刑事诉讼法规定的“确有错

① 详见贵州省遵义市中级人民法院（2019）黔03刑终644号刑事裁定书：被告人陈某某多次提供处所容留多人吸毒。检察院启动认罪认罚从宽程序，一审法院以容留他人吸毒罪判处陈某某有期徒刑一年，并处罚金两千元。检察院以一审法院未采纳其量刑建议为由提起抗诉。二审法院认为原审判决并无不当，裁定驳回抗诉，维持原判。

② 原审判决未采纳量刑建议而提起抗诉的样本有50个，但因其中15个案件的一审判决书未公开或未注明一审收案时间而无法计算其相关审限，故本文仅统计35个案件的审限情况。

③ 详见北京市第二中级人民法院（2020）京02刑终74号刑事裁定书、广西壮族自治区来宾市中级人民法院（2020）桂13刑终3号刑事裁定书、北京市第二中级人民法院（2019）京02刑终779号刑事裁定书、河南省安阳市中级人民法院（2019）豫05刑终714号刑事裁定书、江西省宜春市中级人民法院（2020）赣09刑终74号刑事裁定书。

④ 详见安徽省蚌埠市中级人民法院（2020）皖03刑终37号刑事判决书、四川省成都市中级人民法院（2019）川01刑终1256号刑事判决书、河北省沧州市中级人民法院（2019）冀09刑终965号刑事判决书、河北省廊坊市中级人民法院（2019）冀10刑终568号刑事判决书。

误”。如果容许检察院在此种情形下提出抗诉，就容易使公众对司法公权力的“出尔反尔”产生怀疑①，法公信危机必将“在劫难逃”。

此外，认罪认罚从宽制度抗诉案件中有很大一部分是由原审被告人上诉引起的，其主要抗诉理由在于：被告人获得量刑优惠之后提起上诉，存在推翻认罪认罚协商协议之嫌。② 故要求对认罪认罚案件予以一审终审的呼声日渐高涨。检察机关与被追诉人两者间关系如同猫和老鼠，协商的结果无法达成合意。二者签署的“量刑合意”亦不具有平等性③，“犯罪嫌疑人、被告人只是通过认罪认罚争取从宽，而不是就定罪量刑进行讨价还价”。④ 法律之所要求被告人签署的是“具结书”而非“协议”也正是出于此种考虑。以“撕毁”具结书，违背契约精神为由，罔顾被告人上诉权提起抗诉的做法，迫使被告人惧怕上诉加刑而放弃上诉的问题愈加突出。无论是认罪认罚从宽案件还是普通刑事案件，保障被告人的上诉权都是《刑事诉讼法》的应有之义，既有域外法律和判决相支撑⑤，也符合刑事二审程序的价值与功能。检察院因追求诉讼经济而迫使被告人放弃基本的上诉权为裁判不公买单，最终会导致刑事裁判偏离实体与程序公正并重的双重目标。

（二）“求刑权”对“审判权”的侵蚀日渐凸显

量刑建议有其特殊的作用和意义，是检察院对其认罪认罚所作出的正式从宽承诺。为了保证检察机关庭审前为认罪认罚从宽所做的努力得到认可，《刑事诉讼法》第201条也对检察机关的量刑建议作出了效力性的规定。在实践中，对于量刑建议精准化的呼声在检察系统日渐高涨，极少检察院仍然采用幅度刑，这种在开庭前就给出精准化量刑建议的做法，事实上剥夺了法官最后的自由裁量空间，因为被告人的真实的、最后的认罪态度只有在庭审过程才有一个直观的感受，否则就是庭审前的预判。从权力性质上来看，量刑建议仍然属

---

① 骆锦勇：《认罪认罚案件的上诉和抗诉问题》，载《人民法院报》2019年8月8日，第6版。

② 颜世征、张楚昊：《认罪认罚案件被告人上诉应对机制》，载《人民检察》2017年第15期。

③ 张建伟：《协同型司法：认罪认罚从宽制度的诉讼类型分析》，载《环球法律评论》2020年第2期。

④ 最高人民法院刑一庭课题组：《刑事诉讼中认罪认罚从宽制度的适用》，载《人民司法》2018年第34期。

⑤ 孙长永：《比较法视野下认罪认罚案件被告人的上诉权》，载《比较法研究》2019年第3期。

于公诉权的范畴，系请求权。[①] 定罪量刑作为审判权的核心内容，又具有专属性。随着检察院因量刑建议未被采纳转而以其监督职能提起抗诉的案件越来越多，求刑权对裁判权的侵蚀必将愈演愈烈。

（三）“抗诉加刑”突破上诉不加刑原则

根据前文分析，有 28 个案件（占比 18.67%），因检察院的抗诉而加重了被告人的刑罚，加刑幅度在 1 个月到 1 年不等。《刑事诉讼法》第 237 条第 2 款规定，对检察院提起抗诉的案件，二审法院可以改判加重上诉人的刑罚。有学者认为，被告人认罪认罚后又上诉导致司法资源二次浪费，为维护司法权威，检察院抗诉可以建议二审法院加重被告人的刑罚，让其承担刑事上的“违约”责任。这种说法是否合理，仍然有待商榷。检察院抗诉可以突破上诉不加刑原则，是为了使那些检察院认为重罪轻判的案件得到纠正。倘若检察院以轻罪重判为由提出抗诉，双方都是站在被告人的立场上予以考量，为了保护被告人的上诉权，法院不应当随意突破该原则的限制。二审抗诉权具有维持司法程序正义和保障被追诉人权益的双重功能，但如果其使用缺乏法理基础，带来的损害比被告人“任意”上诉带来的损害还要更大。

（四）刑事诉讼效率不增反降

因检察院滥用抗诉权导致认罪认罚从宽案件诉讼效率不增反降，与制度设计初衷、立法目的背道而驰。通过分析原审判决未采纳量刑建议而提起抗诉的 35 个案件，滥用抗诉权所带来的弊端日益凸显：一是诉讼时间大幅增加，认罪认罚案件的一审审结的时间大多在 20 天以内，因抗诉案件进入二审程序，案件从立案到结案时间延长到 2 个月以上；二是刑期倒挂风险激增，对于判处拘役或短刑期的被告人，原审判决的刑期已满，二审尚未生效的情况时有发生，出现刑期倒挂的乱象；三是司法资源的投入成倍增加，由于抗诉案件必须开庭审理，法院、检察院、被告人对案件的投入成本亦成倍增加，案件审理时效延长。因滥用抗诉权而造成诉讼效率不降反升的后果，与认罪认罪从宽制度的立法目的渐行渐远。

① 胡云腾：《认罪认罚从宽制度的理解与适用》，人民法院出版社 2018 年版，第 37 页。

三、抽丝剥茧：检察院抗诉权滥用的困境成因分析

（一）刑事审慎与谦抑原则的缺失

我国过去的刑事司法模式，一直是由报应性司法理念所指导，以惩罚犯罪为主，主张“等价的报应”，一般而言，被告人完全处于被追诉、被审判的被动地位。① 协商性司法的被告人不再单纯地等待判决，可以与检察机关达成量刑协议。认罪认罚从宽制度的实行，标志着我国的刑事司法模式由报复性司法走向了协商性司法，检察机关与被告人之间也由对抗走向了合作。摸索中前行的检察机关难免在二者之间穿插徘徊，当被告人合作时，则量刑优惠，协商愉快；当被告人“失信”上诉时，报复性司法所主导的量刑失衡理念使得检察机关愤而抗诉，势必要给予被告人以威慑和惩戒，收回“量刑优惠”。究其根源，还是检察机关缺乏刑事司法的审慎和谦抑，对于国家公权力的使用缺乏敬畏之心。

（二）“检察主导”的控审结构日益失衡

传统的庭审结构是以法院为顶端，控辩双方为两个底端的等腰三角形。② 认罪认罚从宽制度改变了这一传统结构，变成了检察院、法院在顶端，辩方在底端的倒三角结构。那是因为，检察官是认罪认罚从宽程序的启动者、选择者、执行者③，同时也是裁判结果的促成者（在认罪认罚情节的认定和从宽幅度的把握上具有主导权，其提出的量刑建议也对法官的裁判产生实质约束力）。提起抗诉时，检察官又摇身一变，成为诉讼活动的监督者。由此，检察官在认罪认罚从宽制度中的主导地位可见一斑。检察机关提出与“主导地位”对应的“主导责任”，旨在进一步发挥其在推行认罪认罚从宽制度中的诉讼职能。④ 因此，对于被告人“毁约”上诉的，作为程序的启动者和执行者，检察官毅然抗诉；对于量刑建议未被采纳的，作为裁判结果的促成者，检察官掌握

---

① 王林林：《多元刑事司法模式共存语境中的量刑基准研究》，载《政法论坛》2016年第3期。

② 彭振南、彭松林：《警惕钱穆制度陷阱：检察机关在民事诉讼调中查取证的悖论与反思》，载《全国法院第25届学术讨论会获奖论文集：公正司法与行政法实施问题研究（上册）》2014年版，第511－512页。

③ 曹东：《论检察机关在认罪认罚从宽制度中的主导作用》，载《中国刑事法杂志》2019年第3期。

④ 张军：《关于检察工作的若干问题》，载《国家检察官学院学报》2019年第5期。

“尚方宝剑”——《刑事诉讼法》第201条，变身监督者，要求二审法院采纳原公诉机关量刑建议，确认原审判决错误。检察官的这种强势地位，使得其在抗诉权的使用上愈加肆意。

（三）抗诉标准与裁判标准不统一

“以审判为中心”的改革，要求侦查、检察和审判机关对证据的收集、采纳、固定和运用都采用同一证明标准，只有审判机关可以基于侦查机关收集、检察机关提供的大量证据，通过庭审举证质证的方式予以确认。没有经过庭审予以确认的证据不能作为定案依据，因此，侦查机关和检察机关认定证据的标准更多是程序意义上的。① 证据是否“确实、充分”，法院和检察院两院对证明标准的要求不同，一般来说，法院的证明标准要高于检察院，检察机关依据自己的标准评判法院的裁判标准，当二者不一致时，便认为原审判决错误，进而提起抗诉。

（四）量刑建议不能完全满足裁判要求

量刑建议的提出，应当符合严密的计算逻辑和量刑规则。由于检察院在法院进行量刑规范化改革过程中基本上没有实质性的参与，法院和检察院对量刑规范的理解和掌握不够一致，检察院在认罪认罚案件中提出的量刑建议并不能够完全满足法院量刑裁判的要求。在一部分认罪认罚案件中，法院的判决并未采纳检察机关的量刑建议，而是超出了量刑建议的范围，有的量刑建议甚至认定的事实或者罪名出现错误。在法官裁判案件责任终身制的背景下，对案件的裁判结果承担最终责任的是法官而非检察官，如果法官不顾案件具体情况，一律采用检察院的量刑建议，不仅是对当事人的不负责任，也是对自己的不负责任。

（五）抗诉业绩考评机制不合理

刑事二审抗诉率和抗诉支持率是检察院业绩考评机制的重要内容，且其权重较大。检察机关不合理和不科学的业绩考评机制，是认罪认罚从宽制度案件二审抗诉权滥用的另一缘由。

抗诉案件数量及抗诉支持率是检察院彰显其监督能力的重要证明材料，最高人民检察院每年在全国人大上的工作报告中都要汇报前一年抗诉情况，例如

---

① 卢群川、吴海涛：《刑事二审抗诉标准的偏离与回归——以审判为中心语境下抗诉机制的实证分析》，载胡卫烈、韩大元主编：《以审判为中心与审判工作发展——第十一届国家高级检察官论坛》，中国检察出版社2015年版，第102页。

在2019年的工作告中提及："对认为确有错误的刑事裁判提出抗诉8504件，法院已改判、发回重审5244件，同比分别上升7.2%和8.4%"。[①] 在2020年的工作报告再次提及："对认为确有错误的刑事裁判提出抗诉8302件，法院已改判、发回重审4364件。"报告中统计出的这些数据，意在客观表明检察院全面履行法律监督职能并取得显著成效。报告中还提及"去年12月（认罪认罚制度）适用率达83.1%，量刑建议采纳率79.8%；一审服判率96.2%，高出其他刑事案件10.9个百分点"[②]。根据报告内容，我们不难发现，刑事案件的认罪认罚制度适用率极高，一审服判率亦极高，这必然导致绝大多数的案件平稳结案，但抗诉案件数量和支持率的任务却无对应调整，仍然是检察院业绩考核的重要指标，且与各级检察院和检察官利益息息相关，使得检察官为完成有关抗诉率的考核任务而"不得不抗"的局面，于是，相关认罪认罚案件被"无辜"抗诉便不再新奇。

四、路径探索：检察院滥用抗诉权的规制之道

对于认罪认罚从宽案件一审裁判后的上诉问题，有学者提出，正确的做法不是检察院跟进抗诉，而应当借鉴国外的辩诉交易制度，通过法律限制上诉理由，既发挥认罪认罚从宽制度的诉讼经济功能，也保障被告人的正当反悔权。[③] 笔者认为，法律的适用和运行出现问题，不应一味诉诸制定新的法律予以解决，在新法制定之前，应当在现行法律框架下对检察院滥用抗诉权的行为予以规制。具体来说，可以从以下几个方面提供解决思路。

（一）秉持检察谦抑理念

认罪认罚案件大多数针对的是轻微刑事案件，正是因其社会危害性低于普通刑事案件，才可采取速裁程序简易审理。普通刑事案件尚未剥夺被告人的上诉权，举重以明轻，轻微刑事案件的被告人在作出了诉讼权利让步情况下，仅因其签署了具结书，就有剥夺上诉权或者上诉加刑之风险，实在于理于法均不

---

① 最高人民检察院：《2019年最高人民检察院工作报告》，载新华网，http://www.xinhuanet.com/politics/2019－03/19/c_1124253998.htm，2021年7月3日最后访问。

② 最高人民检察院：《2020年最高人民检察院工作报告》，载新华网，http://www.xinhuanet.com/politics/2020lh/2020－05/26/c_1126032040.htm，2021年7月3日最后访问。

③ 张建伟：《协同型司法：认罪认罚从宽制度的诉讼类型分析》，载《环球法律评论》2020年第2期。

合。况且检察机关的《抗诉工作指引》① 也要求抗诉必须符合“确有错误、确有必要”的原则。因此，检察机关应当具备“一般不应抗诉”的审慎和柔性，秉持检察谦抑理念指导抗诉案件，防止对认罪认罚从宽案件滥用抗诉权的问题出现。

（二）建立抗诉协调机制

因检察院对认罪认罚案件提起抗诉的多为轻微刑事案件，一审法院的量刑幅度主要集中在三年以下有期徒刑、拘役或管制。为了真正的提高诉讼效率，防止司法资源的浪费，保证司法公正，笔者认为，针对检察机关提起抗诉的认罪认罚从宽案件，法院可以增设抗诉协调机制，审查检察机关的抗诉理由和抗诉标准是否合理，加强与抗诉机关的沟通，了解其抗诉的真实缘由，杜绝以“抗诉”对抗“上诉”继续现象。具体来说，对于认罪认罚的抗诉案件，法院可以要求检察院出具详细说理的抗诉意见书，并对该意见书进行书面审查，二审法院在收到抗诉意见书之日起 10 日内，与抗诉检察员沟通案件情况，了解诉求，针对一审判决确无错误的案件，可以要求检察机关撤回抗诉；针对有新的事实和证据，可能影响案件裁判结果的抗诉案件，继续审理。如果经过沟通，抗诉机关拒绝撤回抗诉的，法院可以直接裁定抗诉不成立。

（三）统一案件抗诉标准

检察院作为审判监督主体，抗诉的证据认定标准要与审判机关保持一致，检察院只有以审判机关的视角去判案，才能判断审判机关认定证据是否“确实、充分”，这也是“以审判为中心”改革的题中之意。具体来说：在一审阶段，检察院关于证据的规定与审判机关关于证据的规定存在矛盾时，应当以审判机关的裁判标准为准；在抗诉阶段，也应当以审判机关裁判标准作为抗诉标准。

（四）增加量刑建议说理

裁判文书要充分说理现已成为各界共识，只有说理充分的裁判结果，才能更加有效地证明法院判决的公正性。同样，量刑建议也应当进行说理，具体来说，可以对精准型、法定、酌定的从重、从轻情节、社区民意以及刑事政策等

① 2017 年 7 月 4 日日最高人民检察院检察委员会通过的《人民检察院刑事抗诉工作指引》第 3 条、第 14 条、第 17 条规定，办理刑事抗诉案件，应当坚持依法、准确、及时、有效的基本要求，并考虑抗诉的必要性，应当讯问原审被告人，应当制作刑事抗诉案件审查报告。

各方面进行详细说理，对于建议判处管制、缓刑的被告人，由检察机关进行社区矫正调查，并提交书面调查报告；对于应当判处拘役或有期徒刑以上刑罚的，应当参照法院量刑规范化改革，制作量刑建议表格，从而让法官和被告人、辩护人充分了解量刑建议的提出过程、提出依据和量刑幅度，一方面，有利于说服当事人，让当事人感受到量刑建议的适当性和公正性；另一方面，有利于法院了解量刑建议的形成过程和考量因素，审查并采纳量刑建议。当然，倘若法官在审理案件的过程中，仍然认为检察机关的量刑建议不合理，应当在裁判文书中予以回应，使得检察院能够认真审查一审法院不采纳量刑建议的情形和理由，避免草率抗诉。

（五）优化抗诉考评机制

检察机关的客观公正义务是检察制度与生俱来的要求，是检察执法的基本原则之一。① 检察院需理性看待刑事案件抗诉数量与抗诉结果，不能将抗诉作为履行其监督职能的唯一种手段。可以通过提书面纠正意见的方式，探索多元监督渠道。对于认罪认罚被告人上诉亦要适当容忍，对量刑不予采纳的做到一般不应抗诉，保证认罪认罚案件诉讼效益的实现。一是降低抗诉率和抗诉支持率在考核机制中的权重，结合认罪认罚案件整体适用效果予以动态评价；二是建立检察官抗诉责任制，对抗诉准确率低的检察官，予以相处的责任追究，杜绝因工作指标而提起抗诉，真正实现刑事审判监督质量、效率与效果的有机统一。

结　语

法律的生命在于公正的执行和自觉的遵守，对于认罪认罚的被告人而言，应当尊重并保障上诉权顺利行使。对检察院抗诉权的规制，是对案件数量和质量的保障，是对刑事抗诉科学性的要求，使其更好地履行法律监督职能，切实维护司法的公平正义。

（陈明灿 李雅芳 刘晓慧：江西省宜春市中级人民法院）

① 孙谦：《中国检察制度论纲》，人民出版社2004年版，第203页。

在线诉讼视域下刑事证据电子化问题研究

符慧敏

最高人民法院在2016年发布的《关于进一步推进案件繁简分流优化司法资源配置的若干意见》（以下简称《若干意见》）创新了开庭方式，其中第10条规定："对于适用简易程序审理的刑事案件，经当事人同意，可以采用远程视频方式开庭。"2020年，新冠肺炎疫情的出现对防控期间的刑事案件审判工作带来了极大的挑战，导致案件大量的堆积，为了在减少人员流动的前提下对案件进行审理，全国各地的法院不得不借助互联网技术，采取在线诉讼的方式开展远程审判，由此将在线诉讼庭审模式推向了一个新高点。后疫情时代，因在线诉讼可以提高诉讼效率以及"智慧司法"、5G网络的建设为在线诉讼提供了技术动力，在线诉讼具有发展为常态化之势。因此在2021年5月1日最高人民法院颁布了《人民法院在线诉讼规则》（以下简称《在线诉讼规则》，并对刑事在线诉讼的适用范围进行了限制，其中规定刑事速裁程序案件，减刑、假释案件，以及因其他特殊原因不宜线下审理的刑事案件经当事人同意，可以采取在线诉讼方式进行审理，并且规定了兜底条款，由此为刑事证据电子化提供了依据。

一、问题的提出：刑事证据电子化的缘来

在线诉讼呈现出一个多维的空间，打破了其原本相对封闭的场域。在线诉讼表明了庭审的网络化，同时也将促使着证据的数字化，从而通过将证据电子化来实现诉讼效率的提高。在对刑事证据化问题进行探讨时，首先要厘清在线诉讼与证据电子化的关系，并了解刑事证据是如何进行电子化转化的，从而挖掘刑事证据电子化所存在的问题。

（一）在线诉讼与证据电子化的关系

在线诉讼①顾名思义就是利用互联网技术实现全流程在线审理机制，其中最重要的就是实现在线庭审的。有学者指出：“证据制度‘所要解决的核心问题’，是如何保证司法人员能够正确认识案件事实，亦即如何保证其主观认识符合客观实际情况。”② 整个诉讼审理的过程中，无非是围绕证据进行分析、辩论，而在线诉讼亦是如此，其只是审理的方式有所改变，但其与证据之间的关系仍未变动。由于此诉讼模式是由线下改为线上，该诉讼模式强调的是和互联网技术相结合，以期达到人民群众追求公正、高效、便捷、多元解决途径的司法需求。因此在线诉讼若想更深入的推进，其关键在于解决证据的电子化问题。虽然在证据电子化的推动进程中，在线诉讼模式具有不可磨灭的功劳，但是在一定程度上两者之间是相辅相成的。

一方面，在线诉讼模式的网络化依赖于证据的电子化。在线诉讼模式强调的是庭审全流程线上进行，质证是其中最为关键的一个环节，亦是最为烦琐的一个环节。若该环节不能实现电子化，那么法院以及当事人并没有实现效率的提高，在一定程度上还增加了当事人的负担，因此质证环节的电子化必不可少。证据的形式多种多样，若要实现所有的证据都在线上进行质证，那么必然需要将传统的证据形式电子化，如此便可融入在线诉讼模式。另一方面，在线诉讼的兴起推动了证据电子化的发展。在线诉讼兴起之前，电子证据常常是指电子数据，其他的传统实物证据都是将原件提交到法庭，但是在线诉讼适用的案件并非如此，而是将实物证据等通过网络技术将其转化为电子证据，再通过视听运输技术传送到法庭，因此电子证据的内涵得到了扩展。

（二）刑事证据电子化的类型

第一，言词证据的电子化。在线诉讼基本上都是以数字化法庭和视频会议技术为支撑，通过远程异地实时传送声音和图像的方式完成开庭审理。③ 因此控、辩、审三方主体不在同一个空间，需要采用视听传输技术将三方主体归置于同一个数字化的虚拟空间，证人作证以及当事人的陈述不再是面对面进行，而是经过一个媒介转述后展示在屏幕上，人像以及声音都是通过技术设备传输

---

① 在线诉讼是指所有的诉讼阶段实现在线审理机制，但本文重点讨论的是在线诉讼庭审阶段。

② 陈瑞华：《刑事证据法》，北京大学出版社 2019 年版，第 4 页。

③ 潘金贵：《论刑事远程视频庭审规程的构建》，载《法律适用》2019 年第 9 期。

的。证人作证、被害人陈述、被告人陈述等言词证据呈现在法官面前都经过了电子化的处理，看似言词的作出与信息的接收是同步进行的，但是实际上各方主体所接受的图像以及声音业已被后台处理了很多次之后再传送过去的，从某种意义上而言该情况是非同步进行的。言词证据的电子化极大地便捷了当事人，为其节约了时间、金钱，大大地提高了证据调查的效率。但与此同时，该方式的改变对于程序公正的价值追求也提出了新的挑战，集中表现为言词证据电子化对情态证据的减损性。① 电子化所带来的便捷性与证据价值的现实难免碰撞出了火花。

第二，实物证据的电子化。《常州市中级人民法院关于运用远程视频庭审系统进行询问、听证、开庭等事项的管理规定（暂行）》中提到在线证据的交换，当事人可以通过拍照、视频共享或提交电子数据等方式进行。又如《青海省高级人民法院远程视频审理案件指导性操作规程（试行）》中规定对于质证的书证、物证，庭前已进行证据交换的，可在线播放扫描件或照片、视频进行质证；对于当事人当庭提供的新的书证、物证，可通过文件扫描或拍照、录像等方式进行远程传输质证。由此可见选择了在线诉讼，同样就选择了传统证据的电子化，可见其转换方式基本可概括为扫描、拍照、视频录像等方式。2021 年最高人民法院对于物证电子化方式进行了统一规定，《人民法院在线诉讼规则》（以下简称《在线诉讼规则》第 11 条第 2 款规定："当事人可以通过扫描、翻转、转录等方式，将线下的诉讼文书材料或者证据材料作电子化处理后上传至诉讼平台。"如此物证等证据材料通过电子化处理便转化为电子数据的形式，虽物证电子化后变为电子数据的形式，但是其审查判断规则不可一体适用于电子数据的，否则难以满足智慧司法、互联网审判的要求②，因此其审查判断规则的欠缺导致物证电子化如何审查判断成为一个难点问题，除此之外实物证据往往强调最佳证据规则，如此又该如何适应该规则，同样值得深思。

第三，电子数据的电子化。2012 年《刑事诉讼法》修改后将电子数据作为法定证据种类，并在《最高人民法院关于适用〈中华人民共和国刑事诉讼法〉的解释》（以下简称《司法解释》中解释了电子数据具体可概括为电子邮

① 张鸿绪：《论我国远程作证中情态证据的程序保障》，载《政法论丛》2021 年第 4 期。

② 胡铭：《电子数据在刑事证据体系中的定位与审查判断规则》，载《法学研究》2019 年第 2 期。

件、手机短信、电子签名或域名等多种证据形式。但是在实践中，很多时候电子数据被其他证据种类所包含，在质证的时候往往将电子数据转化为书证等传统证据。根据统计，电子数据在法庭生上展示的形式，只有17.01%被明确认定为电子数据，其他被归为书证、勘验笔录等。由此可见，电子数据在庭审上展示时并没有以数据化形式表现出来，而是脱离了其本身的特性，转化为其他证据的形式，与法律上的规定有所冲突。在线诉讼的实施使得电子数据回到原来的轨道上，在庭审上回到电子化的状态，从而进行质证。

（三）刑事在线诉讼证据电子化成效及存在的问题

刑事在线诉讼对证据电子化具有高度依赖性，其所提高的诉讼效率在一定程度上是通过证据电子化为其实现的。证据电子化在很大程度上可以提高证人的出庭率，虽然在2012年《刑事诉讼法》的修改增加了要求证人出庭作证，但是并没有改变我国证人出庭率低的现状，在线诉讼的实施可以让证人异地进行作证，节约了时间和金钱成本。同时也节约了司法资源，被告人也可以不用押送到庭审现场，降低了押送风险。证据的电子化还可以通过技术的操作对证据进行鉴定，比如法官很难对电子数据进行审查，通过技术对电子证据的真实性、完整性进行审查，由此可以降低错误认定的风险。

对证据电子化的转化进行审视，发现其可能具备以下问题：（1）传统证据进行电子化转化后，那么传统证据形式所具备的特性，在转化过程中可能就会被消灭；（2）证据形式电子化后如何适用证据规则以及证据原则；（3）证据材料电子化后就简单地上传到诉讼平台，其安全性难以保障，很难有法院具备一个健全的线上证据材料存储系统；（4）目前法院之间在线诉讼设备参差不齐，法院在展示证据的时候，设备技术的欠缺会导致线上证据展示的效果达不到，由此不利于庭审的顺利进行；（5）在线诉讼还会导致法官很难收集被告人、证人等的情态证据，由于拍摄角度以及视频屏幕的限制导致法官很难整体观察在场的当事人等。

二、价值冲突：刑事证据电子化面临挑战

证据其本身的价值在于发现事实真相，防止冤假错案的发生，维护程序的正义以及保障庭审的公平，刑事证据的电子化加强了效率这一程序价值，但是对证据学的基础理论带来了碰撞以及给庭审实践带来了挑战。

（一）理论层面的挑战

1. 对直接言词原则的碰撞

直接言辞原则是由“直接审理原则”和“言词审理原则”组合而成的基本原则，其要求诉讼各方亲自到庭出席审判，法官的裁决须建立在法庭调查和辩论的基础上，而不得以控诉方提交的书面卷宗材料作为法庭裁判的根据。① 该原则强调的是“亲历性”以及“直接接触”，传统庭审模式是在同一个物理空间内，“面对面”进行审理，但是在线诉讼利用网络技术以实时影音交互的形式进行诉讼活动，打破了在场的亲历性。

一方面，口供远程传输影响法官审判的效果。刑事案件的在线诉讼是同步进行的，被告人、证人等采取视听传输技术的方式进行口头陈述，有学者认为直接言词原则的本质强调的是当面陈述和口头陈述，而不是被告人、证人等亲自到法庭，因此言词证据的电子化并没有突破直接言词原则。② 但是直接言词原则中强调的不只是庭审的进行应当以言词陈述的方式，而是其背后的审判原理。线下面对面审理的时候，法官所接收到的并不只是内容信息，它还可以通过陈述者的肢体动作、面部表情、语音语调等对于陈述内容的真实性进行更加准确的判断。③ 只有证人、被害人出庭作证，法官才能对其进行“察言观色”。《周礼 · 秋官 · 小司寇》中记载到：“以五声听狱讼，求民情，一曰辞听；二曰色听；三曰气听；四曰耳听；五曰目听。”可见在西周时代司法官吏就懂得通过“五听”观察当事人的心理活动，其对于查明案件真相具有重要的作用。空间上近距离“脸对脸”“眼对眼”，往往是法院有效捕捉情态证据的关键。④ 而在线诉讼的进行需要依赖网络媒介，通过同步传输技术，镜头根据发言人随时切换，但是因为拍摄的角度及显示设备的局限性，法官无法整体地观察诉讼参与人，对捕捉情态证据也造成了直接的减损。⑤ 除此之外，在线诉讼被告人、证人、被害人等的陈述环境欠缺严肃性，将会导致法官对庭审的控制力有所减弱，从而影响法官对案件的审判以及对证人等出庭作证制度造成冲击。

---

① 陈瑞华：《刑事证据法》，北京大学出版社 2019 年版，第 66 页。

② 潘金贵：《论刑事远程视频庭审规程的构建》，载《法律适用》2019 年第 9 期。

③ 陶杨：《互联网法院异步审理模式与直接言词原则的冲突与协调》，载《法律适用》2021 年第 6 期。

④ 张鸿绪：《论我国远程作证中情态证据的程序保障》载《政法论丛》2021 年第 4 期。

⑤ 方斌：《远程审判及其法律规制》，载《河南警察学院学报》2016 年第 1 期。

"去现场化"辩论削弱了当事人充分表达的权利。直接言词原则的真正意旨是当事人享有在审判现场直接与诉讼程序并充分表达意见的权利。① 刑事诉讼中对于传统的线下诉讼特别强调被告人的在场权利，而线上诉讼直接将被告人等当事人"去现场化"，各自处于自己所在的物理空间，通过电脑屏幕或者手持移动电子终端设备接收到音频和图像，视频图像反复切换。被告人与公诉人辩论以及质证询问时，相互之间无法直面接触式的交锋，其辩论效果会极大的因为无法真实感受对方的细微情态而有所削弱。除此之外，因为缺少庭审现场的仪式感以及严肃性，当事人之间可能会缺乏一种内心的心理压制，其辩论时发挥的效果因为缺乏一种身临其境的环境导致其激烈程度有所减损。因此线下诉讼的剧场性效果是线上诉讼难以形成的，当事人在线上无法感受到线下的效果，其对表述效果的削弱难以逆转。

2. 对证据规则的冲击

有学者认为："证据所要考虑的首要问题不是案件事实真相能否得到准确揭示的问题，而是事实真相应通过什么样的途径和手段得到揭示，也就是发现事实真相所采用的方式如何具备正当性、人道性和公正性的问题。"② 在线诉讼的审判模式直接对传统诉讼规则进行了冲击，其中就包括证据规则，正如上文所说，证据的首要价值并不是在于寻找真相而是在于维护程序的正当、公正，惩罚犯罪的同时，也要保障无辜的人免受刑事诉讼的惩罚。在线诉讼采取线上质证、交换证据等，颠覆了以往的模式，其对证据规则带来了不小的冲击，但更重要的是在于对证据本身价值的冲击。

第一，对最佳证据规则的冲击。刑事案件本身对于证据的要求就非常严格，其中规定物证、书证需要提交原件。在线诉讼模式中当事人通过将证据材料转化为电子证据后再上传至诉讼平台。当需要原件、原物时才要求当事人提供原件、原物。有学者提出，最佳证据规则不适用于电子数据，其认为传统实物证据通过严格限制复制件、复制品的证明力而保证证据的真实性，电子数据的真实性靠技术方法解决。③ 而当传统的实物证据电子化后，其所呈现的形式正是数据化，某种意义上来说证据电子化后也是属于电子数据，那么实物证据

---

① 段厚省：《远程审判的双重张力》，载《东方法学》2019 年第 4 期。

② 陈瑞华：《刑事证据法》，北京大学出版社 2019 年版，第 6 页。

③ 奚玮：《我国电子数据证据制度的若干反思》，载《中国刑事法杂志》2020 年第 6 期。

的这种表现形式还能适用最佳证据规则吗？除此之外，实物证据强调限制对其进行复制、转述，在线诉讼模式将实物证据进行扫描、翻拍、转录之后转化为电子数据，在复制、转述的同时也赋予了实物证据的“可再生性”，直接对最佳证据规则进行了碰撞，打破了实物证据限制复制、转述的壁垒。在线诉讼要求实物证据电子化的同时，如果再提交原件、原物，如此操作就违背了在线诉讼的初衷，其所带来的便利性就会被消减，可能会加重当事人的负担，但是不提交原件又违背了最佳证据规则，两者之间的冲突值得深入探究。

第二，对非法证据排除规则的冲击。随着对人权保障的强调，刑事诉讼法在修改的过程中不断加入对人权保障的规则、措施等，其中最具有代表性的就是 2012 年《刑事诉讼法》修改中增加的非法证据排除规则，其目的在于限制国家公权力的滥用，保护诉讼参与人的权利。法律规定对于非法取得的言词证据采取绝对排除，而对于非法收取的实物证据采取的是限制性排除，只有在不能补正或者作出合理解释的时候，才对该证据予以排除。刑事诉讼法在强调实体真实的同时，也在注重程序正义，刑事证据最终的价值之一就是维护司法的公正。当刑事案件采取在线诉讼模式，刑事证据电子化后，所有的证据相当于属于电子证据①，那么转化的言词证据以及实物证据该如何适用非法证据排除规则？那么数据化的证据可以适用电子数据的非法证据排除规则吗？

2021 年《刑事诉讼法》规定了电子数据的非法证据排除规则，其中第 113 条②规定了电子数据具有瑕疵时采取相对的排除，并在第 114 条③中规定了不得作为定案根据的情形。在证据电子化之前，已经对传统的证据形式进行了非法证据的排除；当在证据电子化之后，法官在审理的时候，发现证据在转化的过程中，司法人员对案件进行了篡改或者程序不合法，导致电子证据出现

---

① 电子证据可分为狭义的电子证据和广义的电子证据，狭义的电子证据主要是指电子数据；而广义的电子证据是指电子数据以及传统证据电子化后两者的总称。本文中出现的电子证据主要指广义的电子证据。

② 《刑事诉讼法》第 113 条：“电子数据的收集、提取程序有下列瑕疵，经补正或者作出合理解释的，可以采用；不能补正或者作出合理解释的，不得作为定案的根据：（一）未以封存状态移送的；（二）笔录或者清单上没有调查人员或者侦查人员、电子数据持有人、提供人、见证人签名或者盖章的；（三）对电子数据的名称、类别、格式等注明不清的；（四）有其他瑕疵的。”

③ 《刑事诉讼法》第 114 条：“电子数据具有下列情形之一的，不得作为定案的根据：（一）系篡改、伪造或者无法确定真伪的；（二）有增加、删除、修改等情形，影响电子数据真实性的；（三）其他无法保证电子数据真实性的情形。”

瑕疵或者不合法等情形，法官应当根据《刑事诉讼法》第 113 条以及第 114 条的规定对非法的电子证据进行排除，不得作为定案的根据。

3. 对认定、审查规则的挑战

刑事诉讼涉及对当事人的财产、人身自由甚至是生命的剥夺，因此刑事证据的认定相当严格，且其证明标准要求比较高，如果要定罪则需要达到证据确实、充分。当案件采取线上诉讼模式时，证据电子化后使得传统证据改头换面，证据形式的改变对证据证明力的审查判断带来了新的困难和挑战，以及由此带来的影响是证据电子化模式下刑事证据的证明标准该如何保障，能不能达到较高的证明标准，以上问题都是刑事证据电子化后有待讨论的。

第一，刑事证据电子化后认定审查的重点。刑事证据具有三大属性，即真实性、合法性、关联性，在传统模式下对于证据的审查就是对该三大属性进行判断，但是在电子化状态下，合法性与关联性的认定其围绕的中心都是真实性。因此，在证据电子化后证据审查的重点有所转移。证据电子化后就具备了“可复制性”，再上传到网络系统中，增加了伪造的可能，以及面对电子证据时我们无法通过肉眼来判断该证据是否是真实的、有没有被改动。因此对于上传系统后的电子证据进行真实性审查便很有必要。除此之外，电子证据具有其本身的特殊性，因此其在审查的时候具有一个独特的属性，即电子证据的完整性。电子证据的完整性直接影响其真实性，有学者认为其完整性认定所面临的困难在本质上是科技发展的无限性和法律规定的有限性之间的冲突。① 有时候可能对于证据的真实性没有争议，但是其完整性却有所欠缺，科技的发展使得篡改电子数据更加容易以及更加具有无痕性，反观法律对此的规制却是具有局限性的，因此两者之间存在的矛盾将会“肩并肩”的存在。

第二，刑事证据电子化后对证明标准的影响。在线诉讼模式开启后，我们常常思考一个问题，即在线诉讼模式下的这种电子化方式能够达到如此高的证明标准吗？即证据确实、充分。② 证据的作用一方面在于帮助寻找案件的真相，另一方面在于保障无辜的人免受刑事惩罚。证明标准的设定在一定程度上体现惩罚犯罪与保障人权的平衡，如果太低则很可能导致冤假错案，如果太高

---

① 樊崇义：《论我国刑事诉讼电子证据规则》，载《证据科学》2015 年第 5 期。

② 证据确实、充分，应当符合以下条件：（一）定罪量刑的事实都有证据证明；（二）据以定案的证据均经法定程序查证属实；（三）综合全案证据，对所认定事实已排除合理怀疑。

则不利于惩罚犯罪。证据电子化后对于其认定审查明显增加了一些挑战，难度在原来的基础上有所增加，因此在认定、审查的时候，对于其证明标准的实现具有一定的影响。

最高人民法院、最高人民检察院、公安部发布的《关于办理刑事案件收集提取和审查判断电子数据若干问题的规定》（以下简称《电子数据审查规定》）中规定以数字化形式记载的证人证言等言词证据，不属于电子数据，但是确有必要的，对证据的审查可以适用该规定。① 该规定只是强调言词证据转化后不属于电子数据，并且规定了言词证据在一定条件下，可以适用电子数据的审查规则，由此可见《电子数据审查规定》给予了转化后的实物证据和言词证据一定的适用空间。

（二）实践层面的挑战

1. 技术性要素的欠缺

在线诉讼需要技术的支持，而证据的电子化转换对设备系统的需要毋庸置疑，有设备的支持可以满足当事人、证人以及法官庭审的需要，可以保障庭审顺利并高质量的完成，但是这对技术的要求同样很高，为了保证庭审的同步性，设备必须具备即时性功能；为了保证庭审的观看性，设备必须具备清晰稳定的视听传输功能。除了要求法院具备以上条件，庭外的当事人、证人也应当具备这些条件，任何一方缺乏技术支持都会影响整体的庭审效果。

此外，传统证据形式电子化后，需要一定的储存系统对其真实性、完整性进行保障，要防止黑客以及内部人员对电子证据进行篡改或者删除。而目前我国东、中、西部地区经济发展不均衡，在科学技术方面亦是如此。北京、上海、广州等发达的城市借助新技术和智慧司法的研究成果构建了较为完善的在线诉讼系统，其在证据储存这一块的技术也较为完善，比如在民事诉讼中采取哈希值校验、区块链等技术手段保障存证过程。同样，在线诉讼离不开网络的支持。2019 年 7 月 25 号，深圳市宝安法院首先采取 5G 技术进行庭审直播，该技术具备高速度、大宽带、低时延、大连接、高频传输等优点。5G 技术的发展为在线诉讼的前进提供了新的契机。目前我国在线诉讼中频繁出现的一个

---

① 《关于办理刑事案件收集提取和审查判断电子数据若干问题的规定》第 1 条第 3 款："以数字化形式记载的证人证言、被害人陈述以及犯罪嫌疑人、被告人供述和辩解等证据，不属于电子数据。确有必要的，对相关证据的收集、提取、移送、审查，可以参照适用本规定。"

问题就是网络导致的卡顿，由此使得庭外的人有机可乘干涉庭审。同时，由于有时在线诉讼中被告人是通过网络信息系统传输的视频来对证据进行辨认，那么网络的稳定性将会对被告人的质证产生很大的影响，如果网络的不流畅很可能导致被告人不能很好地辨认证据，降低其质证能力。①

2. 对庭审效果的削弱

在线诉讼审理模式虽然控、辩、审三方都在场，但是三者都在一个虚拟的环境中，缺少“面对面”直接的接触，因此存在着弱化控辩对抗性的可能。线下审理模式在于强调控辩双方正面的交锋，但在在线诉讼模式中很难达到正面辩论的效果。再者在线诉讼全靠视听传输技术进行，法官对人证的情态掌控有所减弱，要知道情态证据的出现可能就那么几秒，稍纵即逝。而“面对面”近距离观察是收集这些信息的关键，而在线诉讼庭审时采取的是多屏显示，由此导致法官很难整体地观察人证。并且人证的表情、神态、情绪等细节很容易因为拍摄角度的问题以及光线的影响导致法官难以捕捉。再加上因为技术的问题导致实物证据的清晰度有所欠缺，法官可能因为受其影响从而降低证据审查的效果，以及网络导致的卡顿可能也会削弱庭审的效果。以上种种原因导致在线诉讼的庭审实质化得不到保障，降低了其庭审的质量。

三、路径完善：刑事证据电子化适用之建议

新冠肺炎疫情的出现，使得在线诉讼审理模式遍地开花，远程庭审其最大的作用在于提高了诉讼效率，与此同时证据电子化过程也呈现了一定的复杂性。虽然证据电子化的转化提高了诉讼效率，但是也产生了对证据基础性理论的碰撞。可通过采取限制在线诉讼审理的案件范围、赋予证据原则以及证据规则新的内涵等措施来弥合在线诉讼审理模式对证据价值带来的冲突。

（一）规范刑事案件适用在线诉讼模式的范围

在《最高人民法院关于新冠肺炎疫情防控期间加强和规范在线诉讼工作的通知》（以下简称《在线诉讼通知》）中对刑事案件适用在线诉讼的范围进行了限制，其中规定对适用简易程序、速裁程序的简单刑事案件、认罪认罚从宽案件，以及妨害疫情防控的刑事案件，可以探索采取远程视频方式开庭。在《在线诉讼规则》中同样规定刑事速裁程序案件，减刑、假释案件，以及因其

---

① 郑莉：《E－Court 模式下简易程序刑事案件远程审判程序》，载《西南民族大学学报》2019 年第 10 期。

他特殊原因不宜线下审理的刑事案件可以适用在线诉讼。由此可见，对刑事案件进行限制适用是采取在线诉讼的第一步，同样也是保障证据公正审查的第一步。

在线进行认证、质证，前文笔者也讨论到传统证据电子化后对证据的基本理念带来了冲击。除此之外，在线诉讼如果审理复杂的案件，且该案证据较多，那么也很难保证案件公正地审理。因此对于证据较多的复杂案件，需要在线下进行举证、质证、辩论，这样才能保障刑事证据电子化合理适用于在线诉讼程序中。虽然目前的新冠肺炎疫情防控得到了控制，但是还有很多地方出现反复，有时基于疫情的原因对适用范围进行扩大是存在合理性的。但笔者认为其主要的适用范围还是得严格限制在简单刑事案件中。在《在线诉讼通知》中对适用简易程序以及速裁程序的案件加了前提条件，即简单刑事案件，但在认罪认罚从宽案件中并没有加上这个条件，众所周知认罪认罚从宽案件适用于所有的刑事案件，有时候虽然被追诉人认罪认罚了，但是也不能代表这就是一个简单的刑事案件，其中难免会存在证据较多、被告人较多以及刑期在十年以上的案件，因此对于适用认罪认罚从宽案件应当加以限制。① 在线诉讼审理模式同样只适用于认罪认罚从宽案件中比较简单的案件。当网络技术以及法律规制都到达较高水平时，当其可以满足证据电子化时，刑事案件适用在线诉讼的范围还可再次扩展。

（二）赋予证据原则以及证据规则新的内涵

证据电子化后对证据原则以及证据规则产生碰撞的根本原因在于新事物与旧规则之间的矛盾。因此为了迎合新事物，应当赋予证据原则以及证据规则新的内涵。第一，对于直接言词原则的解释不仅仅停留在同一物理空间上的"面对面"，还应当指时空上的"面对面"。其实有些学者认为远程的庭审模式并未突破直接言词原则，其认为直接言词原则强调的是当面陈述和口头陈述。② 笔者在前文对此进行了分析，在笔者看来直接言词原则除了当面陈述和口头陈述，还注重于"面对面"的接触，新庭审模式的出现多多少少对直接言词原则有所碰撞，因此需要赋予直接言词原则新的内涵。

---

① 谢小剑、张曼莉：《新冠肺炎防控期间刑事案件在线庭审的发展与完善》，载《政法学刊》2020 年第 4 期。

② 潘金贵：《论刑事远程视频庭审规程的构建》，载《法律适用》2019 年第 9 期。

第二，对于最佳证据规则，有学者认为最佳证据规则不适用于电子证据①，在线诉讼出现之前，电子证据主要指的是电子数据，其认为电子数据的审查靠技术方法解决，并不需要最佳证据规则来保证证据的真实性，笔者认为电子证据也需要最佳证据规则来保障其真实性，比如审查电子数据是不是原始的数据，原始的数据具有更强的证明力。并且可以规定电子证据推定为原始证据，比如在《在线诉讼规则》中第 13 条②中规定了推定原则，即当事人提交的电子化材料，符合一定的情形，人民法院可以认定符合原件、原物形式要求。而对于实物证据电子化后，可以采取提交原件或者对于转化后的证据进行推定原则。

第三，对于非法证据排除规则而言，证据形式的转化并未对其进行太大的冲击，但是有一点值得的注意，《司法解释》中对于电子数据的排除规则适用并没有详细区分实物证据还是言词，比如规定电子证据所承载的内容为主观性质的言词证据，应当严格排除；如果所载内容为实物证据，则采取可以补正的排除规则。③ 刑事案件中证据的作用之一在于保障当事人的权利不受公权力的侵害，因此相较于其他诉讼，刑事诉讼中必须要对非法证据排除规则进行规定，在线诉讼模式中也必不可少。

（三）构建刑事电子证据的审查采信规则

刑事电子证据的审查采信规则就是建立一套如何鉴定电子证据真伪的规则。对于电子证据的审查，对其真实性的鉴定毫无疑问是重中之重，但是除此之外对其他属性进行审查也是必要的。电子证据除了具备合法性、真实性、关联性外，还应当具备完整性，因此为了对电子证据进行审查，应当为电子证据的属性添上完整性。如此设置的原因在于电子证据具备极强的复制性以及可篡改性，对其完整性进行审查可以保障其真实性。

电子证据分为传统实物证据转化的电子证据以及本身就是电子证据的

---

① 奚玮：《我国电子数据证据制度的若干反思》，载《中国刑事法杂志》2020 年第 6 期。

② 《在线诉讼规则》第 13 条："当事人提交的电子化证据，符合下列情形之一的，人民法院可以认定符合原件、原物形式要求：（一）对方当事人对电子化材料与原件、原物的一致性未提出异议的；（二）电子化材料形成过程已经经过公证机构公证的；（三）电子化材料已在诉讼中提交并经人民法院确认的；（四）电子化材料已通过或者线下方式与原件、原物对比一致的；（五）有其他证据证明电子化材料与原件、原物一致的。"

③ 周新：《刑事电子证据认证规范之研究》，载《法学评论》2017 年第 6 期。

电子数据，对于实物证据的电子化证据其实相对来说比较容易对其进行审查，可以对其完整性进行审查，采用技术措施对电子证据进行检测。如若审查比较复杂，可以采取提交原件实物证据的方法，如此操作看似违背了在线诉讼审理的原理，但是在效率与公正的选择上来说，公正的价值取向是前提，效率只是在保障公正的提前下的兼顾。相较于实物电子证据而言，电子数据的审查较为困难，比如电子数据本身就具备复制性，其本身就是通过信息数字化形成的，因此具有易变性。除此之外，根据《在线诉讼规则》的规定，目前对电子数据的审查主要停留在真实性方面，忽视了正当程序的审查，比如侦查人员因侵犯相关人员隐私权而收集的电子数据应如何处理，对电子证据的审查重点往往侧重于真实性，而对于其合法性的审查相对较弱。对于合法性的侵犯往往就是对公民基本权利的侵害，因此其审查的方式应当采取的是一种较为平衡的模式，对电子证据的四性都应当认真地审查，并对违反情况制定相对应的措施。

（四）技术手段的保障

刑事证据电子化需要网络技术的支持，目前我国最快的网络技术就是“5G”网络，但是就发展情况来看，实现“5G”技术的全覆盖不是一朝一夕就可完成的，因此迫于现实的情况，让在线诉讼都采取最先进的网络技术保障庭审的顺利进行是不大可能的。但是为了极大地保障在线诉讼中证据展示的效果，可以制定最好的技术标准。

刑事证据电子化存在的问题之一在于如何保障其在上传系统后的真实性和完整性。笔者认为可以参照民事在线诉讼中对证据的储存，即采用区块链技术对其进行存储。因为区块链网络是多个节点，所有节点记录的数据都是一致的，无法单独修改，发现一个节点改变，那么电子证据的真实性就会受到质疑。近年来，我国人民法院也积极地参与到区块链存证方面的建设中，就目前研究而言，区块链技术更多运用在民事数据的存证上，笔者认为为了保证刑事电子证据上传平台后的真实性，也可适当地运用区块链存证技术。

结　语

总而言之，随着在线诉讼的不断发展，其诉讼规则也将会不断完善，虽然目前刑事案件中都是一些比较简单的案件进行线上诉讼，其在证据电子化转化方面似乎不会产生很大的影响，但是谁也无法保证未来在线诉讼的案件适用范围会如何发展，因此对相关证据规则进行规制也是必不可少的。就目前而言，

《在线诉讼规则》中对于刑事案件如何适用在线诉讼的规定少之又少，对于证据方面的规定更是凤毛麟角，完善对刑事电子证据的适用规范还是具有研究价值的，对此进行研究是一种前瞻性的探索。

（符慧敏：湘潭大学法学院）

论大数据分析报告的相关性与可信性

——以审查判断为中心

洪　涛

当下，大数据技术被广泛应用于各个领域，给传统的社会生活方式带来了巨大变革，正引领着一个新时代的到来。具体到司法活动，数据司法成为学术研究和实践探索的高地，法学家们开始走出“纯粹法”领域，试图借助新兴科技力量实现法律应用的又一次升华。其中，证据领域反应尤为明显，而这主要源于大数据技术极大程度地强化了人的认知能力，从因果关系迈入了相关关系的视阈。基于海量数据的分析报告成为诸多案件的关键性证据，对案件事实的认定起着举足轻重的作用。例如，李君友等组织、领导传销活动案中，通过对“永丰有机项目平台”的鉴定分析，发现该传销组织共有22级，使用会员投资款共计26380000元，李君友、王荣美作为公司所有人，对会员缴纳的投资款具有支配使用权，占据了“永丰有机项目平台”网格结构中的一至四级会员位置，是传销网络的最高层级。① 再如，北京趣拿信息技术有限公司与广州市去哪信息技术有限公司不正当竞争纠纷案中，原告北京趣拿信息技术有限公司通过百度指数查询qunar和quna的指数对比情况，并用以证明被告的域名网址不正当地借助了原告域外网址的知名度，构成了侵权。②

然而，与司法实践的广泛需求相比，大数据分析报告的理论研究有所滞后，在如何有效开展审查判断上多是蜻蜓点水，已经妨碍证明价值的充分实

① 山东省济南市中级人民法院（2017）鲁01刑终88号刑事裁定书。

② 原告提交的百度指数显示，被告网址（quna）的百度指数剧增正是在原告（qunar）大量宣传知名度增加的时间段。参见北京趣拿信息技术有限公司与广州市去哪信息技术有限公司不正当竞争纠纷案，（2013）粤高法民三终字第565号。

现。目前，理论研究的问题集中在两个方面：其一，文献资料数量少，很多问题没有充分论证和辩驳。虽然“大数据” +“法律”的文献很多，但其中大部分是讨论大数据法治，而非大数据分析报告。其二，已有的文献，主要关注大数据分析报告能否作为证据使用、属于什么类型的法定证据，未能有效回应实践需求。有鉴于此，笔者从大数据分析报告的实践困惑入手，以审查判断为中心，对其相关性与可信性展开探究，以期为大数据分析报告的司法适用提供指引，助力案件事实的正确认定。实际上，证据资格研究从不是最终目的，如何通过审查判断，使得各方诉讼主体尤其是法官将其用以案件事实的认定才是关键。考虑到合法性属于证据的法律属性，内容自成体系且较为庞大，“相关性”和“可信性”属于证据的自然属性，与证据本身的特点更紧密，因而本文只聚焦于后者，“合法性”问题将另文研析。

一、大数据分析报告的特征厘定

什么是大数据分析报告，其具备何种特征？这是有效开展审查判断并将其用以案件事实证明的首要问题。对此，学界展开了热烈讨论，出现了电子证据说、[①] 特殊书证说、[②] 鉴定意见说[③]等观点，而此过程中达成了几点共识，同时也明确了几处争议。笔者认为，明确大数据分析报告的证据属性固然重要，但首先应从内在机制进行解构并厘定其特征，如此方能找好分析报告的法律定位，进而展开有效的审查判断，实现其证明价值。大数据分析报告，是大数据证据最为常见的一种表现形式，是指建立在海量电子数据之上，通过数据挖掘、模型建构等技术增值，得到的分析报告。典型的大数据分析报告有资金流水报告、传销组织人员级别模型等，这些报告已经普遍在司法活动中使用。如

---

① 有观点认为大数据证据本质上属于电子数据，分析报告是对电子数据的反映，依附于电子数据，不具有独立性，属于衍生品。如张佳雄等走私、贩卖、运输、制造毒品案（［2017］苏刑终135号）中，控方就提交了通过警务大数据平台得到的车辆大数据、截图。

② 胡铭教授认为，大数据集本身构成电子数据，而大数据报告构成一种特殊类型的书证。（参见胡铭、龚中航：《大数据侦查的基本定位与法律规制》，载《浙江社会科学》2019年第12期。）

③ 刘品新教授认为，大数据证据是基于海量电子数据形成的分析结果或报告，将其纳入鉴定意见之列，既具有形式上 的亲缘性、可比性，也满足司法追求经济性的原则，司法人员可以相对容易地援引鉴定意见的审查判断规则去处理大数据证据的效力。（参见刘品新：《论大数据证据》，载《环球法律评论》2019年第1期。）

一起虚开增值税发票案中，侦查机关利用大数据技术对涉案的资金流水进行了加工和分析，在短时间内形成了资金流动的分析报告，清楚地显示了涉案资金的来源和去向，为法院的量刑裁判提供了证据支撑。①

从内在机制来看，大数据分析报告由三部分组成：海量基础数据、算法模型、分析结果，其中分析结果通常以报告形式呈现，所以也有学者将大数据分析报告特定为分析结果，从这个角度而言，笔者所谓的大数据分析报告也可称为大数据证据。关于大数据分析报告的组成部分，学界已经达成了共识，并作为理论研究的基础知识。而特征的厘定，需要结合组成部分作进一步论述，具体如下：首先，大数据分析报告的基础是海量电子数据，表现为数据规模大、数据类型多、数据信息海量。这与大数据本身内涵密切相关，麦肯锡作为大数据行业的顶尖公司就将大数据界定为体量超过了典型数据库软件工具捕获、存储、管理和分析数据能力的数据集。② 实际上，因为数据体量过大，司法办案人员无法以人工方式完成信息提炼。以 e 租宝一案为例，该案涉及 4000 多家银行，几十亿条交易流水，全案的数据量达到 30TB 左右。③ 如此庞大的数据，如果仅以人工方式进行筛选和识别，一方面需要耗费巨大的司法资源，另一方面还要承担归纳遗漏的风险。刘品新教授也指出："相比早期一条一条的电子数据而言，大数据证据则以数据量大为新特色。"④

其次，基础数据除了量"大"之外，单个价值通常较低，呈现非结构化的特点。从调查了解来看，相比于数据量大，基础数据的平均价值低、真假混杂更为困扰实务人员，这是因为仅靠人工筛选无法从整体上审视数据集，导致潜在规律和信息难以被成功挖掘。例如，近年来各地法院推出智慧执行系统，通过大数据技术分析被执行人的履行能力，进而破解执行难的问题。智慧执行系统分析得出的报告，正是基于海量价值低的数据，如一次乘坐记录、一次就餐记录等，这些数据以往很难用以证明被执行人的履行能力，但在大数据技术的分析下，它们被有效地利用了起来。

最后，大数据分析报告不是将海量数据进行简单罗列，而是对这些海量数

① 何家弘、邓昌智等：《大数据侦查给证据法带来的挑战》，载《人民检察》2018 年第 1 期。

② 元轶：《大数据证据二元实物证据属性及客观校验标准》，载《山西大学学报（哲学社会科学版）》2021 年第 5 期。

③ 北京市第一中级人民法院（2016）京 01 刑初 140 号一审刑事判决书。

④ 刘品新：《论大数据证据》，载《环球法律评论》2019 年第 1 期。

据进一步加工，使其产生附加价值。如果只是将海量数据简单罗列或者将关键词筛选归类，然后作出的统计结果，并不是真正的大数据分析报告。只有当生成了附加价值，挖掘出海量数据中的隐藏规律，在看似不相关事件间搭建起联系时，此时的分析报告才是真正的大数据分析报告。例如在经济犯罪中，将被告人多笔非法交易的金额相加得出的报告并不是大数据分析报告，而只有通过算法模型把以上数据去重复、分类别、建模型之后得出的报告，才属于证据意义上的大数据分析报告。有学者同样认为，依托互联网络应用背景而作出的简单数量统计，并非真正意义上的“大数据证据”。① 更有学者明确指出，大数据的运用必须产生增值价值，仅是数据的大，与普遍的电子数据无异。②

综上，笔者认为将大数据分析报告试图归入法定证据种类的做法，属于误入歧途，没有准确地把握住以上特征，以至于付出了诸多努力但仍未能收获实效。具言之，与电子数据相比，大数据分析报告不是案件发生过程中形成的，而是对基础数据事后加工得到的，不具备同步性；与书证相比，大数据分析报告内在机制是“三位一体”的，书证的审查规则充其量用于分析结果，而无力延展至基础数据与算法模型；与鉴定意见相比，大数据分析报告没有统一的制作资质和标准，不属于法律承认的“四大类鉴定”。③ 少数学者认识到了现有法定证据种类的僵化性，在界定大数据分析报告上另辟蹊径，如张建伟教授主张，将大数据分析报告单列出来作为独立的证据种类。④ 又如，元轶教授主张，放弃法定证据分类，采用学理分类，将大数据分析报告作为实物证据（电子数据）的运用形式对待。⑤ 在笔者看来，大数据分析报告的属性界定需要跳出法定证据的藩篱，但以上做法并不妥当：其一，将大数据证据独立为一种新的证据形式，并没有解决问题，而是逃避了问题。其二，我国的审查判断规则没有落脚于学理分类，将大数据分析报告作为实物证据的运用形式处理，对个案的审查判断并无助益，而且证据运用形式的说法，显然忽略了分析报告

---

① 罗文华：《大数据证据之实践与思考》，载《中国刑事警察》2019 年第 5 期。

② 谢君泽：《论大数据证明》，载《中国刑事法杂志》2020 年第 2 期。

③ “四大类”是指法医类、物证类、声像资料和环境损害类。

④ 何家弘、邓昌智、张桂勇等：《大数据侦查给证据法带来的挑战》，载《人民检察》2018 年第 1 期。

⑤ 元轶：《大数据证据二元实物证据属性及客观校验标准》，载《山西大学学报（哲学社会科学版）》2021 年第 5 期。

具有的价值增值，没有看到其在信息挖掘上的功效。①

笔者认为，可以暂时将大数据分析报告归入专门性报告，参照适用鉴定意见的审查判断规则。《最高人民法院关于适用〈中华人民共和国刑事诉讼法〉的解释》第100条规定，因无鉴定机构，或者根据法律、司法解释的规定，指派、聘请有专门知识的人就案件的专门性问题出具的报告，可以作为证据使用。专门性报告和大数据分析报告的内在机制相似，都可以拆分为基础材料、分析方法、分析结果，并以报告的形式发挥证明作用，此其一。其二，专门性报告与大数据分析报告相同，都没有统一的制作资质和标准，无法被归入鉴定意见的范畴，但同时又需要利用法律之外的专业性知识。其三，专门性报告参照适用鉴定意见的审查规则，既要审查基础材料，又要审查制作方法。而这两方面同样是大数据分析报告的审查重点，所以将其归入专门性报告，就可以适用相应的审查规则，实现证据材料到定案根据的转化。

二、大数据分析报告的相关性与审查认定

（一）大数据分析报告的相关性

一般来讲，相关性包括两方面内容：一是，证据所要证明的是“具有重要意义的事实”（案件事实）；二是，存在该证据与没有该证据相比，“具有重要意义的事实”更可能存在或更不可能存在。此处的可能或更不可能，在《美国联邦证据规则》中被称为“任意趋向性”，是一个很低的要求，只要比没有更可能即可，其目的就是为了让陪审员尽量接触到更多的证据，从而作出正确裁决。通常认为，证据相关性判断立足因果关系，关注证据与案件事实之间引起和被引起的关系，属于“为什么”命题。“任意趋向性”也需要进行判断，而判断的工具正是逻辑和生活经验。因此，具有相关性的证据都可以通过推论性链条与案件事实联系起来，并且判断的工具也可以“中间性主张”在其中体现。

然而，由于大数据分析报告的自身特征，其相关性已然发生变化，需要全新的理解与适用。首先，大数据分析报告的相关性，除了分析结论与案件事实

---

① 元轶教授在论文中用指纹作为例子，他指出指纹这类实物证据不能直接为司法人员所感知，而需要利用荧光照相技术对指纹进行拍照提取，进而认为大数据分析报告也是大数据集的显化运用。这种说法显然低估了分析报告的价值，分析报告不是对大数据集的简单处理，如数据清洗、去重复，而是要挖掘出数据与数据背后的联系，找到信息海中的有用信息，而这已然超出显化运用的范畴，迈入了分析增值领域。

的相关判断之外，还涉及另一方面的相关判断。对此，有学者主张“大数据证据的关联性应是原始电子数据与案件的关联性与大数据证据与案件的关联性的统一”。① 也有学者提出了不同看法，认为大数据证据的相关性，一是数据与数据之间的相关性；二是数据比对或分析结果与待证事实之间的相关性。② 笔者支持后者，主张另一方面是数据与数据之间的相关，而非原始电子数据与案件事实的关联。这是因为基础数据的平均价值低，原始电子数据与案件事实的关联实际上无法建立起来的，必须通过算法挖掘数据与数据的相关性，间接地与案件事实建立起相关性链条。有法官同样指出：“关联性审查内容为分析结论与案件事实，而非作为报告基础的海量数据与案件事实的相关程度，大数据分析报告是用隐藏于数据背后的结论而非数据本身去证明案件事实。”③需要提醒的是，数据与数据之间的相关性，会直接影响结论和案件事实的相关性，如果数据与数据的相关链条没有建立起来，分析结论与案件事实的相关也就无从谈起。

其次，数据与数据的相关判断立足于相关关系，关注事物和事物之间的联系，属于“是什么”命题。对此，大数据之父舍恩伯格曾言：“知道是什么就够了，没必要知道为什么。”相关关系的判断工具有所不同，除了逻辑和生活经验之外，还需要利用数据经验，这也是其超越因果关系的关键所在。数据经验是通过大数据技术在短时间内分析大量数据信息得到的经验，其强度依赖于数据样本的多少，样本越多的数据经验越稳定。有学者利用国际学术研究认可的权威统计工具 SPSS，对 2014 年上海地区 88364 份裁判文书进行了数据分析，得出了以下数据经验：“上海市浦东新区人民法院管辖范围内，借款主体同时包括自然人和公司的借款行为，相较于自然人之间、公司之间、金融机构与自然人之间、金融机构与公司之间，存在较高的借款失败风险。”④ 此经验

---

① 张吉喜、孔德伦：《论刑事诉讼中的大数据证据》，载《贵州大学学报（社会科学版）》2020 年第 4 期。

② 林喜芬：《大数据证据在刑事司法中的运用初探》，载《法学论坛》2021 年第 3 期。

③ 童飞霜、向培权：《大数据分析报告作为刑事证据的可能与限度——以权利保护为中心的制度回应及规制探求》，载胡云腾主编：《司法体制综合配套改革与刑事审判问题研究》（下），人民法院出版社 2019 年版，第 176 页。

④ 周蔚：《大数据在事实认定中作用机制分析》，载《中国政法大学学报》2015 年第 6 期。

显然不是逻辑和生活经验所能容纳，只有利用算法分析海量数据才能得之。

（二）相关性的审查认定

分析结论和案件事实的相关判断，与传统的相关判断并无差异，都属于因果关系判断。而数据与数据的相关判断则不同，已经超出了因果视域，属于相关关系判断。因而，相关性审查的难点和重点不在分析结论和案件事实，而是在数据和数据之上，关键是如何对待相关关系。多数学者对相关关系持赞成态度，认为人类应当认可机器的逻辑判断，接纳相关关系。① 但笔者认为，相关关系有强有弱，应该进行类型化分析，不能一概评价为具有相关性，否则会影响正确的事实认定。证据法下的相关性，不是哲学意义上的相关，大数据分析报告要想作为证据使用，就必须限制相关关系的语境，对相关关系作进一步评价。传统的相关性理论立足于因果关系，所以数据与数据的相关判断也需以因果关系为参照系，否则评价就失去了标准。当务之急是理清因果关系和相关关系，只有这样参照才能具体展开，相关性的有无才能判断。有学者通过重新刻画因果概念，将原因界定为“因素相互作用过程的描述”，结果为“因素相互作用效应的描述”，在此基础上发现，当因素尚未相互作用时，因素与潜在结果存在一种联系，这种联系正是相关关系。而当因素产生了相互作用后，潜在的结果出现，因果关系就生成了。因而，该学者认为，因果关系是凝固了的相关关系，相关关系是没有凝固的可能因果关系。②

基于以上认识，有学者认为如何从相关关系中推断出因果关系，才是大数据真正问题所在。③ 此言不假，但是考虑的情形过于单一，只看到了相关关系中飞跃为因果关系的部分，而忽略了相关程度较高但未达到因果的部分以及相关程度较弱的部分。如果把目光限定在前者，实际上限制了大数据分析报告的范围，弱化了大数据分析报告的证明价值。大数据分析报告的价值，就在于扩展了相关性的范围，能够使得更多证据材料用以事实证明，只关注飞跃为因果关系的部分显然有悖初衷。笔者认为，相关关系的评价，根据其与因果关系的远近可分为三种情况处理：

---

① 林喜芬：《大数据证据在刑事司法中的运用初探》，载《法学论坛》2021 年第 3 期；刘品新：《论大数据证据》，载《环球法律评论》2019 年第 1 期。

② 王天思：《大数据中的因果关系及其哲学内涵》，载《中国社会科学》2016 年第 5 期。

③ 姜奇平：《因果推断与大数据》，载《互联网周刊》2014 年第 18 期。

（1）当找到背后原因，发现隐藏在“是什么”背后的“为什么”时，相关关系就可以飞跃为因果关系，此时可以评价为具有相关性。而且由于其反映的内容全面、立体，证明力也强于单个数据。比如唐建平操纵股票价格一案中，通过大数据分析比对，可以发现唐建平操纵账户多次连续申报买入大量的“航天动力”股票，申买价格均高于委托前一刻申买第一档价格，使得“航天动力”股票的价格不断升高，其行为与股票价格形成了正相关关系。当发现相关背后的原因——抬高申报价格，营造虚假繁荣，上述相关关系就会飞跃为因果关系。该案就采纳了上海证券交易所出具的数据报告，据此认定唐建平利用资金及持股优势连续交易拉抬“航天动力”股价，符合操纵股票价格行为的一般特征。①

（2）无法找到背后原因的相关关系，不能飞跃为因果关系，此时需要根据相关关系的相关程度进行判断。根据相关程度的高低，可以划分为逼近因果和远离因果，区分的界限可以参照“无疑使人确信”，确定为60%。② 这个标准是比较合适的，高于60%的概率就会使人倾向于相信，而低于60%的概率人们则会持怀疑态度。以60%划分逼近因果和远离因果，一方面可以使更多分析报告进入诉讼当中，另一方面也可以避免发挥相关性的筛选功能。

（3）逼近因果的相关关系，由于相关程度较高，可以评价为具有相关性，但此时毕竟没有飞跃为因果关系，所以证明力较低，需要其他证据进行补足。假如现在存在这样一条数据经验：A市法院在处理自然人与企业的买卖合同纠纷时，更倾向于（达到了75%）支持原告的诉讼请求。那么，被告能否根据相应的大数据分析报告提出管辖权异议，并获得法院的支持？按照此前设定的标准，显然此时被告是可以将分析报告作为证据提出申请的，但如果没有其他证据补足，一般不会得到法院的支持。相反，如果该法院的领导多次在公开场合，明确表示更大力度保护自然人的倾向，那么此时结合分析报告，被告的管辖异议就有可能得到支持。

（4）远离因果的相关关系，由于相关程度较低，不能评价为具有相关性，此种情况下的分析报告不能作为证据使用，而只能作为案件的侦破线索。2021年5月，吉林警方破获一起非法制造枪支案，查获改造火药动力枪10支，侦

① 参见最高人民法院（2015）行监字第1728号再审审查与审判监督行政裁定书。

② See Jack H. Friendenthal, Michael Singer, The Law of Evidence, The Foundation Press. Inc. 1985, p. 269.

破案件的关键线索就是被告人刘某的异常的物流信息，信息显示刘某在短时间内从多个电商平台频繁购买了大量射钉枪部件和五金件。① 很显然，该案中的异常信息报告不属于证据，而只是一条线索或者说预警信息，不具有证据的相关性。

三、大数据分析报告的可信性与审查方法

（一）大数据分析报告的可信性

根据刑事诉讼法的规定，可信性是证据成为定案根据的必要条件，不具备可信性的证据，不能被采信。可信性有两方面要求：一是证据本身可信，包括了证据的表现形式以及证据所记录的内容。二是证据来源可信。传统证据的可信性，要求以上两方面都必须是真实。但就大数据分析报告而言，分析结论的内容和形式都应该是真实的，这一点与传统并无差异。而作为基础的海量数据，是否也要全部真实存在争议。一种观点认为："原始电子数据作为大数据证据的基础，只有每项原始电子数据都能符合电子数据审查规范时，这些电子数据分析得出的大数据证据才是可靠的。"② 另一种观点则认为，海量数据的全部真实性没有必要，也很难做到。只要数据集真实即可，无需要求数据库中每一条信息都具体真实。③

笔者支持第二种观点，主张海量数据的整体真实观。首先，从大数据分析报告的产生来看，正是因为海量数据杂乱无章，有用的信息和规律被掩埋，才需要利用算法模型进行挖掘。如果要求海量数据全部真实，就会违背初衷，减损大数据分析报告的证明价值。其次，整体真实不是要放弃真实，而是顺应大数据时代潮流的选择，舍恩伯格就指出："大数据通常用概率说话，而不是板着'确凿无疑'的面孔……要学会拥抱混乱。"④ 而当数据量不断增加，数据经验稳定之后，原有的混乱也不再是问题。最后，整体真实更符合当代司法证明的要求，随着社会的发展，越来越多的犯罪和纠纷发生在网络空间，伴随的

---

① 《全国打击整治枪爆违法犯罪专项行动典型案例》，载人民网，http://legal.people.com.cn/n1/2019/0108/c42510-30510103.html，2020年9月22日最后访问。

② 张吉喜、孔德伦：《论刑事诉讼中的大数据证据》，载《贵州大学学报（社会科学版）》2020年第4期。

③ 刘品新：《论大数据证据》，载《环球法律评论》2019年第1期。

④ ［英］维克托·迈尔·舍恩伯格：《大数据时代：生活、工作与思维的大变革》，周涛译，浙江人民出版社2012年版，第46页。

是海量数据的出现，而电子数据又存在着隐匿性强、稳定性差的特点，网络犯罪和纠纷的证明困难已经成为共识。因而，为了减轻证明难度，各国都允许采用一些替代性方案，主要包括消减证明负担和容许非法证据证明两类。① 我国同样如此，2017 年最高人民法院和最高人民检察院发布的《关于办理侵犯公民个人信息刑事案件适用法律若干问题的解释》第 11 条第 3 款明确规定："对批量公民个人信息的条数，根据查获的数量直接认定，但是有证据证明信息不真实或者重复的除外。"所以，整体真实观的选择是恰逢其时之举。

（二）可信性的审查方法

1. 基础数据可信性的审查方法

基础数据虽然海量，但都属于电子数据，而《关于办理刑事案件收集提取和审查判断电子数据若干问题的规定》（以下简称《电子数据规定》）第 22 条和第 33 条对电子数据可信性审查作了细致规定，完全可用于基础数据。结合整体真实观，基础数据的可信性审查要从宏观和微观两个维度把握，具体如下：

宏观维度坚持实质真实推定。当运用《电子数据规定》审查基础数据时，不能着眼于单个数据，而应当以数据集为单位。例如，e 租宝案涉及几十亿条交易信息，没有必要也不可能对每一条交易信息进行可信性的审查，而只需要依托于信息保存的载体，比如存储服务器，进行数据集的可信性审查即可。当通过完整性校验未发现数据集存在变动时，就可推定数据集中的每一条数据也是真实可信。当然，推定得出的结论只是盖然性的，可能与实际情况相矛盾，所以推定是可以被反驳的。因而，为了增强推定的稳定性，降低错误的概率，就需要微观角度进行验证。

微观维度以抽样取证进行验证。抽样取证指，从较大数量的物品中提取具有代表性的一定量的物品作为样本证据，并据此证明全体物品属性。② 有学者对 4985 份判决开展实证研究，发现多数判决书承认抽样取证证据，将其作为案件裁判的依据。③ 在实践中，抽样取证存在"取伪"与"弃真"两类风险，规避两类风险需要建立科学的抽样程序，确保所抽取的数据具有代表性和典型

---

① 刘品新：《网络犯罪证明简化论》，载《中国刑事法杂志》2017 年第 6 期。

② 万毅、纵博：《论刑事诉讼中的抽样取证》，载《江苏行政学院学报》2014 年第 4 期。

③ 杨帆：《海量证据背景下刑事抽样取证的法治应对》，载《法学评论》2019 年第 5 期。

性。具体的方法有对数据群分块分区抽取、随机和抽签等多种方法抽取、确定最低比例样本等。① 在笔者看来，抽样取证可用于验证实质真实推定是否正确，两者相结合是整体真实性规则的最佳审查路径。

2. 算法模型可信性的审查方法

分析报告是数据与数据之间潜在规律的体现，其可信性的审查，其实是对潜在规律是否真实的审查。而潜在规律又是依靠算法模型挖掘的，因而分析报告可信性的审查最终是要落脚于算法模型。算法模型的可信性面临两个质疑：一是技术黑箱。算法通常是黑箱化运行，只能观察到结果而不知晓生成原理，此种情况下难免让人生疑。二是算法的专业性和复杂性。大数据技术包括数据对比、数据碰撞、数据挖掘、数据画像等方法，这些都属于理解广义上的算法运用，本身带有较强专业性，没有算法知识基础的人很难理解其原理。在笔者看来，技术黑箱是算法审查的第一个层面的问题，而打开黑箱之后，就涉及第二个层面的问题，即解释算法。

（1）打破“黑箱”

黑箱的主要问题是生成过程不透明，具体到大数据分析报告而言，就是算法模型不公开。面对不公开的算法模型，就无法展开相应的举证质证，可信性审查自然也就无从谈起。因而，面对技术黑箱，必须打破“黑箱”，公开相应的算法，将运行原理和过程公之于众。纽约议会就提出了算法透明、解释权以及救济权为核心的算法规制策略，国内一些学者也认为科学证据的审查判断应该以公开为首要原则。②

而打破黑箱的具体路径，可以从两方面展开：其一，解锁“ITO 三阶段”。将算法运行过程中的数据输入、数据吞吐、数据输出这三个环节所涉及的数据和操作步骤进行来源、标注等信息的公开。③ 其二，针对性公开。大数据分析报告的制作涉及多个环节，但有些环节不存在争议或者能够为人理解，因而只需要公开存在争议的部分。针对性公开还可以应用到商业秘密或个人隐私，此时只需要向诉讼有关人员公开即可。

---

① 《广西壮族自治区伐区调查设计技术规程》（2013 年）就规定，标准地面积必须达到伐区面积的 3% 以上。（参见韦电良滥伐林木案，（2016）桂 1022 刑初 352 号）

② 马长山：《智能互联网时代的法律变革》，载《法学研究》2018 年第 4 期。

③ 浮婷：《算法“黑箱”与算法责任机制研究》，中国社会科学院大学 2020 年博士学位论文。

（2）解释算法

打破黑箱之后，算法得以公开，但受到专业性和复杂性的影响，仍需进一步进行解释，这也是可信性审查的关键所在。如前文所言，本文将大数据分析报告归入专门性报告，参照适用鉴定意见的审查规则，这将在算法解释上多有体现。

首先，算法是一个专业性词汇，涉及专门性知识，当事人及司法人员由于知识的缺乏无法展开有效的质证，此时就需要申请制作人员出庭解释算法。制作人员利用特定算法建构了算法模型，当算法模型被人质疑时，作为制作者理应对此解释加以说明。从法律规范上来看，《最高人民法院关于适用〈中华人民共和国刑事诉讼法〉的解释》第 100 条规定："因无鉴定机构，或者根据法律、司法解释的规定，指派、聘请有专门知识的人就案件的专门性问题出具的报告，可以作为证据使用。对前款规定的报告的审查与认定，参照适用本节的有关规定。经人民法院通知，出具报告的人拒不出庭作证的，有关报告不得作为定案的根据。"算法模型的制作人员，完全可以视为"有专门知识的人"，当收到人民法院的通知时，其有义务出庭接受质证。制作人员在解释时，可从正反两方面进行分析，比如在审查是否具有市场支配地位时，除了正面分析其所占的份额之外，还可将其他有竞争关系的软件所占份额标明，以增强分析报告的可信性和说服力。

同理，由于算法模型的专业性和复杂性，被告人及辩护人可能无力开展有效质证，无法通过辩护保护自身利益。《刑事诉讼法》第 197 条第 2 款规定，公诉人、当事人和辩护人、诉讼代理人可以申请法庭通知有专门知识的人出庭，就鉴定人作出的鉴定意见提出意见。笔者认为，该条规定同样可以适用于大数据分析报告。当事人如果对分析报告的真实性存疑，又不知如何质证时，就可以向法院申请有专门知识的人出庭辅助。需要注意的是，专家辅助人的质疑既可以针对算法模型，也可以针对制作人员的解释，此外在决定是否允许专家辅助人出庭方面，法官应侧重于保护弱势方，以审判权的积极行使平衡控辩力量。

其次，以相关技术标准为参照审查算法。其实很多技术是存在国家标准或行业标准的，可以为审查判断提供指引。《司法鉴定程序通则》第 23 条规定："司法鉴定人进行鉴定，应当依下列顺序遵守和采用该专业领域的技术标准、技术规范和技术方法：（一）国家标准；（二）行业标准和技术规范；（三）该专业领域多数专家认可的技术方法。"以上规定就为鉴定意见的审查提供了方向，如果对相同检材，一份鉴定意见采用了行业标准，而另一份鉴定意见采用了国家标准，当两者认定的结论冲突时，应以后者为准。大数据分析报告，也会面临因算法不同而出现不同结论的情况，算法模型的有效性和适用性很大程度上决定着分析结果的准确性和可采性。①

而如果没有国家标准或行业标准，可以参照多波特诉梅里尔·道制药有限公司一案处理，该案的焦点是哪一方的专家证言更可信，并确立了 4 个判断专家证言可采性的因素。笔者认为，该案确立的 4 个判断因素同样适用算法模型。具言之，当判断某一算法模型是否合适时，可以从能否检验、是否公开并经过同行审议、能否普遍接受以及错误率 4 个方面展开。比如，上文提到的 SPSS 统计工具就得到了国际的普遍认可，是数据统计研究的权威工具。

最后，算法的审查还可以通过重演进行。重演指在相同条件下，多次重复某项操作，以测试操作流程的准确性和稳定性。需要注意的是，大多数操作都可以重演，只要不会造成人身危险或财产损失即可。大数据分析报告是通过数据模型分析海量数据得到的，其重演只需按照原有的算法，再次运行即可，不会造成人身危险或财产损失。因而，算法的审查完全可以通过重演进行。实际上，这种重演思维在其他证据中也现实存在，如认为鉴定程序违法可申请重新鉴定。

审查算法的具体方式存在交叉，并不是泾渭分明的。比如制作人员在出庭作证时，就可能通过重演来解释算法。另外，以上方法没有严格的使用顺序，但其中技术标准的效力最高，如果相关算法存在国家标准或行业标准，那么应该以国家标准或行业标准为准。如果没有国家标准或行业标准，此时就没有效力的优先顺序，只能交由法官根据内心确信判断。

结　语

不管是否愿意承认，我们已经进入了大数据时代，更多活动发生在网络上，相关痕迹也留存在数据空间，司法数据化和证据科学化是大势所趋。利用算法分析数据得到的分析报告，超越了以往因果关系的视域，将高概率的相关关系用以案件事实的认定，缓和了证据资源短缺的问题，这是其价值所在。但需要注意，事物均有两面性，分析报告亦是如此，将其作为证据使用可以缓和

① 刘绪崇、苏欣、唐德权：《智慧警务——大数据环境下新时代公安信息化建设模式探索》，清华大学出版社 2018 年版，第 69 页。

证据短缺，但这是有前提条件的，如果分析报告的审查判断不到位，精心建构起的证明体系可能被摧毁，案件事实的认定也会偏离证据裁判原则。

笔者正是认识到这一点，对分析报告的审查判断极为重视，对“相关性”与“可信性”的审查注意事项和审查方法进行了阐述。在相关性方面，数据与数据的相关判断是关键所在，具体判断时要结合相关程度作不同认定。在可信性方面，整体真实观是一大亮点，迎合了数据司法的未来趋势。至于算法模型的可信性审查，笔者虽然给出了一些方法，但具体如何使用还需量化，尤其是技术标准的确立更是当前和今后一段时间的重点任务。总的来说，大数据分析报告的前景还是值得期待的，在它身上可以看到证据科学化的大趋势。

（洪　涛：辽宁大学法学院）

降低“案－件比”实证研究

——以湖南省永州市检察机关3年来“案－件比”情况为样本

蒋亚梅

“案－件比”，被称为“司法GDP”，指的是发生在人民群众身边的案，与案件进入司法程序后所经历的有关诉讼环节统计出来的件数的对比关系。根据最高人民检察院发布的《检察机关案件质量主要评价指标》的规定，其中“案”是检察机关受理的审查逮捕案件数与扣除采取逮捕强制措施的审查起诉案件数之和；“件”除了“案”之外，主要包括延长审查起诉期限、退回补充侦查（扣除直诉案件中未提前介入案件）、不起诉申诉、被告人上诉等原本可以避免或者减少发生，但因前一个环节未将工作做到极致而产生，引起当事人负面感受的16个诉讼环节的数据。最高人民检察院提出“案－件比”指标，在于倒逼办案质效，让人民群众在每一个司法案件中尽早感受到公平正义。

一、“案－件比”指标的功能性

“案－件比”是最高人民检察院提出的评价案件质量的重要指标，它反映的是办案的质效和人民群众的司法满意度。降低“案－件比”数值，是落实以人民为中心的发展思想的重要体现，是助推国家治理体系和治理能力现代化的有力举措，也是检察机关深耕法律监督主责主业、提升办案质效、节约司法资源的必然要求。

（一）降低“案－件比”，是落实以人民为中心发展思想的重要体现

习近平总书记在党的十九大报告中指出，必须坚持以人民为中心的发展思想。“坚持以人民为中心的发展思想”具体到检察机关，就是要主动融入服务大局，让人民群众在每一个司法案件中感受到公平正义。“案－件比”事关人

民群众对身边案件诉讼环节与办案时间的切身感受，是评判检察机关办案质效的重要指标。案件经历的诉讼环节越多，办案时间越长，当事人对办案活动的评价越低。发挥“案－件比”指标效用，及时对“案－件比”情况开展研判，有效降低“案－件比”，让人民群众尽早地获得公平正义，是落实以人民为中心的发展思想的重要体现。

（二）降低“案－件比”，是助推国家治理体系和治理能力现代化的有力举措

检察制度是国家治理体系的重要组成部分，检察机关法律监督能力是国家治理能力的重要内容。当前，改革进入攻坚期和深水区，社会矛盾多发叠加，影响社会治理、社会稳定的因素敏感而复杂。“案－件比”倒逼检察机关和检察干警努力提高法律监督能力，通过简案快办、繁案精办，强化源头化解、释法说理，积极延伸服务、堵漏建制，努力运用司法化和非司法化社会治理方式，实现“案结了事”向“案结事了”转变，从而减少社会戾气，促进社会和谐，推动社会治理创新。

（三）降低“案－件比”，是深耕法律监督主责主业的必然要求

深耕法律监督主责主业是新时代检察工作的发展路径。最高人民检察院提出，要通过做优刑事检察工作、做强民事检察工作、做实行政检察工作、做好公益诉讼检察工作，推动“四大检察”全面协调充分发展。这要求检察机关必须改变不愿监督、不敢监督、不会监督、监督乏力等问题，通过优化布局、强化办案，加强司法办案规范化、精细化建设，在每个环节上精益求精、做到求极致，为新时代提供更好、更优、更实在的法治产品、检察产品。“案－件比”顺应了新时代检察工作要求，对强化检察业务管理、健全办案监督机制提出了更高要求，能有效督促承办人强化办案责任，规范办案活动，从而提高办案质效，达到更好的监督效果。①

（四）降低“案－件比”，是节省司法资源的有效选择

近年来，受多种因素的影响，案件数量高位运行，与司法人员人数相对稳定形成了矛盾关系。同时，前一办案环节未做到极致，滋生出无必要的环节与案件，如不捕复议复核、不诉复议复核等，一定程度上加剧了“案多人少”的矛盾。理想状态下“案－件比”是1：1，但由于工作未做到极致，司法实践中“案－件比”比值远远大于1：1。控制“案－件比”，探索司法资源投入

① 崔国红：《“案－件比”指标应用的实践与思考》，载《中国检察官》2020年第19期。

与办案效果最优配比，把每个环节把工作做到极致，减少和预防产生不必要的办案环节，对于节约司法资源具有重要意义。

二、"案－件比"指标现状分析

依据全国统一应用办案系统的数据统计和最高人民检察院颁布的《检察机关案件质量主要评价指标》《关于"案－件比"指标测算使用的说明》的相关规定，目前"案－件比"中"案"指的是受理审查逮捕案件数与扣除采取逮捕强制措施的审查起诉案件数之和，而"件"除了"案"代表的数之外，还包括16类业务数据，即批捕申诉、不批捕申诉、不批捕复议、不批捕复合、一次延长审查起诉期限、二次延长审查起诉期限、三次延长审查起诉期限、一次退回补充侦查、二次退回补充侦查、不起诉复议、不起诉申诉、撤回起诉、法院退回、被告人上诉、检察机关建议延期审理和国家赔偿案件数。基于"案－件比"的计算方法，以永州市人民检察院为例，实证分析目前刑事案件"案－件比"情况。

（一）"案－件比"数值偏高

根据最高人民检察院对"案－件比"比值的计算方法，2018年永州检察机关平均"案－件比"为1：1.70，2019年为1：1.522，2020年1－10月为1：1.49。永州市检察机关"案－件比"虽呈现逐年下降趋势，与全省检察机关相比略低，但与全国过去4年平均"案－件比"1：1.4相比还有较大差距。① 永州市县区检察院间"案－件比"落差也比较大，2019年全市检察机关"案－件比"最低的是双牌县检察院1：1.308，最高的是新田县检察院1：1.639。另外，"案－件比"的高低与办案基数多少并不完全对应，办案基数相对较小的县区检察院院"案－件比"可能相对较高，办案基数相对较大的县区检察院院"案－件比"却可能相对较低。比如，新田县、宁远县检察院"案"的基准数分别是471件、755件，"案－件比"分别为1：1.639和1：1.434。

（二）影响"案－件比"的关键环节集中

根据最高人民检察院《关于"案－件比"指标测算使用的说明》，影响刑事检察"案－件比"的16个环节中，退回补充侦查、延长审查起诉期限和被

---

① 《全国四级检察机关干警同听一堂党课：张军授课》，载人民网，http：//chuxin.people.cn/n1/2019/0628/c428144－31201713.html，2022年5月18日最后访问。

告人上诉是最主要的因素。2019 年，永州市检察机关刑事检察“案”的基准数为 6634 件，“件”数为 10098 件，“案”与“件”相差 3464 件，其中一次、二次、三次延长审查起诉期限有 1659 件，一次、二次退回补充侦查（扣除直诉案件中未提前介入案件）有 1091 件，被告人上诉有 639 件，3 项合计 3389 件，占“案”与“件”差值的 97.8%。这反映出在办案中可以避免和减少的环节还较多，办案效率、引导侦查取证、释法说理等方面的工作还有很大提升空间。如罗某滥伐林木案，2019 年 7 月 31 日移送审查起诉，8 月 29 日因“案件重大、复杂”延长审查起诉期限 15 日，9 月 15 日以证据不足，要求侦查机关核实罗某砍伐林木是否复垦复绿一次退回补充侦查，11 月 14 日再次因“案件重大、复杂”延长审查起诉期限 15 日，11 月 29 日再次以证据不足、要求核实罗某是否清楚林地复绿情况二次退回补充侦查，重报提起公诉后，2020 年 1 月 15 日以要求侦查机关委托符合法律规定具备相关资质鉴定机构作出《林业技术鉴定意见书》的理由建议法院延期审理。该案经过了“两延两退一建议”，1 案产生了 5 “件”。

（三）影响“案－件比”的案件类型集中

除少数简单案件之外，“两退三延”和上诉案件主要集中为以下几类案件中：一是共同犯罪案件，如寻衅滋事案、聚众斗殴案、抢劫案、强奸案、诈骗案、毒品案、黑恶势力犯罪等案件。二是新类型案件，如网络犯罪案件，新类型的非法经营案。三是经济类犯罪案件，如非法集资案、传销案、金融诈骗案、强迫交易案、串通投标案、虚开增值税专用发票案。这些案件大部分涉案人数众多、案情复杂、证据材料繁杂，在审查认定中具有一定难度。如张某等 17 人在高速公路服务区以农副产品营业执照，将廉价中草药包装成“名贵”药材，采用“药托”以及“打成粉末必须购买”等手段进行销售，谋取巨额利润。该案定性上存在诈骗、强迫交易、敲诈勒索或非法经营等罪的分歧，经过两次退回补充侦查、三次延长审查起诉期限、向市院省院请示多个诉讼环节。又如，永州市检察机关办理的非法吸收公众存款的案件，大多涉案资金达数亿，涉案人员众多，涉及面广，案卷动辄几十册，虽有提前介入引导侦查取证，但核实案件事实与证据的难度大，“两退三延”的情况较为突出。

三、影响“案－件比”指标的原因探寻

检察机关审查逮捕案件数与扣除采取逮捕强制措施的审查起诉案件数是相对固定的，“案－件比”数值偏大在于“件”数量大，即案子到达检察机关之

后，增加了批捕（不批捕）申诉、不批捕复议、不批捕复合、一次（二次、三次）延长审查起诉期限、一次退回补充侦查、二次退回补充侦查、不起诉复议、不起诉申诉、撤回起诉、法院退回、被告人上诉、检察机关建议延期审理和国家赔偿案件数等16类业务数据。结合永州市检察机关的实践，这16类业务数据数值除受案件复杂性影响之外，还受办案理念、办案能力、办案业务管理机制的影响。

（一）司法理念落后，尚未树立以人民为中心的司法理念

在司法实践中，“案－件比”比值大最根本原因在于司法理念存在问题。部分检察人员未牢固树立以人民为中心的司法理念，基于案件质量终身负责制的考虑，最大限度地通过退回补充侦查和延长审查起诉期限补强瑕疵证据、固定起诉及庭审所需证据材料，忽视了办案效率，忽略了人民群众对于公正司法尽早到来的期盼。还有部分检察人员对自身的职责定位不准，缺乏在刑事诉讼中监督主体职责意识，对不必要增加的诉讼环节的负面影响反应不敏感，如因侦查人员在法定期间内无法审结就延长审查起诉期限或者退回补充侦查此类问题敏感度不高、监督不足。① 另外，部分检察人员存在机械办案、就案办案的情况，只守住形式上“不违法”，没有追求办案的内心法——人民的意愿，不追求办案的政治效果、社会效果。

（二）司法能力不足，满足不了新时代人民群众的法治需求

司法能力不足导致“案－件比”比值大，最突出体现为引导侦查能力不足，致使退回补充侦查案件频发。② 从永州市检察机关的办案数据来看，2019年永州市检察机关提前介入侦查案件68件，介入率为1.2%，二次退回补充侦查案件数为744件，在退回补充侦查案件中占29.8%。部分审查批捕阶段和批捕后需要继续侦查的案件，没有重视引导侦查工作，没有制作规范的继续侦查提纲，也未跟侦查机关进行有效的沟通，导致案件在移送审查起诉时依然没有取证到位需要一次退回补充侦查，增加了“案－件比”的“件”数。部分检察人员引导侦查能力不足，一次退回补充侦查提纲简单、笼统，侦查人员无法准确理解所列的补充内容及所补证据的目的，使补充侦查质量大打折扣而

① 范仲浸、罗向阳、王峰：《“案－件比”的控制和优化》，载《人民检察》2020年第6期。

② 刘勇、孙吉祥、杨兆峰：《“捕诉一体”机制下案件质量的提升——从降低“案－件比”的视角展开》，载《中国检察官》2019年第24期。

需要二次退回补充侦查。随着新类型案件不断增加，案件复杂度的不断提升，承办人对案件的驾驭能力跟不上办案的需求。① 司法能力不足还体现在未能适应“捕诉一体”改革。例如有的县区检察院虽然已实行“捕诉一体”办案机制，但并未充分发挥“捕诉一体”办案机制在引导侦查取证、提升侦查办案质效方面的优势。如在乐某寻衅滋事案中，虽然审查逮捕和审查起诉为同一承办人，但该案批准逮捕后承办人并未要求侦查机关补足有关证据，致使案件移送审查起诉后用尽了“两退三延”程序。

检察业务管理落后，导致“案－件比”比值较大。检察业务管理落后对“案－件比”的影响体现在以下三个方面。一是检察引导侦查机制方面建设不完善，导致提前介入工作效果疲软、随意性大。二是退回补充侦查、延长审查起诉期限程序管理不严，导致“退而不查、延而不审”的假性退回补充侦查和假性延长审查起诉期限等程序空转时有发生，影响了“案－件比”。三是员额检察官业绩考评体系未建立，“案－件比”指标是最高人民检察院 2020 年初提出的考核指标，且目前员额检察官的业绩考评体系未完全建立，该指标尚未纳入对员额检察官的业绩考核之中，员额检察官提高办案质效、着力降低“案－件比”的积极性和主动性未充分发挥。

四、降低“案－件比”指标的对策分析

“案－件比”不是单纯追求效率，恰恰相反，办案能力弱、案件质量差，“案－件比”肯定高；优质办案、一次性办结，“案－件比”肯定低。降低“案－件比”要通过不断提升能力、完善办案机制、完善检察业务管理，避免程序空转和借时间的假延、假退，逐步提高办案质效，以减少“案－件比”中的“件”数。

（一）更新执法办案理念

一是坚持兼顾公正与效率的理念。降低“案－件比”的重要效能就是提高办案效率，满足人民群众对于司法公正尽早到来的期盼。在办案中要坚持公正与效率兼顾，以求极致的态度高效地履行职能，最大限度实现司法公正，推动“案结事了”。二是坚持“双赢多赢共赢”的理念。“案－件比”虽是最高人民检察院提出的考核指标，但并非检察机关一家之力就可以完成降低“案

① 陈海潮：《“案－件比”指标的理解与适用情况分析》，载《人民检察》2020 年第 6 期。

－件比”的目标。要坚持“双赢多赢共赢”理念，构建新型良性检警关系，引导侦查机关全面客观及时收集调取证据，共同推进法律统一正确实施，维护司法公正，提升办案质效。三是坚持三个效果相统一的理念。降低“案－件比”的根本目的在于提高办案质效，衡量办案质效的标准就是办案的社会效果、政治效果和法律效果三统一。在办案过程中要综合考虑天理、国法、人情，本着司法良知，杜绝只守住形式上“不违法”的底线等固有思维，把法律监督落实到每一个办案环节，真正实现办案的社会效果、政治效果和法律效果三统一。

（二）完善“捕诉一体”办案机制

在“捕诉一体”办案机制下，对案件进行实质化、个案化审查，形成了检察机关把握案件办理走向、进程、节奏的“大控方”工作格局，能切实增强检察机关引导侦查取证力度，降低退回补充侦查率、不捕复议复核率和不诉复议复核率。[①] 根据最高人民检察院统计，全国推行“捕诉一体”办案机制后，2019年刑事案件不捕率为22.4%，不诉率为9.5%；2020年上半年，不捕率为20.9%，同比减少0.9%；不捕复议复核率同比减少0.7%；不诉率为12.8%，同比上升4.6%，不诉复议复核率减少0.9%。因此可知，“捕诉一体”办案机制有效减少了不捕、不诉复议复核案件率，减少了“案－件比”中的“件”数，对降低“案－件比”具有重要意义。同时永州地区司法实践也可证实“捕诉一体”办案机制对于降低“案－件比”具有重大功效。双牌县检察院为全市最早推行“捕诉一体”办案工作机制的单位，近年来双牌县检察院案件退回补充侦查率、上诉率及不捕复议复核率、不诉复议复核率连年下降，该院2019年“案－件比”为1：1.308，为全市最低。“捕诉一体”办案机制对于提高办案质效、降低“案－件比”具有重大作用，源于“捕诉一体”办案机制下，承办案件的检察人员扩宽了监督范围，监督范围从提前介入侦查一直延续到审判、执行环节，同时“在办案中监督、在监督中办案”，监督的主动性和有效性得到提升。应进一步释放“捕诉一体”办案机制效能，做好“捕”“诉”程序衔接，拓展监督的力度、广度和深度，以整体性思维构建全程、全面、双向的法律监督运行体系，以提高司法办案质效。

（三）全面适用认罪认罚从宽制度

---

① 熊东来、王艳：《捕诉一体办案模式下检警关系问题研究》，载《检察调研与指导》2019年第3期。

认罪认罚从宽制度对于推动刑事案件繁简分流、节约司法资源、化解社会矛盾、推动国家治理体系和治理能力现代化具有重要意义。[①] 从永州市检察机关的办案数据来看，认罪认罚适用率与“案－件比”比值呈反相关关系，认罪认罚适用率越高，退回补充侦查率、延长率、上诉率等越低，“案－件比”比值越低。应不断完善认罪认罚从宽制度的适用，以降低“案－件比”。首先，应全面适用认罪认罚从宽制度，以检察人员执法办案全程监控考核系统为载体，将认罪认罚从宽制度适用比例作为量化标准，推动该项制度适用比率逐步上升，提高认罪认罚从宽制度的适用率。其次，完善律师值班制度，推动建立刑事辩护律师全覆盖，加强对认罪认罚自愿性、合法性的审查，牢牢把住案件质量生命线。最后，要注重息诉服判，制定相对不起诉案件证据标准及公开审查程序规定，对拟作相对不起诉的犯罪嫌疑人，通过邀请人大代表等第三方参与庭审评议，提高犯罪嫌疑人认罪认罚、退赃退赔的主动性，努力修复因案受损的社会关系，促进社会矛盾化解，达到息诉服判的目标。

（四）强化引导侦查取证工作

一是强化提前介入工作。强化引导侦查取证，最突出的是强化提前介入引导侦查工作。健全与侦查机关的沟通协作机制，针对重大疑难复杂案件第一时间提前介入，引导取证，尽可能把发现的问题解决在检察机关提前介入阶段。[②] 检察机关提前介入引导侦查，重点是引导侦查人员搜集证据，从证据的合法性、全面性及关联性等角度，引导侦查机关形成完整的证据链条，避免证据收集方向不对、方法错误。要充分发挥派驻检察室的作用，通过查询侦查机关执法办案系统、调阅案卷、实地巡查等方式，引导侦查机关依法规范办案，及时固定证据，减少案件退回补充侦查率。通过开展长效化、常态化的提前介入工作，在与侦查机关互相配合、互相制约的情况下共同取证，能有效提高证据的证明力、获证效率、客观性，大幅提升移送起诉阶段的案件质量。

二是增强自行补充侦查的能力。自行补充侦查是检察机关的法定职责，在案卷中证据存在矛盾或体现得不是特别明朗时、在案件整体证据链比较完整但一些细节需要核实时，通过检察机关自行侦查能免去退回补充侦查的繁杂手

---

① 《关于适用认罪认罚从宽制度的指导意见》，2019 年 10 月 24 日最高人民法院、最高人民检察院、公安部、国家安全部、司法部联合发布。

② 曾厚强、李文涛、何苏桦：《降低“案－件比”与保证案件质量的关系》，载《中国检察官》2021 年第 3 期。

续，对提高办案效率，降低“案－件比”具有重大意义。在司法实践中，检察机关自行补充侦查案件在补充侦查案件中占比很低，甚至很多地区未开展自行补充侦查，这与两反转隶后检察人员普遍缺乏侦查工作实践、自行补充侦查能力不足的困境相关。首先，应当加强对检察人员的侦查业务培训，同时合理配置原反贪反渎留存人员，使其作为核心人才在自行补充侦查上发挥功效，也要借助侦查机关的协助力量，推动检察机关自行补充侦查工作有效开展。其次，要发挥绩效考核的积极导向作用，《检察机关检察业务运行情况评价指标》将检察机关自行补充侦查率纳入考核范围，对推动检察机关开展自行补充侦查具有积极推动作用。最后，应当坚持依法适度的原则，在案件主要证据已固定的条件下，收集案件个别事实认定证据材料而非案件的主要证据材料，以避免自身能力窘境和侵犯侦查权。自行补充侦查数上升后，退回补充侦查数必将下降，“案－件比”中“件”数也必然下降。

三是提高退回补充侦查质量。强化引导侦查取证，还应当在退回补充侦查的质量上下大功夫。检察机关在接收侦查机关移送审查起诉的案件后应及时审查，避免到期前突击审查，杜绝为规避办案期限而随意退回补充侦查、延长审查起诉期限。退回补充侦查时，应当与办案人员充分沟通，杜绝无必要的退回补充侦查。且应在《补充侦查提纲》的制作上狠下功夫，认真分析论证案件证据缺陷，对退回补充侦查的理由和依据进行清晰说明，并提出具有针对性、可操作性的补充侦查措施。同时要探索类案引导侦查模式，不仅加强对个案侦查引导，更应把侦查引导的工作重心放在类案上，针对类案的侦查问题善于提出检察建议，以求标本兼治。①

（五）完善业务管理机制

一是完善业绩考评机制。业绩考评一头连着检察管理、检察业务，一头连着政治、大局，连着人民群众对公平正义的感受。依托检察人员执法办案全程监控考核系统，将“案－件比”纳入检察官业绩考评中，发挥考评机制的引领作用，倒逼检察人员提高案件质效和监督能力。

二是严格退回补充侦查和延长审查起诉期限审批程序。退回补充侦查率及延长审查期限率与“案－件比”息息相关。司法实践中存在退回补充侦查和延长审查起诉期限随意性大的问题，应当严格控制退回补充侦查和延长审查起

---

① 陈敬慧：《以引导侦查取证为切入点优化“案－件比”》，载《检察日报》2020年7月19日，第3版。

诉期限的程序。[①] 对于构成犯罪但证据上有瑕疵的普通刑事案件，通过《提供法庭审判所需证据材料通知书》及时补充证据，杜绝退回补充侦查和延长审查起诉期限。在严格执行检察人员办案责任制的基础上，增设退回补充侦查必要的报备和审核程序，明确一次退回补充侦查必须报部门负责人备案，二次退回补充侦查必须报分管副检察长审核，并且必须严格按照最高人民检察院的《关于加强和规范补充侦查工作的指导意见》制作详细的补侦提纲。同时强化对退回补充侦查和延长审查起诉期限的日常监控，加大抽查、督查力度，防止退回补充侦查和延长审查起诉期限的随意性。

三是完善检务监督机制。一方面完善内部监督，将“案－件比”指标纳入案件质量评查范围内，采取“定期检查＋不定期抽查”的方式，对退回补充侦查案件、延长审查起诉期限案件进行专项评查，对退回补充侦查提纲进行评优晒劣，力促办案质量提升。另一方面，强化外部监督，以公开促公正、以听证赢公信，充分利用公开听证机制，对可能引起争议、申诉难以了解的个案，邀请人大代表、人民监督员和社会各界代表监督检察机关办案的效果，让公平正义以人民群众可感、可触的方式实现，推动案结事了。

（蒋亚梅：永州市人民检察院）

① 肖志飞：《着眼降低“案－件比”做优刑事检察》，载《检察日报》2019年12月8日，第3版。

探析智能量刑系统算法的法律规制与技术革新

王丹阳

人工智能与法学的交叉学科研究，主要有两大方向。其一是人工智能法律研究，即以维护人民利益和国家安全，加强人工智能发展的潜在风险研判和防范，确保人工智能安全、可靠、可控为目的，对人工智能相关法律、伦理、社会问题进行研究，建立健全保障人工智能健康发展的法律法规、制度体系、伦理道德。其二是法律人工智能，即人工智能技术在法律中的应用，以充分提升法治效能为目标，建设我国的智慧法院、智慧检务建设等国家重大工程，实现法律人工智能的落地应用。本文以人工智能法律和法律人工智能两个视角切入，探析智能量刑算法面临的法律层面和技术层面的问题，寻找其具体的发展革新路径。

一、智能量刑算法的概述

（一）智能量刑算法的含义

智能量刑系统以犯罪构成知识图谱技术为依托，通过案由和影响量刑的案件要素对当地法院生效判决进行过滤筛选，由系统给出所选取时期内当地法院就该类型案件的量刑区间分布，包括主刑分析、附加刑分析以及是否缓刑分析，并提供相关案件具体判例详情。① 概括而言，智能量刑系统是基于人工智能领域的相关技术，根据案件的客观方面预测案件的判决结果，为法官提供刑罚建议的系统。通常智能量刑系统具备要素图谱提示、类案推荐、生成量刑报告等功能模块，以实现快速准确辅助检察人员办理案件。其中要素图谱提示指

① 郑智航、徐昭曦：《大数据时代算法歧视的法律规制与司法审查——以美国法律实践为例》，载《比较法研究》2019 年第 4 期。

识别全量的量刑要素，通过大数据分析，调用历史相似案例，以朴奏贝叶斯公式（概率分析）推荐量刑参考值，保障业务需求；① 类案推荐包括相似案例辅助和参考案例范围选择，即使用全国、全省的已决案件大数据，对于在办案件和已结案件进行相似案例的支持，辅助法官进行案件办理。根据用户名，量刑系统可以在全国、本省、本院之间进行智能化定位，同时可以自由选择参考案例的具体时间区域，确保量刑数据的参考价值；简明量刑报告生成即支持生成简明的量刑报告，集中呈现案件的主要数据项目，包括相似案例数量、自由刑期限统计、缓刑比例分析、罚金刑分析等，能够对法官产生较强的辅助作用。并以阶梯式对比的方式，清晰展现不同情节对于案件量刑的影响作用，对主刑种类比例、是否缓刑、附加刑种类比例等重要的指标，进行单独可视化呈现，并且提供量刑情节分析和大数据对比分析，地区分布概念图等功能。② 那何为算法？目前较为主流的一种观点认为，算法是解决特定问题求解步骤的描述，在计算机中表现为指令的有限序列，并且每条指令表示一个或多个操作。智能量刑算法即用人工智能的相关技术，对海量司法数据进行挖掘处理，为司法工作人员提供量刑建议所运用的计算机制。

（二）智能量刑算法的定位

对于智能算法的定位，基于视角的不同，学术界对其争论一直不断。在司法审判活动中，到底将智能量刑算法视为可以独立进行司法判断的“裁判者”还是予以司法工作人员辅助，提供量刑建议的“辅助工具”？对于智能量刑算法定位的讨论，其本质是在讨论随着人工智能时代的全面开启，我们的法治体系是否允许赋予除人类之外的智能算法拥有裁判权。一些学者放眼未来，基于对人工智能发展的憧憬，认为深度发展的人工智能时代势必会来临，依托于机器强大的数据挖掘提取能力、自主学习能力，智能量刑的精准度将高于人工判案。基于此，一些学者认为智能量刑算法是具有司法主体性的“独立裁判者”。但是基于人工智能现阶段的发展，考虑其仍处于弱人工智能时代，囿于技术的不成熟，法治的不完善，诸多学者认为智能量刑不具有司法主体性，其功能定位目前只能作为司法工作人员的辅助工具。人工智能量刑算法仍旧无法取代法官的量刑主体地位，也无法拥有法官的自由裁量权。因此，目前我们所

---

① 刘友华：《算法偏见及其规制路径研究》，载《法学杂志》2019 年第 6 期。

② 徐琳：《人工智能推算技术中的平等权问题之探讨》，载《法学评论》2019 年第 3 期。

讨论的智能量刑算法仍处于辅助领域，其价值定位主要是提高法官的工作效率，有效地促进案件审判的自动化与智能化。

（三）智能量刑的技术基础

人类对事物作出判断和结论，通常是基于多年学习和认知的经验总结，根据历史和经验进行归纳。法官在判断一个案件，对其进行量刑时，通用人所具有的思维逻辑，即运用自己多年的学习和经验，对于法学知识的理解、实务案例的分析，对案件作出判断、量刑。而智能量刑系统主要依托的技术是机器学习和深度学习。机器学习是人工智能核心，是使计算机具有智能的根本途径，通过模拟或实现人类的学习行为，以获取新的知识或技能，重新组织已有的知识结构使之不断改善自身的性能。机器学习常见算法主要有决策树算法、朴素贝叶斯算法、支持向量机算法、随机森林算法、人工神经网络算法、Boosting与Bagging算法、关联规则算法、EM（期望最大化）算法、深度学习。其中，深度学习亦是机器学习的一种，也是在智能量刑系统研究中较为热门的领域。深度学习是基于人工神经网络的研究，含多个隐藏层的多层感知器就是一种深度学习结构，使机器模仿视听和思考等人类的活动，通过模式分析的方法解决了很多复杂的模式识别难题，可以使智能量刑系统更趋于人工智能的终极发展目标。① 就具体研究内容而言，主要涉及三类方法：卷积运算的神经网络系统；多层神经元的自编码神经网络；以多层自编码神经网络的方式进行预训练，进而结合鉴别信息进一步优化神经网络权值的深度置信网络。

智能量刑算法主要涉及以下技术板块：要素识别；文本分类；“抽取-生成”式长文本摘要；类案检索；阅读理解；案情标签预测；法律推理的形式模型；法律决策的计算模型；其主要功能包括知识图谱的构建、案例情节的提取、量刑预测等。随着人工智能时代的开启，人工智能与法律的融合愈加深化，基于机器学习的数据挖掘和深度学习的自然语言处理，智能量刑系统在辅助司法工作人员判案，提高司法效率，节约司法资源等方面发挥着重大作用。

（四）智能量刑运用的域外借鉴

在智能量刑方面，美国早在1998年将替代性制裁的惩罚性罪犯管理分析（Correctional Offender Management Profiling for Alternative Sanctions，COMPAS）算法开始投入使用，

① Ghoddusi H, Creamer G G, Rafizadeh N. Machine Learning in Energy Economics and Finance: A Review [J]. Energy Economics, 2019, 81: 709-727.

COMPAS 是 Northpointe 开发的决策支持工具，纽约、威斯康星州、加利福尼亚州和佛罗里达州的布劳沃德县的美国法院均使用它为法官提供参考，该系统可以对被告的被捕记录、家庭犯罪记录、教育、社会隔离和休闲活动等数据进行处理分析，来预测犯罪者再犯的可能性，评估被告成为累犯的可能性。COMPAS 系统的建立基于一种名为 AIPIE 的评估模型，AIPIE（A = Assessment，I = Interpretation of the results，P = Plan，I = Implement the plan，E = Evaluate the results of the actions and outcomes）。AIPIE 评估模型在其本质上是尽可能地模拟法官在审判时的判断过程，其运行机制主要由三部分构成，首先是在犯罪学领域抽取一定的评估因素；其次根据司法案例信息化大数据集，参照抽取的评估因素，归纳总结累犯风险群体的画像；最后将评估的个体与群体画像进行对比，得到相应的分数，以该分数确定被告再犯的风险。COMPAS 使用专有算法为从 1—10 进入司法系统的罪犯分配"风险分数"。法官使用这些分数来帮助告知审前释放和量刑决定。从理论上讲，分数越高，指定被告在 2 年内再次犯罪的可能性就越大。

该系统的运用确实提高了裁判速度，提高了司法效率，但其存在的争议和不足也不容忽视。主要存在以下问题：其一，COMPAS 系统的评估方式与特殊化的审判原则相悖。COMPAS 系统是以群体性特征的数据为基础，对海量数据进行分析归纳，从而总结规律，形成判决结果。但在司法审判活动中，应坚持个案主义，体现法官的主观性，在定罪量刑方面充分考虑案件的特殊性。COMPAS 系统的过度适用，会导致法官对其产生依赖，不利于法官自由裁量权的行使，也不利于案件最终裁量的公正性。其二，COMPAS 系统的算法由于诸多商业原因并未公开，这就导致对其具体的评估机制和算法过程无法进行明晰论证，存在算法不公开性和算法黑箱问题，公众对其裁判评估结果认可度、信任度较低。其三，算法偏见问题的未决性。COMPAS 系统采用的建模方式，是基于群体数据之上，这种将性别、阶级、职业、贫富、种族等因素纳入评估因子的算法势必会存在偏见。这些算法可能是出于最佳意图而开发的，但是在司法实践中，以往判例总是会有意识或无意识地存在一定的性别、种族、职业等偏见。非营利组织 ProPublica 研究 COMPAS 系统发现，这一算法系统性地歧视了黑人，黑人被错误地评估为高犯罪风险的概率是白人的两倍。

二、智能量刑算法现存问题

随着人工智能的进一步发展，尤其是 2012 年后，司法与人工智能的融合愈加深化，智慧司法系统的建设开启了法治建设的新时代，在其发挥积极作用的同时，我们也需要认识到其存在的风险和隐患。智能量刑算法在辅助法治前行的同时，其自身也应受到法律的规制。但是囿于算法的不公开性、跨领域的技术鸿沟、技术革新的快速性，算法的超时代性，对智能量刑算法的法律层面规制还存在诸多困境。

（一）立法的滞后性

法律的发展需要适应时代和社会的发展，但是由于人工智能技术发展迭代过快，以至于对算法的规制方面，法律一直处于滞后的状态。现阶段的法律无法在立法和规范层面予以人工智能的发展较为完备的规制，对于算法的性质、算法的法律主体及其法律关系、功能定位都没有明确的界定。同前文所述，人工智能与法的交叉研究主要有两个方向，即人工智能法律和法律人工智能，对于人工智能的法律规制必然属于人工智能领域，该领域尚且理论界定不明晰，立法不完善，规范不齐全，更何况对于智能量刑算法的法律规制。该问题是法律人工智能的人工智能法律研究，究其本质，就是在法律人工智能层面上探讨对人工智能的规制。由于智能量刑系统的特殊性，其适用于司法领域，辅助司法工作的开展，因此，对于智能量刑算法的法律规制往往被忽略。但其又关乎着司法的公正性和权威性，才更要及时完善该领域的立法，规范其算法在智能量刑过程的应用，以更好地服务于司法审判工作。

（二）智能量刑算法的偏见性

智能量刑算法偏见的产生有众多原因，可能是基于算法设计者自身有意识的偏见导致。也可能是由于算法设计者无意识的偏见导致；人在设计评断机器学习的全过程中，自身的价值观念会自觉不自觉地植入其中，在问题解决的拟转化、数据的收集整理、关键信息的抓取、模型的建立与完善过程中，设计者的主观价值判断会不可避免地融入其中，这就导致了先行偏见的存在。① 也有可能是数据训练过程中产生偏差，无论是机器学习还是深度学习，其算法都是基于程序员选择的数据集来训练的。有了这些训练数据，他们就能识别和利用统计数据中的模式、关联和相关性。例如，通过数千张不同玫瑰和向日葵的图片，可以训练出区分玫瑰和向日葵的算法。这种分类任务相对简单，但将算法应用于基于人类的法庭判决比这错综复杂得多。

---

① 陈建平、邹锋、刘全等：《一种基于生成对抗网络的强化学习算法》，载《计算机科学》2019 年第 10 期。

就智能量刑算法而言，给法官作出量刑建议，算法设计者可以将过去人类针对数千例案件所作出的判决输入系统，但人工智能仅能就此了解到判决的结论。机器没有能力感知到人类在作出这些判决时，是受何其多变量的影响，而理性并不总是占据决策的主导地位，计算机科学家称之为“选择性标签”。人类的偏见是在多年的社会融合、文化积累、媒体影响中学到的。[①] 算法中学习偏见的渗透过程与此类似，就像人类在诞生之初并无偏见，算法本身也是不存在偏见的，但是，如果给定了一个有缺陷的数据集，偏见将不可避免。人类教会了算法根据输入信息和从信息中提取的模式来进行预测。鉴于人类存在着各种各样的偏见，一个表征环境的数据集也同样会表征这些偏见。[②] 从这个意义上说，算法就像镜子：其学习模式反映了我们社会中存在的偏见，无论是显性的还是隐性的。基于上述原因，导致算法设计无法实现既定的向善目标，最终出现算法偏见。

（三）智能量刑算法的不公开性

公开、透明原则一直贯穿于整个法律制度之中，例如听证制度、公开审判、裁判文书的公开等都彰显着司法的公开性，智能量刑系统这一扎根于司法领域的技术，也不可避免地需要贯彻公开透明原则，但是又由于算法的特殊性，致使智能量刑算法的透明程度低，公开难。

1. 算法技术上的公开不能性

设计者设计出一套算法，该算法基于对海量数据的处理进行自主学习，数据导入然后结果输出，然后这其中的过程，并不能为人所知晓，这就是在人工智能领域所谓的“算法黑箱”。举例来说，向人工智能输入 2 + 2 = 4、5 + 5 = 10 以及“ + ”这个算法，让人工智能计算 10 + 10 = ？结果会导出 20，我们可以用大量的数据训练算法让其导出的结果趋于精准，但我们只知道输出了哪些数据和导出何结论，却无法知晓其具体的运算过程，就像上述例子，导出 10 + 10 = 20 这一过程中，人工智能到底是用 5 + 5 + 5 + 5 = 20 还是 2 + 2 + 2 + 2 + 2 + 2 + 2 + 2 + 2 + 2 = 20 得出？在智能量刑算法中，显然其结论导出的过程我们无法知晓。这就产生了由于技术不能性导致的算法黑箱。

---

① 姚直言、赵学龙、戚湧、严悍：《基于先验知识的小样本刑期预测算法研究》，载《计算机技术与发展》2021 年第 2 期。

② 张涛：《论大数据警务及其法律控制》，载《北京科技大学学报（社会科学版）》2020 年第 3 期。

2. 商业属性下的不愿公开

互联网科技公司基于排他性的商业政策、商业价值和利益的考虑，对于可以知晓的部分，技术公司也不会向用户、社会公众公开其算法的目标和意图。技术代码以及机器生成内容的责任归属等信息，对于一个互联网科技公司来说，其人工智能技术是其发展的关键，而算法又是人工智能技术的核心，因此按照商业发展的内核逻辑，算法属商业秘密的范畴，没有哪个互联网科技公司愿意公开。

随着信息技术和人工智能的快速发展，众多司法单位日益依赖于信息技术和智能辅助系统来支撑司法业务的运行和工作的开展。司法部发布的《“数字法治、智慧司法”信息化体系建设指导意见》中明确指出以形成大平台共享、大系统共治、大数据慧治的信息化格局为目标，着力搭建全国司法“一朵云”“两平台”“三入口”的新一代体系架构，持续建设六大类业务系统，构建三大支撑体系。但是，由于信息技术和人工智能的专业性、跨领域交叉学科的技术鸿沟性，导致智慧司法的建设一般都是基于各司法机关和互联网科技公司的合作。司法机关提供裁判案例，予以法律专业咨询，但是对于算法的设计和智能辅助系统的开发是由互联网科技公司主导，算法本身并不为司法机关所知晓、拥有，而是由商业公司所有，其商业性进一步使得智能量刑算法的不公开化，算法不具有公开性，也就无法对其进行评判和监督。

三、智能量刑算法之法律层面的规制方向

法治是被视为国家和社会治理最好的方式，良好的法治环境是国家和社会发展的重要基础。同样人工智能的发展也需要法律层面的指引，尤其是法律人工智能的应用更需要法治为其保驾护航。

（一）对智能量刑算法的立法完善

在立法层面对智能量刑算法确立具体规制之前，应首先确认对其规制的总体原则，在宏观方向上对智能量刑算法的规制予以指引。第一，确立福祉原则，即人工智能的发展应服务于社会共同福祉和利益，其设计与应用须遵循人类社会的基本伦理道德，维护人类的尊严和权利。尤其是在司法领域适用的智能量刑系统，更要确保其算法以人为核心，明确智能量刑算法的辅助性地位，

保障其算法不干预法官的自由裁量权。① 第二，公平公正原则，公平正义这一价值是贯穿于司法全过程的核心，确保智能量刑算法在数据抓取价值倾向的公正，尽可能地弱化算法过程中产生的偏见，以保障司法审判过程中相关利益人的合法权益。第三，解释性原则，即使算法因技术不能、商业利益不愿，做不到完全的公开透明，但是涉及司法公正和公民利益等核心问题，可以要求算法设计者对其数据集、训练过程、模型构建、导出结论予以解释，对其产生的风险和问题予以说明。

尽管目前《网络安全法》《计算机信息系统安全保护条例 》等有关法律法规都有涉及对算法监管的条款 ，但面对智能量刑领域的算法规制目前还是空白，足以说明现行法律对该领域的算法规制针对性、实效性不强。因此，在原则指导之下，追随着技术的迭代革新，我们的立法也应及时完善。在立法层面，对算法的性质、属性、归属、法律关系、责任主体等作出较为明确清晰的界定。② 尤其是对智能量刑算法的归属和责任主体作出明确规定，这有利于进一步推进其算法的公开透明度，有利于对其进行有效的监管。

1. 建立备案审查机制

对互联网科技公司构建的智能量刑系统及其算法的合理性、合法性、正当性进行审查并备案，由司法机关牵头，联合政府和第三方技术评估机构开展对其智能量刑算法安全性和精准度的技术评估。美国学者考尔德等人提出，对于算法的审查评估在一开始就应是其系统设计的一部分，这样才能确保其算法以规范、可控的方式运行。具体而言，从审查与评估的方法上可以采取排除敏感属性的做法。例如，为了防止决策过程中出现种族歧视或性别歧视，对影响决策的因子进行检测，看其中是否含有种族或性别等这些属性信息。

2. 建立监督、纠错机制

我国目前还处于人工智能发展的初级阶段，囿于技术的不成熟，我们要给予其算法一定的容错空间，对智能量刑算法在实践中出现的算法偏见、量刑偏差、量刑结果精准度不高等予以纠错的余地。司法机关在适用其智能量刑系统时，对其结果进行评断并予以科技公司反馈，形成外部监督。而科技公司自

---

① 崔聪聪、许智鑫:《机器学习算法的法律规制》，载《上海交通大学学报（哲学社会科学版)》2020 年第 2 期。

② 汪庆华:《人工智能的法律规制路径：一个框架性讨论》，载《现代法学》2019 年第 2 期。

身，应不断对其系统和算法进行调试，不断完善其内部运行，形成内部监督。构建多方参与的监督纠错模式，强化政府相关部门对智能量刑系统运用的指导、规范、监督，落实算法设计者、系统使用者的责任。一旦出现上述问题，司法机关联合与其合作开发系统的互联网科技公司，共同作出修整完善方案，从数据来源到模型建立，从算法设计到信息抓取，予以全过程纠错，不断完善。

（二）智能量刑算法偏见的弱化

法律要强化基于人类伦理规范的算法模型设计，推动技术伦理的算法导入，促进智能量刑算法逻辑与人类社会价值规范、司法审判原则的持续校准。排除算法自身运行造成的算法偏见之外，对于由于设计者自身价值选择和数据集造成的算法偏见，我们是可以最大程度对其弱化的。

其一，摒除设计者自身的偏见、价值观、意识形态取向，在关键信息抓取、案例摘要生成等阶段，对其进行标签化的操作时，减少设计者的参与，增加法官的介入，让法官基于自己的法律专业知识和判案能力来对关键信息进行抓取，对算法所需的评估因子的合理性进行筛选、判断。除此之外，尽可能在智能量刑算法设计阶段，提高人工智能量刑系统与法官审判价值的人机交互程度，在良好的互动关系中提高算法对于客观、公正等价值的判断精准度。在此基础上，将法官处理类似于公正与效率、人情与法理这样的相应价值矛盾的权衡经验深化融入算法运行中，以在算法设计和运行层面最大程度的弱化算法偏见。

其二，对训练算法的数据集进行“清洁”。由于司法审判具有地方性，不同地域的司法机关，不同级别的司法机关量刑标准多少存有偏差。而审判人员的性别对于案件的量刑也存有不同。而且通常来说，数据抓取的范围是判决书的内容，但是影响法官裁判行为和结果的因素非常多元，判决书中不一定有所体现，这些影响因子在何阶段发挥作用，发挥多少作用都值得深入研究，尽可能多地找寻到案外因素对裁判结果发挥作用的权重对比关系。因此，在对数据进行收集时，应避免地域、性别、职业等因素的影响，尽量收集整合偏差性较少的案件，以此作为数据来源训练算法。同时防止算法对相关人员的个人数据进行过度挖掘、处理从而形成超个人画像，以避免对个体进行歧视性对待。①

---

① 用户画像是产生算法歧视的重要途径，参见 Zarsky, Tal.（2013）. Transparent predictions. University of Illinois Law Review. 2013. p. 428 – 460.

（三）智能量刑算法的公开透明化

在制度层面，建立健全智能量刑算法公开的规范，对智能量刑算法公开的程度、公开的范围、公开的方式、公开的时间节点，确立有针对性、可实现的、灵活的规定。对其算法的公开不仅有利于增强对其算法的监管和保障，也有利于促进司法公正，提高司法权威性，增加社会公众对于司法的信赖。

其一，推进算法公开透明，其路径主要有：算法要素透明、算法程序透明算法背景透明。具体来说，鼓励公开其算法要素，并使用算法决策的系统和机构对算法流程和结果进行解释。从当前国内外的实践来看，算法原理或算法要素的透明化比程序代码的透明化更切实可行。算法原理透明化不纠缠于代码这一过程性的中间环节，体现了目标管理和结果导向的思想。而且算法流程、程序代码居于人工智能最核心的技术，具有商业机密的属性，且其复杂性就算公开，也不能被社会公众所理解知晓，其公开面临的风险和问题更多，公开所达到的价值较小。算法公开化并不意味着实现绝对的、全面的算法公开，全面绝对的公开并不利于算法的演进和发展，由于商业竞争，专利技术等因素的影响，过度的公开会损失科技公司发展的积极性，反而不利于智能量刑算法的发展和完善。其二，在算法公开的基础上加强对智能量刑算法的透明度监督。创新算法监管模式，建立多层级监管体系，政府须依法开展智能量刑产品和服务监管，对开发智能量刑系统的企业、行业应建立相应的算法监管体制，保持公开与监管的协同。

四、智能量刑算法之技术层面的革新路径

理想情况下，机器学习应该综合记录中的大量变量并提供中立、准确的评估。但现实是，机器学习程序使我们的偏见长期存在并有可能放大这种偏见。因此，对于智能量刑算法技术层面的完善，主要体现在两个方向：其一是对于算法偏见的弱化；其二是对于量刑结果精准度的提高。

（一）算法偏见的弱化

传统的文本分类算法通常需要更多的人为干预，需要设计者或具有专业法律知识的人员手动提取特征，这个特征提取结果会直接影响到分类结果的准确性。这一过程中，不可避免地会产生价值倾向和误差，而深度学习算法可以通过自主学习，自动抓取对分类影响力较大的主要特征，以适应更广域的文本资源。因此，用无监督算法替代有监督算法可在一定程度上弱化人产生的有意识或无意识的偏见。所谓有监督学习是机器对具有标签信息的训练样本进行学

习，对训练样本集以外的数据进行分类。① 无监督就是没有标签信息的一个学习过程，来发现训练样本集中的结构性知识。常见的有监督算法包括线性回归、逻辑回归 LR、决策树、支持向量机 SVM 等，无监督算法有聚类算法、PCA 等。有监督和无监督算法的区别是以训练数据有没有标签区分的，而有监督算法中的标签是人予以标记的，在这个过程中，设计人员的参与不可避免地会带有一定的价值偏向。目前大多数智能量刑模型是通过有监督训练生成的，采集的是明显带有人类选择的标签数据。而对于无监督训练，使用不具任何标签的数据，算法必须通过自己对数据进行分类、识别和汇集。虽然这种方法通常比有监督学习慢很多数量级，但这种方法限制了人的参与。因此，在一定程度来说，能够弱化有意识或者无意识的人为偏见，从而避免对数据产生影响，以得到算法偏见更少的智能量刑系统。

（二）量刑结果精准度的提高

细化量刑结果的导出过程，发现对量刑结果精准度影响较大的部分主要在对文本的分类处理和对语义的识别。基于前者，不可避免地会产生量刑偏差，且法律文本本身在一定程度上具有结构相似性，事实描述部分存在很多通用词语，如何对法律文本进行预处理是非常重要也是面临困难较多的。此外，法律文本长度很长，使得任务变得更难处理，机器很难解析一篇很长的事实描述，语义表征也是很复杂的，这也是法律文本明显不同于传统的自然语义处理（NLP）任务之处。本文主要对于影响量刑结果的上述问题作出回应。

1. 语义识别和文本分类的精准化

提高智能量刑系统的语义识别精准度，更精准地抓取判决文书文本的关键词、信息，有效正确对文本进行分类，有利于缩小量刑偏差，促进智能量刑系统结论的准确性。笔者建议可以采取以下算法模型；在数据预处理阶段，使用的 1 - gram 词作为语料库。但在实际中，char 可能包含一些粒度更小的意义，n - gram 词可能可以考虑到词组语义。在数据挖掘中，数据也是一个重要的方面。因此，将这两种方式也考虑进来做一定的组合尝试，可以达到更好的表达

① 卫晨曙：《刑事审判人工智能的权力逻辑》，载《西安交通大学学报（社会科学版）》2021 年第 3 期。

效果，从而提升预测精度。在特征构建阶段，主要挖掘 LDA① 的特征、LSI② 的特征等，基于上述特征，采用模型融合中 stacking ③的思想，使用两层的模型结构。第一层使用传统的机器学习模型 Logistic Regression④、BernoulliNB 和 MultinomialNB 来训练 tf - idf ⑤ 特征，从而学习案件文本中的用词特点；其次还使用神经网络模型来训练 Doc2Vec - DBOW 和 Doc2Vec - DM 生成的文档向量特征，从而学习案件文本中的词语的语义关联信息。第二层使用 Xgboost ⑥ 模型，训练 Word2Vec、统计特征和第一层模型传来的概率特征，从而更深入地学习案件文本与金额类别之间的联系。采用 stacking 的模型融合思想，可以进一步地提升模型预测的准确性和泛化能力。

2. 基于先验知识结合 BP 神经网络缩小量刑偏差

将先验知识信息化、数字化，将其作为虚拟样本加入数据集，并对其进行不断训练强化，运用两层 BP 神经网络进行回归预测，该方法一定程度上可以提高预测的准确度，降低预测刑期的误差。BP 神经网络学习算法目前被视为最成功的神经网络学习算法，其本质是“万能的模型 + 误差修正函数”，每次根据训练得到的结果与预想结果进行误差分析，进而修改权值和阈值，一步一步得到能输出和预想结果一致的模型。⑦

BP 神经网络实质上是实现了一个从输入到输出的映射功能，而数学理论已证明它具有实现任何复杂非线性映射的功能。这使得它特别适合于作出量刑

---

① LDA 即线性判别式分析（Linear Discriminant Analysis，LDA）是一种有效的特征抽取方法。使用这种方法能够使投影后模式样本的类间散布矩阵最大，并且同时类内散布矩阵最小。即模式在该空间中有最佳的可分离性。

② LSI 即潜在语义索引（Latent Semantic Indexing），LSI 是基于奇异值分解（SVD）的方法来得到文本的主题。

③ stacking 就是将一系列模型（也称基模型）的输出结果作为新特征输入到其他模型，这种方法由于实现了模型的层叠，即第一层的模型输出作为第二层模型的输入，第二层模型的输出作为第三层模型的输入，依次类推，最后一层模型输出的结果作为最终结果。

④ 逻辑回归（Logistic Regression）是一种用于解决二分类（0 or 1）问题的机器学习方法，用于估计某种事物的可能性。

⑤ TF - IDF（term frequency - inverse document frequency）是一种用于信息检索与数据挖掘的常用加权技术。

⑥ xgboost 是大规模并行 boosted tree 的工具，它是目前最快最好的开源 boosted tree 工具包，比常见的工具包快 10 倍以上。

⑦ ABU - MOSTAFA Y S. Financial applications of learning from hints [C] Advances in neural information processing systems. Cambridge: MIT Press, 1995: 411 - 418.

判断这种求解内部机制复杂的问题，且该神经元网络能通过学习带正确答案的实例集自动提取“合理的”求解规则，即具有自学习能力。而作为虚拟样本的加入已经信息化的先验知识，进一步强化来 BP 神经网络自主学习深层规律及其本质的能力，弱化了主观判断和大量噪声在训练集中的作用，增强了拟合效果，以达到缩小量刑偏差的目的。

（王丹阳：河北大学法学院）

法治化营商环境司法保障的困境与出路

谢　炜

一、法治化营商环境中的问题及成因

（一）地方保护主义打破市场规则

1. 经济地方保护主义典型案例。案例一：2018 年 1 月，江西省宜春市盐务局、鹰潭市盐务局分别向辖区内各食盐零售店发布《告知书》，要求所有经营食盐的商户要严格执行《食盐专营办法》，从食盐定点批发企业购进食盐，否则予以行政处罚，并具体公布了取得《食盐批发许可证》的企业名单。中盐江西盐化有限公司（简称“江西中盐”）具备在宜春、鹰潭两市经营食盐批发业务的资格，但宜春市盐务局、鹰潭市盐务局在《告知书》中公布取得《食盐批发许可证》的企业名单中不包含江西中盐，并对从江西中盐购进食盐的零售单位进行了行政处罚。① 宜春市盐务局、鹰潭市盐务局向有关食盐零售店公布不全面的市场准入名单，并对从江西中盐购进食盐的零售经营者进行行政处罚的行为，属于典型的经济地方保护主义。

2. 司法地方保护主义典型案例。案例二：2017 年京东就天猫强制要求部分商家电商平台“二选一”的行为，向北京市高级人民法院起诉天猫涉嫌滥用市场支配地位。随后，天猫提出管辖权异议，主张本案应由浙江省高级人民法院审理。北京市高级人民法院裁定驳回天猫提出的管辖权异议。天猫不服，提起上诉。2019 年 7 月 3 日最高人民法院作出的《浙江天猫网络有限公司、浙江天猫技术有限公司滥用市场支配地位纠纷二审民事裁定书》中裁定，北

---

① 《关于发布 2018 年市场监管部门制止滥用行政权力排除、限制竞争行为典型案例的公告》，载国家市场监督管理总局反垄断局，http：//www. samr. gov. cn/fldj/tzgg/qlpc/201903/t20190313_ 291971. html，2020 年 9 月 13 日最后访问。

京高级人民法院对审理京东起诉天猫涉嫌滥用市场支配地位案拥有管辖权。①至此，从 2017 年到 2019 年，京东诉天猫涉嫌“二选一”案历经两年多审理，天猫认为此案应由浙江省高级人民法院审理该案的主张最终被驳回。

案例三：2011 年 8 月 19 日，腾讯向广东省高级人民法院对奇虎在 2010 年“3Q 大战”期间涉嫌不正当竞争提起民事诉讼。被告奇虎公司在应诉时就对该案的管辖权提出异议，被广东省高级人民法院裁定驳回，奇虎又向最高人民法院提起上诉，仍被裁定驳回，最高人民法院维持了广东省高级人民法院的管辖。这起民商事纠纷直到 2012 年 9 月 18 日才正式开庭审理，广东省高级人民法院认定奇虎构成不正当竞争，于 2013 年 5 月 25 日作出一审判决，判令奇虎赔偿腾讯经济损失及合理维权费用 500 万元，并在 360 官方网站及相关媒体上赔礼道歉。②

上述案例表明，地方经济保护主义和保护本地企业的地方司法保护主义仍然存在，不利于形成良好的招商引资氛围，极大地限制了地方经济的发展空间。而究其根本，是因为自改革开放以来，我国一直把 GDP、财税水平作为地方官员政绩考核的重要指标，关系着地方官员的政绩与升迁。短期内，维持地区性行政垄断对地方经济增长存在一定的刺激效应。而由公司所在地的法院审理相关纠纷案件，虽不意味着一定能在该案获得任何优势，但历经一两年只为争夺“地方法院管辖权”，可见地方司法保护主义对民商事案件审理结果具有重要影响。因此，我国亟待构建法治化营商环境司法保障机制，以达到有效遏制地方保护和地方封锁的目的，从而形成更加开放、公平、便利的投资环境。

（二）企业不良行为妨碍市场竞争

案例四：2013 年 2 月，李某某通过创建“零距网商联盟”网站和利用 YY 语音聊天工具建立刷单炒信平台，吸纳淘宝卖家注册账户成为会员，并收取 40 元的平台管理维护费和 300 至 500 元不等的会员费。李某某制定刷单炒信规则与流程，组织及协助会员通过平台发布或接受刷单炒信任务，以在淘宝网上进行虚假交易并给予虚假好评，进而提升淘宝店铺的销量和信誉，欺骗淘宝买家。截至 2014 年 6 月，李某某非法获利 90 余万元。③

---

① 最高人民法院（2019）最高民辖终 130 号文书。

② 最高人民法院（2012）最高民三终字第 3 号文书。

③ 浙江省杭州市余杭区人民法院（2016）浙 0110 刑初 726 号刑事判决书。

由此可见，企业在市场竞争过程中，可能会为了追逐利益而作出不正当竞争或垄断行为，如电商平台“二选一”、网络虚假刷单、恶意抢注商标、收受回扣、商业诋毁等。企业的不正当竞争行为不仅严重破坏市场竞争秩序，而且侵犯了广大消费者的合法权益，亦将导致市场资源的不合理配置。因此，应当提高法治化营商环境司法保障水平，规范市场行为，维护市场秩序，保护经营者与消费者的合法权益。

（三）黑恶势力犯罪扰乱市场经济秩序

案例五：自2007年至2010年3月，杨秀峰等人以骗取、侵占等手段，强行参与株洲市芦淞物资总公司改制，并通过冒用职工身份登记，注册为百强公司改制股东，同时采取殴打、威胁、恐吓等暴力手段逼迫职工股东转让所持股份。至2010年3月15日，杨秀峰等人完成了对全部职工股东的股份收购，独占百强公司，至此，以杨秀峰为组织者、领导者，杨建军等人为骨干成员的黑社会性质组织形成。2009年至2013年期间，该犯罪组织吸纳冯敏、刘亮、李威、伍娅、田仁贵、詹飞龙等成员，进一步壮大实力。为攫取非法利益，该犯罪组织在株洲淞北市场使用暴力及停水、断电、封门、锁芯、灌胶等“软暴力”手段，实施了一系列寻衅滋事、强迫交易、故意伤害等违法犯罪行为，严重干扰、破坏淞北市场经营户的正常经营。2012年至2018年期间，该犯罪组织还多次使用暴力、“软暴力”手段强行收购多家企业资产。从形成至案发，该黑社会性质组织共实施了18起违法犯罪行为，为非作恶，欺压百姓，严重干扰、破坏了经济秩序和社会秩序，造成了极为恶劣的社会影响。①

黑恶势力的违法犯罪行为，不仅严重危害市场经济的健康发展，而且破坏了安全稳定的社会环境。通过完备的司法保障措施打压黑恶势力，有利于依法平等保护各类市场主体合法权益，努力营造稳定、公开、透明、可预期的法治化营商环境。

（四）司法执法效率低影响市场主体合法权益

近年来，像拖欠民工工资的劳动纠纷，购买缺陷产品导致的消费者侵权纠纷，当下备受年轻人青睐的线上消费贷款，先消费后还款而导致超出自身支付能力的借贷纠纷，越来越频繁，但往往由于当事人的法律意识不强、司法资源

① 《实名曝光！株洲市公开宣判3起涉黑案件……最高获刑23年》，载荷塘区人民政府，http://www.hetang.gov.cn/c13815/20200817/i1575778.html，2022年5月11日最后访问日期。

有限、诉讼周期过长等，导致司法效率不高的情况屡见不鲜。因受困企业被迫停产，在等待破产之际其价值遭受严重损失，最终债务人和债权人利益均受到伤害的案例也时有发生。

案件久拖不决、久执不决的状况，一方面因为科学、高效的司法流程尚未真正形成，另一方面由于人为因素，超越法定期限的情况仍然存在，增加了当事人在案件中的诉讼成本，加大了这类冲突与纠纷的负面影响。而拥有公正的司法体系和高效的司法执法效率，有助于从根本上提高配置资源的能力和效率；提供最有利于市场交易的法律制度，能有效地降低交易成本和保护产权，增强竞争力，从而克服自然禀赋和社会资源的不足。根据世界银行发布的《2020 年营商环境报告》，中国在执行合同和办理破产的排名，比同样作为大陆法系国家的日本和韩国明显要落后很多，而这源于中国司法执行和破产清算的周期太长，实现债权的成本偏高，一定程度上影响了市场主体的合法权益。因此，提高执法司法效率是破解法治化营商环境司法保障难题的必经之路。

二、研究法治化营商环境司法保障的内涵解析

（一）商业环境司法保障的定义及研究思路

营商环境的概念来源于世界银行于 2001 年提出的新战略，世界银行集团国际金融公司（IFC）为评价政府监管法规对于商业活动的影响所进行的 Doing Business 项目调查。世界银行营商报告中有法与金融的理论基础，其将企业从创立到较为成熟运营的状态量化评估，利用分级指标，较为细致地评估了营商环境。

而为改善投资和市场环境，营造稳定公平透明、可预期的营商环境，引入法治量化指标，加快建设开放型经济新体制，提供有力司法服务和保障，即为营商环境司法保障之定义。

从司法环境的基本框架出发，思考和总结其中与企业经营和营商环境相关的营商成分，也就是“在法治环境中找营商成分”的思路，从依法规范公权力的法治视角出发，聚焦于司法权力行使影响企业的途径、形式，在司法环境中找寻与“doing business”有关的要素和成分，从而形成营商环境司法保障的研究方向。

探究法治化营商环境司法保障固然应充分借鉴现有营商环境评价体系和法治评价体系，但并不是将现有体系进行简单组合，而要以法治评价体系的框架为基础，思考一般意义上的司法环境指标在营商场景下的特定内容，如公正司

法在营商场景下的具体表现，严格公正文明执法在营商的场景下如何体现，等等。从一般到具体，发掘和归纳与营商范畴密切相关的司法因素，再结合企业具体的司法困难实际，研究适用于中国的法治化营商环境的司法保障措施。

（二）法治化营商环境下的司法保障措施

法治是营商环境的根本保障，而司法保障是优化营商环境中最能体现法治效果的关键，因为司法保障是债权人的合法利益得到有效保护的最后防线。参考世界银行的标准，司法保障对营商环境的影响的评价，以及从 2019 年至今，我国国务院及各地政府推出的《优化营商环境条例》，司法保障可以从两个方面进行分析，分别是合同执行程序和破产处理程序。

1. 合同执行程序。在合同执行的范畴中，主要围绕三个方面进行评价。第一，合同从立案到执行结束的时间；第二，合同执行的成本；第三，合同执行的质量。最终，该部分保障的是当事人约定的合同可以通过法院协助完成的程度。

我国在现时的法律环境中，当事人在交易中发生纠纷时，可以通过诉讼或者约定仲裁的方式解决纠纷，而无论是诉讼或仲裁，到最后执行还是需要回归到法院的配合。

因此，对比各地政府优化营商环境条例可以看出，司法措施均对纠纷解决和判决执行两个部分进行了具体措施改进，希望缩短合同从立案到执行结束的时间。

在多个地方政府的改进中，涉及法院部分改进最多的是上海市颁发的条例。① 在纠纷解决中作出的改进措施主要包括：（1）增加了多元化纠纷解决机制；（2）专业领域建立纠纷解决机制；（3）支持仲裁调解机构加入“一站式”国际商事纠纷多元化解决平台；（4）支持境外仲裁及争议解决机构在临港新片区解决商事、海事、投资领域争议；（5）加强国际商事纠纷审判组织建设；（6）严格遵守民商案件延长审限规定；（7）企业法律文书地址先行确认。可见，以上改变主要从增强裁判团队能力和裁判渠道多元化着手，从而达到缩短对案件审理的时间。同时，上海市颁发的条例②在判决执行的部分也作出了不少改进，包括：（1）执行难源头治理建设；（2）推动执行联动机制；（3）建立鉴定、资产评估、审计等考核规则和标准；（4）支持人民法院查身

① 《上海市优化营商环境条例》第六章，第 66 条、第 67 条、第 68 条。

② 《上海市优化营商环境条例》第六章，第 69 条。

份、财产、不动产、动产、存款、股权、知识产权等信息。从而缩短法院执行时间和查询财产所花费的时间。

北京市颁发的涉及法院部分改进的条例也较多①，纠纷解决方面的主要内容为：（1）支持在京商事仲裁机构和上市调解机构发展；（2）支持加入一站式国际商事纠纷多元化解决平台；（3）鼓励市场主体选择在京解决纠纷；（4）推进繁简分流审理；（5）扩大独任制审理范围；（6）指派技术调查官参与知识产权诉讼。其改进思路与上海一致，也是从增加裁判团队力量和解决渠道两方面进行改进，以缩短纠纷解决时间。此外，在案件执行部分②则作出以下改进：（1）健全司法鉴定、资产评估、审计审价制度；（2）建立健全司法鉴定、资产评估；（3）公安配合车辆查询机制。

2. 破产处理程序。在破产处理程序的范畴中，主要围绕四个方面进行评价。第一，成功重整比例；第二，破产程序时间；第三，程序成本；第四，破产法律框架强度。

在各地条例修改中，对破产处理程序作出了若干规定。上海市的条例③作出的修改包括：（1）完善破产，建立重整识别、预重整等破产拯救机制；（2）破产繁简分流；（3）推进企业破产处置工作；（4）建立重整计划草案；（5）相关部门配合破产管理人查询财产；（6）市破产管理人协会加强行业自律，加大对破产管理人的培训。

而北京市的条例④对此则作出了以下修改，包括：（1）政府部门与人民法院建立破产协调机制；（2）支持破产清算或重整；（3）协调信用修复、注销、社稳；（4）建立重新识别、预重整破产拯救机制；（5）破产繁简分流；（6）建立破产案件财产处置联动机制；（7）加大破产企业职工权益保障力度；（8）破产管理人查询财产权利；（9）健全破产债权人权益；（10）破产管理人协会加强行业自律。

综上，在法治化营商环境的司法保障中，以上海市和北京市为例，均通过改进纠纷解决和判决执行两方面措施，达到缩短合同执行时间的效果；通过规定破产的繁简分流、支持重整和明确破产管理人的财产查询权利、加强破产管

① 《北京市优化营商环境条例》第五章，第69条、第71条。

② 《北京市优化营商环境条例》第五章，第70条。

③ 《上海市优化营商环境条例》第六章，第71条、第72条。

④ 《北京市优化营商环境条例》第五章，第72－74条。

理人的效率，提高破产重整率和缩短破产所需时间，从而打造更好的法治化营商环境，吸引更多投资。

三、国内法治化营商环境司法保障研究实践与域外对比的探索

（一）国内司法保障的研究与实践

1. 研究现状。目前国外对营商环境的探讨更偏向于便利化的视角，域外的营商环境评价体系表面上看并未以法治内容的指标为主，但评价体系的设计者们主要来自西方发达国家和地区，成长于法治相对完善成熟的环境中，故而对法治早已习以为常，无需在专门评价营商环境的指标体系中刻意凸显法治之元素、包涵法治之内容。

将法治量化引入到市场指标评价上来是我国营商环境建设的一大进步，如周泽辉（2013）采用世界银行提供的法律营商环境指标，将一个国家或地区的法律制度水平进行较为全面的衡量。然而，“法治指数”“法治评估”都属于舶来品，国内尚未形成深厚的理论和实践根基。石佑启、陈可翔（2020）认为遵循司法改革主线，通过完善司法联动模式、推进区域司法合作、坚守司法公正审判、构建司法能动机制以及加强智慧司法建设等路径，促进司法服务和保障法治化营商环境建设，实现司法在优化营商环境中的更大作为。① 韩长印（2020）则指出我国针对“办理破产”方面的立法存在分散性和局限性，应加快统一修法并积极探索债权人推荐和法院形式上的审查批准制度等有效举措。② 钱玉文（2020）提出建设我国法治化营商环境的路径及对策：完善立法，在顶层设计上提供制度保障；规范执法，建设法治政府和诚信政府；公正司法，提高法院审判能力助推营商环境法治化。③ 姜明安（2019）认为改进和优化营商环境，我们必须从科学立法、严格执法、公正司法和全民守法四个方面共同发力，推进营商法治环境的优化。④ 袁莉（2018）提出完善营商环境，

① 石佑启、陈可翔：《法治化营商环境建设的司法进路》，载《中外法学》2020 年第 3 期。

② 韩长印：《世界银行“办理破产”指标与我国的应对思路——以“破产框架力度指数”为视角》，载《法学杂志》2020 年第 7 期。

③ 钱玉文：《我国法治化营商环境构建路径探析——以江苏省经验为研究样本》，载《上海财经大学学报》2020 年第 3 期。

④ 姜明安：《新时代法治政府建设与营商环境改善》，载《中共中央党校学报》2019 年第 5 期。

政府除了要构建相关的法律制度规范外，还应在法律制度落实、依法行政和各种所有制经济产权保护、完善法律维权服务、强化营商法律文化等方面作出更多的努力。①

2. 实践探索。2017 年，最高人民法院颁布了《关于充分发挥审判职能作用切实加强产权司法保护的意见》《关于充分发挥审判职能作用为企业家创新创业营造良好法治环境的通知》《关于为改善营商环境提供司法保障的若干意见》，一系列司法文件的出台标志着为营造优良的营商环境，最高人民法院在改善投资和市场环境，加快建设开放型经济新体制方面作出的积极努力和探索。此外，最高人民法院还对现行司法解释和规范性文件中各类产权存在不平等保护的条例进行了全面梳理，并及时修改、补充和完善。2019 年，最高人民法院又围绕强化审判执行破产工作、深化司法体制改革等方式，充分发挥司法职能作用，发布了优化营商环境两个司法解释，为营商环境的司法服务及保障提供更加具体的可操作性的依据。

在此基础上，国家层面出台了《优化营商环境条例》，全国各省份各地区都纷纷出台了适合本区域经济状况和发展水平的法治化营商环境条例或实施意见，其中均涉及“法治保障”的相关内容。具体文件如下：

表 1　国务院及全国各地人大出台的优化营商环境条例

条例名称	生效日期
优化营商环境条例	2020 年 01 月 01 日
上海市优化营商环境条例	2020 年 04 月 10 日
北京市优化营商环境条例	2020 年 04 月 28 日
广西壮族自治区优化营商环境条例	2020 年 07 月 01 日
河北省优化营商环境条例	2018 年 01 月 01 日
山西省优化营商环境条例	2020 年 03 月 01 日
辽宁省优化营商环境条例	2019 年 10 月 01 日
吉林省优化营商环境条例	2019 年 05 月 30 日
黑龙江省优化营商环境条例	2019 年 03 月 01 日
陕西省优化营商环境条例	2018 年 05 月 01 日

① 袁莉：《新时代营商环境法治化建设研究：现状评估与优化路径》，载《学习与探索》2018 年第 11 期。

续表

条例名称	生效日期
阜新市优化营商环境条例	2019 年 03 月 01 日
辽阳市优化营商环境条例	2018 年 02 月 01 日
天津市优化营商环境条例	2019 年 09 月 01 日

表 2　最高人民法院出台的关于营商环境的文件

文件名称	生效日期
最高人民法院关于充分发挥审判职能作用切实加强产权司法保护的意见	2016 年 11 月 28 日
最高人民法院印发《关于为改善营商环境提供司法保障的若干意见》的通知	2017 年 08 月 07 日
最高人民法院关于充分发挥审判职能作用为企业家创新创业营造良好法治环境的通知	2017 年 12 月 29 日
设立知识产权法庭助力世界科技强国建设加大司法保护力度推动营造良好营商环境——最高人民法院相关负责人就《关于知识产权法庭若干问题的规定》答记者问	2018 年 12 月 28 日
最高人民法院民二庭负责人就两个优化营商环境司法解释回答记者提问	2019 年 03 月 28 日
最高人民法院关于修改《最高人民法院关于严格规范民商事案件延长审限和延期开庭问题的规定》的决定	2019 年 03 月 28 日
最高人民法院关于适用《中华人民共和国企业破产法》若干问题的规定（三）	2019 年 03 月 28 日

（二）与域外司法保障的横向对比

从世界银行《2020 年营商环境报告》中观察到，我国的合同执法程序和破产处理程序在全球排名分别是第 5，第 51。而与我国同属于亚洲大陆法系的国家有日本与韩国，日本的破产处理程序排名为全球第 3，韩国的破产处理程序排名为全球第 11，合同执行程序排名为全球第 2。因此本部分将通过图例对我国、日本、韩国进行横向对比，直观反映我国现有司法保障措施的不足，由此获得启发，对我国现存的相关制度加以思考并提出改进路径。

表 3　《2020 年营商环境报告》合同、破产程序中日韩对比

	中国①	日本②	韩国③
合同执行排名	5	50	2
合同执行得分	80.9	65.3	84.1
执行时间（日）	496	360	290
费用（占标的比率）	16.2%	23.4%	12.7%
司法程序指数	16.5	7.5	14.5
破产解决排名	51	3	11
破产解决得分	62.1	90.2	82.9
重整比率	36.9%	92.1%	84.3%
时间（年）	1.7	0.6	1.5
费用（占标的比率）	22%	4.2%	3.5%
破产框架强度	13.5	13	12

以上图表，是对我国和日本、韩国在营商环境报告中的部分内容的摘录整合。不难发现，在合同执行程序上，我国的效率是较高的，排名较靠前。但与此同时，我国的执行时间是最长的，平均需要 496 日。而破产方面，我国无论是在重整比率，还是破产处理所需时间，乃至于费用上，排名都是较为落后的。以下将分别从合同执行程序和破产重整程序的细节进行横向对比，加以阐述。

表 4　《2020 年营商环境报告》合同执行部分中日韩对比

		中国（上海）④	中国（北京）⑤	日本⑥	韩国⑦
执行时间（日）	起诉及送达	35	30	20	20
	审判	210	240	280	150
	强制执行	240	240	60	120

① 《Doing Business Economy Profile China》第 4 页。
② 《Doing Business Economy Profile China》第 4 页。
③ 《Doing Business Economy Profile China》第 4 页。
④ 《Doing Business Economy Profile China》第 93 页。
⑤ 《Doing Business Economy Profile China》第 98 页。
⑥ 《Doing Business Economy Profile China》第 94 页。
⑦ 《Doing Business Economy Profile China》第 57 页。

续表

		中国（上海）	中国（北京）	日本	韩国
费用（占标的比率）	律师费用	7.6%	10%	18.5%	9%
	庭审费用	5%	5%	4.5%	3%
	执行费用	2.5%	2.5%	0.4%	0.7%
司法程序指数（0－18）	法院架构及诉讼程序	5	5	3	3.5
	案件管理	5.5	5.5	1	4
	法院自动化	3	3	1	4
	替代纠纷解决	3	3	2.5	3

表5是我国北京、上海两城市与日本、韩国在具体数据上的比较。我国强制执行时间是240日，远超于日本的60日和韩国的120日，可见，在强制执行程序上，我国还有很大的改善空间。

表5　法官消极对待司法确认制度的原因（可多选）

	中国（北京）①	日本（东京）②	韩国③
公司重整比例	36.9%	92.1%	84.3%
时间（年）	1.7	0.6	1.5
法庭费用（占标的比率）	0.5%	1%	无
律师费用（占标的比率）	5－10%	2%	3%
通知刊登费用（占标的比率）	1%	1%以下	无
破产代表费用（占标的比率）	5－10%	1%	0.5%
专业人员费用（占标的比率）	7%	1%以下	无
拍卖费用（占标的比率）	1－5%	无	无
政府行政费用（占标的比率）	5%	无	无
持续经营	不可以	可以	可以

上表是我国北京与日本东京、韩国在具体数据上的比较。同样，我国在破产解决程序中，无论是公司重整率、破产时间，或是破产费用上，均存在很大改善空间。如公司重整率上，日本和韩国有大部分的公司能从破产重整程序中

① 《Doing Business Economy Profile China》第105页。
② 《Doing Business Economy Profile China》第106页。
③ 《Doing Business Economy Profile China》第64页。

重新恢复而避免破产，但我国企业只要进入了破产程序，大部分都会走向清算的结局，这与破产程序烦琐、程序费用过高有直接关系。

四、优化法治化营商环境司法保障的路径选择

（一）发挥法治共同体合力，助推营商环境法治化

为充分释放市场活力，营造稳定、公平、透明、可预期的营商环境，优化营商环境的法治保障，上海市印发《关于建立上海市优化营商环境法治保障共同体的意见》《上海市优化营商环境法治保障共同体工作实施细则》，建立上海市优化营商环境法治保障共同体，成员单位包括司法机关、人大、政协机关及相关政府部门，还有仲裁机构、研究机构、法学院校、学会协会、律师事务所等专业机构，相关企业代表也在其中。上海市在形成社会各方合力，共同参与优化营商环境活动，增进政府和市场之间的有效沟通等方面作出了有益探索。

法治保障共同体主要针对营商环境中存在的瓶颈与问题，通过联席会议的形式，促使各个成员单位共同研究相关问题的解决方案。如建立涉众型破产案件提前会商机制，探索实行预重整制度，落实破产企业职工权益保障机制，探索研究破产审理工作及相关配套工作机制。发挥政府法院联动机制作用，制定关联企业实质合并破产规则，简化破产程序、降低破产企业处置成本。通过建立联动机制，严厉打击强揽工程、强行装卸、强买强卖、欺行霸市等强迫交易的违法行为，严厉打击行业垄断、商业贿赂、高利贷、非法集资、价格欺诈、虚假广告、电信诈骗等扰乱企业正常经营秩序的违法行为。建立法治共同体，让社会各界共同参与营商环境的治理工作，促进全社会自觉参与营商环境优化行动，共同助推营商环境法治化。

（二）依法保障企业家权益，营造良好法治环境

自改革开放以来，我国市场竞争活跃，不断涌现出大批优秀企业家，他们不仅创造了大批就业岗位，为社会积累了大量财富，而且为促进我国经济发展、增强综合国力作出了重要贡献。

为充分发挥企业家在经济发展中的作用，在切实保护企业家财产权益的同时，也应当注重保护企业家的人身权益。首先，企业家的财产权益既包括知识产权、自主经营权，也包括企业家胜诉权益的实现。尤其要加强对中小股东依法享有的表决权、知情权、利润分配请求权、优先购买权、监督权等权利的司法保护。推动中小投资者涉诉程序事项一次性告知、阶段文书一次性送达、询

问事项一次性解答，确保中小投资者快速兑现胜诉权益。其次，企业家的人身安全得到保护，才能增强企业家的安全感，使企业家安心经营，充分发挥出企业家在促进经济持续平稳健康发展、建设现代化经济体系中的重要作用。此外，通过避免涉企业家产权冤错案件，增强企业家依法维护权益、依法经营的意识，完善保障企业家合法权益的政策制度，从根本上推动形成依法保障企业家合法权益的良好社会氛围。①

（三）转变传统司法观念，建立谦抑执法标准体系

近年来，个别司法机关在办理涉企案件过程中仍然存在严抓严打情况，这在一定程度上影响了企业的健康发展。谦抑执法是指不到万不得已的情况下，司法机关不应当采取较重的处罚，而是尽可能适用较宽的处罚。即以审慎、宽容、善意的执法理念，慎抓、慎捕、慎判，尽可能维护企业正常经营。

转变传统司法观念，建立谦抑执法标准体系。首先，应当强化司法机关执法者“谦抑、审慎、善意”的现代执法理念，这需要加强对谦抑性执法工作的监督，通过“定时、定量、定点”的案件抽查，对个案进行监督评审，以监督促执法，保障谦抑执法的有效开展。其次，应当细化谦抑性执法的适用标准。结合具体情节、明确罪名、量刑建议以及企业状况等情形，建立谦抑性执法的正面清单制度，防止司法权力的滥用。最后，应当建立涉企案件刑事处罚必要性的专项审查机制，对企业高管干部慎用拘留、逮捕等强制措施，办案机关应根据法律规定启动羁押性审查工作，并依法告知羁押必要性审查结果。②通过谦抑执法标准体系的建立，有效保障企业的正常经营。

（四）健全多元解纷机制，提高纠纷解决效率

从世界银行的《2020年营商环境报告》中执行合同、办理破产两个一级指标及相应的23个得分项来看，效率成为世界银行对法院服务保障营商环境的绝对考量标准，加快程序进程、节约诉讼成本及提升当事人的“司法体验”是主要评价方向。③ 健全多元化解纷机制，可以有效提高纠纷解决效率。因

---

① 最高人民法院《关于充分发挥审判职能作用为企业家创新创业营造良好法治环境的通知》法〔2018〕1号。

② 《〈外商投资法〉背景下司法服务保障法治化营商环境的实施路径研究》，载上海市司法局，https：//sfj. sh. gov. cn/qmyfzs_ fzyjcg/20201125/7296c81aba66402bb682a37aa36452aa. html，2022年5月14日最后访问日期。

③ 《关于杭州市打造最佳营商环境司法保障的建议》，载澎湃网，https：//m. thepaper. cn/baijiahao_ 7158103，2022年5月14日最后访问日期。

此，我国应当以商事纠纷化解便利化为导向，在适用程序、解纷效率、法律指导等方面，加强司法机关与调解部门、仲裁机构、公证部门的对接合作，建立健全行业协会商会调解组织。在促进司法机关公正处理案件的同时，积极引导商事主体运用调解、仲裁等方式化解纠纷。首先，在涉企案件中坚持优先适用非诉纠纷解决机制，引导企业以较小成本多渠道、多途径解决矛盾纠纷。其次，司法机关在处理民商事案件中，应当尊重市场规律，缩短审判周期，避免过长审判周期而扰乱企业正常运营。如围绕调解、取证、鉴定、审判、执行等关键环节，着力提升司法效率；出台破产企业不动产处置容缺办理规范，进一步明确规则、标准、程序，提高财产处置效率；明确执行各阶段时间节点，提升执行效率，减少执行时间。再者，司法机关在办理涉企案件中应当遵循平等原则，提高涉企执行案件办理质量，规范执行行为，严禁超标查封，及时兑现胜诉企业合法权益。最后，突出司法裁判的规范指引作用，营造公平、透明、可预期的法治化营商环境，让企业家专心创业、放心投资、安心经营。①

结　语

优化营商环境是以习近平同志为核心的党中央提出的经济发展新方略，也是党的十九大之后“放管服”改革的新目标。积极对标国际一流标准，研究具有中国特色的法治化营商环境司法保障，不仅能够明确现阶段自身发展的状况，还可以直击本地法治化营商环境司法保障存在的不足，以问题促改革，以改革促提升，不断优化市场化、法治化、国际化营商环境，加速建成高质量发展、现代化经济体系。

（谢　炜：株洲市天元区人民法院，湖南省法学会会员）

① 钱玉文：《我国法治化营商环境构建路径探析——以江苏省经验为研究样本》，载《上海财经大学学报》2020年第3期。

“两怀妇女”暂予监外执行监督规范化思考

张 丽

根据刑事诉讼法，检察机关对“两怀妇女”暂予监外执行监督主要涉及三个阶段：一是对暂予监外执行决定的监督，即决定前征求意见，决定后抄送文书的两段式审查的同步检察监督；二是对交付执行的监督，即对“两怀妇女”交付执行、社区矫正的监督；三是对收监执行，符合条件时依法提请、建议收监，裁定收监执行前征求意见，作出收监执行决定后抄送文书及收监执行的监督。检察监督主体主要为对暂予监外执行决定和执行监督的同级人民检察院，监督对象涉及多个部门。

一、“两怀妇女”犯罪相关情况

“两怀妇女”是指怀孕或者正在哺乳自己婴儿的妇女。怀孕的女犯，是指刑事判决、裁定生效时或交付执行后正处在妊娠期。正在哺乳自己婴儿的女犯是指刑事判决、裁定生效时或交付执行后正处在哺乳期（一般是指分娩后一年以内）。[①] 人在任何时候，都只应作为目的，而不能作为实现其他目的的手段。[②]“两怀妇女”以怀孕为手段逃避刑事处罚，以生育为手段获得哺乳期的再次暂予监外执行，暂予监外执行期间再次怀孕逃避刑事处罚，这种情况下出生的婴儿沦为逃避与犯罪的工具。

由于在刑罚执行时未受到实质性的刑罚，怀孕和哺乳的女犯往往不能很好地受到刑罚对她们的惩罚和威慑，也不能较高程度地认识到法律对她们的宽恕

---

① 尚爱国：《暂予监外执行若干争议问题研究》，载《人民检察》2008 年第 7 期。

② 陈庆安：《刑罚人道主义及其相关问题》，载《河南省政法管理干部学院学报》2003 年第 5 期。

和怜悯。社区矫正帮扶教育不到位，导致"两怀妇女"再犯罪率高，法治的权威被损害。对于某些女性惯犯、累犯、毒品再犯而言，一旦实施了犯罪行为，便会让自己怀孕，使怀孕成为自己不被施以实质性刑罚的"护身符"，使收监执行难。现行立法对罪犯母亲权利的关怀与保护异化成为部分人员逃避刑事实质处罚的"挡箭牌"。①

在一些"两怀妇女"暂予监外执行案件中，罪犯亲友铤而走险通过伪造相关怀孕、生育证明材料、试图通过"潜规则""小圈子"获取暂予监外执行。在对"两怀妇女"暂予监外执行决定、收监中，司法工作人员未依法履行自身职责，徇私舞弊帮助罪犯逃避刑事实质处罚，在群众中造成恶劣影响。如某县司法局社区矫正股原负责人林某忠在担任该县司法局社区矫正股负责人期间收受贿赂，伙同他人伪造20多份"两怀妇女"的妊娠检查医学鉴定，帮助罪犯逃避刑罚。

二、"两怀妇女"暂予监外执行难点问题

（一）相关法律规定较为原则，执法标准不统一

《暂予监外执行规定》第18条第4款执行起来导致出现不同的标准。"两怀妇女"暂予监外执行决定一般由人民法院作出，结合《暂予监外执行规定》第13条、第14条、第18条前3款作体系解释，将暂予监外执行决定理解为适用暂予监外执行或者不予暂予监外执行似乎更符合立法原意，也更有利于检察院全面监督。但在司法实践中，人民法院拟作出暂予监外执行决定时才征求人民检察院意见。如果认为案件不宜适用暂予监外执行，也就不存在征求意见了。《人民检察院刑事诉讼规则》出具的意见有不符合暂予监外执行法定条件或者决定前未征求意见违反法定程序两种情形，是否意味着人民检察院同意或没有意见时不需要出具书面检察意见。相较于《暂予监外执行规定》第13条、第14条对监狱、看守所暂予监外执行征求意见，人民法院决定的征求意见仅包含简短的几个字，对"两怀妇女"暂予监外执行征求意见是为书面形式还是口头形式未有表述，征求意见如果为书面形式需要抄送什么材料也未有表述。由此，规定的不明确给检察监督带来了极大的难题。司法实践中有大部分的法院采用电话或者其他形式与捕诉部门检察官提及罪犯暂予监外执行，在

① 何剑锋、叶琦斌：《完善暂予监外执行罪犯适用社区矫正制度的几点思考》，载《中国司法》2018年第8期。

没有得到意见的情况下默认已征求了意见，致使刑事执行检察部门的检察官并未能对暂予监外执行“两怀”状态进行独立的程序或实质上的审查监督。

从全国法院减刑、假释、暂予监外执行网中各地的对“两怀妇女”决定暂予监外执行决定书来看，怀孕、哺乳两种情况区别开来。哺乳期参照《妇女权益保障法》，从小孩出生时起算一年（生育婴儿之日起十二个月），以婴儿的出生证明时间为计算哺乳期起始时间。怀孕的妇女的暂予监外执行遵循自然生理状态，人民法院收到怀孕妇女申请后决定暂予监外执行，关于期限的文书表述有三种，一是仅列明“决定暂予监外执行”；二是“决定暂予监外执行并注明期限自决定暂予监外执行日至妊娠终止之日止”；三是“自怀孕时起至哺乳期结束”，此时一般认为期限自怀孕时起至检查报告预分娩期后一年（哺乳期）内。实践中还存在收到怀孕妇女暂予监外执行申请后暂不制作暂外决定书，在怀孕妇女终止妊娠（生育小孩）后制作暂予监外执行决定书，期限“自暂予监外执行申请之日起至新生儿出生后哺乳期（一年）届满止”。“两怀妇女”暂予监外执行是一个附条件的暂予监外执行，而其中的哺乳期又具有法律拟制的确定期限，人为将其作为两个阶段来区分暂予监外执行的决定，致使实践中对怀孕妇女的保护明显强于对哺乳期妇女的保护。有怀孕如无意外必有哺乳，将怀孕、哺乳作为一个整体性的条款认定似乎更有利于保障女犯的权益。

决定机关与执行机关的交接工作脱节。在司法实践中，交付执行机关与执行机关、执行监督机关信息沟通不顺畅，关联机关各自为政，缺乏定期沟通交流。① 各省对收监材料“三书一表”各有细节不同，给异地收监执行埋下看守所拒收隐患。异地交付（主要是跨省）文书标准不一，对等监督难。如永州市 2021 年 7 月统计暂外“两怀妇女”有 80%（30 人中有 24 人）为决定机关与执行机关异地，23 人为跨省交付执行。如罪犯王某芳暂予监外执行期间到期后刑期未满，该县司法局向作出暂予监外执行决定的异地该区法院（跨省）提出收监执行刑罚的建议，在收监执行决定后前往看守所投监时，由于决定法院邮寄的投监文书无《起诉书副本》《结案登记表》《财产执行情况说明》《收监执行通知书》等交付执行文书，且《刑事判决书》《裁定书》均是复印件，也未加盖公章，看守所因材料不全拒收。异地对等监督局限了异地（特别是跨省）交付执行与收监执行的监督效果。发现法院交付执行中的违法问

① 于天敏：《刑罚执行程序研究》，西南政法大学 2012 年博士学位论文。

题一般通过工作函件向异地检察机关移送线索，由异地检察机关提出纠正意见，但检察官发出工作函件在业绩考核中并不能体现，具体实践中也就出现了当地检察机关基于办案考核及效率的要求跨区域发出监督纠正意见的案例，但反馈效果不佳。

另外，一些基层法院作出决定时并未公示或公示不及时，全国法院减刑、假释、暂予监外执行网数据不全，"两怀妇女"暂予监外执行信息不对称情况严重，对外公示的案件呈现"空段化"，检察机关对人民法院确定前征求意见监督陷入被动。

（二）以怀孕为手段逃避刑罚处罚及脱管问题突出

通过"怀孕"逃避刑罚，难以收监。一是"两怀妇女"掐点怀孕现象突出。如"两怀妇女"廖某婷、黄某花在社区矫正期间掐点怀孕获得再次暂予监外执行。全国法院减刑、假释、暂予监外执行信息网 2014 年 12 月 1 日至 2017 年 3 月 31 日的数据显示，适用暂予监外执行的"两怀妇女"164 人中，怀孕两次以上的有 12 人。① 二是以恶意怀孕方式，逃避刑罚处罚。如顾某玲，因"两怀"暂予监外执行后，2 次在哺乳期临届满时脱逃，被公安机关抓捕送交看守所收监执行，入所体检时发现再次怀孕。

收监中的时间空段"脱管"问题。收监执行监督主要包括提请和决定监督、执行监督。《中华人民共和国社区矫正法》对于"两怀妇女"的收监仅规定人民法院应当在收到建议书后三十日内作出决定，但对于确定期限的哺乳期届满社区矫正机构应予提请收监的，在时间上未做要求。异地提请（尤其是跨省）原社区矫正决定机关时，多出现社区矫正决定机关应当在收到建议书后作出收监决定书前，暂予监外执行决定书期限已满，导致罪犯处于"脱管"状态。如廖某婷、何某女在暂予监外执行期限届满后收监执行决定下发前处于"脱管"状态。自暂予监外执行期满后，罪犯就处于"脱管"状态，其暂予监外执行期满后的时间不应计入刑罚执行期间。余刑应从暂予监外执行期满后第二日起算。部分地区探索保护妇女权益，如《湖南省暂予监外执行实施办法（试行）》第 49 条，规定哺乳期满后提请收监执行。实践中是否应在哺乳期届满前提请，尤其对于跨省交付执行的，提前多久方符合收监执行原则，对于暂予监外执行期限相对确定的提请收监的时间是否有要求，收监及时的原则规定不明确，致使检察监督出现难题。

---

① 许芷浩：《暂予监外执行的实证研究》，载《江西警察学院学报》2017 年第 6 期。

（三）日常管理监督“纸面化”

各基层检察院对人民法院对“两怀妇女”作出暂予监外执行决定前的审查未进入系统办案审查，档案管理不规范等问题突出。即使在系统审查，往往也将其作为事项而非案件进行审查，对其作出决定所依据的原始证据材料如书证等不审查，仅就法院提请审查的法律文书中所列情况作出检察意见书。档案资料不齐全问题突出，罪犯社区矫正档案里对于暂予监外执行的期限、原因填录不全且未能及时更新。

对因“两怀”状态取保候审决定暂予监外执行的审查形式化。妇女“两怀”状态一般在判决生效前与判决生效时、交付执行前处于一个持续性的状态。抓获归案后因其在孕期或哺乳期取保候审，怀孕或哺乳从判决前持续至判决后交付前；女性犯罪人进入刑事诉讼程序时未在孕期或哺乳期，取保候审期间怀孕；对因取保候审导致怀孕或延续取保候审“两怀”状态而在判决后作出暂予监外执行决定的，法官、检察官审查趋于形式化。

对进入本地社区矫正暂予监外执行的“两怀妇女”“虚管”现象突出。《湖南省暂予监外执行规定》规定暂予监外执行社区服刑人员病情诊断（妊娠检查）指定医院，永州市有12所。但从“两怀”妇女在社区矫正中心的档案来看，对其处于怀孕或哺乳状态仅依据作出暂予监外执行决定的相关材料，基层的社区矫正工作人员并未有更新身体检查报告单，对“两怀妇女”身体状态的变化，暂予监外执行法定情况是否消失，未能实时更新、了解、掌握。对“两怀妇女”检察监督依赖社区矫正机构的书面材料，对被监管对象的家庭情况、生活状况、暂予监外执行法定情形是否消失只能依靠被社区矫正对象的主动上报。

（四）对“两怀妇女”监管多重缺位

从日本、德国等国外相关制度来看，对“两怀妇女”大多规定法定情形下的刑罚中止执行或推迟执行制度。除了通过贿赂等非法手段获得暂予监外执行和脱逃的期间不计入执行刑期，只要是满足怀孕、哺乳期法定事由暂予监外执行的均可以抵扣刑期，并无禁止条件及例外情形。

社区矫正工作人员紧缺、任务繁重，在数量和质量上都面临着严重不足的现实困境，而实践中倒逼问责的责任追查压力越来越大。而社区矫正部门碍于其孕期和哺乳期生理特点，往往教育管理缺少着力点，矫正小组在法治、道德、思想、心理等方面的帮扶也局限于“纸面”帮扶，给再次或多次怀孕、哺乳逃避实刑留下了较大空间。

看守所、监狱与社区在收监执行以及社区矫正终止的"衔接配合上，"人口"不畅通，"两怀妇女"往往被看守所、监狱拒收。从现有《刑事诉讼法》《监狱法》《看守所法》《暂予监外执行规定》《社区矫正法》来看，对于收监执行的主体似乎有明确规定，但在实际执行过程中却存在不予收押的情况。对于人民法院而言，其本身没有监管场所，必须将罪犯交由监管场所予以收押，而对于从未移交过监狱执行的罪犯来说，只能交看守所收押，但看守所基于自身监管风险的规避需求，拒绝予以收押。

三、"两怀妇女"暂予监外执行难点问题原因溯源

（一）司法理念更新不及时

在追求实体公正的倾向下忽视程序公正，导致证据"失守"。决定机关对检察机关意见重视不够，导致对"两怀妇女"暂予监外执行监督只是被动、事后的监督，导致检察监督实效大打折扣。检察机关内设机构改革后，基层检察院刑事执行检察人员普遍呈现一人多岗、任务繁重的局面。履行工作职责的标准和要求降低，监督工作演变为"流水化作业"，对于异地的监督不够主动，发现的问题仅按部就班发出纠正违法通知书或检察建议，局限于"对等监督"，对其是否落实则未予关注，以致停留于"形式上"监督。

（二）法律保护与现实的冲突

一是对"两怀妇女"决定暂予监外执行无需进行调查评估，不需要提供保证人，甚至在实践中无需根据罪犯主观悔罪、改造表现等因素来裁定，刑期折抵只取决于因怀孕、哺乳自己婴儿法定事由的出现。一方面体现了对胎儿和婴儿权利的保护，另一方面也体现了对女性被判刑人员作为母亲权利的保护，是基于"尊重和保障人权"理念而设立的。二是监狱、看守所不具备收监条件。将孕妇和哺乳妇女收监执行与《看守所条例》等规定的不予收监情形存在冲突，实践中难以操作。① 由于"两怀妇女"处于特殊的生理状态和需求，一旦收监，之后的产检、分娩问题接踵而至。对于怀孕的妇女而言，因为胎儿需要合适的生长发育环境，其随时有生产的可能，妇女生产后，而婴儿又需要母亲哺乳，需提供专门的关押场所，配备专业人员和医学设备。目前，我国羁押场所缺乏"两怀妇女"收押条件，如缺少医疗设备与医护人员，缺少单独

① 吴云芳、杨宝川：《故意怀孕逃避收监执行的法律问题研究》，载《犯罪与改造研究》2019 年第 11 期。

监管场所，监管人员没有接受过特殊监管培训。

（三）监督主体责任落实不到位

根据刑事诉讼法，检察机关对“两怀妇女”暂予监外执行情况制作的文书包括检察意见书、纠正违法通知书、检察建议书。检察监督是一种提出意见建议的权利，是否“纳谏”完全取决于被建议（提出意见）单位的意愿，没有具体的监督途径和有效的监督措施，检察监督更是疲软，没能发挥理想的监督效果。① 如一些基层检察院发出的检察建议虽然全部采纳，但回复内容比较笼统，对建议要求改进的工作内容没有具体的方法、措施，对个案中存在的违法行为在之后的执行活动中仍时有发生。证据审查流于形式，对相关证据问题没有及时进行核查，缺乏实质审查，“办事”模式向“办案”模式转变不够，在案件审查、档案管理上存在监督管理的盲区，未能实现有效监督。与社区矫正机构、公安机关未实现信息联网，部门间缺乏整体协调，各类信息资源无法有效整合共享，为“两怀妇女”暂予监外执行的同步监督增加了难度。

四、规范“两怀妇女”暂予监外执行的建议

（一）牢固树立正确的司法理念

坚持客观公正立场，要注意处理好打击犯罪和保障人权、程序公正和实体公正、支持配合和监督制约的关系。坚决摒弃“只要监督了，效果如何与我无关”的错误观念，将工作标准从“做没做”提高到“好不好”“优不优”；反向审视检察机关自身在案件办理中是否存在应当发现的问题没有发现、发现问题后未及时纠正等问题，要敢于自我纠错，进一步增强责任感和使命感，将工作方式从“书面审查”转变为“实质性审查”。

（二）强化检察机关监督主体责任

《湖南省社区矫正实施细则》规定的每三个月一次的妊娠检查，可以参照优生优育孕检的时间要求提供相关检查材料。对司法人员的社区矫正工作加强监督与约束，不断拓宽和畅通监督渠道，规范对暂予监外执行罪犯的妊娠检查程序，加强司法工作人员之间的相互监督。完善内部纠查制度。通过定期或不定期检查的方式前往罪犯统一进行妊娠检查的本地几所医院与医生面谈，检查台账等促进规范执法，防止滋生腐败。按照办理案件的方式和标准，细化检察机关在“两怀妇女”暂予监外执行决定及执行等各环节的监督内容和监督

---

① 林睦翔：《论暂予监外执行的检察监督》，载《甘肃社会科学》2006 年第 1 期。

程序。

（三）加强沟通协调，统一司法尺度

构建跨区域检察机关暂予监外执行协作机制；加强公检法司的沟通协调，完善信息共享，形成司法监督合力，构建跨部门司法机关协调工作机制；检察机关要与社区矫正机构建立和完善“两怀妇女”罪犯基础数据核对对接机制，定期核对数据，建立基础数据共享平台，相互纠错机制。及时发现和掌握案件线索和有关信息，提高上述监督工作的证据收集能力和办案效率，真正实现动态监督和同步监督。通过上下联动，内外通报等机制，加强检察机关与监督对象的沟通协调，引导不同机关各司其职、相互配合、相互制约，动态掌握监外执行罪犯变动情况。运用平安建设综治考核，切实保障暂予监外执行检察工作的健康发展，共筑“两怀妇女”暂予监外执行“脱管”的防火墙。

（四）完善监督机制，实现“刚性”监督

加强对检察建议和纠正违法通知书落实情况跟踪督促，建立有影响力个案落实情况向人大汇报，重点检察建议向人大汇报制度等，争取通过人大监督来推动检察建议和纠正违法通知书的落实，并与平安建设综治考核挂起钩来。[①]对“两怀妇女”暂予监外执行案件监督时，将日常的检察监督与查办相关司法工作人员在决定、矫正、收监“两怀妇女”过程中的职务犯罪结合起来，发现背后的犯罪尤其是司法工作人员职务犯罪线索，必要时启动司法人员渎职行为调查，解决“灯下黑”“保护伞”的问题。扬汤止沸，不如去薪，将“两怀妇女”犯罪作为社会治理工作的顽瘴痼疾，做好挽救救助工作，引导司法行政机构社区矫正机构与民政部门、医疗卫生行政部门、卫计部门、基层社会组织、基层妇联、社工、罪犯家属代表召开联席会议就“两怀妇女”的社区矫正成立帮扶小组，在强化财政保障的基础上科学利用经费[②]，对生活困难的督促落实其社会保障和救济，防止其再次走上犯罪道路。

（五）创新监督方式，提升监督实效

提高办理“两怀妇女”决定暂予监外执行决定案件的专业司法素养和执法水平。结合专项整治活动探索执行地县级检察机关派驻＋省内各市州交叉巡回检察，探索跨行政区检察院管辖。将刑罚变更执行法律监督、巡回检察与发

① 周伟：《刑事执行检察的若干问题》，载《人民检察》2013年第24期。

② 北京市石景山区司法局课题调研组：《社会力量参与社区矫正工作的实践与思考——以北京市石景山区为例》，载《中国司法》2018年第3期。

现、查办“两怀妇女”暂予监外执行背后存在的相关司法工作人员职务犯罪结合起来。通过指导性案例对法律规定模糊地带的探索，统一执法标准，作为办案指南引领指导一线办案、解决疑难复杂问题，以促使检察监督工作。

结　语

生育权是人与生俱来的权利，笔者通过对“两怀妇女”暂予监外执行制度落实的实证研究梳理，认为建立阻隔与男性的性接触的关押条件，设立监区医院孕产区，将《中华人民共和国看守所法（公开征求意见稿）》提出的监区医院落到实处，从保障层面将法律规定的“可以”变成司法实践的“可以”，对规范“两怀妇女”暂予监外执行问题意义重大。对“恶意怀孕”有必要予以界定并将其写入“两怀妇女”暂予监外执行刑期计算的禁止条件，更能契合人民对刑事司法实践中的“两怀妇女”暂予监外执行的合理期待，实现刑罚目的，实现真正意义上对妇女的保护。

（张　丽：永州市人民检察院）

企业合规不起诉改革：与认罪认罚从宽的捆绑与解绑

邝山子　张智燊

一、问题的提出

法治是最好的营商环境。最高人民检察院正牵头进行一项平等保护民营企业的重要改革举措：企业合规不起诉制度改革。所谓企业合规不起诉制度，是指检察机关对于那些涉嫌实施犯罪并作出认罪认罚的企业，在其承诺或者实施有效合规管理体系的前提下，对其作出不起诉决定的制度。① 合规不起诉改革是近年来一场意义深远的司法改革。司法机关意识到，对一个企业定罪量刑所产生的影响会涉及其员工、股东、客户、商业伙伴等无辜的第三人，甚至会危及整个社会经济发展，这种“办一个案件搞垮一个企业”的现象会产生一系列不良后果。基于社会公共利益的考量，对涉嫌犯罪的企业采取宽大态度，慎用刑事制裁措施，通过企业合规改革的方式督促企业自我整改，消除犯罪隐患，给予企业“二次生命”，以避免波及大量无辜的善意第三方。

从目前合规不起诉改革的进展情况来看，检察机关进行了卓有成效的改革探索。在试点过程中，检察机关针对企业合规不起诉采用了两种不同的激励模式。一种为“检察建议模式”，即检察机关在审查起诉过程中，对犯罪情节相对轻微且认罪认罚的企业作出相对不起诉决定后，以提出检察建议的方式责令企业建立合规管理体系的制度。另一种为“附条件不起诉模式”，即检察机关在审查起诉过程中设立一定的考察期，对涉嫌犯罪的企业暂时不予起诉，并对企业建立刑事合规的情况进行一段时间的考察，在考察期满后根据企业刑事合

---

① 陈瑞华：《刑事诉讼的合规激励模式》，载《中国法学》2020 年第 6 期。

规体系的建立情况，决定对涉罪企业作出是否起诉决定的制度。

在全面深化改革过程中，应当坚持运用法治思维和法治方式。习近平总书记强调，凡属重大改革，都应当于法有据。① 由于我国现行法律并没有针对企业刑事合规进行实质性调整，检察机关在试点过程中不得不在现有法律框架下引入企业合规机制。2018 年我国《刑事诉讼法》正式确立了认罪认罚从宽制度，刑事诉讼被追诉人若自愿如实供述自己的罪行，承认指控的犯罪事实并愿意接受处罚的，可以依法从宽处理。基于企业合规不起诉与认罪认罚从宽制度都以自愿认罪为适用前提条件，实务中，检察机关在试点过程中多将企业合规不起诉改革与认罪认罚从宽制度相结合适用；理论界，也有诸多学者提出认罪认罚从宽制度的广泛适用是企业合规不起诉改革能在我国顺利推行的制度基础。② 不可否认，认罪认罚从宽制度的适用已在我国奠定了宽严相济法律理念的制度基础，对我国引入企业暂缓起诉制度并进行本土化改造起到良好的示范作用，但两项制度具有完全不同的性质，若将企业合规不起诉制度引入认罪认罚从宽制度的框架之下，将导致认罪认罚从宽制度自身逻辑难以自洽，也会让企业建设合规体系的程序激励不足。

二、企业合规不起诉改革与认罪认罚从宽的捆绑之路

（一）对两制度共性的讨论

认罪认罚从宽制度是近几年我国推行的一项重大刑事司法制度。该制度已在司法实践中得到较为普遍的实施，目前适用该制度的审结人数占同期审结人数的 85% 以上。③ 认罪认罚从宽制度体现了协商性司法理念，激励被追诉人主动自愿认罪认罚，使大量案件得以快速处理。其不仅兼顾了公正与效率，还实

---

① 《正确把握全面深化改革的总目标和基本要求》，载求是网，http://www.qstheory.cn/dukan/qs/2018-09/14/c_1123429045.htm，2022 年 3 月 30 日最后访问日期。

② 持此观点的代表学者有：李本灿：《认罪认罚从宽处理机制的完善：企业犯罪视角的展开》，载《法学评论》2018 年第 3 期；赵恒：《涉罪企业认罪认罚从宽制度研究》，载《法学》2020 年第 4 期；李玉华：《以合规为核心的企业认罪认罚从宽制度》，载《浙江工商大学学报》2021 年第 1 期；刘少军：《企业合规不起诉制度本土化的可能及其限度》，载《法学杂志》2021 年第 1 期。

③ 2021 年《最高检发布 1 月至 9 月全国检察机关主要办案数据》，载中华人民共和国最高检察院，https://www.spp.gov.cn/spp/xwfbh/wsfbt/202110/t20211018_5323，2022 年 5 月 14 日最后访问日期。

现了社会效益、经济效益司法效益相统一。企业合规不起诉制度也是协商性司法理念的产物，其与认罪认罚从宽制度存在一定共性。

其一，两制度都体现了协商性司法的合作理念。从全球刑事司法变革动态来看，刑事诉讼活动由对抗走向合作已成为一种流行趋势。我国认罪认罚从宽制度、刑事和解制度都是协商性司法的具体表现形式。在审查起诉阶段，在检察机关主导下，被追诉人、律师与检察官进行沟通协商，强调诉讼合作下的控辩协作。我国《刑事诉讼法》第173条的订立，将“提出意见”这一协商方式成为我国独特的控辩量刑协商模式。在认罪认罚案件中，因为被追诉人自愿认罪认罚，控辩双方都能获得相应的诉讼利益，呈现“双赢”结果，这符合合作型司法的基本特征。被追诉人认罪后，其实体上量刑可能从轻，程序上也将减少讼累。基于认罪认罚案件办理程序被简化，诉讼效率得到了提升，司法资源也得到了合理配置，同时司法机关工作人员的工作量也得以减轻。在企业合规不起诉制度中，仅通过检察机关或执法监管部门，无法在企业内部形成有效的合规管理体系并完成对企业的“出罪化改造”。其中许多工作都需要涉案企业与检察机关、调查执法部门或独立监管人之间积极、主动地相互配合，如企业内部合规调查、将第三方经营活动纳入合规监控体系、合规风险定期报告等。部分单位犯罪由于发生的较为隐蔽，证据难以获取，且涉及的知识专业性较强，查处难度很大。企业合规不起诉以“企业成功出罪”为激励目标，激励企业积极配合公安司法机关调查，进行企业内部调查并切割企业与主要负责人之间的责任，这无不减轻了公安司法机关对疑难案件的调查难度，提高司法效率。通过放弃公诉的承诺，激励涉案企业推行合规管理计划的制度，体现出了一种“互利共赢”的协商性司法合作理念。

其二，两制度都是全面贯彻我国宽严相济刑事政策的重要举措。宽严相济刑事政策是我国的基本刑事政策，政策要求根据犯罪案件的具体情况，做到“该宽则宽，当严则严，宽严相济，罚当其罚”。“从宽处理”就是宽严相济刑事政策较为具体的体现。目前，我国要在刑事法领域保护民营企业要求严格区分经济犯罪与民事纠纷，严禁将民事纠纷当作经济犯罪案件立案；对于涉案的民营企业家能不拘留就不拘留，能不逮捕就不逮捕，能不起诉就不起诉；对于涉案民营企业的财产尽量不查扣冻结。① 以上表明，我国从刑事实体法与程序法上对民营企业的保护以及对涉罪企业从宽处理的理念。

① 左坚卫：《涉产权刑事申诉案件的法律适用》，载《人民检察》2018年第17期。

其三，两制度都以是否自愿认罪作为适用的前提条件。被追诉人是否自愿认罪认罚，是认罪认罚从宽制度能否启动的关键。若被追诉人选择认罪认罚，他会得到“从宽”的处理结果，反之则无法享受“从宽”处理这一收益。同时，被追诉人应当真诚、自愿地认罪认罚，而不应在强迫、威胁、引诱之下违心认罪，若自愿性无法得以保障，认罪认罚从宽制度将成为冤假错案的温床。① 我国在探索企业合规不起诉改革过程中，对于认罪认罚、具有强烈合规意愿，并愿意采取积极补救措施的涉案企业，检察机关都对其进行了合规考察，适用了企业合规不起诉制度。② 从域外经验来看，几乎所有推行“暂缓起诉协议制度”的国家，都将涉罪企业是否自愿认罪作为对其进行合规监管的前提条件。③

（二）实务中将两制度捆绑适用的具体情况

从改革试点发布的各项文件以及实务运行情况来看，“涉案企业是否认罪认罚”已作为其能否适用各项刑事合规措施，并获得“不起诉”这一从宽结果的前提条件。2021年最高人民检察院、司法部、财政部等部门④共同研究制定了《关于建立涉案企业合规第三方监督评估机制的指导意见（试行）》（以下简称《指导意见》），该《指导意见》第4条规定，若涉案的企业、个人认罪认罚，“试点地区人民检察院可以根据案件情况适用本指导意见”。虽然该条规定并非强制要求将“涉案企业、个人认罪认罚”作为企业适用第三方监督评估机制的前提条件，但是以指导意见的形式将“认罪认罚”这一适用条件明确进行列举，也体现出了中央对于认罪认罚从宽和企业合规两制度捆绑适用的立法性倡导。

地方在试点过程中出台的相关文件也体现了两制度的相互捆绑。如2020年12月16日辽宁省人民检察院、辽宁省市场监督管理局、辽宁省地方金融监

---

① 李洪杰：《认罪自愿性的实证考察》，载《国家检察官学院学报》2017年第6期。

② 陈瑞华：《企业合规出罪的三种模式》，载《比较法研究》2021年第3期。

③ 陈瑞华：《企业合规不起诉制度研究》，载《中国刑事法杂志》2021年第1期。

④ 最高人民检察院、司法部、财政部、生态环境部、国务院国有资产监督管理委员会、国家税务总局、国家市场监督管理总局、全国工商联、中国国际贸易促进委员会。

管局等十个部门[①]共同发布的《关于建立涉罪企业合规考察制度的意见》中，第6条规定了涉罪企业进行合规考察制度的适用条件，该条要求涉罪企业及其直接负责的主管人员和其他直接责任人员必须自愿认罪认罚。同时，第11条还要求涉罪企业及直接负责的主管人员和其他直接责任人员应当在辩护人或值班律师在场的情况下签署认罪认罚具结书和接受考察承诺书，否则将不对企业启动合规考察。[②] 显而易见，在辽宁省试点过程中，企业认罪认罚是其适用合规考察的唯一启动条件，而非条件之一。苏州市检察机关在试点过程中，将“企业是否在涉案前进行有效合规体系建设”，作为认罪认罚从宽制度下体现认罪悔罪态度的重要情节。企业犯罪后，其积极推进合规建设就是认罪认罚的主要表现，检察机关在对其合规有效性进行审查后，可以在认罪认罚从宽的幅度内，给予企业从宽处理。可以看出，苏州市检察机关这一试点探索，将企业合规作为单位主体适用认罪认罚从宽制度的具体表现形式，也就是说，其将企业合规考察不起诉制度完全纳入了认罪认罚从宽制度之中。

（三）对两制度捆绑适用的正向讨论

首先，认罪认罚从宽制度贯穿于整个刑事诉讼活动之中，理应平等适用于所有犯罪主体。有学者认为，企业作为单位犯罪的主体，也应当作为适用认罪认罚从宽制度的主体。同时，是否选择适用认罪认罚从宽程序，是被告人的一种权利，被告人有不认罪认罚的权利，也有选择认罪认罚并获得从宽处理的权利。[③] 基于此，作为被告人的涉案企业，在卷入刑事诉讼程序时也应当有权选择是否适用认罪认罚从宽制度。

其次，企业认罪认罚可以显著提高司法效率。有学者提出，企业的不法行为通常具有较高的隐蔽性、复杂性和技术性。同时，企业犯罪中的身份确定以及犯罪主观状态的确定，往往存在难以克服的证据障碍，这一点在大型企业中

---

① 十个部门分别是：辽宁省人民检察院、辽宁省市场监督管理局、辽宁省地方金融监督管理局、辽宁省生态环境厅、辽宁省自然资源厅、国家税务总局辽宁省税务局、中华人民共和国沈阳海关、中华人民共和国大连海关、中国银行保险监督管理委员会辽宁监管局、中国银行保险监督管理委员会大连监管局。

② 《辽宁省人民检察院等十机关关于建立涉罪企业合规考察制度的意见》，2020年12月16日辽宁省人民检察院发布。

③ 李勇：《企业附条件不起诉的立法建议》，载《中国刑事法杂志》2021年第2期。

尤为明显。① 在证人可靠性方面，企业犯罪中的证人大多是企业职员，与企业本身就是利益共同体，这些证人证言的证明力也有待考证。针对企业犯罪这种难以侦破、调查和起诉的特点，有必要构建企业认罪认罚从宽处理机制，让企业认罪认罚、自我揭弊，真诚配合，这样既能让企业获得从宽的处理，也能让司法机关提高办案效率，节约司法资源。

最后，涉案民营企业家的“从宽”处理，需要正当性基础。认罪认罚从宽制度中，实现“从宽”之结果的前提在于被追诉人自愿“认罪认罚”，也就是说，只有在被追诉人认罪认罚后，对其施以“从宽”的结果才具有正当性。因此，有学者表示，“认罪认罚”应当被作为保护民营企业刑事司法政策正当性的有力回应。② 由于部分中小微企业没有建立现代的企业治理结构，其产权结构不明晰，民营企业家的命运与企业的命运紧紧联系在一起，对企业家追究刑事责任，会对其企业生产经营造成严重损害。因此，对民营企业的刑事司法保护不仅要体现在对企业自身的保护，有时应当延伸至对民营企业家的保护。对于涉案民营企业家个人的从宽处理，就应当依照我国《刑事诉讼法》第 15 条规定的认罪认罚从宽原则即其他相关配套制度为依托，即将民营企业家自愿认罪认罚作为其从宽处理的正当依据，而不能仅仅因为涉案对象是民营企业家就直接对其从宽处理，这样的结果难以让人信服，甚至会让民众产生“法律保护富人”的质疑。

尽管上述观点均有合理之处，但这并不代表企业合规不起诉制度就可以直接归入认罪认罚从宽制度的“麾下”。认罪认罚从宽制度在适用范围上确实可以适用于刑事诉讼全阶段，在适用对象上也没有明确禁止不能适用于单位主体，但若将企业合规不起诉制度纳入其中，难以发挥对企业刑事合规的程序激励作用。由于认罪认罚从宽制度的从宽范围有限，且其从宽量刑情节不得叠加使用，这会导致企业刑事合规陷入尴尬的局面：最高人民检察院现在正积极贯彻“少捕慎诉慎押”刑事司法政策③，对于中小微企业涉嫌实施的轻微犯罪案

---

① 李本灿：《认罪认罚从宽处理机制的完善：企业犯罪视角的展开》，载《法学评论》2018 年第 3 期。

② 李玉华：《以合规为核心的企业认罪认罚从宽制度》，载《浙江工商大学学报》2021 年第 1 期。

③ 《少捕慎诉慎押 最高检释放强烈信号》，载中华人民共和国最高人民检察院，https：//www. spp. gov. cn/zdgz/202110/t20211018_ 532408. shtml，2022 年 3 月 30 日最后访问日期。

件，直接适用相对不起诉制度即可，何必再多此一举要求企业认罪认罚并进行合规整改呢？对于可能判处三年有期徒刑以上刑罚的单位犯罪案件，检察机关不可能直接对其适用相对不起诉，只能在提起公诉时建议法院作出宽大的刑事处罚。这种做法对于涉案企业是难以产生合规激励的。而且，将企业合规不起诉制度作为一个单独的刑事制度，这与让涉案民营企业家适用认罪认罚从宽制度并不冲突。在民营企业涉嫌犯罪后，企业可以通过企业合规不起诉制度实现合理出罪，同时民营企业家也可以适用认罪认罚从宽制度获得从宽处理。

三、企业合规不起诉改革与认罪认罚从宽的解绑之由

（一）两制度的价值目标不同

“公正为本，效率优先”是认罪认罚从宽制度的核心价值取向。① 该制度推行的主要目的在于解决我国案多人少的矛盾。中国刑法立法观已日益转向积极主义，重视通过刑法规范来引导个体参与社会管理，这导致刑事案件数量不断持续增长。② 认罪认罚从宽制度能以尽可能少的诉讼成本，在尽可能短的时间内，解决尽可能多的刑事案件，让有限的司法资源得以有效的配置。

企业合规不起诉制度的主要价值目标在于督促企业进行合规整改，使企业改造经营方式和商业模式，让企业“合理出罪”，避免“水漾效应”③ 并最终有效实现犯罪的预防效果。④ 在督促企业进行合规整改、建立有效合规体系的过程中，要求企业应当积极配合执法部门的调查活动，积极开展企业合规内部调查，并采取赔偿被害人、补缴税款等挽救措施，对因犯罪所造成的法益损害进行修复和补救，同时避免因惩罚企业导致波及无辜的第三人。因此，从报应论的角度对企业进行严厉的惩罚，其所导致的后果可能就如水漾一般，波及社会各面。若涉案企业已对犯罪破坏的法益进行了全方位的修复，其所造成的社会危害性已降到了最低，继续对企业定罪判刑是毫无意义的，甚至是动摇社会

---

① 陈卫东：《认罪认罚从宽制度研究》，载《中国法学》2016 年第 2 期。

② 魏晓娜：《完善认罪认罚从宽制度：中国语境下的关键词展开》，载《法学研究》2016 年第 4 期。

③ 所谓“水漾效应”即一旦追究企业刑事责任，其后果可能会像水池中的水漾出来一样，波及员工、投资人、客户等无辜第三人，导致大量人员失业，甚至导致社会经济动荡。

④ 陈瑞华：《企业合规不起诉改革的八大争议问题》，载《中国法律评论》2021 年第 4 期。

稳定的。对企业犯罪治理的目标应当在于帮助其“认识到错误，并重新回归社会”，企业重新回归社会的方式就是建立有效的合规体系并从事合规的业务，以实现企业经营的“去犯罪化”。这样既起到了犯罪预防作用、教育作用，还能保障其他善意第三人的权益甚至整个社会经济的秩序。

还需强调的是，企业合规整改需要投入大量的时间、金钱以及司法资源。企业合规不起诉制度中，对于企业需要设置一定的合规考察期，在这一期限内由监管机关或独立监管人对企业合规整改情况进行监控。域外相关制度针对企业设置的考察期可以长达3年。① 在美国“反洗钱——汇丰银行案”中，美国司法部将暂缓起诉期设定为5年之久。② 现阶段我国各试点地区也基本将考察期设定在6个月至12个月③，在考察期间，检察机关或执法监督部门还需要对企业合规整改进行反复的评估。按照认罪认罚从宽的制度逻辑，公安、司法机关应当在尽可能短的时间内办结案件。而从企业合规不起诉制度的逻辑出发，检察机关应当设置较长的考察期，以给涉案企业充足的时间建立或完善其合规管理体系，从而保障企业进行实质性整改，实现有效防范合规风险。因此，企业合规不起诉制度与认罪认罚从宽制度所追求的“公正为本，效率优先”价值可谓是毫不相干。认罪认罚从宽制度要求尽快处理案件，这根本没有企业合规考察的适用空间。企业合规不起诉制度真正追求的是对企业经营模式的改造，以实现有效的犯罪预防，同时尽量确保无辜的第三人不会受到波及。在整改过程中所耗费的昂贵“成本”，与认罪认罚从宽制度的“提高诉讼效率、合理配置司法资源”价值导向背道而驰。

（二）两制度所体现的合作理念范畴不同

企业合规不起诉改革中的合作理念，实际上已超出了传统涉罪自然人与检察机关之间控辩合作理念的范畴。企业事先有无建立内部合规管理体系，是其能否在涉案后完成与关联人员刑事责任切割的关键。陈瑞华教授从刑事实体法与程序法角度，将企业出罪总结为三个模式：④

一是主观过错免除模式，即企业通过在事发前建立和实施了旨在预防违法

① 陈瑞华：《法国〈萨宾第二法案〉与刑事合规问题》，载《中国律师》2019年第5期。

② 招商集团有限公司：《“一带一路”和境外投资法律合规手册：美国分册》，法律出版社2017年版，第121页。

③ 陈瑞华：《刑事诉讼的合规激励模式》，载《中国法学》2020年第6期。

④ 陈瑞华：《企业合规出罪的三种模式》，载《比较法研究》2021年第3期。

违规行为的合规管理计划，以证明自身对于关联人员实施的犯罪行为不存在主观过错，从而免除其刑事责任。我国2017年兰州雀巢案就是典型代表。该案中，雀巢公司以其内部治理结构中明文禁止员工发放免费奶粉样品、禁止向医务人员提供物质奖励等规定作为抗辩事由，将单位责任与员工个人责任进行切割，并最终得到了法院的支持。①

二是法定管理义务履行模式，即在法律确立“失职性犯罪”的前提下，企业在事发前已建立或实施了合规管理体系，并以此证明其履行了法律所规定的监督和管理义务，从而免除自身刑事责任。我国刑法设立的“拒不履行信息网络安全管理义务罪”存在这一模式的影子。若单位内部人员或第三方合作伙伴利用单位管理的信息网络实施犯罪，企业作为网络服务提供者没有建立合规体系，经监管部门责令采取改正措施而拒不整改的，则可能构成该罪。当然，企业可以提出证据证明，其在此之前已履行了法律规定的信息网络安全管理义务、建立了内部合规体系，以此作为无罪抗辩事由完成出罪。

三是合规考察免责模式，即已经构成犯罪的涉案企业，在责令其积极配合、有效补救的基础上，将其纳入合规考察对象，在考察期内建立并推行有效的合规计划后，对其作出不起诉决定，完成出罪。这种模式从刑事程序法角度出发，激励企业进行合规建设。根据域外以及我国试点的实务经验来看，在涉案前已有内部合规体系的企业更易获得检察机关对其量刑或程序上的宽待。如通过考察欧美国家暂缓起诉协议或不起诉协议的条款可知，一般而言，企业已经建立合规管理体系，是检察机关与其达成协议的前提条件之一，若一个企业从来没有建立过合规管理计划，其要与检察机关达成协议的可能性是很低的。还可以看到，根据美国《组织量刑指南》的规定，为预防企业违法违规乃至犯罪行为，执法机关在对企业施以罚金处罚的同时，会对那些建立合规计划的企业给予适当奖励。② 再如，前文提及我国试点地方针对企业合规不起诉进行了两种模式的探索，即检察建议模式与附条件不起诉模式。但不论适用哪种模式，检察机关在直接作出检察建议或作出将企业纳入合规考察对象决定之前，一定会对涉案企业进行调查核实活动，以判断其主要合规风险以及社会危险性。而对比在涉案之前就已进行了合规管理的企业一定比没有做过任何合规管理的企业的社会危险性更小，更易推行合规整改工作，检察机关决定对其作出

① 陈瑞华：《合规无罪抗辩第一案》，载《中国律师》2020年第5期。

② 陈瑞华：《论企业合规的性质》，载《浙江工商大学学报》2021年第1期。

不起诉决定的概率也一定更大。毕竟，检察机关推行企业合规整改的目的不是为了单纯办案，而是督促企业有效整改，完成出罪，由此产生的辐射效力会推动所有相关企业重视企业合规经营，建立健全有效的合规管理体系，最终优化整个经商环境。

可以看出，企业合规不起诉制度所包含的合作理念，不仅包括刑事诉讼启动后的各项协商、合作活动，还延伸至进入企业日常的经营管理，即企业在遭受刑事追诉之前自发进行的内部违法犯罪风险防控活动之中。然而，认罪认罚从宽制度的合作理念范畴仅存在于刑事诉讼活动之中，包括刑事诉讼各阶段被追诉人自愿认罪认罚、审查起诉阶段控辩双方平等协商以及自愿认罪认罚后不再行使其反悔权等。相对企业合规不起诉制度，认罪认罚从宽制度的合作理念范畴更狭窄。

（三）将企业合规不起诉纳入认罪认罚从宽将导致激励不足

起诉一个公司，就等于宣告它的死亡。域外企业暂缓起诉制度之所以越来越多地被提倡和适用，其原因在于传统实体法上的刑罚减免激励已不足以推动企业合规。对于涉案企业而言，在进入刑事诉讼程序，接受公安、司法机关调查后，最严重的后果并非被处以罚款或者罚金，而是被定罪导致特定的经营资格被限制或者被剥夺，如失去特许经营资格、与政府部门交易的资格、上市资格等。这不仅将使企业遭受重大经济损失，还会让企业面临社会声誉上的严重损失，这无异于间接宣告企业的“死刑”。

然而，认罪认罚从宽制度中检察机关对认罪认罚的犯罪嫌疑人作出不起诉决定的，仅占适用该制度办理案件总人数的11.3%①，有近九成的案件都会进入审判阶段，由法院最终作出从轻处罚。受罪刑法定原则、罪刑均衡原则的约束，认罪认罚从宽制度所能给被追诉人提供的从宽幅度并不大。认罪认罚只能作为从轻量刑情节，且其从宽幅度介于坦白与自首之间，同时还不能重复评价量刑情节。因此若对企业适用认罪认罚从宽制度，最终结果也只能在法定从宽幅度内从轻处罚，并不能对企业产生较强的制度激励作用。在实务中，确实出现了办案机关无法满足涉案企业案件办理实际需要，难以为企业提供制度激励的情况：某一案件在审查起诉阶段时，该企业的直接责任人均表示自愿认罪认

① 张军：《最高人民检察院关于人民检察院适用认罪认罚从宽制度情况的报告——2020年10月15日在第十三届全国人民代表大会常务委员会第二十二次会议上》，载《检察日报》2020年10月17日，第2版。

罚，并签署了认罪认罚具结书。但在正式开庭前，该企业表示反悔并撤回认罪认罚，其撤回理由并非否认被指控的犯罪事实，而是出于对将来企业生产经营的考虑。因为若获得有罪判决，企业将会失去招投标等准入资格。① 反观企业合规不起诉制度，其本质是企业的合规出罪，在对涉案企业经过考察后，对于成功建立有效合规管理体系的企业，由检察机关最终作出不起诉的决定，以避免企业最终被定罪判刑的法律后果。这种出罪化激励机制效果要远远大于从宽幅度有限的认罪认罚从宽制度。

四、建立独立的企业合规不起诉制度

（一）适用对象与适用案件范围

在适用对象方面，主要问题在于企业合规不起诉制度是否能适用于单位犯罪直接责任人员。对于部分中小微企业，其生死存亡很大程度上依赖于企业负责人、管理人或主要技术人员。一些地方检察机关在试点过程中，出台的相关文件也表示合规考察既适用于企业，也同时适用于重要生产经营人员。② 但笔者认为，单位犯罪直接责任人不应适用企业合规不起诉制度。首先，“企业合规”是针对企业合规风险建立的一套自我监督和自我防控机制③，并非“企业家的合规”。企业合规机制的实施，本就在于有效地分割企业与其主管人员、高管甚至被投资并购方的责任，以最大限度地保护企业利益。其次，企业合规管理的过程还包括自我披露因素和自我内部调查过程，这通常包含了对违法违规工作人员的举报与惩戒。从这个角度来看，企业合规整改不仅不会带来保护涉案企业主要负责人的结果，反而有可能追究直接负责人的刑事责任。最后，若自然人也能适用合规不起诉制度，那么滥用职权、谋求私利的直接责任人便有将企业当作犯罪工具的可能。对于民营企业家等直接责任人员的保护，可以适用认罪认罚从宽制度，在一定限度范围内对其从宽处理。在实体法方面，综合考虑其认罪悔罪态度、社会危险性等因素，给予最大范围内量刑从宽。在程序法方面，尽量对其适用非羁押措施、适用简易或速裁程序以尽快结案，减少讼累。

---

① 赵恒：《涉罪企业认罪认罚从宽制度研究》，载《法学》2020年第4期。

② 《辽宁省人民检察院等十机关关于建立涉罪企业合规考察制度的意见》，2020年12月16日辽宁省人民检察院发布，第4条。

③ 陈瑞华：《企业合规不起诉制度研究》，载《中国刑事法杂志》2021年第1期。

在适用案件范围方面，应当延伸至较为严重的单位犯罪案件。美国和欧洲国家经常对涉嫌严重罪行的企业适用暂缓起诉协议或不起诉协议。例如Facebook与谷歌强迫用户同意共享个人数据案①，纽约南区检察办公室与法国兴业银行案②等等。这些涉案企业都与检察机关签订了和解协议，并最终形成了有效的企业合规管理体系，成功完成"出罪"。相对于轻微单位犯罪案件，重大单位犯罪案件更有必要进行企业合规考察，更有必要帮助企业建立合规管理体系。因此，我们应当将适用案件范围拓展至较为严重的单位犯罪案件。目前，试点的检察机关将合规考察对象主要限定在对责任人可能判处三年有期徒刑以下刑罚的单位犯罪案件。其理由在于，一方面企业合规不起诉制度还处于改革试点初期，为保障改革能够稳妥、顺利地进行，将适用案件范围限定在轻微案件中不会存在太大风险。另一方面受传统单位犯罪理论影响，双罚制下对单位直接责任人追究刑事责任以单位构成犯罪为前提，若企业不构成犯罪，则无法追究直接责任人员的刑事责任。而合规不起诉改革旨在单位犯罪案件中"放过企业"，只追究直接责任人的责任，两者存在明显冲突。在轻微犯罪中，对单位与主要责任人员能适用相对不起诉制度，一起完成"出罪"。但对于涉嫌贿赂、洗钱、欺诈等，显然不属于"轻微刑事案件"的企业，依据刑事诉讼法通常都具备了起诉条件，在让涉案企业成功出罪后，应如何追究主要责任人员的刑事责任呢？

对于此问题，只要将单位责任与主要责任人员责任加以分离便可解决。一方面，我国刑法规定中，单位犯罪单罚制意味着主要人员责任与企业责任的分离，目前刑法设立的单罚制罪名共有10个③，这意味着我国法律在事实上已经存在单独追究主要责任人员刑事责任的制度。另一方面，我国可以借鉴"企业独立意志理论"。传统单位犯罪理论认为单位并不具备独立意志，只能依靠自然人的意志对单位进行归责。企业独立意志理论是一种新型的企业刑事归责理论，其将企业视为一个具有独立法律人格的有机体。在公司治理结构越来越完善的今天，只要是经过股东大会决议机制、董事会表决机制、企业依法

---

① 李玉华：《我国企业合规的刑事诉讼激励》，载《比较法研究》2020年第1期。

② 陈瑞华：《企业合规视野下的暂缓起诉协议制度》，载《比较法研究》2020年第1期。

③ 这10个单罚制罪名分别是：重大劳动安全事故罪、工程重大安全事故罪、教育设施重大安全事故罪、消防责任事故罪、违规披露/不披露重要信息罪、妨害清算罪、虚假破产罪、雇佣童工从事危重劳动罪、私分国有资产罪、私分罚没财物罪。

授权或事后确认等形式实施的行为，都应视为企业的独立意志。[①] 企业的独立意志能通过合规计划予以体现，对违法犯罪行为制定了完善的禁止规定和有效的防范措施，就能体现企业拒绝接受违法犯罪行为的主观意志，若企业员工实施了违法犯罪行为，企业与员工的意志就实现了分离。因此，结合现阶段试点做法，对于责任人可能判处三年有期徒刑以下的轻微单位犯罪案件，只要企业作出合规整改承诺、提交整改计划，检察机关认为符合条件的，在适用相对不起诉制度后发出包含整改意见的检察建议即可。同时，适用案件范围也应当延伸至较重单位犯罪，对于责任人可能判处三年有期徒刑以上的案件，企业合规意愿较强，检察机关认为符合条件的，应当作出附条件不起诉的决定并设置一定的考察期，在企业建立有效合规计划后决定不起诉，帮助企业完成“出罪”。

（二）合规监管模式

对于适用附条件不起诉模式的单位犯罪案件，在考察期内应当设置合理的监管模式对企业合规情况进行监督和考察。从目前试点情况来看，各地检察机关设立了多种不同的监管模式，如深圳市南山区人民检察院采取了检察机关主导监管模式，即检察机关设立负责合规监管的专项人员，由该专项人员全程参与企业合规监管，协助检察官完成监督考察工作；深圳市宝安区人民检察院采取了独立监管人模式，即检察机关责令涉案企业自行聘请外部监管人名录中的律师事务所、会计师事务所、税务师事务所开展企业合规工作；浙江省宁波市人民检察院采取了行政部门监管模式，即检察机关委托行政部门对企业合规情况进行监管。[②] 这三种模式各有优劣。检察机关主导模式下检察官可以直接无障碍地对企业进行全流程监管，避免了信息差。但检察机关直接监管对其人力物力都是极大考验。同时，企业合规计划与公司治理息息相关，可能涉及企业管理、金融等一系列专业知识，检察官可能难以胜任监管工作。独立监管人模式可以有效借助外部专业力量，保障了企业合规监管的专业性。但是，在独立监管人模式下，外部监管人与企业容易产生利益勾连，检察机关面临着如何有效监管外部监管人的问题。行政部门监管模式下，行政监管部门对于其特定领域的监管法规十分熟悉，且行政监管部门本身就负有监督企业的责任，对于合

① 陈瑞华：《企业合规不起诉改革的八大争议问题》，载《中国法律评论》2021年第4期。

② 陈瑞华：《企业合规不起诉制度研究》，载《中国刑事法杂志》2021年第1期。

规监管的权威性有较强保障。然而，检察机关与行政机关并非隶属关系，检察机关委托行政部门进行合规监管可能会导致工作积极性不高，合规形式化的问题。

笔者认为，独立监管人模式更易施行。首先，检察机关主导模式中，缺乏人力物力以及工作能力的问题，需要通过财政拨款和培养跨学科人才的方式予以实现，这在短时间内是难以解决的。其次，行政部门监管模式下，要解决行政机关工作积极性的问题，会涉及我国政权组织形式的设置方式，这也较为困难。对比之下，加强对独立监管人的监管是更为有效和可行的一条路。在独立监管人模式中，保障监管人中立性的关键在于避免让企业与监管人产生利益牵连。工资报酬的支付是最直接利益关系的体现。检察机关需要保证独立监管人的工资报酬不经过企业直接支付。在具体实务中，检察机关可以根据市场标准以及考察期长短制定合规监管费用标准，由涉案企业将合规考察需要支付的监管人费用交至检察机关统一设立的银行账户，再由检察机关向独立监管人发放报酬，以尽可能保障企业与独立监管人不产生利益关系，进而保障独立监管人的中立性与独立性。

（三）合规计划有效性的判断标准

企业只有建立并实施了有效的合规计划才能获得“出罪资格”，对于合规计划的有效性，应当制定相关标准。从域外各国经验来看，只要企业合规计划满足了客观量化的评价标准，就可以承认其有效。除了建立基本的合规计划有效性评判标准，各国大都出台了细致的合规计划评价标准和合规计划范本，同时这些评价标准和合规计划范本都具有专项化特征①，如针对商业贿赂犯罪、环境污染犯罪或走私犯罪的合规内容设定不同标准。

美国司法部将评判刑事合规计划有效性分为三个方面：首先，企业合规计划设计是否完整，其中包括且不限于风险评估系统、企业内部规则和程序、企业内部交流培训、秘密的举报和调查程序、对相关第三人的监管、对合并与收购对象的尽职调查。其次，企业合规计划是否有足够的资源全力支持，这要求企业投入足够的人力物力，还要求企业中高层管理者对合规计划的支持。最后，企业合规计划在实践中能否有效运行，要求企业定期对合规计划进行评估

① 陶朗逍：《民营企业刑事合规的解构与展望》，载《浙江工商大学学报》2021 年第 1 期。

和检查并及时更新。①

英国司法部颁布的《2010 年贿赂罪法适用指南》中规定了反贿赂合规计划有效性的 6 项原则：一是相称程序，即企业为预防个人实施贿赂行为所制定的程序应当与企业可能面临的商业风险、企业的性质、规模相称；二是高层参与，即企业高层应当承诺致力于预防与企业相关的个人贿赂行为，他们应当在企业内部表达对贿赂行为零容忍的态度；三是风险评估，即企业对其可能面临的潜在外部或内部贿赂风险，应当定期地进行评估并文字记录；四是尽职调查，即在个人需代表企业或为企业提供服务的情境下，企业应当采取适当的方式进行尽职调查，以减轻贿赂风险；五是交流培训，即企业通过内部交流与培训的方式，让预防贿赂行为融入企业文化并为全体工作人员所理解；六是监督和检查，即对预防个人贿赂的程序进行定期的监督与评估。②

湖南建工集团合规体系给我们提供了诚信合规体系建立的参考价值。2013 年湖南建工集团在一个由世界银行资助的道路翻修项目中，提交了虚假竞标材料，被世界银行定义为欺诈行为并予以制裁。为挽回声誉、减少损失并解除制裁，湖南建工集团通过三年时间建立了有效的诚信合规体系：第一，其在企业内部颁布了合规政策和程序，制定并颁布了《诚信合规政策和程序》，构建了一套完整的合规工作机制；第二，其重新建立了合规组织体系，设置了直接隶属于董事会的诚信合规委员会，并将原法务部改为法律合规部，对集团诚信合规体系进行监管；第三，组织合规培训，每位员工必须每年定期接受合规培训；第四，对商业伙伴等相关第三人加强合规管理，在与第三方合作之前，对第三方进行尽职调查并要求其签署《合规证书》等文件；第五，开展合规风险评估，由诚信合规委员会定期对各部门、子公司、分公司进行评估检查；第六，组织合规审计，集团审计部每年对《诚信合规政策和程序》进行合规审计；第七，建立内部举报制度，鼓励员工对不符合规计划政策的行为进行举报；第八，全面配合世界银行的合规审查与监督，接受世界银行的整改意见。③

借鉴域外经验，我国在制定合规计划有效性标准时，可以在设立基本原则

① 陶朗逍：《民营企业刑事合规的解构与展望》，载《浙江工商大学学报》2021 年第 1 期。

② 周振杰、赖祎婧：《合规计划有效性的具体判断：以英国 SG 案为例》，载《法律适用》2018 年第 14 期。

③ 陈瑞华：《湖南建工的合规体系》，载《中国律师》2019 年第 11 期。

的前提下，针对各专项犯罪设立专门的合规计划评价标准。综合上述实例，合规计划有效性的判断标准不外乎对公司治理结构予以改变后，在犯罪行为发生前积极预防，在犯罪行为发生后积极处理。因此，对合规计划有效性的判断可以以“危机行为发生”为时间节点，将有效性标准分为两大部分：一是着眼于特定领域的专项合规风险预防，包括建立完整的内部合规政策与程序、企业高层的积极参与、对员工的尽职培训、对合作伙伴等第三人的尽职调查、对合规计划的定期评估。二是在危机行为发生后的合规危机应对，包括配合司法机关调查、企业内部积极调查、建立内部举报制度、针对危机行为对合规计划进行更新。

结 语

认罪认罚从宽制度是一种引入了控辩协商的快速诉讼程序，体现了对自愿认罪、真诚悔罪的被追诉人加以宽大处理的精神。而针对单位犯罪出罪化的企业合规不起诉制度，应当具有独立的诉讼程序。以涉案企业积极配合司法机关调查、积极采取补救措施、严格处理主要负责人、制定有效的合规管理体系为前提，对涉案企业进行评估调查后，由检察机关作出检察建议，或设置一定的合规考察期，在帮助企业进行有效合规整改，消除商业模式中的犯罪因素，实现“去犯罪化”改造。若将企业合规不起诉制度纳入认罪认罚从宽制度之中，会导致认罪认罚从宽自身的制度逻辑难以自洽，也会让企业在推进合规管理体系建设方面缺乏足够的动力。现阶段我国企业合规不起诉制度还处在探索研究阶段，望检察机关能在试点过程中不断总结经验，勇于试错，发现制度的形成规律，并探索出一套切实有效的本土化刑事合规机制。

（邝山子　张智燊：湘潭大学法学院）

审视民营企业刑事风险与构建刑事合规体系研究

周璐莹

伴随着现代经济的飞速发展，越来越多的企业开始走向国际市场，而这巨大商机的背后也隐藏着不容忽视的风险。寻求利益最大化的企业面对国际舞台游走于法律“灰色地带”的经营方式必然招致灭顶之灾，随着企业经营管理朝着复杂化趋势发展，集合了现代化犯罪治理理念和积极的犯罪预防理论的新的公司治理方式——企业合规应运而生。① 自2018年中兴通讯事件之后②，发达国家普遍适用的企业合规建设引发我国政府和企业的高度关注，我国相关部门以迅雷不及掩耳之势发布了相关指导性文件，2018年12月26日，发布了倡导企业以合规经营价值观为导向的《企业境外经营合规管理指引》，明确了企业合规管理制度，提升企业合规管理水平。《中央企业合规管理指引（施

① 陈瑞华：《企业合规制度的三个维度——比较法视野下的分析》，载《比较法研究》2019年第3期。

② 2018年4月16日，美国商务部指称中兴通讯呈交美国政府函件中作出虚假陈述，激活了“七年禁售”的贸易禁令，几乎使中兴通讯遭遇“灭顶之灾”，中兴公司主要经营活动已无法进行。2018年5月22日，特朗普在白宫会见媒体时表示，作为放松对该公司长达七年禁令的条件，初步确定对中兴通讯处以13亿美元巨额罚款以及更换公司领导层和董事会的处罚。2018年5月25日，美国商务部就解除对中兴通讯的销售禁令通报美国国会，美国商务部拟有条件解除限制美国公司向中兴通讯出售配件和软件产品的禁令。2018年6月7日，美国商务部正式宣布已与中国中兴通讯公司达成新和解协议。美将撤销对中兴的封杀禁令。2018年7月12日，美国商务部表示将在中兴向美国支付保证金之后解除对中兴商业往来的禁令。中兴通讯除了付出10亿美元罚金外加4亿美元保证金的经济代价之外，还要接受30天内企业改组、美国合规小组入驻进行企业合规建设等条件。

行)》于2018年11月2日正式发布，加强了对中央企业合规管控。但对合规计划的引导着重强调国有企业的行政治理，民营企业却在刑事合规制度中成为“遗忘的角落”。面对此种情形，2020年通过的《中华人民共和国刑法修正案(十一)》(以下简称《刑法修正案（十一)》) 以刑事立法的方式更为积极的应对民营企业的刑事犯罪，对民营企业内部的侵害财产的犯罪、侵犯商业秘密犯罪、职务犯罪等罪名进行修正，从而加大了对民营企业犯罪的防控与惩治，为推动民营经济健康保驾护航。[①] 虽然《刑法修正案（十一)》针对民营企业犯罪进行细化，但目前为止尚未出台民营企业刑事合规内容的规范性文件，而民营企业刑事合规缺乏制度规范也成为刑事合规体系构建的“致命伤”。[②] 企业刑事合规的基本内涵就是实现企业对刑事犯罪风险的防控，因此企业合规制度不仅需要依赖刑事法律规范的外部制约，也需要加强企业的内部刑事防控，这也是企业刑事合规的核心要义。目前，企业刑事合规已经成为全球经济发展背景下的主流态势，而我国推动民营企业构建刑事合规体系情势紧迫。刑事合规制度不仅能够提升民营企业的自治能力，也能通过低成本的合规机制收获预防犯罪的高成果收益。此外，刑事合规制度将司法机关与社会参与相融合，为民营企业风险预防和责任承担开辟了协商治理模式，充分发挥了刑事合规制度的内在的犯罪预防和外在的协商治理的独特价值。[③] 对此，企业真正实现民营企业刑事合规体系的构建应当立足实证研究，从民营企业的刑事风险现状出发，分析整合目前民营企业刑事合规风险的主要类型以及风险成因，从而制定对应性解决方案。

一、民营企业刑事风险现状

与高度规范化的国有企业不同，以利益为导向的民营企业往往采用压缩经营管理成本的方式最大程度的谋求经营收益，这也是刑事合规管理在民营企业不受重视的重要原因。在经济迅猛发展、国际贸易成为一般趋势的今天，无论是何种类型的企业都应当对刑事风险提高警惕，实现对刑事风险的防控。民营企业的刑事风险不同于一般的经营风险，而是指民营企业在设立、经营以及退

① 周光权:《论通过增设轻罪实现妥当的处罚——积极刑法立法观的再阐释》，载《比较法研究》2020第6期。

② 李本灿:《刑事合规理念的国内法表达——以中兴通讯事件为切入点》，载《法律科学（西北政法大学学报)》2018年第6期。

③ 马明亮:《作为犯罪治理方式的企业合规》，载《政法论坛》2020年第3期。

出等经营管理过程中，其经营管理行为违反刑法而应当承担刑事责任的可能性。① 虽然民营企业在发展过程中所面临的风险较多，但目前刑法风险是经营风险中的重点。对此只有分析民营企业所面临的刑事风险现状，才能深入探究风险产生的原因，实现对症下药。

（一）民营企业所面临刑事风险的具体表现

一般而言，由于民营企业本身具备的私人属性，以压缩成本而追求实效的经营方式很难积极进行成本较高的企业刑事合规，因此实践中民营企业因经营行为违反刑事法律而遭受灭顶之灾的例子比比皆是。尽管企业在经营过程中存在资金周转、融资问题、经营管理等风险，但刑事风险却是尤为突出，特别是在刑事合规意识淡薄的民营企业中形势更为严峻。从现有刑事立法来看，我国民营企业可能涉及的罪名多达五十余个，无论是民营企业内部的职务犯罪还是企业整体的融资、税务、税务犯罪，与这些行为紧密相连的罪名犹如高悬的“达摩克利斯之剑”，只待民营企业具备犯罪行为时落下。虽然与民营企业相关的罪名诸多，在此仅对其中较为突出的刑事风险所涉及的罪名进行分析。

第一，民营企业融资经营的刑事风险，以非法吸收公众存款罪、非法经营罪为典型。民营企业与国有企业不同，在生产经营过程中必须通过各种渠道为企业的生产经营注入资金动力，而现有的融资制度有限，严重限制了民营企业的注资渠道，“融资难”问题突出，因此在生产经营过程中部分民营企业会通过不当手段进行融资。现有刑事规范对非法集资的规定过于模糊，部分合理融资行为纳入不合法的行为判断之中，无形之中提升了民营企业的融资风险。此外，除企业融资以外，民间借贷也受到立法规制。借贷业务一直被列入国家金融监管范畴，企业间借贷因缺乏法律依据而难以得到常态化发展。若民营企业以放贷作为企业主要经营活动和收入方式，会导致企业经营方式和业务的改变，若尚未经金融监管部门批准，相关民营企业则会陷入非法经营的困境之中。

第二，民营企业税收征管的刑事风险，以虚开增值税专用发票罪、逃税罪为典型。虽然我国自 2016 年推行税收改革，但经济活动中交易途径复杂多样，票款混乱现象突出。实践中因规范不清而将虚开增值税专用发票行为纳入犯罪领域，忽视了主观恶性和危害性，因此民营企业中普遍的虚开增值税专用发票

① 张旭光：《民营企业家刑事风险综合防控研究——以山西省民营企业犯罪为视角》，载《山西高等学校社会科学学报》2021 年第 5 期。

行为加大了民营企业的刑事风险。此外，民营企业由于法律观念不足，在税务管理方面相对欠缺，欠税漏税行为时有发生，虽然该行为尚未构成犯罪，但若不加制止，则会发展为逃税行为，构成犯罪。而民营企业的趋利属性使得其在经营过程中对税收征管较为懈怠，甚至产生逃避缴纳税款的行为，从而产生刑事风险。①

第三，民营企业腐败犯罪的刑事风险，以行贿罪、单位行贿罪、挪用资金罪、职务侵占罪、非国家工作人员受贿罪为典型。民营企业因内部监管不到位，加之内部员工法律意识淡薄，往往违背职业操守和企业规范。滥用职权谋求私利，随意侵占民营企业财产或者挪用民营企业资金，在国有企业中当然构成犯罪，在民营企业中也会构成相应的职务侵占罪或挪用资金罪。此外，民营企业在经营活动中因业务等原因常常与国家工作人员产生交集，民营企业在不具备竞争优势且心存侥幸的情况下往往为谋取不正当利益对国家工作人员给予好处或者回礼，一旦越轨就构成犯罪。现代经济社会中，民营企业之间或者与公共部门交往所产生的商业交集激发了本就存在差异的竞争优势的激励争夺，在公关交往过程中不可避免地夹杂越界行为，在政商结合以及权钱交易成为经营常态后，受贿与行贿就会难以遏制。而民营企业在公关交往中进行利益输送的高发性，使得腐败犯罪成为民营企业刑事风险的重灾区，行贿罪、单位行贿罪、非国家工作人员受贿罪等刑事风险大幅提高。②

（二）民营企业刑事风险的总体情况

在《企业家刑事风险分析报告（2014—2018）》中，民营企业家犯罪总数占据2018年企业家犯罪总数的89.29%，数量庞大，令人震惊。此外数据显示，2014—2018年间民营企业罪名涉及范围与所犯罪名的频次均大于国有企业，由此可见民营企业一直处于刑事风险的漩涡之中。③ 民营企业涉案风险较多，涵盖企业架构与治理、投资融资、资产处置、合同管理、环境侵权、知识

① 卢勤忠：《民营企业的刑事合规及刑事法风险防范探析》，载《法学论坛》2020年第4期。

② 张远煌、赵炜佳：《民营企业行贿犯罪的特征与成因分析》，载《江西社会科学》2019年第5期。

③ 张远煌：《企业家刑事风险分析报告（2014—2018）》，载《河南警察学院学报》2019年第4期。

产权等多种类型。① 2014—2018 年民营企业触犯罪名多达 34 种，以非法吸收公众存款罪和腐败犯罪为高发罪名。一般而言，融资属于企业正常经营活动，但民营企业触犯频次最高的非法吸收公众存款罪明显反映了民营企业在经营过程中的“融资难”问题。此外，根据历年统计数据显示，民营企业中腐败犯罪罪名范围扩大，频次明显提高，民营企业家所面临的行贿风险显著提升。作为近年来民营企业犯罪的高频罪名，腐败犯罪应当成为民营企业刑事合规防控的重中之重。从近年来犯罪企业家职务来看，犯罪民营企业家以企业负责人为首位，虽然财务负责人、技术负责人、销售（采购）负责人以及其他部门负责人等职务位居其次，但与占比 79.6% 的企业负责人相比，仍是小巫见大巫。总体而言，民营企业刑事犯罪总数在企业刑事犯罪总数中占比近九成，其刑事风险可见一斑。从民营企业涉及罪名范围和频次来看，融资类型犯罪和腐败犯罪是民营企业刑事风险的高发罪名，其也应当成为民营企业刑事风险防控的焦点。从犯罪民营企业家职务来看，各职务之间差距较大，企业主要负责人以占比七成占据绝对地位，其他职务则因企业结构等因素的不同而存在犯罪差异。

从上述企业家刑事风险分析可以看出，与国有企业相比，民营企业面临较高的刑事风险。首先，刑事风险本身就具有普遍性，任何类型的企业从设立到最终结束都面临着刑事风险。且与行政领域和民事领域不同，民营企业一旦踏入刑事领域的“雷池”，其所承担的刑事责任对民营企业来说可谓是灾难性的。民营企业的刑事风险不仅仅涉及企业自身利益，对于国家利益和社会利益也是一种损失，甚至会剥夺企业家的人身自由。因此，刑事风险对于企业，特别是民营企业来说是灾难性的，任何环节稍有不慎都可能遭受灭顶之灾。其次，刑事风险具有隐藏性。虽然民营企业在经营管理过程中会因各种不合规操作而埋下刑事风险的炸弹，但一般不会立即爆发，只有在犯罪条件都具备的情况下才会由刑事风险隐患发展为刑事犯罪。由此可见刑事风险具备一定的隐藏性，在风险隐患形成之后往往存在潜伏期，也正是如此导致疲于追求利润最大化的民营企业家心存侥幸，忽视了对刑事风险的防控。此外，刑事风险因涉及领域、涉及范围、爆发时间等不确定性和责任严厉性成为民营企业所面临风险种类中最为严峻的一种。民营企业一旦面对刑事风险所导致的刑事责任时，企业和相关人员都难以逃脱，甚至政府部门也会被追究监管失职的责任。除责任

① 张志军：《中国企业刑事合规风险的基本样态及其防控基准——基于 2439 份生效裁判文书的实证研究》，载《法治论坛》2019 年第 4 期。

主体之外，责任类型方面也具有多维特征，在刑事责任以外也会因情况不同追究相应的行政责任和民事责任。①

二、民营企业刑事风险症结之所在

企业在经营管理各个环节中存在刑事风险这一点无可厚非，但从上述相关数据来看，无论是罪名范围、触犯频次还是刑罚处置，民营企业所面临的刑事风险都远超国有企业。因此分析企业刑事风险产生的原因，应当将矛头对准民营企业刑事合规风险，从外因和内因两方面解读民营企业刑事风险症结之所在，通过审视我国民营企业犯罪的原因，为刑事合规体系构建提供实证前提。②

（一）涉及民营企业刑事合规的刑法规范缺失

刑事合规是为避免企业或者员工不合规行为给企业造成刑事责任，从国家层面通过刑事政策激励企业制定执行符合刑法规范的计划或者措施，以刑法标准防控刑事风险。因此，刑事合规不仅仅浮于形式，而是通过符合刑法规范的理念基础作为理性内核，从而形成跨学科内容和多维度管控的刑事风险预防方式。③ 因此，刑事合规的推进本身需要借助外部推动，但制度的缺失以及刑法保护的偏离使得本就缺乏积极性的民营企业在风险防范领域更是松懈，从而陷入刑事风险的困境之中。

其一，刑法对民营经济存在保护偏离的倾向。自 2004 年《宪法》施行以来，我国对非公有制经济采用鼓励、支持和引导的方式进行监管。但民营经济的刑法保护与非公有制经济的宪法地位一直存在脱节，主要表现为立法缺失和保护不公的情况。例如，国有企业或者单位违反规定以单位明确私分国有资产的，可以认定为私分国有资产罪，但民营企业私分非国有资产的却无法可依；对于性质相同的行为因为犯罪对象不同，则因公私之别在构成要件、刑罚设置、追诉要求等方面进行差异设置。而这种对民营经济刑事立法保护的不足，极易引发司法实践中的不公平待遇，以民营企业经济受损保护不力和公权力介入不当扩大罪名追究民营企业责任为典型，如此一来，不仅挫伤了民营企业对

---

① 张旭光：《民营企业家刑事风险综合防控研究——以山西省民营企业犯罪为视角》，载《山西高等学校社会科学学报》2021 年第 5 期。

② 马明亮：《作为犯罪治理方式的企业合规》，载《政法论坛》2020 年第 3 期。

③ 孙国祥：《刑事合规的刑法教义学思考》，载《东方法学》2020 年第 5 期。

刑法保护的信心，也影响了整体经济的良性运作。①

其二，刑法的非理性干预导致民营企业刑事风险的提高。较高的融资难度和较重的税务压力是民营企业发展过程中所面临的生产难题，国有企业先天的借贷优势使得民营企业在市场竞争中落后一步，而融资渠道的有限性和严格性使得民营企业的融资更为紧张，由此引发了民企的越轨倾向。面对民营企业不规范行为，特别是在合法与非法以及不法行为与刑事犯罪行为的模糊地带，司法机关往往按照刑事犯罪进行处理，不仅不当提升了民营企业的刑事风险，还因刑法适用不当影响市场竞争积极性。例如非法吸收公众存款罪未对资金用途进行规定，若中小型民营企业出于融资需求吸收资金，只要出现群体性亏损情况，就难逃非法吸收公众存款罪的刑事责任，即使是进行正常生产经营，按照2010年最高人民法院颁布的《关于审理非法集资刑事案件具体应用法律若干问题的解释》也需要以清退所吸收资金为前提，其中正常生产经营活动的认定标准的缺失赋予了司法机关较大的裁量权，也在一定程度上加剧了民营企业的刑事风险。② 由此可见，虽然民营企业在发展过程中不可避免地存在刑事风险，但外部刑事风险多是由制度性保障缺失所诱发的。

（二）民营企业的刑事合规风险防控机能存在不足

除制度设置的缺失之外，民营企业内部规范性不足所引发的刑事合规犯罪机能的有效性也是引发刑事风险的重要原因，而这种民营企业的内部制约和监督恰恰是刑事合规的核心要义。

其一，民营企业内部规范性不足，这是造成诸多刑事风险的重要原因。我国对单位犯罪主体限定为法律规定的公司、企业、事业单位、机关团体，其中事业单位、机关团体由于其产生和管理交由公权力，因此犯罪率较低。在诸多单位犯罪主体中，国有企业规范严格，犯罪概率相对较小，而民营企业因参与市场竞争及商业活动，其在经营过程中具备高度的独立性和自主意识，这就为刑事风险留下了可乘之机。许多民营企业都存在企业结构模式不完善、管理设计不合理、权力配置不规范等缺陷。民营企业在经营过程中独具优势的管理独立和自主经营在企业规范领域却是极为不利，因企业管理力度不足，诸多民营

① 张旭光：《民营企业家刑事风险综合防控研究——以山西省民营企业犯罪为视角》，载《山西高等学校社会科学学报》2021年第5期。

② 卢勤忠：《民营企业的刑事合规及刑事法风险防范探析》，载《法学论坛》2020年第4期。

企业特别是中小型民营企业的刑事合规防范意识不足。企业结构模式不规范导致民营企业负责人坐拥难以受控的实权，而民企内部监管的松懈为侵害资产犯罪留有余地，制度管理混乱和刑事合规计划的缺位使得民营企业成为刑事风险极易攻陷之地。① 加之国家未能对民营企业的经营管理给予足够重视和恰当帮助，从而导致民营企业的刑事犯罪隐患相较于其他企业类型更为严峻。

其二，民营企业中刑事合规计划存在缺陷，导致刑事合规风险防范力度不足。刑事合规计划应当以企业经营管理设计符合形式规范以及企业管理层的责任为主要内容，传统刑事责任以直接责任主义作为归责原则，在严重的经济犯罪倾向中，对单位犯罪中责任人员范围进行扩大的归责方式逐渐得到认同。而刑事合规计划在民营企业面临紧迫的刑事风险隐患时督促企业负责人提高监管力度，将其面临的刑罚可能性传递给员工，通过规范民营企业内部行为降低刑事处罚的可能性，为企业的经营活动规范化发展进行指导。② 这似乎是民营企业低成本高效率的刑事风险防范策略，但如上述所言，民营企业在企业运行方面具备高度自治性和灵活性，其所设立的组织结构稳定且固定，在整个企业的金字塔中，总是固定地将企业家置于最高等级，而企业家也利用自身的阶层地位和责任认定的诸多障碍使得企业在刑事犯罪中逃出生天。例如在腐败犯罪中，民营企业往往以不知情为托词，将犯罪行为推脱为行为人的个人行为或者员工之间包庇袒护，从而使得企业“独善其身”③，其中存在缺陷的合规计划无形之中为企业犯罪进行善后。而这种防范不足的合规计划对企业合规管理而言无疑形同虚设，同时也加剧了经济发展和风险防控的内在冲突，给社会管理造成极大的负效应。④ 虽然企业刑事合规以特定的刑事风险作为防控对象，但目前来看，民营企业仍是缺乏有效的刑事合规计划来抵御特定多发高频的刑事风险。⑤

① 张旭光：《民营企业家刑事风险综合防控研究——以山西省民营企业犯罪为视角》，载《山西高等学校社会科学学报》2021 年第 5 期。

② 孙国祥：《刑事合规的理念、机能和中国的构建》，载《中国刑事法杂志》2019 年第 2 期。

③ 陈瑞华：《企业合规的基本问题》，载《中国法律评论》2020 年第 1 期。

④ 张远煌、赵炜佳：《民营企业行贿犯罪的特征与成因分析》，载《江西社会科学》2019 年第 5 期。

⑤ 韩轶：《刑事合规视阈下的企业腐败犯罪风险防控》，载《江西社会科学》2019 年第 5 期。

其三，刑事风险防控意识的缺失是民营企业面临刑事合规风险的内在缘由。民营企业刑事风险严峻的另一重要原因在于企业整体法律意识淡薄，对于刑事风险隐患以侥幸心理对待，对刑事风险缺乏防范意识和化解能力，因而在面对刑事风险时往往被一击即中。① 民营企业所进行经营活动能否平稳运行于法律轨道之内，其关键之处在于是否有完善合规文化的引导，而合规文化对迫切盈利的民营企业而言难度太大，制度外控尚有震慑机制的规范，而合规文化的企业自律的确是企业管控的至高境地。合规文化以刑罚宽宥为手段从企业内部激励合规机关的阶段性贯彻，这对侵蚀企业内部资产型犯罪具有极大的规范作用。② 但目前看来，民营企业多发的越轨行为反映了民企企业合规文化的缺失，这也是民营企业追求利益最大化的心理所导致的，究其根源仍是刑事风险防控意识缺失和侥幸心理蔓延的结果。③

（三）司法程序缺乏理论支撑和机能保障

企业合规在不同范畴具备不同内涵，从行政管理角度来看，其是一种行之有效的行政监管路径。从企业经营管理层面来看，企业合规是企业针对犯罪行为进行事前预防、事中管控、事后补救的企业管理机制。从刑事司法维度来看，企业合规作为防控治理企业犯罪的特殊手段实现了对公安司法部门的监管责任减负。④ 虽然企业合规在犯罪行为认定方面为司法机关提供了不少的辅助作用，但与自然人犯罪相比，在民营企业刑事犯罪治理过程中，司法程序的不当操作以及对涉罪民营企业的责任认定缺少必要的理论依据，特别是在刑事诉讼过程中，过度强调对民营企业犯罪的惩戒打压了民营企业刑事合规的积极性。

其一，归责方式的单一化难以压制政商之间的不正当结合。民营企业所面临的刑事风险除常见的融资风险之外，腐败犯罪风险位列前茅，这也反映了民营企业家成为腐败犯罪的高发群体，而刑法第八章的贪污贿赂犯罪规则的主要

---

① 张旭光：《民营企业家刑事风险综合防控研究——以山西省民营企业犯罪为视角》，载《山西高等学校社会科学学报》2021 年第 5 期。

② 赵炜佳：《民营企业家刑事风险：双元归因与综合治理——在紧张理论框架之下》，载《河南警察学院学报》2021 年第 3 期。

③ 陶朗道：《民营企业刑事合规的解构与展望》，载《浙江工商大学学报》2021 年第 1 期。

④ 陈瑞华：《企业合规制度的三个维度——比较法视野下的分析》，载《比较法研究》2019 年第 3 期。

对象是国家公职人员，而民营企业的腐败犯罪未受到防范重视，缺乏应有的防腐败治理。民营企业在设立之初就处于市场竞争的弱势地位，为改变不利地位，往往攀附公权力寻求庇护，而近年来的腐败案件中，公职人员与民营企业之间的扭曲结合和利益传递的现象也充分展现了官商勾兑的不正当结合。当然这种不正当现象不仅在于民营企业游走于权力缝隙谋求利益，更是在于民营企业的反腐败制度设置不足。尽管国家的反腐败政策要求向纵深方向发展，但目前反腐败政策与制度设计在非国有企业领域仍被忽视，司法实践中民营企业中的腐败犯罪多是被公职腐败查处过程中牵连出来的，即使是受到查处，也往往因身份条件的差异而存在刑罚差异，这种依赖于惩处单位责任人的企业归责方式和轻缓的处罚力度也导致了民营企业腐败风险防控效果的减损。此外，对于民营企业腐败犯罪的预防一般采用国家力量进行预防，这种单向治理模式难以铲除腐败根源，而民营企业反腐败设置的缺位和激励制度的缺失也是民营企业反腐败积极性不高的重要原因。①

其二，民营企业刑事责任理论滞后，造成司法局限。如前所述，我国对民营企业的归责方式多通过对单位负责人进行判断，主要原因在于我国对民营企业的刑事责任认定仍受传统责任主义的束缚，以过程责任原则作为犯罪行为的判断标准，以主客观相统一作为入罪依据，此种责任追责方式对自然人犯罪似乎尚为合理，但针对民营企业犯罪该刑事责任理论则过于滞后。在司法实践中，对涉罪民营企业的主观要素判断成为司法难题，因此在“个人为主，企业为辅”的追责“陋习”下，抛开民营企业独立性，聚焦于主要责任人员的犯罪行为成为民营企业刑事责任的主要认定方式。民营企业刑事责任依附于个人，责任也转移为个人承担的做法似乎也习以为常。从民营企业犯罪的刑罚处置来看，对民营企业所适用的刑罚体系中缺少缓刑构成要素。我国刑法中缓刑的适用范围仅限于自然人，企业犯罪后的缓刑适用处于缺失状态。但缓刑的适用对涉罪民营企业而言不仅扩充了刑罚的缓冲范围，同时由此开展的企业内部监管和改革整顿为濒危的企业提供了生存机遇，对司法机关而言，体现企业犯罪追诉活动的司法关怀，提高了追诉活动的合理性。②

其三，司法追诉过程过度追求惩戒民营企业犯罪行为，司法程序“入罪

---

① 张远煌、龚红卫：《合作预防模式下民营企业腐败犯罪的自我预防》，载《政法论丛》2019 年第 1 期。

② 马明亮：《作为犯罪治理方式的企业合规》，载《政法论坛》2020 年第 3 期。

化”倾向明显，“出罪”机能明显不足。目前对涉罪民营企业的追诉步伐加快，但部分刑法规范存在内容不足和标准不清的问题，由此不当增加了民营企业的刑事风险。当涉罪民企进入刑事司法阶段后，对于缺乏行政处罚阶段的民企缺乏程序缓冲机制，便直接进入诉讼阶段。虽然检察机关具备不起诉的权力，但在过度强调惩罚犯罪的观念之下，不起诉决定在司法适用中仍是处处受限。因此民营企业一旦进入刑事诉讼，在“入罪化”程序和理念的推动下只会向着定罪的方向前行，这使得因规范不当涉罪的民营企业再无脱罪的可能，这不仅体现了刑事诉讼程序中“出罪”机能的不足，也体现了司法程序缺乏对民营企业经济方面的保障和社会责任的关照。①

三、民营企业刑事风险防控对策

民营企业刑事风险现状和成因分析为加强民营企业刑事合规风险防范和提升民营企业风险防控意识敲响了警钟。虽然我国对刑事合规制度展开了相应研究并予以引用，但刑事合规制度的构建仍偏重于国有企业，对于民营企业缺乏应有重视。对此应当从体系构建和激励机制入手，既要考虑民营企业独特的商业属性，也要兼顾刑事合规体系的整体建构，从多维度打破刑事风险困境，实现刑事犯罪的综合治理和刑事风险防控体系的构建。

（一）制度保障：借助立法技术和多元化刑罚处罚路径

民营企业所面临的诸多风险，如融资经营类犯罪，一定程度上是由刑事规范不清、立法不明等外部原因导致的，因此应当从外部制度层面入手，破除相应的立法壁垒，减轻民营企业的刑事风险。

首先，在刑事立法层面运用立法技术破除立法壁垒，实现对私营经济的平等保护。虽然我国现行刑法历经十一次修正，但特殊经济体制下经济发展变化之快远超刑法修正速度，这也使得刑法中的部分内容与现代经济发展需求难以匹配，特别是对私营经济的保护远逊色于对国有经济的重视，导致刑法保护力度无法满足民营企业日益发展的现实需要。② 例如，利用职务便利侵占公司资产，则因职务属性不同而分属于贪污罪和职务侵占罪，以及因挪用资金属性不

---

① 王志远、邹玉祥：《刑事合规视域下单位犯罪刑事治理的检视与完善》，载《甘肃社会科学》2020 年第 5 期。

② 张旭光：《民营企业家刑事风险综合防控研究——以山西省民营企业犯罪为视角》，载《山西高等学校社会科学学报》2021 年第 5 期。

同而指向挪用公款罪和挪用资金罪两个不同的罪名，而且从刑法规定的入罪门槛和法定最高刑来看，对涉及国有企业和民营企业的罪名和刑罚差异悬殊。由此可见，刑法经济保护的天平明显倾向于国有经济，这也反映了刑事立法在罪刑设置中的“重公轻私”理念。由于民营企业的刑法保护力度的不足导致其与国有企业相比更易遭受刑事风险，因此破除民营企业刑事风险困境首先要对涉及私营经济的罪名进行合理修正，破除刑法中对私营经济的非理性规则的壁垒，克服私营经济发展的刑法阻力。例如对于非法吸收公众存款罪、集资诈骗罪等罪名予以精细，合理规范融资类的构罪标准，对税务管理和经营销售类犯罪通过“列举式+概括式”的立法模式予以完善，实现对私营经济相关的罪刑设置紧跟经济发展的脚步。同时对于私营经济存在的相同行为不同罪名不同处罚的刑法保护，为避免犯罪成本低于入罪门槛高的冲突助长民营企业的犯罪气焰，客观上应当缩减国有经济和私营经济的立法保护差异，恪守法律的平等保护原则，通过对罪刑体系进行合理构建，打破因公私属性而形成的罪刑差异。

其次，既要坚守宽严相济的刑事政策保持司法谦抑，也要借助多元化的刑事处罚路径加强对民营企业的国家监管。在民营企业予以刑事保护之后，由于民营企业的脆弱性难抵严厉刑罚，因此司法机关在民营企业涉罪案件中应当严守宽严相济的刑事政策。刑事风险隐患一旦转化为真正的刑事犯罪，其所产生的刑事责任将会导致民营企业今后的发展举步维艰，特别是对法律意识淡薄的中小型民营企业而言无疑是“灭顶之灾”。因此司法机关对于民营企业的犯罪行为应当做到“当宽则宽、当严则严”。对于涉及食品安全和环境污染的民事领域犯罪、严重扰乱市场秩序和侵害公共财产的犯罪以及腐败犯罪等民营企业的刑事犯罪，应当做到重罪重处。随着社会观念的变化，食品安全和环境污染问题成为社会关注的焦点，因此必须借助严厉刑罚打击民营企业的侥幸心理。而扰乱市场秩序和侵害公共财产的犯罪不仅涉众较广，被害群体力量微弱难以激发司法机关的介入动力，为防止追责不足导致此类犯罪的产生，严厉司法和国家监管必须予以强化。面对民营企业高发的腐败问题，应当在规范范围和惩处力度上采用严格的管控路径，将宽严相济的刑事政策贯穿刑事司法的各个环节。对于民营企业的企业融资、税务征收类犯罪，应当做到轻罪轻罚。民营企业融资涉税犯罪多发部分原因在于资本大环境之中民营企业生存空间狭小，税务压力和融资困局一定程度上成为民营企业踏入犯罪雷池的诱因，因此应当采取政策宽允，出台谦抑性的刑法规范对模糊规定予以合理细化，采用积极疏通方式引导民营企业发展和刑法适用，警惕“泛刑法化”和高压背景下私营经济发展疲软。① 为防止民营企业内部约束的不足，应当借助国家监管的规范力度，实现对民营企业刑事风险的外部监督。虽然民营企业自身可借助刑事合规措施实现内部管理，但内部约束本身动力不足，在无监管的情况下不仅会出现规范不足的问题，甚至可能阳奉阴违。因此应当借助多元化的国家监管方式，对民营企业的刑事合规措施予以监督管理，内部约束与外部监督里应外合，确保国家管控的刑事规范作用，实现民营企业的合法合规经营。

（二）自身规范：构建以刑事合规为导向刑事风险防控体系

民营企业自身法治意识薄弱导致其对企业刑事合规缺乏重视，对此应当从企业自身入手，激发民营企业自身的刑事风险防范意识，借助专业高效的刑事合规计划构建刑事风险防范体系，彰显刑事合规的应有之义。

首先，加强民营企业自身的法治意识，优化企业文化体系和刑事合规的人才配置。对于民营企业刑事合规的推进应当秉承由内向外的发展方向，刑事合规制度最大的法律价值在于通过企业内部的刑事规范降低企业刑事风险和犯罪概率，因此民营企业的法治意识和合规精神是构建企业内部刑事合规制度的核心点。民营企业的刑事合规制度必须依靠优质的企业文化的支撑，民营企业的文化体系是由反映企业内部精神的文化要素结合的有机整体，与规范化的刑事合规制度不同，企业文化作为民营企业发展的“软件”配置，更能使制度规范发挥持久高效的作用。但企业文化有利有弊，漠视规范只求利益的劣质企业文化会在民营企业内部助长侥幸心理和趋利思维，从而将企业自身推向犯罪的深渊。面对民营企业犯罪高发的态势，应当从民营企业内部文化着手，将规范意识、责任意识、诚信意识等优质企业文化要素作为规范民营企业的精神手段，加强民营企业的法治意识，构建良性的企业守法文化。通过在民营企业监管经营的各个过程注入法治意识，实现精神层面的规范，确保制度构建过程中决策正确。② 从公司管理结构来看，应当加大对企业合规的人才投入，提高领导管理层的法治意识和自身规范，刑事合规涉及民营企业经营管理的各个环节，应当借助专业高效的人才配置实现合规的全面开展，同时对领导管理层通

---

① 张志军：《中国企业刑事合规风险的基本样态及其防控基准——基于2439份生效裁判文书的实证研究》，载《法治论坛》2019年第4期。

② 张旭光：《民营企业家刑事风险综合防控研究——以山西省民营企业犯罪为视角》，载《山西高等学校社会科学学报》2021年第5期。

过义务规则予以激励和防范，实现民营企业内部的自我预防。①

其次，建立规范的刑事合规计划，完善民营企业刑事合规机制。企业刑事合规机制是由企业作为合规措施的主体，通过对企业性质、企业文化以及经营模式等诸多因素进行综合考量，为降低刑事风险隐患，对企业刑事犯罪进行防范，从事前、事中和事后进行的阶段性预防和管控的内控机制。② 从企业刑事合规机制的内涵来看，刑事合规机制以内控措施为路径，从企业内部进行风险管控，合理有效的刑事合规计划是刑事合规机制得以完善的前提和核心。民营企业经营模式的差异和犯罪行为的复杂性决定了刑事合规计划的多样性，为防止合规计划陷于“形式主义”的泥沼，应当从预防监管的合理性、执行的可操作性和补救措施的妥当性等方面对企业合规计划进行判断，从而确保企业合规机制在民营企业内部的良性高效运作。从事前监管环节，进行员工企业合规培训、违规义务规则和举报嘉奖机制，借助内部监督切断内部犯罪根源。由于民营企业整体的复杂多样，在合规计划制定之后还应当确保计划得以真正落实，同时以合规计划的有效执行作为评判民营企业内部合规机制的重要标准，若企业在合规计划制定之后“正当勤勉”的加以执行，原则上也应当认定合规机制的有效。当然对该标准的认定虽然采用专业性较强的“过程主义”，但绝不能将其交由民营企业进行自判，而是应当借助司法机关的力量，进行公正监督。③ 在犯罪行为发生后，民营企业绝不能弃之不理，除司法监督之外还应当借助补救计划及时止损。相对而言，民营企业自身的不稳定性和脆弱性，使得刑事犯罪的后续补救更加困难，对此可以借助专业性的犯罪检测，同时结合犯罪严重程度分等级的制定补救措施，防止民营企业在刑事犯罪之后产生持续性的社会危害性。④

最后，通过构建刑事风险防控体系，警惕“反刑事合规”风险。良法应当将犯罪预防作为所追求的最终目标，而非刑罚。民营企业远超其他企业类型位居犯罪榜首也表明了刑事处罚难以遏制民企犯罪，甚至会助长刑事隐患的气焰，因此在民营企业刑事合规管理中亦是应当将风险防控作为企业治理的关注

---

① 张远煌、龚红卫：《合作预防模式下民营企业腐败犯罪的自我预防》，载《政法论丛》2019 年第 1 期。

② 李本灿：《刑事合规制度的法理根基》，载《东方法学》2020 年第 5 期。

③ 马明亮：《作为犯罪治理方式的企业合规》，载《政法论坛》2020 年第 3 期。

④ 孙国祥：《刑事合规的理念、机能和中国的构建》，载《中国刑事法杂志》2019 年第 2 期。

焦点。对民营企业的犯罪预防应当转换思路，提高刑事风险预防理念，多渠道并举将刑事合规中犯罪预防机能单独列出，并转变为企业内部监管的有机组成部分，构建刑事风险防控体系。① 民营企业可通过细化风险防范方案，从风险定位、风险评估入手，再借助环节监督实现与刑事合规计划的紧密衔接。刑事风险是刑事防控的重要切入点，根据经营管理风险和特殊业务风险分为一般风险和特殊风险，通过共性与个性的纵横结合实现刑事风险的准确定位。对刑事风险定位之后，以风险性质、产生原因、产生概率和风险后果等判断因素对复杂多样的刑事风险进行定性与定量的综合分析，并将其作为后续刑事合规计划的重要导向。② 总体而言，刑事风险防控是刑事合规机制的重要组成部分，将其作为独立体系予以切分，不仅是强化民营企业的防范意识和防控措施，也为刑事犯罪预防机能的展开提供了更为完善细致的体系支撑，从而为民营企业刑事合规机制加固了风险防范的防火墙。

（三）司法完善：构建刑事责任体系从而释放司法程序出罪机能

除制度保障和自身审视之外，民营企业刑事合规制度也应当在刑事司法过程中发挥相应功能，通过推动刑事合规体系构建与司法实践契合、与法律体系兼容，充分发挥制度本身的独特价值。③

首先，通过建立以刑事合规为核心的合规激励制度和刑事责任体系，实现刑事合规和刑事司法之间的有效衔接。从民营企业角度来看，企业合规计划尚未受到立法重视，因此自身的合规路径也尚未完善。民企自身刑事合规动力不足，而企业内生的刑事风险防控是刑事合规的应有之义，激发民营企业刑事合规动力是民营企业防控刑事风险长远路径，将刑事合规与刑事责任挂钩是激励企业合规意识的重要方式。民营企业一直对我国经济发展发挥着重要作用，在融资困难的大背景下耗用大量成本实现刑事风险防控本身困难重重，如果一个投入大量资金采取刑事合规措施的民营企业与没有建立刑事合规制度的民营企业，出现犯罪行为时在定罪量刑处理时并无差异，对刑事责任不加区分而毫无宽宥，不仅会使投入大量财力的民营企业在竞争中处于劣势，也会变相增加民企对刑事合规制度的怀疑，这无疑是对完善刑事合规制度体系的冲击和对合规

① 张旭光：《民营企业家刑事风险综合防控研究——以山西省民营企业犯罪为视角》，载《山西高等学校社会科学学报》2021 年第 5 期。

② 韩轶：《企业刑事合规的风险防控与建构路径》，载《法学杂志》2019 年第 9 期。

③ 陈瑞华：《企业合规制度的三个维度——比较法视野下的分析》，载《比较法研究》2019 年第 3 期。

监管民企的打击。[①] 因此应当从刑事司法领域采取相应措施激发民营企业的刑事合规动力，其中最重要的方式就是将刑事合规纳入责任减缓评价范围，将刑事合规与刑事责任挂钩，反向刺激民营企业对刑事合规和防控监管的推进。将合规纳入刑法激励制度就应当将其作为刑事司法中民营企业从轻、减轻或者免除刑罚的评判标准，一旦刑事合规具备法定量刑情节的地位，甚至无需外部监管机制的约束，诸多民营企业就会积极建立合规计划。[②] 例如通过颁布规范性文件，明确民营企业内部有效规范的刑事合规制度可以作为个人犯罪行为的证明方式，从而使民营企业在企业内部个人犯罪的漩涡之中妥善脱身。

其次，刑事司法应对前后阶段进行对应性规范，将企业刑事合规作为参考因素对涉罪企业进行精密分流。刑事合规在实体层面得到量刑情节地位后，在程序阶段也应采取相应操作，防止前后司法阶段的脱节。对此应当将刑事合规机制引入认罪认罚从宽制度和附条件不起诉制度之中，充分发挥刑事合规机制的刑事抗辩作用。我国目前在认罪认罚从宽制度中融入了控辩协商机制且成效显著，以此为鉴，可以对涉罪民营企业进行刑罚协商，并以刑事合规作为协商要求，将涉罪企业合乎标准且有效的合规计划和企业整改作为从宽处罚的前提，但仅限于吊销营业执照等内容，对于财产刑仍予以适用。我国相关刑事规范对于附条件不起诉制度的适用范围进行了严格限制，使得该制度因狭窄适用而收效甚微。鉴于民营企业面临刑事风险巨大且入罪化明显的趋势，不妨尝试适当扩展附条件不起诉制度的生存空间，对事前制定合法有效的刑事合规计划且认罪的涉罪民营企业纳入附条件不起诉范围之中，对于刑事合规计划不达标的涉罪民营企业以缴纳罚款和规定考验期内制定合法有效合规计划作为其附条件不起诉的前提。[③] 将刑事合规制度与附条件不起诉制度相结合，充分发挥刑事合规制度的出罪机能，从而对合规管理的民营企业予以轻缓处理和出罪机会。[④] 目前已经有多数地区的检察机关对涉罪企业采用“合规不起诉”的模式开展司法实验，在企业刑事合规规范有效的前提下充分赋予合规的责任缓冲功

---

① 卢勤忠：《民营企业的刑事合规及刑事法风险防范探析》，载《法学论坛》2020 年第 4 期。

② 陈瑞华：《论企业合规的中国化问题》，载《法律科学（西北政法大学学报）》2020 年第 3 期。

③ 陈瑞华：《企业合规的基本问题》，载《中国法律评论》2020 年第 1 期。

④ 陶朗逍：《民营企业刑事合规的解构与展望》，载《浙江工商大学学报》2021 年第 1 期。

能，此举不仅激励了刑事合规计划的推进，也为处于困境的民营企业在合规监管的情况下通过责任减缓给予刑事帮扶。① 因此，司法层面应当对民营企业的刑事合规制度的刑事抗辩功能予以重视，通过完善司法机制为陷入刑事风险的民营企业给予司法关怀。

结 语

民营企业一直是我国经济发展巨大推动力的来源，但其面临的刑事风险隐患却是影响私营经济发展的巨大阻力。由于内外复杂原因，使得民营企业陷入“急于牟利，规范不足”的困境，有幸者，一夜暴富，盆满钵满；违法者，锒铛入狱，再难起身。因此民营企业风险防控和合规管理成为转折之所在，防范刑事风险既要借助刑事政策，在制度保障和司法关照予以合规激励，也要从企业内部通过多渠道并举的方式形成规范合力和防范机制，内外结合，双管齐下，对刑事风险进行体系化、综合性防治，才能最大程度发挥刑事合规机制的作用，保障我国民营企业的平稳长远发展。

（周璐莹：湘潭大学法学院）

① 赵炜佳：《企业犯罪治理的本土向度：量刑精细化——刑事合规语境下的考察》，载《北京政法职业学院学报》2021 年第 2 期。

涉经济犯罪民营企业家民商事权利保障机制构建

周明

企业家是全社会的宝贵财富，是推动经济发展的重要力量。改革开放以来，一大批民营企业家在市场经济的浪潮中奋勇拼搏，为我国社会经济的飞跃发展作出了巨大贡献。党的十八大以来，以习近平同志为核心的党中央高度重视保护产权和企业家合法权益，作出了一系列重大决策部署，先后出台了《关于完善产权保护制度依法保护产权的意见》《关于营造企业家健康成长环境弘扬优秀企业家精神更好发挥企业家作用的意见》，旗帜鲜明地提出了“加强产权保护”的指导方针和“平等保护公私财产”的基本原则。为了进一步落实中央关于加强产权保护的精神，最高人民法院相继发布了《关于充分发挥审判职能作用切实加强产权司法保护的意见》《关于充分发挥审判职能作用为企业家创新创业营造良好法治环境的通知》等一系列规范性司法文件，并依法再审了张文中案、顾雏军案、赵明利案等一批涉经济犯罪的典型案件，彰显加强产权保护的司法态度。然而涉经济犯罪①民营企业家②的民商事权利保障长期被忽视，频频出现企业家身陷囹圄而导致企业经营陷入困境，甚至走向破产的境地，“办一个案件搞死一个企业”的现象屡见不鲜。

一、民营企业家犯罪与民营企业发展走势的高度关联

“企业家”这一概念最早是由法国经济学家理查德·坎蒂隆（Richard

① 目前国内学者多是在刑法分则第三章的意义上使用经济犯罪这一概念，包括生产、销售伪劣商品罪，走私罪，妨害对公司、企业管理秩序罪，破坏金融管理秩序罪，金融诈骗罪，危害税收征管罪，侵犯知识产权罪和扰乱市场秩序罪八个类罪名。

② 本文中的民营企业家包含民营企业的法定代表人、董事长、经理、厂长、矿长、实际控制人、大股东等。

Cantillon）在1800年提出，他认为企业家就是使经济资源的效率由低转高的人。[①] 经济发展的真正动力阶层在于企业家，他们把新的思想、新的技术，通过新的组织形式和新的制度投入市场，并且不断地开拓市场，这样使得经济得以发展。由此可见，企业家是企业的灵魂与核心，在企业的发展过程中扮演着至关重要的角色，相比于国有企业家而言，民营企业家与企业的发展命运更加休戚相关。

（一）民营企业家经济犯罪的基本态势

民营企业家涉经济犯罪通常指的是民营企业家在企业生产经营过程中的犯罪，根据北京师范大学中国企业家犯罪预防研究中心公布的《中国企业家犯罪报告》[②] 的相关数据，2014年至2018年企业家犯罪案件数量分别为657例、793例、1458例、2292例、2222例，其中相对应的民营企业家犯罪案件数量分别为548例、650例、1255例、1984例、1936例。总体上来看，民营企业家犯罪案件数量呈现逐年增多的趋势，并且在企业家犯罪案件中的比重依次递增。

表1　2014—2018年民营企业家犯罪的基本态势

年份	企业家犯罪案件数量	民营企业家犯罪案件数量	所占比例
2014年	657例	548例	83.41%
2015年	793例	650例	81.97%
2016年	1458例	1255例	86.08%
2017年	2292例	1984例	86.56%
2018年	2222例	1936例	87.13%

民营企业的刑事风险几乎涵盖了企业从成立到注销的全过程，安全生产、投资融资、缴纳税收、知识产权、环境污染等环节的生产经营行为都可能触犯刑法的规定。按照我国刑法中关于单位犯罪的双罚制规定，对单位判处罚金，并对其直接负责的主管人员和其他直接责任人员判处自由刑的同时并处罚金。对2014年至2018年民营企业家犯罪所涉罪名进行统计发现，民营企业家犯罪

---

① 周其仁：《真实世界的经济学》，中国发展出版社2002年版，第120页。

② 《中国企业家犯罪报告》，载企业家刑事风险防控网，http://cecpc.bnu.edu.cn/news-22-1.html，2019年8月10日最后访问日期。

频次最高的五个罪名依次是非法吸收公众存款罪、虚开增值税专用发票罪、职务侵占罪、合同诈骗罪、单位行贿罪。

表2 2014—2018年民营企业家犯罪所涉罪名情况统计

罪名	频次	所占比例
非法吸收公众存款罪	1494次	19.71%
虚开增值税专用发票罪	955次	12.60%
职务侵占罪	744次	9.82%
合同诈骗罪	520次	6.86%
单位行贿罪	488次	6.44%
其他	3378次	44.57%

（二）民营企业家犯罪与民营企业的兴衰高度关联

通常国有企业家一旦涉嫌犯罪，上级主管部门会尽快任命新的人选予以接替，确保企业各项生产经营活动的平稳运行。而民营企业家涉嫌犯罪被采取拘留、逮捕等强制措施，民营企业的各项生产经营活动会受到不同程度的影响。据不完全统计，改革开放以来至少有上百名有影响力的民营企业家身陷囹圄，多人曾经荣登福布斯富豪榜。笔者根据公开的新闻报道整理了部分民营企业家犯罪与民营企业发展走势的典型案例（详见表3），发现民营企业家犯罪深刻地影响甚至决定着民营企业的命运，尤其是作为民营企业的创始人涉嫌犯罪将意味着企业可能会面临着灭顶之灾，“人存企兴、人亡企灭”的现象十分普遍。

黄光裕与国美电器可谓是其中的一个特例。2010年5月，黄光裕因涉嫌犯罪被刑事拘留，其后被以非法经营罪、内幕交易、泄露内幕信息罪和单位行贿罪判处有期徒刑14年。根据国美电器公布的2018年业绩报告显示，2018年线上线下销售额合计达1326亿元，依然位居国内家电零售业前列，在经历董事会斗争后，黄光裕仍然牢牢掌控着公司的控制权。黄光裕的幸运来自北京市高级人民法院在刑事诉讼过程中的“法外开恩”：因黄光裕仍是国美公司大股东，考虑到国美公司的实际经营情况，允许其在看守所内可通过批准签署国美公司的文件。[①] 然而此种“法外开恩”只是昙花一现，没能普惠到其他同样

① 杨明：《囚徒黄光裕如何执掌国美》，载《民主与法制时报》2010年6月7日，第1版。

身陷囹圄的民营企业家身上，涉经济犯罪民营企业家的民商事权利仍然缺乏制度层面的保障。

表3　民营企业家犯罪与民营企业发展走势的典型案例

民营企业家	相关民营企业	民营企业发展走势
张文中	物美集团	2006年张文中案发时，物美集团已经发展了567家店铺，以230亿销售额位列中国连锁经营百强企业第七名，被认为是本土最具潜力的零售公司之一。2015年张文中出狱时，物美集团经营的大型超市只剩168家，不久便从港股退市
李经纬	健力宝集团	健力宝饮料曾被称为“中国魔水”，1997年销售额54亿元，位居行业第一。李经纬涉案后企业动荡不安，企业发展直线下滑，2016年仅以9.5亿元被统一集团旗下公司收购
牟其中	南德集团	牟其中通过1991年著名的“用罐头换飞机”而名噪大江南北，南德集团随之步入了发展的快车道，但随着牟其中2000年入狱而逐渐销声匿迹
顾雏军	格林柯尔系	顶峰时期格林柯尔系旗下控制科隆电器、美菱电器、亚星客车、ST襄轴等多家上市公司，2005年7月顾雏军被刑事拘留，后被判处有期徒刑12年，上述上市公司也逐渐易主
兰世立	东星航空	东星航空是华中及中南地区第一家民营航空公司，一度是国内发展最快的民营航空公司，2009年其创始人兰世立被刑事拘留，同年8月被法院裁定破产清算
李途纯	太子奶集团	2005年太子奶销售额达10亿元，成为国内乳酸菌奶饮料行业龙头企业。2010年李途纯涉嫌非法吸收公众存款罪被批准逮捕，后检察机关不予起诉，同年太子奶集团宣告破产
唐万新	德隆系	德隆系通过控制湘火炬、新疆屯河、合金投资等上市公司一度掌控资产超过1200亿的金融和产业帝国，随着其创始人唐万新2004年底因涉嫌变相吸收公众存款和操纵证券交易价格非法获利被判刑而土崩瓦解

续表

民营企业家	相关民营企业	民营企业发展走势
仰融	华晨系	巅峰时期华晨系控制华晨汽车、金杯客车等多家上市公司及大量非上市公司，资产多达300亿元，随着创始人仰融涉嫌刑事犯罪而控制权易主
严晓群	斯威特集团	斯威特集团旗下包括上海科技、中国纺机、小天鹅、陕西长岭等上市公司，2004年营业收入近200亿元，随着严晓群被判刑而逐渐走向衰退
周伟彬	金冠涂料集团	2001年，金冠涂料集团位列广东省十大民营企业，在全国装饰产品市场名列前茅。2006年，周伟彬涉案被刑事拘留，后判处缓刑，企业发展势头放缓

二、涉经济犯罪民营企业家民商事权利保障的实践困境

民营企业家犯罪与民营企业发展走势的高度关联在于被羁押民营企业家的民商事权利得不到保障，在实践中面临着羁押措施的功能异化、会见权过度限制、企业经营权被剥夺等诸多困境。

（一）羁押措施的功能异化

刑事诉讼法兼具惩罚犯罪与保障人权的价值取向，其是保护犯罪嫌疑人与被告人诉讼权利的大宪章。2012年《刑事诉讼法》第81条第1款规定了采取取保候审尚不足以防止发生可能实施新的犯罪、企图自杀或逃跑等五种社会危险性的，应当予以逮捕，这在一定程度上确立了取保候审、监视居住优先于逮捕的刑事强制措施适用顺位。逮捕作为最严厉的刑事强制措施，是否应当适用的关键在于社会危险性的审查，第81条第2款对此特别予以强调："批准或者决定逮捕，应当将犯罪嫌疑人、被告人涉嫌犯罪的性质、情节，认罪认罚等情况，作为是否可能发生社会危险性的考虑因素"。同时，在审查逮捕时要求讯问犯罪嫌疑人、听取辩护律师意见，增强了逮捕程序诉讼化程度，倡导少捕慎捕的司法理念，然而司法实践中审前羁押率依然居高不下，"构罪即捕、以捕代侦、以捕代罚、以捕促和"的现象在一定范围内存在。①

① 孙谦：《司法改革背景下逮捕的若干问题研究》，载《中国法学》2017年第3期。

拘留、逮捕等羁押措施的功能在于保障刑事诉讼活动的有序推进，避免被追诉人在审前发生逃跑、再犯等社会危害性的行为。实践中司法机关普遍将羁押措施视为推动侦查进行、收集定罪证据的程序，“拘了再说”或者“一捕了事”，而忽略了社会危害性的审查，导致羁押措施的功能出现异化。事实上，涉经济犯罪民营企业家的人身危险性不同于暴力犯罪，其社会危险性也相对较低，大多数符合取保候审的条件。实践中只要进入刑事诉讼，被告人几乎必然被短期或者长期剥夺人身自由，有关实证研究表明，我国未决羁押率长期维持在高位运转（超过80%）。① 与之形成对比的是，欧盟委员会对27个成员国近年来的未决羁押率进行统计，表明欧盟成员国未决羁押率通常都在10%至30%之间，超过40%的很少，超过50%的更少。② 羁押措施的功能异化使得民营企业家一旦涉嫌犯罪就会被采取拘留、逮捕等强制措施，人身自由被限制，与民营企业的联系立即被切断，可能引发一系列的不良后果，给民营企业的正常生产经营活动带来不可估量的影响。

（二）会见权的过度限制

根据刑事诉讼法的相关规定，被羁押民营企业家和其他公民一样享有包括会见权在内的诉讼权利。会见权是辩护权行使的重要保障，通常认为会见权是基于辩护权而衍生出来的诉讼权利，实践中把会见权狭隘地视为律师的执业权利。从多数国家的立法以及国际公约的规定来看，被追诉人是会见权的首要主体，会见对象包括律师、其他辩护人、近亲属。③ 我国被羁押的犯罪嫌疑人在审前的会见受到严格的限制，不仅不允许近亲属的会见，而且辩护律师的会见难问题也长期存在。2012年修改的《刑事诉讼法》规定除法定的三类重大严重犯罪案件外，被追诉人会见辩护律师不需要经过司法机关批准，然而刑事司法实践中尤其是侦查阶段存在“侦查保密拒绝会见”“会见必须履行批准程序”“限制会见次数、时间与内容”等多种辩护律师会见的障碍。④

---

① 王禄生：《论刑事诉讼的象征性立法及其后果——基于303万判决书大数据的自然语义挖掘》，载《清华法学》2018年第6期。

② 陈永生：《逮捕的中国问题与制度应对——以2012年刑事诉讼法对逮捕制度的修改为中心》，载《政法论坛》2013年第4期。

③ 封利强：《会见权及其保障机制研究——重返会见权原点的考察》，载《中国刑事法杂志》2009年第1期。

④ 黄文旭、袁博、周嫣：《论刑事辩护律师会见权的实现》，载《中国刑事法杂志》2013年第12期。

侦查权是国家的基本权能，侦查阶段相对于公正而言，效率处于更加优先的地位。[①] 限制被追诉人会见权的正当性在于保障侦查工作的顺利开展，然而这种限制应当坚持比例原则，实现目的与手段的均衡性。民营企业家是企业经营管理的中枢，企业的正常生产经营牵涉到债权人、劳动者以及供应商、消费者、零售商等诸多利益相关者，上市公司、大型企业集团更会影响到不特定对象的社会公众。民营企业家涉经济犯罪被羁押后，维护民营企业的正常运转也是法律所要保护的重要法益。在不影响侦查工作的前提下，应当保障被羁押民营企业家的会见权，最大程度地减少对企业生产经营的不良影响。

（三）企业经营权被剥夺

涉经济犯罪民营企业家的民商事权利分为民事权利和商事权利，财产权、继承权、债权等民事权利按照相关法律的规定在被羁押后仍然受到严格地保护，虽然在民事权利行使方式上受到了必要的限制，但并未得到实质性的减损。[②] 而董事会与股东会的表决权、企业的管理权与决策权等商事权利具有特殊性，民营企业家被羁押后商事权利由于缺乏行使途径而受到实质性侵害。上述商事权利可以统称为企业经营权，企业经营权的价值必须通过民营企业家的直接行使才能体现出来，民营企业家对于企业经营权的行使具有不可替代性。综上所述，涉经济犯罪民营企业家民商事权利的保障核心在于企业经营权。

被羁押民营企业家的会见权被过度限制，不仅将会见的对象局限于辩护律师，同时会见权的客体是与案情有关的信息交流。[③] 即便辩护律师的会见权得以保障，出于职业安全的考虑，辩护律师也不会冒险去处理被追诉人委托的其他民商事项，这导致被羁押民营企业家的企业经营权被彻底剥夺。民营企业家尤其是创业型民营企业家，与民营企业的命运紧密相连、荣辱与共，一旦民营企业家涉嫌犯罪被羁押后，形成信息孤岛，民营企业容易陷入群龙无首的混乱状态，进而陷入经营困境乃至于破产境地。[④] 这一方面要归咎于当前民营企业

---

① 陈学权：《侦查期间合理限制律师会见权研究》，载《现代法学》2011 年第 5 期。

② 需要指出的是，人民法院对涉经济犯罪民营企业家判处没收财产或者罚金刑，使得民营企业家的财产权会受到剥夺或者限制，但其前提仍然是承认涉经济犯罪民营企业家合法的财产权受到法律保护，因为违法所得财物纳入赃款赃物的范围予以罚没或者追缴。

③ 封利强：《会见权及其保障机制研究——重返会见权原点的考察》，载《中国刑事法杂志》2009 年第 1 期。

④ 李建伟、李晓明：《刑事诉讼中的企业家民商事权利保护》，载《人民司法（应用）》2019 年第 19 期。

在经营管理方面尚未建立现代化的企业治理制度，导致民营企业家和民营企业之间形成高度的人格混同，另一方面也应当看到，刑事诉讼程序中忽略了对民营企业家企业经营权的保障。

三、保障涉经济犯罪民营企业家民商事权利的内在理据辨析

限制被羁押民营企业家的民商事权利来源于刑事诉讼要求与商事权益维护的现实冲突，背后折射出国家公权力与公民私权利之间的制衡。从法理、规范和实践的不同侧面予以深入考察，保障涉经济犯罪民营企业家民商事权利都具有合理性和正当性。

（一）法理层面：国家公权力让步公民私权利

在规范公权、保障私权的现代法治理念的指引下，各国逐渐形成了权力法定与私权自治的权力－权利配置模式，即“法无授权不可为”与“法无禁止即自由”。在私权领域，“法无禁止即自由”作为法律原则已经成为不证自明的法学公理，为法律创制、法律实施和法律遵守提供价值引导。① 涉经济犯罪民营企业家违反了刑法的禁止性义务规范，可能受到人身自由限制的惩罚，然而私法领域的民商事权利并不会因为其涉嫌犯罪而被剥夺。国有企业家的身份是国家工作人员，一旦涉嫌犯罪将不适宜继续担任原来的职务，上级主管部门会按照相关组织人事任免规定完成人事交接。根据我国公司法等有关法律规定，除了股份有限公司，其他民营企业中的高级管理人员如果涉嫌犯罪并没有排除任职的强制性规范。

法理层面中公权力“法无授权不可为”与私权利“法无禁止即自由”事实上只是一种理想状态，除了法律已明确禁止的和已明确授权的事项外，还存在公权力的自由裁量权。② 在涉经济犯罪民营企业家被羁押的情况下，刑罚的自由限制与民商事权利行使存在正面的冲突。依据“法无禁止即自由”的法律原则，民营企业家被羁押后仍然享有基于董事、监事、高管等身份而衍生出的企业管理权与决策权等商事权利，但这些商事权利陷入“享有却不能行

---

① 刘风景：《“法无禁止即自由”的中国意义》，载《山东社会科学》2014 年第 8 期。

② 汪习根、武小川：《权力与权利的界分方式新探——对“法不禁止即自由”的反思》，载《法制与社会发展》2013 年第 4 期。

使”① 的尴尬境地。公权力具有政治统治与社会服务的双重职能，在公权力与私权利的正面冲突下，要保障公民免于公权力干预之最大限度的自由，公权力应当在自由裁量范围内作出妥当的调整。

（二）规范层面：防卫性羁押优先惩罚性羁押

涉经济犯罪民营企业家的民商事权利行使包含两个阶段：刑事诉讼阶段与监狱服刑阶段。在刑事诉讼程序中对涉经济犯罪民营企业家采取拘留、逮捕等强制措施的目的是保障刑事诉讼的顺利进行，是防止被追诉人通过某种手段妨碍刑事诉讼而采取的防卫性措施，其本身并不具有惩罚功能，因为如果逮捕后被法院宣判无罪则会引发国家赔偿。因而刑事诉讼阶段被羁押民营企业家的民商事权利不应当受到实质性地剥夺，否则羁押措施就会从防卫性措施异化为惩罚性措施。刑事诉讼法对于羁押措施的防卫性定位为涉经济犯罪民营企业家在刑事诉讼阶段正常行使民商事权利提供了规范层面的理据支撑。

在监狱服刑阶段，相关法律规定并未剥夺服刑民营企业家的民商事权利，在全面落实中央关于加强产权保护精神的要求下，有关刑事司法政策明确提出要保障服刑民营企业家的民商事权利。例如，最高人民检察院出台的《关于充分履行检察职能加强产权司法保护的意见》规定：对于犯罪的民营企业投资人，依法保障其在服刑期间行使财产权利等民事权利。最高人民检察院《关于充分发挥职能作用营造保护企业家合法权益的法治环境支持企业家创新创业的通知》提出：依法保障涉案企业家在服刑期间的申诉权，依法保障其在服刑期间行使财产权等民事权利。因而从规范层面来说，保障涉经济犯罪民营企业家民商事权利具有正当性。

（三）实践层面：社会整体利益超越个体犯罪惩罚

黄光裕案曾经引发法律实务界和法学理论界对于涉经济犯罪民营企业家民商事权利行使与保障问题的广泛关注，并于2010年5月30日在中国人民大学法学院召开专题研讨会，与会专家呼吁建立相关制度。② 亦有不同的意见，时任最高人民检察院职务犯罪预防厅副厅长陈正云认为，追究涉经济犯罪民营企业家的刑事责任需要坚持法律面前人人平等，涉经济犯罪民营企业家行使民商

---

① 庄绪龙：《涉刑企业家的民事权利保障》，载《国家检察官学院学报》2010年第5期。

② 关仕新：《专家激辩是否特殊保护涉罪企业家经营权》，载《检察日报》2010年6月7日，第3版。

事权利处理的财产需要刑事判决确认其合法性，要处理好“先刑后民”的关系。上述观点存在部分合理之处，但仍值得商榷。首先，对涉经济犯罪民营企业家按照罪刑法定原则进行刑法的否定性评价是法律面前人人平等原则的必然要求，但是对涉经济犯罪民营企业家的犯罪惩罚是个体意义上的惩罚，如果因此引发连锁反应伤及民营企业的正常生产经营则明显超出了必要的限度。其次，涉经济犯罪民营企业家财产处理实行“先刑后民”原则的前提是区分合法财产和违法所得、民营企业家财产和民营企业财产，因而要避免一刀切，可以有条件的实行“刑民并进”。

在相对漫长的刑事诉讼中，涉经济犯罪民营企业家如果无法正常行使民商事权利，甚至无法完成企业经营权的转授权，将会导致企业的重大决策陷入停摆状态。因而涉经济犯罪民营企业家民商事权利的正常行使不仅关系到民营企业的生存与发展，而且不可避免会牵涉到民营企业背后的劳动者、债权人、供应商等利益相关方的合法权益。尤其是创业型民营企业家，企业的经营策略深刻地烙印着创始人的思维痕迹，外部融资渠道也高度依赖于民营企业家的个人身份关系，一旦民营企业家被羁押，将中断与外部的所有联系，会给民营企业带来不可控的重大经营风险与资金链断裂风险。一家颇具规模的民营企业倘若由于实际控制人被羁押无法正常行使企业经营权而陷入困境甚至破产，这不同于市场经济规律下的正常企业消亡，于社会整体而言是本可以通过相关制度设计避免的不必要的利益减损。如果上市公司的实际控制人涉刑被羁押，由于上市公司面向社会不特定对象公开发行股票募集资金，具有一定的公众性，其给社会整体利益带来的不利影响更会被成倍扩大。

四、涉经济犯罪民营企业家民商事权利保障的层次化改革路径

当前加强产权司法保护和防范化解重大风险的司法政策为构建涉经济犯罪民营企业家民商事权利保障机制提供了十分有利的司法环境和颇为难得的改革契机。涉经济犯罪民营企业家民商事权利保障应当坚持立足根本谋发展，进而实现跨越的层次化改革路径。

（一）根本：以取保候审为原则，逮捕为例外

针对涉经济犯罪民营企业家应当以取保候审为原则，逮捕为例外，最大限度地保障其民商事权利的正常行使，从根本上降低民营企业家羁押对于企业正常生产经营活动的不良影响。这一措施具有坚实的实践基础，其一，经济犯罪的社会危险性相对较低。与暴力犯罪、反社会犯罪等“本质恶”的刑事犯相

比，经济犯罪属于行政犯，不具有人身危险性，具有较弱的反社会伦理性，再犯的可能性较低，一般符合取保候审的条件。其二，刑事司法政策的支持。最高人民检察院在《关于充分履行检察职能加强产权司法保护的意见》中明确提出："对有自首、立功表现，认罪态度好，没有社会危险性的民营企业经营者，一般不批准逮捕"。其三，电子手铐的技术保障。基于远程信号传输、轨迹定位、大数据分析等技术支撑的电子手铐能够实现取保候审与羁押状态相似的控制感，保障刑事诉讼的顺利进行。目前电子手铐已经在上海等地的社区矫正中试行并取得良好的效果。①

无救济则无权利。为了落实涉经济犯罪民营企业家以取保候审为原则，以逮捕为例外的要求，通过在刑事诉讼法的框架内构建相应的程序性诉讼机制来予以保障。首先，由检察机关对涉经济犯罪民营企业家进行以社会危害性为核心的羁押必要性审查。其次，检察机关认为确实需要逮捕的，应当提出具体且明确的正当理由，涉经济犯罪民营企业家可以向同级人民法院提起程序性诉讼，由人民法院依法作出裁决。再次，对于裁决不服的，涉经济犯罪民营企业家还可以向上级人民法院提起上诉。通过程序性控制避免"构罪即捕，一捕了之"现象在民营企业家涉经济犯罪刑事诉讼过程中的继续蔓延。

（二）发展：建立民商事律师代理制度

律师是连接身陷囹圄的民营企业家与面临信任危机的民营企业之间的桥梁。在刑事诉讼阶段抑或监狱服刑阶段，建立民商事律师代理制度对于保障民营企业家进行重大民商事交易与企业经营决策提供必要的信息沟通与专业知识支撑具有重要的意义，能够确保民营企业家的民商事权利得到不间断的行使，这也契合了瞬息万变的商业市场规律。与辩护律师相比，民商事律师在处理复杂的商事纠纷方面经验更加丰富，建立涉经济犯罪民营企业家民商事律师代理制度也有利于缓解辩护律师在处理涉经济犯罪民营企业家刑事辩护与商事权益维护之间的时间、精力、利益等冲突。

民商事代理律师通过接受涉经济犯罪民营企业家的授权委托，专门负责处理企业经营权、股东权等民商事权利有关的法律事务。有学者提出，对于涉经济犯罪民营企业家在民商事代理律师协助下进行的一些特定的处置财产和资产

---

① 刘哲：《电子手铐有利于降低审前羁押率》，载微信公众号"法律读库"，2019年7月11日。

过户等行为，应该允许公证机关到羁押场所、劳改场所办理公证手续。[①] 笔者认为，上述财产处置行为应当以区分合法财产与违法所得、民营企业家财产与民营企业资产为必要前提。同时，为了避免发生转移财产、毁灭证据等妨碍刑事诉讼的行为，可以建立民商事代理律师处置财产报告批准制度，并由涉经济犯罪民营企业家和民商事代理律师签署相应的承诺书。发生违规处置财产并导致对刑事诉讼造成妨碍的，纳入民商事代理律师的年度考核奖惩范围，而涉经济犯罪民营企业家在构成犯罪的前提下，将之作为认罪悔罪的态度纳入量刑情节予以综合考量。

（三）跨越：适当扩大会见权的适用对象范围

从企业长远发展的角度来看，推动民营企业建立健全自身的决策机制与执行机制，完善公司治理结构，是从根源上降低涉经济犯罪民营企业家被羁押后对企业正常生产经营活动不良影响的必然要求。然而短期内涉经济犯罪民营企业家应对企业危机的把控力仍然具有不可替代性，给予涉经济犯罪民营企业家相对宽松的会见权待遇具有实践层面的必要性。被追诉人是会见权的主体，应当修正把会见权仅仅当作辩护人诉讼权利的片面认识。为了充分保障涉经济犯罪民营企业家正常行使民商事权利，适当地扩大会见权的适用对象范围，确保涉经济犯罪民营企业家民商事权利能够得到实质性的行使与保障，以致将民营企业家羁押带来的不利影响降到最低甚至消解。具体而言，可以根据民营企业家涉及刑事案件的情况，分为羁押禁见与羁押不禁见，羁押禁见即除了律师以外禁止会见其他人，而羁押不禁见指的是除了律师以外的其他人经过申请可以会见。由于羁押禁见过度地限制了涉经济犯罪民营企业家的诉讼权利与民商事权利行使，除了危害国家安全犯罪、恐怖活动犯罪、特别重大贿赂犯罪案件三类需经侦查机关批准方能会见辩护律师的案件之外，其他的刑事案件若无具体且正当理由的应当实行羁押不禁见。

在羁押不禁见的案件中，考量到其他身份的被追诉人会见范围限于律师而不包括近亲属的现实情况，涉经济犯罪民营企业家可以申请会见的对象范围暂为企业的其他主要管理人员，这保持了改革目的与具体方式之间的均衡性，有利于减少改革阻力，顺利助推改革目标的实现。涉经济犯罪民营企业家经申请批准后可以会见企业的其他主要管理人员，共同就企业的重大经营决策进行商

---

① 关仕新：《专家激辩是否特殊保护涉罪企业家经营权》，载《检察日报》2010 年 6 月 7 日，第 3 版。

讨与安排，在必要的时候可以由羁押场所提供合适场地召开企业的董事会与股东会，这在黄光裕案件中得到试行并取得良好的法律效果与社会效果。同时，对会见实施全过程的录音录像监督，并且通过告知书明确告知参与会见人员的权利与义务，避免出现转移财产、消灭证据等会见越界行为妨碍刑事诉讼活动的顺利进行。此外，负责会见监督的有权机关与个人不得故意泄漏合法的会见交流内容，尤其是关乎民营企业发展命运的商业秘密，否则应当追究相应的法律责任。

结语

保障涉经济犯罪民营企业家的民商事权利，是国家公权力在公民私权利面前的理性让步，折射出社会文明与法治的进步。通过保障涉经济犯罪民营企业家正常行使民商事权利，最大限度地降低甚至消解民营企业家犯罪对企业带来的不利影响，从而维护社会整体利益。希望能够抓住当前加强产权司法保护与防范化解重大风险的司法政策契机，有效推进相关制度变革，真正让涉经济犯罪民营企业家的民商事权利保障落到实处。

（周 明：湖南省资兴市人民法院）

行政诉讼

过程论视野下自动化行政行为的司法审查

——以道路交通非现场执法时空情境分析为视角

周文清　黄含未

随着我国汽车数量不断上涨，人、车、路、环境之间的矛盾日益凸显，单纯依靠交警人力查处违章行为显得捉襟见肘。信息技术的发展给行政执法方式变革带来了契机。“电子警察”① 作为“科技+行政”的实践产物，使得交通执法从传统人海战术和运动式执法模式中挣脱出来，大幅提升了违章查处效率，很好地迎合了现代交通管理技术化、精细化、效率化等发展需求。然而，行政相对人的权益保障却没有实现与行政执法手段同步提升，法定程序缺省、违章告知滞后、陈述申辩难、罚过不相当等问题的存在，使得“电子警察”饱受诟病。曾经轰动一时的杜宝良案，就因违章信息告知不到位导致杜宝良在同一地点连续违章105次，被处罚款10500元②。此外，参与“电子警察”设计、安装、维护、运作等技术主体的加入，使得行政关系变得异常复杂，给非现场执法司法审查带来了巨大的挑战。

一、非现场执法行政诉讼的司法裁判现状

随着信息技术的发展，交通秩序管理也迎来了自动化时代。然而，司法审查却仍然锁定在传统现场执法思维惯性中，看似谨守“规则中心主义”立场，背后却折射出司法裁判的保守主义倾向。

---

① 闯红灯、超速等各类交通技术监控系统又俗称“电子警察”“电子眼”。

② 《105次违章后领万元罚单 透视杜宝良事件标本意义》，载中国新闻网，https://www.chinanews.com/news/2005/2005-08-08/26/609256.shtml，2020年8月8日最后访问。

（一）非现场执法诉讼中相对人诉讼理由呈现多元化趋势

笔者从中国裁判文书网中随机抽取了现场执法和非现场执法裁判文书各100份。案例分析发现，传统现场执法行政诉讼中相对人诉讼事实和理由主要围绕执法主体、执法程序、处罚事实及法律依据等展开。而非现场执法模式中，由于“电子警察”的加入拉大了行政处罚与违章行为之间的时空距离，相应的，相对人对执法活动的质疑也从行政处罚决定作出的“时点”向前、向后延伸，呈现“线性”发展：从路标、信号灯等配套设施的设立、电子监控设备的采购等前期准备行为，到电子监控取证、违章信息告知等过程性行政行为，再到处罚决定送达等后续行政行为，相对人都提出了相应的质疑，诉讼理由更加多元。

（二）非现场执法行政诉讼中裁判文书说理不足的司法样态归纳

非现场执法诉讼中相对人诉讼理由分布已呈现线性、动态发展，然而，司法审查仍然围绕处罚主体、内容、程序等要件合法性审查为中心，而未根据相对人诉讼事实和理由进行针对性回应，难以满足相对人诉讼期待，导致裁判可接受性较差。

1. “繁案粗审”：简单的形式审查导致行政纠纷得不到实质性化解

笔者通过案例统计，发现非现场执法行政审判中出现不少“格式化审查”现象（见表1），裁判说理过分程式化，缺乏针对性，多表现为以“原告主张无事实和法律依据”“行政处罚认定的事实清楚，证据确实充分”“处罚决定并无不当”等格式化语言简单粗暴地回应相对人的诉讼主张，而未针对双方争议焦点进行深入审查，导致行政争议得不到实质性化解。

表1 “繁案粗审”典型案例

案号	案情简介	诉讼事实和理由	裁判说理	裁判特点
辽宁省沈阳市中级人民法院（2019）辽01行终167号	上诉人驾驶车辆不按交通信号指示通行，被处罚款100元	上诉人称，处罚决定中认定事实有误，程序违法，处罚理由不明确，适用法律不当	根据法院采信的证据能够认定车辆实施了不按交通信号指示通行的违法行为。处罚决定书认定事实清楚、适用法律正确，处罚并无不当。行政复议决定书亦无不当。综上，原审判决认定事实清楚，适用法律正确，判决结果并无不当	二审法院并未对上诉事由进行针对性回应，直接用三个“并无不当”驳回上诉请求，有不当放弃司法审查职责之嫌
成都市金牛区人民法院（2014）金牛行初字第66号	原告以107公里/小时速度在高速上行驶，超过规定时速7%，被处罚款200元，记3分	原告诉称，其驾驶时速略超过规定时速，违章情节轻微，交警顶格处罚有失公正	原告认为超速应设置裁量阶梯，而不应对超速20%以下的行为一律按200元予以处罚，系处罚中的合理性问题，不属行政诉讼审查范畴，对原告该主张本院不予支持	对行政处罚合理性问题不予审查，导致裁判可接受性差
辽宁省沈阳市中级人民法院（2016）辽01行终386号	上诉人以超过规定时速20%的速度行驶，被处罚款200元，记6分	上诉人称，处罚决定书认定的时速是否存在误差是本案核心争议，一审并未对此争议进行充分审查，希望二审法院委托权威机构进行时速鉴定	本院认为，被上诉人提供的照片系电子测速设备拍摄，该设备已经公示并经检测合格，故被上诉人依据上述设备拍摄的照片认定上诉人超速并无不当	上诉人对监控测定的时速提出质疑并申请时速鉴定。二审并未对这一核心上诉请求进行回应，直接以设备经公示并检测合格为由，驳回上诉请求

2. “不愿审查”：非现场执法诉讼裁判文书呈现“说理逃逸”现象

非现场执法改革过程中，司法审判无疑应发挥支持和保障作用，但同时也应肩负起规范与监督职能。然而，案例统计发现，一方面部分法官过分倾向于对行政执法效力的维护，对于非现场执法过程中出现的问题选择“逃避式审理”（见表2），司法监督功能难以得到有效发挥。另一方面可能的原因是非现场执法处罚相对较轻，法官说理动力不足。当前非现场执法主要适用于闯红灯、超速、违停等违章行为，处罚金额一般在200元以内，违章记分6分以内。相对于拘留、大额罚款等其他行政处罚而言，非现场执法处罚显得较为轻微，导致法官说理责任心不强。“标的额越大的案件，法官说理责任心越强，裁判文书说理越充分。”①

表2　“不愿审查”典型案例

案号	案情简介	诉讼事实和理由	裁判说理	裁判特点
沈阳高新技术产业开发区人民法院（2016）辽0192行初39号	原告驾驶机动车超过规定时速60%，被处罚款800元，记12分。	原告认为，作出处罚决定依据的两张照片时间间隔159毫秒，实际位移是3米，据此计算原告当时的车速为67km/h，与电子警察认定的时速131km/h相差近2倍	本院认为，原告依据电子监控设备拍摄的照片显示的时间及其目测的位移自行计算的时速可能存在误差，且未提供有效证据予以佐证，对原告的该主张本院不予支持	原告根据交警提交资料对处罚认定的时速提出了合理怀疑，此时应由被告举证证明其计算结果的准确性，然而，法院将举证责任不当倒置给行政相对人

① 夏克勤：《民事裁判文书说理实证调查——基于900篇民事裁判文书的分析》，载《中国应用法学》2018年第2期。

续表

案号	案情简介	诉讼事实和理由	裁判说理	裁判特点
江西省高级人民法院（2019）赣行申200号	申诉人因违停被处罚款150元，不服二审判决申请再审	申诉人认为，其违停行为未影响其他过往车辆和行人通行，不具有社会危害性，应免于处罚	申诉人驾驶机动车在禁停路段长时间停车，峡江县交警大队据此对其作出处罚决定并无不当	申诉人认为行政处罚畸重，三级法院直接以处罚结果未超过行政裁量权范畴为由，回避对处罚合理性的审查
湖南省湘潭市岳塘区人民法院（2016）湘0304行初57号	原告驾车跨越同向车行道分界线，被处罚款100元	原告认为，被告未将交通违法信息通知原告，原告对电子抓拍方式取证有合理怀疑，对电子监控设施、操作人员资格、操作程序无法知情和监督	原告对电子抓拍方式取证有合理怀疑，对电子监控工作原理、操作人员资格、操作程序无法知情和监督，不属本案审查范围，原告可另行主张权利	电子监控设计是否科学、操作人员是否具有资质、操作程序是否合规等直接影响所取证据的合法性和真实性，然而法官对此核心争议不予审查，其裁判结果难以让人信服

3. “审查不能”：涉科学技术行政裁量的司法审查遭遇技术壁垒

非现场执法取证需要依靠各类交通技术监控，科学技术含量较高，作为“技术外行”的法官审查非现场执法可能遭遇技术壁垒，导致出现“模糊式审理”现象（见表3）。“裁判说理基本性质是防卫性的，首先要考虑的不是强化论点，而是隐藏弱点”①，对于专业技术性争议，不少裁判奉行“宁简勿繁”的原则，往往不愿或不敢在判决书中过细地阐述判决理由，以免被人发现法官专业知识上的短板。

表3 “审查不能”典型案例

案号	案情简介	诉讼事实和理由	裁判说理	裁判特点
山东省平度市人民法院（2015）平行初字第234号	原告以85公里/小时速度在限速70公里/小时道路上行驶，被处罚款50元，记6分	原告主张其驾驶的客车已设定ECU限速，厂家设计最高车速为69公里/小时，电子监控测定车速是85公里/小时结果有误，交警处罚没有事实依据	原告于2015年8月3日收到行政复议决定书，于2015年8月31日向本院提起行政诉讼，超过了法律规定的15日起诉期限，故原告的起诉应予驳回	技术性争议程序化处理，直接以“超过15日起诉期限”驳回原告的起诉，规避了对技术性问题的审查
广东省深圳市福田区人民法院（2013）深福法行初字第1085号	原告驾驶机动车不按交通信号灯规定通行，被处罚款200元，记6分	原告认为，被告使用不符合标准监控系统作为取证工具，所拍摄的图中缺少设备编号、防伪信息等信息，不符合行业取证技术规范	本院认为，图片作为机器预设程序自动运行的结果，在没有证据表明涉案路口交通监控设备运行出现故障或受到其他非正常干扰的情况下，所取得的证据应予采信	原告对监控性能和图片真实性提出质疑，但法院未要求被告证明监控运行正常，而直接以司法推定采信监控所取证据

① 凌斌：《法官如何说理：中国经验与普遍原理》，载《中国法学》2015年第5期。

续表

案号	案情简介	诉讼事实和理由	裁判说理	裁判特点
大连市沙河口区人民法院（2019）辽0204行初37号	原告以超过规定时速50%的速度在高速公路以外道路上行使，被处罚款200元，扣6分	原告认为，测速点距离其母亲家小区入口仅584米，交警认定其当时车速为91公里/小时明显不符合常理，且根据交警提供的照片所记录的时间及行驶距离计算，远未达到每小时91公里。原告申请对车速进行司法鉴定	本院将原告的司法鉴定申请报送大连市中级人民法院司法技术处，无鉴定机构有案涉鉴定资质。案涉照片系经检定合格的技术监控设备所拍摄，在无相反证据予以推翻的情况下，本院予以采信	法院对监控技术性问题的审查过度依赖鉴定意见，一旦遇到无法鉴定的情形便陷入裁判两难困境

（三）难以服众的裁判结果

笔者在中国裁判文书网以“电子警察”“电子眼”为关键词，案由限定为“行政处罚”“道路交通管理（道路）”两类进行检索，共检索出裁判文书754份（统计截止于2020年6月3日），剔除重复和无关案件后剩余662件，其中一审429份（占比64.8%），二审221份（占比33.4%），再审12份（占比1.8%）。

表4 非现场执法行政诉讼案件裁判情况统计（N=662）

审理层级	案件数量（件）	裁判结果	案件数量（件）	占比
一审	429	驳回起诉	135	31.5%
		驳回诉讼请求	260	60.6%
		撤销处罚决定	18	4.2%
		确认违法	7	1.6%
		准许撤诉	9	2.1%
二审	221	维持原判决/原裁定	215	97.3%
		撤销原判决	6	2.7%
再审	12	驳回再审申请	12	100%

对表4统计数据计算，相对人败诉率高达95%，其原因可能是违章处罚已进入自动化时代，而行政审判仍然沿袭传统现场执法审查模式，简单套用现场执法规则对非现场执法行为进行审查后，径行驳回相对人的诉讼请求。裁判文书不说理或者说理不充分导致裁判文书可接受性较差，因此，尽管二审改判概率微乎其微，但仍有半数以上的当事人选择上诉乃至再审。非现场执法违法侵权的特点是涉及面广，社会损失总量大而单个案件损失较小，但公平和正义不能因为个案损失较小而缺位。据统计，截至2019年底全国汽车2.6亿辆，汽车驾驶人3.97亿，按保守估计每车每年平均被罚2次计算，每年被处罚人次也高达5.2亿次。① 犯罪或许离普通百姓很遥远，但车辆违章却是每天都可能发生在我们身上的事情，判决公正与否直接关乎3.97亿驾驶人的幸福指数。

二、非现场执法与传统行政行为规范之间出现对接难题

信息技术对交通管理模式进行了结构性重塑，交通技术监控设备的引入使得执法工具电子化、参与主体多元化、执法情境复杂化，导致非现场执法与传统行政行为规范出现对接难题，呈现无序生长状态，其合法性遭受质疑。

① 茅铭晨：《从自定走向法定——我国〈行政处罚法〉修改背景下的非现场执法程序立法研究》，载《政治与法律》2020年第6期。

（一）工具升级：从“局部抽查”到“全景敞视”

1. 道路空间中无处不在的“权力之眼”

传统现场执法模式中，交警处于具有高度不确定性的开放空间中，对过往车辆进行随机抽查，这种“一对多”执法模式中交警并不具备抗衡力量上的明显优势。而非现场执法模式中，超速、闯红灯、违停等多个电子监控设备共同监视同一台车，这种全方位、全天候监控的执法模式，形成了一种“全景敞视主义”① 管控机制，而且，相对于传统现场执法，“电子警察”具有更大的隐蔽性，使得监管权力成为“可见但又无法确知”的存在。“铺天盖地的电子警察，每次上路都是一次冒险，说不定什么时候就中招了。”② 基于随时可能被发现和被惩罚的恐惧，驾驶人只能自觉遵守交通规则。

2. 权力行使高效化，权利保障却边缘化

“电子警察”的助力使得交警从传统街头执法模式中挣脱出来，有效地解放了警力，违章查处方式也从街头局部抽查模式转换为“电子警察”全方位监控。“电子警察”本质上是一种信息方式下的“权力规训”技术③，这种管控权力细致入微地渗透到街道布局当中，通过对过往车辆进行严密的监视和规训，使其养成良好的驾驶习惯。然而，当前非现场执法改革过分强调对执法效率的追求，容易忽视对行政相对人的权益保障。“有权力的人们使用权力一直到遇有界限的地方才休止。”④ 权力规训关系中的非对称性本身就潜藏着某种以强凌弱的危险，如果没有妥当的内外部控制和制衡，则自动化行政改革可能沦为一种奴化他人的工具。

---

① ［法］米歇尔·福柯：《规训与惩罚》，刘北成、杨远婴译，生活·读书·新知三联书店 2007 年版，第 226 页。

② 《提心吊胆地上路》，载南方网，http：//epaper. southcn. com/nfdaily/html/2011 – 06/03/content_ 6968896. htm，2021 年 2 月 25 日最后访问。

③ 权力规训，是指通过层级监视、规范化裁决、检查等方式对个体进行全方位和持续性管控，把个体改造为满足需要的对象。参见张金鹏：《超级全景监狱：信息方式下的权力技术》，载《哲学研究》2007 年第 8 期。

④ ［法］孟德斯鸠：《论法的精神（上册）》，张雁深译，商务印书馆 1961 年版，第 154 页。

表5　现场执法模式与非现场执法模式差异对比

对比要素	现场执法模式	非现场执法模式
管控时长	8 小时	24 小时
管控范围	局部抽查	监控所及范围内全覆盖
威慑程度	较小	大
查处效率	低	高

（二）主体多元：从“二元体制”切换到“三方构建”

1. 公私合作容易引发治理风险

电子监控系统从设计、安装、维护、运作需要大量技术主体的参与，这些技术主体加入使得行政关系从传统二元主体模式转换为多元主体模式（见图1）。为了获得可持续的高额利润，技术主体会不断游说政府加大投资，这与政府追求改革政绩的目的不谋而合，而且，技术主体与行政机关之间的合作具有一定的封闭性，如果缺乏有效的内外部监督，自动化改革将在资本与权力联盟中呈现无序生长状态。“行政机关必须像监管公务员一样对自动化系统进行监管，而不能把控制权和责任全部甩给技术主体。”①

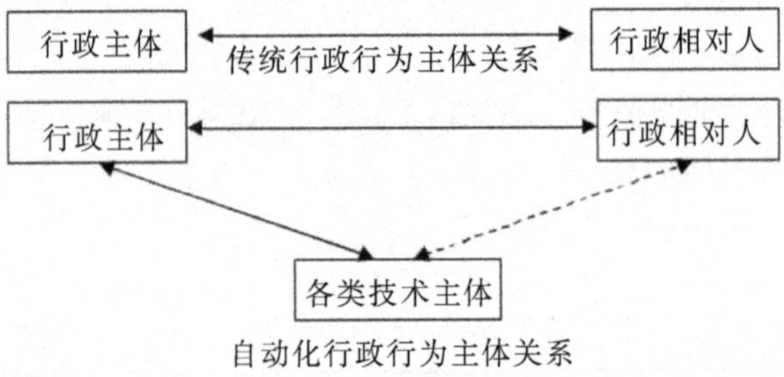

图1　传统行政二元主体关系与自动化行政多元主体关系对比

2. “电子眼”变“钱眼”，权力规训功能异化

据统计，建一套四向电子警察系统约80万元，每年运营维护费用约6万元，建设一套测速系统约5万元，每年检定费用约0.2万元②……受财政资金的约束，不少地区采取与技术公司“风险共担、收益共享”的方式合作建设

① 马颜昕：《自动化行政的分级与法律控制变革》，载《行政法学研究》2019年第1期。

② 数据来源于H省C市交警支队。

电子监控系统，这为后续的行政执法埋下了隐患。例如，原告海南洋浦光信实业有限公司与被告高密市公安局等合同纠纷一案①中，合同约定“甲方以闯红灯罚款总额5：5比例分成的方式，分期偿还和支付乙方投资与技术服务费用”，后因被告未按约定支付罚款分成而诉至法院。交警这种创收压力无疑会传递到具体案件处罚当中，导致难以作出公正处罚。“原告诉称涉案路口一天至少抓拍了几百起未停车避让行人的行为，每起顶格处罚200元，电子眼变成了交警创收的工具。”②

（三）时空情境：从“街头执法”切换为“窗口办公”

1. 交警从“真实在场”转为“虚拟在场”

传统现场执法模式中，交警通过街头巡逻的方式查处交通违章行为，与驾驶人进行面对面现实接触，呈现一种鲜明的空间在场关系。而非现场执法模式中，交警主要工作场景从街头执法转换为电子监控室内的幕后操控，呈现一种“虚拟在场”关系，转而以超速、闯红灯等各种电子监控系统“代行”交警的执法职能。例如，以“电子眼”代替交警的眼睛，以禁停警示牌代替交警的口头警告。然而，这些“替代物”能否起到与交警同等的执法功能尚存争议。“静态的禁停警示牌的威慑力远不如交警当面口头警告。”③ 此外，“电子警察”基于其特定的程序设计，会自动过滤筛选出相对人违章的有关证据上传至信息处理系统，而难以做到全面客观取证。“电子警察执法过于机械，只抓拍对相对人不利的证据，缺乏公正性”④。

2. 非现场执法从传统“人际互动模式”切换至“人机互动模式”

非现场执法从传统“人际互动模式”切换至“人机互动模式”，执法的时空异步性导致违章信息告知滞后，变相剥夺相对人的陈述、抗辩权。“不能当场纠正交通违法行为，是电子警察最大的弊端。”⑤ 非现场执法减少了相对人与交警面对面交流机会，拉大了违章行为与行政处罚之间的时间间隔（见表6），当事人知晓违章行为的时间往往远远滞后于违法行为发生的时间，违章现场已不复存在，对违章具体情节也印象不深，难以进行有效陈述和申辩。“原告特地去罚单上的地点查看，实在回忆不出当时的具体情况，当时可能存

① 山东省高级人民法院（2011）鲁商终字第24号民事判决书。

② 辽宁省本溪市平山区人民法院（2019）辽0502行初25号行政判决书。

③ 上海市静安区人民法院（2019）沪0106行初607号行政判决书。

④ 河北省邯郸市丛台区人民法院（2019）冀0403行初85号行政裁定书。

⑤ 程滔、姜薇：《论“电子警察”取证的合法性》，载《证据科学》2010年第3期。

在两种情况……”① 违章发生与作出处罚时隔近1年，原告只能凭借自己的推断进行“幽灵抗辩”，而无法提交有利证据进行佐证。

表6 违章行为发生与行政处罚作出时间间隔情况统计

违章与处罚时间间隔	15日内	15—30日	30—60日	60—180日	180—360日	360日以上	合计
案件数量/件	52	30	34	72	39	27	254
占比	20.5%	11.8%	13.4%	28.3%	15.4%	10.6%	100%

三、过程论视野下非现场执法司法审查模式之转变

非现场执法在行为主体、执法手段等方面融入了许多新的元素，而传统行政行为形式理论研究范式仅着眼于“最后呈现法律效果”的行政行为，难以涵盖非现场执法这一新兴的复合型行政活动的全貌。为了更全面地对非现场执法活动进行审查，需引入新的分析工具。行政过程方法论是为了应对现代行政的复杂化、多样化，将行政活动作为在空间上、时间上的一个过程能动地、动态地进行考察的方法。与传统行政行为形式理论研究范式下的司法审查模式相比，行政过程论视野下的司法审查模式具有诸多优势。

（一）时间要素之转变——从行政法律行为作出的“点”拓展到行政行为全过程的“线”

“过程性审查不仅处理影响行政机关与国民间关系的最终决定，还应审查该决定过程本身的透明化及控制的可能性。”② 传统行政行为研究范式是一种“点的思维”或者说“静态思维”，只关注发生行政法律效果某个时点的行为。而过程性行政行为研究范式是一种“线性思维”也可称之为“动态思维”，将研究视角从作行政处罚时间点向前向后延伸，对行政行为全过程进行动态考察。“现代行政法学应当从行政过程论的观点出发，对现实行政过程进行全

① 安徽省芜湖市镜湖区人民法院（2013）镜行初字第4号行政判决书。

② ［日］室井力：《行政法学方法論議》，载広岡隆等编：《现代行政と法の支配——杉村敏正先生還暦記念》，有斐阁1978年版，第14、15页。

面、动态考察，分析其阶段性的法律构造。”① 具言之，行政过程论视野下的司法审查拉长了行政活动的考察视角，不仅关注行政处罚决定作出这一时点的行为，还关注电子监控及配套路标、信号灯设立等处罚前准备行为，违章信息通知等过程性行政行为以及处罚决定的送达等后续行政行为，达到对行政执法全过程精细化控制的目的。

（二）空间要素之转变——从行政行为执法现场局部审查拓展到行政行为相关区域整体考量

在自动化行政方式出现之前，交通违章处罚主要由人力完成，执法成本高且查处效率低。从经济学角度分析，要遏制违法行为就应保障“违法损失期望>违法收益”，而“违法损失期望”又等于“被处罚的概率”乘以“被处罚的力度”。② 人力执法时代因被处罚概率较低，因此立法设置了较高的被处罚的力度。然而，非现场执法情境下，“电子警察”24小时不间断地工作，大幅提升了交通违章行为的查处效率，但原有违章处罚力度却未作出相应的调整。“高效在节约成本和带来便利的同时，也使得行政处罚疏密程度严重失衡，产生了实质性处罚不当问题。”③ 如前述杜宝良案即严重拷问了处罚的合理性。传统行政行为研究范式下司法审查只关注涉案电子监控设备，而过程性行政行为研究范式扩大了审查视野，由点及面分析涉案电子监控背后整个电子监控网络，综合考量该区域电子监控网络的总体布局、设置密度、违章抓拍效率等因素，更清晰地看到行政主体与相对人之间抗衡力量的强弱变化，进而反思处罚力度是否具备合理性。

（三）主体要素之转变——从传统行政二元主体拓展到自动化行政多元主体

技术主体的助力大幅提升了交通执法效率，但其逐利本性也为执法公正埋下了隐患。《关于规范使用道路交通技术监控设备的通知》第4条规定，未依法检定、逾期未检定或检定不合格的监控设备，不得继续使用。然而，技术主体为了压缩成本提高收益可能在电子监控建设、运营过程中偷工减料或者不定

---

① 江利红：《行政过程的阶段性法律构造分析——从行政过程论的视角出发》，载《政治与法律》2013年第1期。

② ［美］罗伯特·考特、托马斯·尤伦：《法和经济学（第六版）》，史晋川、董雪兵等译，格致出版社2012年版，第456页。

③ 马颜昕：《自动化行政方式下的行政处罚：挑战与回应》，载《政治与法律》2020年第4期。

期维修送检，导致不少监控设备长期“带病”上岗。广东省审计厅披露2012年广东省电子眼送检率不及3%，其中深圳市零送检。① 此外，在效率导向驱使下法定程序被不当压缩、减省，可能侵害相对人合法权益。例如，为了使监控设备尽早投入使用，不当缩短监控启用前公告时间，损害公众知情权和监督权。“被告发布公告时间为2016年7月26日，正式启用闯红灯电子抓拍系统时间为2016年7月31日，实际公告时间仅6天。”②又如，为了提高送达效率，不少交管部门以将违章信息录入互联网平台供公众查询的方式代替传统邮寄、短信等告知方式，加重了相对人的程序负担。我国现行行政法律规范沿袭“行政主体－相对人”二元论立场，对参与自动化行政的各类技术主体缺乏应有的重视，简单将其作为监控设备、技术供应方，忽视对其进行合规审查。司法审判应将技术主体纳入审查视野，充分考量技术主体加入对非现场执法活动的影响，才能更全面公正地评判执法活动的合法性。

（四）事的要素之转变——从行政法律行为拓展到行政事实行为

“现代公共行政对象领域的扩大必然带来行政手段多样化和公共行政法律行为多样化。”③ 非现场执法这一新型行政行为方式难以被传统“行政行为库”所涵盖，而且传统行政行为研究范式重视事后救济，只关注“最后呈现法律效果”的行政法律行为，无法反映行政活动的全貌。“行政过程是由复数的行为形式结合乃至连锁而构成的。”④ 行政过程论立足于现实行政活动的复杂性和多样化，不仅仅关注“行政主体－相对人”之间的行政法律关系，还关注行政主体与技术主体、行政主体与行政相对人之间发生的行政事实行为、行政准备行为，从单纯的事后控制扩展为事前、事中、事后全方位控制，能够更好地约束行政权力，保障相对人合法权益。

（五）物的要素之转变——从有形痕迹物证拓展到无形电子证据

人力执法时代，交通违章进行事实认定的证据主要是交警肉眼所见违章现场、执法笔录等有形证据，而自动化行政时代，交通违章事实认定所依据的主要是电子监控设备所拍摄的图片或影像等电子证据。与传统证据相比，电子证

① 《广东或存大量“问题电子眼”近万台仅3%送检》，载搜狐网，http://gd.sohu.com/20120727/n349164504.shtml，2020年6月8日最后访问。

② 宁夏回族自治区银川市兴庆区人民法院（2017）宁0104行初14号行政判决书。

③ ［日］成田赖明：《非権力行政の法律問題》，载《公法研究》1966年第28期。

④ ［日］塩野宏：《行政過程総説》，载熊川一郎、塩野宏、園部逸夫编：《現代行政法大系2行政過程》，有斐閣1983年版，第28页。

据具有明显的高科技性、动态性、脆弱性等特征，交警取证往往需要依靠不具备执法资格的技术人员，由此便产生了取证权限合法性和技术资质合法性的冲突：收集电子证据的执法人员不具有相关专业技术，而具有相关专业知识的技术人员不具有合法取证资格。过程性审查方法不仅审查电子警察最终获取的电子证据是否具备可采性，还重点分析取证主体、取证过程等是否符合法律规定。“算法黑箱”① 的存在导致技术性证据可接受程度较差。例如，人们只知道测速、鸣笛等技术监控系统输出了特定的结果，但这个结果是如何计算出来的，人们却无从探知。在上海首例“声呐电子警察”② 执法纠纷案中，原告就对鸣笛抓拍设备的精确性和电子证据的真实性提出了质疑。“除了算法设计的错误之外，算法当中还可能藏匿着某些隐而不彰的歧视和偏见。”③ “如何对算法以及通过算法攫取的权力进行有效监督，防止算法通过各种看不见的‘算计’暗中侵害我们的权利，是人工智能时代行政法学面临的严峻问题。”④ 过程性审查方法不仅关注算法计算出的特定结果，还通过对算法的设计原理、运行过程等审查，更全面深入地评估算法本身的科学性。

四、非现场执法行政诉讼司法审查要素分解

随着非现场执法活动的不断推进，技术主体介入程度逐渐减小，潜藏于非现场执法背后的行政主体逐渐显现，行政行为对相对人权益的影响程度越来越大。相应的，司法审查方式和审查强度也应作出相应调整，才能兼顾监督行政和保障相对人权益的目的。本文以行政过程沦为分析工具，根据非现场执法行为发展的先后顺序将其细分为五个阶段进行司法审查：电子监控系统设立→违章信息摄取和录入→违章事实认定→违章信息告知→行政处罚决定作出和送达。

---

① Maayan Perel, Niva Elkin - Koren, Black Box Tinkering: Beyond Disclosure in Algorithmic Enforcement, Fla. L. Rev, 2017, Vol. 69, No. 181, p. 184.

② 上海市第一中级人民法院（2018）沪01行初216号行政判决书。

③ 奥尼尔：《算法霸权：数学杀伤性武器的威胁》，马青玲译，中信出版社2018年版，第117页。

④ 刘东亮：《技术性正当程序：人工智能时代程序法和算法的双重变奏》，载《比较法研究》2020年第5期。

表7 非现场执法各行为阶段司法审查强度及审查重点

执法行为阶段	任务完成主体	是否涉及裁量	科学技术含量	对相对人影响程度	司法审查强度	司法审查重点	司法审查方式
电子监控系统设立	技术主体	不涉及裁量	大	较小	较小	是否保障公众知情权	尊重型审查标准
信息拟取与录入	技术主体为主	涉及部分裁量	较大	小	小	是否遵循技术性正当程序原则	形式审查标准
违章事实认定	行政主体为主	涉及部分裁量	中等	中等	中等	电子证据可采性	合法性审查标准
违章信息告知	行政主体为主	涉及部分裁量	小	较大	较大	送达的有效性和及时性	功能等价审查标准
处罚决定作出与送达	行政主体	完全裁量权	较小	大	大	处罚力度是否遵循动态调整原则	合理性审查标准

（一）电子监控系统设立阶段：是否充分保障公众知情权

行政机关设立各类交通技术监控设备的行为该如何定性？从法律关系上来看，交通技术监控设备的设立并不会直接设定、变更或消灭行政法律关系，但会对后续的电子抓拍取证程序的合法性和所取证据的可采性产生重要影响。因此，交通技术监控设备的设立应受到比一般行政事实行为更严格的司法审查。

1. 配套标识是否完备及限速值等设置是否合理

例如，违停处罚案件中如果禁停标志未设置或设置在一般人难以察觉的位置，违停处罚就丧失了合法性依据。如“被告未提交证据证实周围设有禁停标志，足以使公众误以为此处可以停放车辆”①。又如，实践中经常出现限速值设置过低或者“忽高忽低”，“被告在66KM+300M处设置80的限速牌，在66KM+500M处设置70的限速牌”② 容易使驾驶人产生混淆，而且由于惯性作用车速很难即刻下降至限速值以下，导致“被动超速”。

① 江西省吉安市青原区人民法院（2018）赣0803行初150号行政判决书。

② 山西省永济市人民法院（2013）永行初字第7号行政判决书。

2. 电子监控设置地点是否合法

电子警察的设置地点需遵循“必要性原则”，必须在交通事故高发地带，并配套性地设置交通信号、警告牌等予以提示。[①] 英国交通部规定电子警察应设置在醒目的地点，颜色为醒目的橘黄色或者绿色，且电子警察前面必须设置若干个标识摄像机位置的警告牌，确保电子警察能在至少 60 米（高速公路为 100 米）处就被驾驶人看到。[②] 若电子警察如果设置在隐蔽处，则所取得的证据可能不被采信。“因被告设置的移动测速点不具有合法性，据此所取得的证据不能认定为合法证据，被告以此对原告作出的处罚决定证据不足，依法应予撤销。”[③]

3. 电子监控启用前是否履行充分的信息披露义务

启用电子监控系统前应以适当方式告知监控的设置情况和启用时间，充分保障公众知情权和监督权。司法审判应重点审查公告平台受众是否充足、公告内容是否明确具体、公告时长是否足以让公众知悉等方面，对于公告程序存在瑕疵的，应予指正；对未经公告或者公告程序严重违法的，该电子监控所取得的证据应作为非法证据予以排除。例如，解某与贺兰县公安局交警大队道路交通管理行政处罚一案中[④]，法院对被告增设闯红灯电子抓拍系统公告内容不完整、公告时间过短等程序瑕疵作出了指正。

（二）违章信息摄取和录入阶段：是否遵循技术性正当程序原则

如何对算法进行审查是非现场执法司法审查的难点。在超速、鸣笛处罚等案件中，技术监控系统计算结果是认定违章事实的关键证据，监控仪器工作原理、精准程度往往成为双方争议焦点。无论行政执法的适用场景和执法手段如何变化，都必须接受行政法上的正当程序等价值理念的规制。面对交通技术监控系统“算法黑箱”难题，需构建“技术性正当程序”，通过提升算法透明度、可解释性以及事后纠错等方式提升算法的接受度。[⑤] 作为技术外行的法

① 程滔、姜薇：《论“电子警察”取证的合法性》，载《证据科学》2010 年第 3 期。

② 《英国、新加坡如何用“电子眼”管理交通》，载硅谷动力网，http://www.enet.com.cn/article/2005/0707/A20050707432199.shtml，2021 年 2 月 26 日最后访问。

③ 山东省沂源县人民法院（2018）鲁 0323 行初 48 号行政判决书。

④ 宁夏回族自治区银川市兴庆区人民法院（2017）宁 0104 行初 13 号行政判决书。

⑤ 刘东亮：《技术性正当程序：人工智能时代程序法和算法的双重变奏》，载《比较法研究》2020 年第 5 期。

官，在司法实践中探索出一套较为可行的间接审查方式①，具体而言：一是“形成过程”审查，即审查该套监控系统投入运行前是否经过了充分的论证、检测，技术手段是否具有可信度；二是“明显性”审查，即审查监控系统是否存在明显违反逻辑性和科学性的情形，行政机关对此能否做出合理解释；三是“实际效果”审查，即监控系统投入运行后，是否出现大量的复议或诉讼，导致产生科学性上的合理怀疑。此外，还可考虑引入技术调查官制度，弥补法官相关技术知识的短板。在上海首例“声呐电子警察”执法纠纷案中，法院就组织了该套声呐设备的主要研发专家出庭对声呐设备的工作原理等技术性问题进行了阐释。

（三）违章事实认定阶段：电子证据的合法性和真实性

首先，审查电子证据取证主体合法性。电子警察取证需经拍摄和审核两个阶段，由于审核工作是在幕后进行，很可能出现由不具备执法资格的人员完成审核工作。例如，原告提交指挥室抓拍录入人员名单，拟证明负责信息审核录入人员非正式干警无执法资格。法院直接以原告证据不足驳回了该项主张。②笔者认为，原告对执法主体合法性提出了合理怀疑并提交了初步证据，应由被告就执法主体的合法性举证证明，如举证不能则应排除其所取得的相应证据。

其次，审查电子证据内容真实性。案例统计中发现不少法官对于电子警察抓拍所获取的电子证据的真实性问题未予以足够重视，往往以相对人无法提交证据证明电子抓拍图像资料存在伪造、变造等情形为由，驳回相对人对证据真实性的质疑，或者简单以电子监控设备具有出厂合格证为由推定所取得的证据具有真实性。笔者认为，法官将证明证据真实性的举证责任不当分配给行政相对人，违背了行政诉讼被告举证原则，而电子监控设备出厂合格也不足以证实其在投入使用一段时间后一直处于正常运行状态，因此，不宜直接适用司法推定认定监控所摄取的证据具有真实性。鉴于当前监控设备送检率普遍较低的现实，可借鉴民法中“过错推定原则”，对于没有检定合格证书或未定期维护、送检的监控设备所取得的电子证据直接推定无证据能力，若交警能提交充足证据证明监控设备在抓拍取证时性能正常，则予以采信。“无效推定”符合行政诉讼被告举证原则，更为重要的价值在于改善司法实践中普遍存在对监控设备性能不予审查的现状，统一裁判标准，防止错罚错判。

---

① 上海市高级人民法院（2019）沪行终204号行政判决书。

② 重庆市巫溪县人民法院（2016）渝0238行初40号行政判决书。

（四）违章信息告知阶段：替代性送达方式是否符合功能等价原则

非现场执法作为一种负担行政行为，会对相对人的权益产生不利影响，因此，其程序义务比一般授益行政行为的要求更高。换言之，非现场执法方式的改革不能减损相对人的程序权益或者增加相对人的程序义务。违章信息告知作为相对人的一项关键性程序权益，在非现场执法过程中并未得到充分的保障。当前盛行将违章信息录入互联网供公众查询的告知方式代替传统的当面或者邮寄罚单等告知方式，然而，这种替代性的告知方式与传统告知方式并不具备功能上的等价性。其实质是将行政机关主动告知义务擅自转换成相对人主动上网检索义务，变相加重了相对人的程序负担，而且，对于不会上网的相对人而言无异于“未曾告知”，导致很多司机违章驾驶而不自知，致使违章行为多次发生或者持续存在，违章处罚也难以起到及时纠正违法行为的作用。

“无论行政法如何转型，权利永远必须置于行政法的中心地位。”① 行政执法对效率的追求不能凌驾于相对人权益保障之上。不当减省法定告知程序，是行政复议、诉讼高发的重要原因，反过来消解了自动化行政的高效优势。因此，在认定违章信息告知义务是否履行到位时，法官应以“功能等价”为判定标准，综合考量送达成本、送达便利性和有效性、相对人信息化程度等多种因素，只有当替代性送达方式能够确保及时有效送达相对人时才能认定告知程序合法。此外，“无论以电子方式作成行政处分政策多么立意良善，都不能成为强迫人民必须配合接受的义务。”② 在采取互联网公布、短信等新型告知方式时，应征得相对人明确同意，充分尊重相对人对送达方式的选择权。

（五）处罚决定作出及送达阶段：处罚力度是否遵循动态调整原则

交通技术监控系统的引入大幅提升了违章处罚效率，导致处罚疏密程度严重失衡，产生了实质性处罚不当问题。例如，在高某某与上海市公安局杨浦分局交警支队等道路交通管理行政处罚一案③中，高某某认为其停车时间略超过3分钟，且未造成严重后果，顶格罚款200元与行为违法程度不相称，违反比例原则。但法官并未对高某提出的处罚合理性问题进行深入审查，直接以处罚未超过交警自由裁量权范畴为由驳回了高某的诉请。

---

① 罗文燕：《服务型政府与行政法转型——基于“善治”理念的行政法》，载《法商研究》2009年第2期。

② 谢硕骏：《论行政机关以电子方式作成行政处分：以作成程序之法律问题为中心》，载《台大法学论丛》2016年第4期。

③ 上海市第二中级人民法院（2018）沪02行终377号行政判决书。

域外部分国家开始探索调整非现场执法处罚方式和力度，例如，法国建立了轻微违法“不予处罚”的裁量制度，美国一些州建立了每年首次违法“以学代罚”制度。① 笔者认为，非现场执法大幅提升了违章查处概率，相应的，应对现行的交通违章处罚裁量基准进行适度下调，才能在保持交通违章行为总体威慑力度不变的情况下最大限度地节约违章控制的社会成本，实现对交通违章行为的最优威慑。具体到行政审判中，法官应综合相对人主观恶性、危害后果以及被处罚概率、经济发展情况等可变指标对具体个案处罚结果合理性予以审查，对明显不合理的行政处罚应予以变更或撤销，实现从形式行政法治向实质行政法治的转变。

结语：自动化行政行为司法审查的空间转向

自动化行政时代，相对人合法权益保障不能因为交警“缺席”而“缺位”。空间维度是研究自动化行政的一个重要视角，街道空间因各类交通技术监控设备的加入从根本上改变了交通执法工作情景、行为逻辑和互动关系。司法审查应立足于非现场执法特殊的时空情境，以行政过程论为视角对非现场执法进行全流程审查，实现对执法过程的精细化控制，确保非现场执法改革对效率的追求在公正的轨道上前行。

（周文清：郴州市北湖区人民法院；黄含未：长沙市人民法院）

① 茅铭晨：《从自定走向法定——我国〈行政处罚法〉修改背景下的非现场执法程序立法研究》，载《政治与法律》2020 年第 6 期。

行政协议确认违法判决的适用困境与优化路径

唐　莹

2014年，我国修改《行政诉讼法》首次将行政协议纳入行政诉讼范围，解决了过去行政协议适用诉讼程序混乱无序的状态，但由于《行政诉讼法》的规定过于简单，同时带来了一系列的难题，如行政协议诉讼举证责任如何分配、法院如何审查、存在几种判决类型等。学者们对于行政协议的司法审查、法律适用已多有探讨，本文主要针对实践中出现的行政诉讼确认违法判决案例予以剖析。

《行政诉讼法》采取单独规定行政协议判决方式的立法模式。① 《行政诉讼法》（2017年修正）第78条规定了继续履行判决、采取补救措施、赔偿判决和补偿判决四种方式。但是这四种判决方式都是建立在行政协议合法且有效的基础上，无法涵盖现实中出现的所有情形，未能起到彻底解决纠纷的作用。2019年，我国为应对行政协议诉讼案件在实践中出现的众多难题，公布了《最高人民法院关于审理行政协议案件若干问题的规定》（以下简称《行政协议案件若干规定》），并于2020年1月1日施行，该规定对行政协议案件适用的行政程序作出了更为具体的规定。关于行政协议案件的判决方式，《行政协议案件若干规定》增设了确认无效判决、确认有效判决、撤销或撤销重作判

① 陈思融：《论行政协议诉讼各类判决方式之关系》，载《政治与法律》2017年第8期。

决、解除行政协议判决、驳回原告诉讼请求判决。① 对比行政诉讼七种判决方式②，我国相关行政法律规定并没有涉及行政协议确认违法判决这一类型，未明确法院是否可以作出行政协议确认违法判决，也没有规定行政协议确认违法的具体情形。

对于行政协议案件是否可以延用一般行政案件中的确认违法判决，有肯定说与否定说两种意见。持否定说的学者提出：确认违法判决的价值在行政协议案件中不能得到体现，其理由在于制度上未给确认行政协议违法留下空间，若是法院作出确认违法判决，当事人仍需执行违法的行政协议，且当事人只能申请国家赔偿，有损当事人利益。③ 持肯定说的学者对确认违法判决适用的理由不一，有学者基于公共利益的考量，认为在程序轻微违法和确认无效将损害公共利益的情况下，可以作出确认行政协议违法的判决；④ 有学者主张可直接引用《行政诉讼法》第 74 条第 1 款第 2 项的规定，对程序违法但内容不损害当事人合法权益的行政协议，判决确认违法，但保留其效力。⑤

学理上对于行政协议案件是否可以适用确认违法这一判决类型争论不一。最高人民法院在《行政协议案件若干规定》中虽然没有规定确认违法判决，但是该规定第 9 条第 1 款⑥中提到“有具体的诉讼请求”，包括“请求确认行政协议违法”，即当事人可以向人民法院申请确认行政协议违法，但对于该请求的判决类型并没有相关法律规范予以明确。而在《最高人民法院第一巡回

① 主要体现在《最高人民法院关于审理行政协议案件若干问题的规定》第 12 条、第 14 条、第 17 条、第 22 条。

② 郭修江：《行政诉讼判决方式的类型化——行政诉讼判决方式内在关系及适用条件分析》，载《法律适用》2018 年第 11 期。该文中指出我国行政诉讼判决方式类型主要有驳回原告诉讼请求判决、撤销或撤销重作判决、限期履行法定职责判决、给付判决、确认违法判决、确认无效判决、变更判决七大类型。

③ 南京铁路运输法院课题组：《行政协议案件判决方式研究》，载《法律适用（司法案例）》2019 年第 2 期。

④ 耿宝建、殷勤：《行政协议的判定与协议类行政案件的审理理念》，载《法律适用》2018 年第 17 期。

⑤ 郭修江：《行政协议案件审理规则——对〈行政诉讼法〉及其适用解释关于行政协议案件规定的理解》，载《法律适用》2016 年第 12 期；张青波：《行政协议司法审查的思路》，载《行政法学研究》2019 年第 1 期。

⑥ 《行政协议案件若干规定》第 9 条规定：“在行政协议案件中，行政诉讼法第四十九条第三项规定的‘有具体的诉讼请求’是指：（一）请求判决撤销行政机关变更、解除行政协议的行政行为，或者确认该行政行为违法。”

法庭关于行政审判法律适用若干问题的会议纪要》第20条中提出：对于违法的行政协议行为，人民法院并非一律判决撤销或者确认无效，撤销违法行政协议行为将会损害国家利益、公共利益，或者行政协议行为轻微程序违法对当事人权利义务不产生实际影响的，人民法院可以判决确认行政协议行为违法，不撤销保留效力，在监督行政协议行为合法性的同时，确保行政协议得到实际履行。此外，最高人民法院在2019年12月发布了一批行政协议典型案例①，其中，安吉展鹏金属精密铸造厂诉安吉县人民政府搬迁行政协议案，法院作出了确认行政协议违法判决。可见，最高人民法院对于行政协议确认违法判决持肯定态度，鼓励法院在适当情形下作出确认行政协议违法判决。

一、行政协议确认违法判决之法理检视

基于目前的学界观点，以及最高人民法院的态度，笔者认为应当允许法院作出行政协议确认违法判决。设立确认违法判决对于行政协议案件有其必要性，这一判决方式并不会造成行政法律规范被架空、行政机关违法行为得不到惩戒，反而有助于兼顾依法行政原则与尊重合同安定性，帮助平衡当事人利益与社会公共利益，以及弥补行政协议现有判决方式的缺陷。

（一）兼顾依法行政原则与尊重合同安定性

所谓“确认违法”，本质上是维持协议效力的同时将“违法状态的纠正委诸行政机关”。② 换言之，人民法院指出行政机关的违法行为，放弃对违法行为的处分，转为由行政机关自主采取补救措施以治愈违法性。人民法院以一种婉约的方式监督行政机关依法行政，纠正错误违法行为并引以为戒。因而法院确认行政协议违法并非纵容违法行政行为，架空行政法律秩序。并且，行政协议不同于一般行政行为和民事合同，其兼具“行政性”与“契约性”，进而导致行政协议既要接受行政法律规范的检测，又要受到民事法律规范的约束，因此法院既要审查行政协议的合法性，又要审理行政协议中行政机关行为的合约性。行政协议相较于一般的行政行为与民事合同，受到更高标准的要求，如果因不损害当事人、第三人利益或者社会公共利益的轻微程序瑕疵而使其归于无效，必然导致行政协议无效事由过于繁多，减弱行政协议的安定性，使行政协

---

① 最高人民法院：《行政协议案件典型案例》，载最高人民法院网，http：//www.court.gov.cn/zixun－xiangqing－208691.html，2021年9月28日最后访问。

② 陈天昊：《行政协议合法性审查机制的构建》，载《法学》2020年第12期。

议陷入无效的漩涡，造成当事人对行政协议的排斥，产生对行政机关的不信任感。最高人民法院起草《行政协议司法解释》的指导思想之一是始终坚持以推动建立完善政府践信守诺机制为重要目标，政府守信践诺机制是社会诚信建设的重要基石。① 行政机关向相对人依法作出承诺并签订合约，其应当信守诺言，履行合约，避免因轻微瑕疵而解除或撤销行政协议。因此，人民法院作出确认违法判决，不是对违法行政行为的妥协，而是以兼顾规范维度和结果维度的审查逻辑为指引，以统筹监督依法行政与尊重合同安定性为目标，在一定情况下，作出的适合行政协议的判决方式。

（二）平衡当事人利益与社会公共利益

《行政协议案件若干规定》第 1 条指出，行政协议是行政机关为了实现行政管理或者公共服务目标，与公民、法人或者其他组织协商订立的具有行政法上权利义务内容的协议。行政协议的达成是行政机关与相对人意思表示一致的结果，其间注入了行政机关与相对人的辛苦付出，也凝聚着他们的期望，如果仅因不损害当事人权益的轻微程序瑕疵即被确认自始无效或者撤销，必然造成行政机关的前期努力付诸东流，影响行政机关行为的效率。再者，对于已经履行的行政协议，如房屋拆迁补偿协议中，行政协议已经履行完毕，若是因轻微程序瑕疵而使其无效，房屋也难以恢复原状，在撤销的情况下，也会因此对国家社会利益造成重大损失。因此，法院在审查行政协议合法性与合约性后，嵌入利益衡量标准作出确认违法判决，有利于多方主体的利益。

（三）弥补行政协议现有判决方式的缺陷

现有行政协议的判决方式主要有继续履行判决、撤销判决、确认无效判决、确认有效判决、解除判决、赔偿判决、补偿判决、采取救济措施。继续履行判决是在行政协议合法且有可履行的内容时，判决被告继续履行行政协议，而当行政协议违法且无可履行的内容时，无法适用该判决方式。赔偿判决、补偿判决和采取救济措施判决都是事后救济性、补偿性的判决，在行政机关行为违法，且对行政协议相对人造成损害的情况下适用，而当行政机关基于其程序违法行为且未给原告造成实质损失的情况下，自然不适合适用该类判决。依据《行政协议案件若干规定》第 17 条，原告请求解除行政协议，人民法院认为符合约定或者法定解除情形且不损害国家利益、社会公共利益和他人合法权益

---

① 黄永维、梁凤云、杨科雄：《〈关于审理行政协议案件若干问题的规定〉的理解与适用》，载《人民司法》2020 年第 4 期。

的，可以判决解除该协议。解除判决是基于原告的请求，在解除不损害公共利益的情况下才能适用，而解除行政协议可能损害国家利益或者社会公共利益时，则不能判决解除协议。当行政机关作出行政协议的行为程序确实违法时，如果驳回原告诉讼请求，则意味着行政机关行为合法，忽视行政主体行为的违法性，纵容其作出轻微违法的行为，这显然不可行。

针对行政协议效力的判决方式主要有确认有效判决、确认无效判决和撤销判决。根据行政协议的违法程度区分，确认有效判决不存在违法情形，确认无效判决适用于重大且明显违法的情形，撤销判决适用于一般违法情形，且有可撤销的内容，而对于轻微违法，或者重大违法但不宜否定效力或者不具有可撤销性的情况，没有可以采用的判决方式，而确认违法判决正好能弥补这一缺陷。综上所述，现有的判决方式都有其不能涵盖和解决的情形，设立确认行政协议违法判决能完善现有判决方式，使行政协议判决方式更加周延。

二、确认行政协议违法判决的司法现状

行政协议确认违法判决有一定的适用空间，但是我国行政法律规范并未作出明确规定。因此，实践中出现的诸多确认行政协议违法的案例，存在适用混乱，说理不清等问题。基于此，本文拟通过检索并分析已公布的案例，审视实践中确认行政协议违法判决的内容和结果，并提出可供参考的意见。

笔者以威科先行为检索平台，以“行政协议”“确认违法”“判决书”和“近五年”为关键词搜索，共获得 1737 份判决书。在这 1737 份判决书中，以裁判理由中有涉及确认行政协议违法的说理内容，以及裁判结果作出了涵盖确认行政协议违法的判决结果为标准（涉及多个诉讼程序的，以最终生效的判决书为准），最终得到了 226 份有效样本。

（一）确认行政协议违法的判决理由

通过分析 226 份案例中的裁判说理部分，发现最终确认行政协议违法的理由主要有如下几种，依法应予以撤销，但撤销会给国家利益和社会利益造成重大损害；程序轻微违法，但对原告权利不产生实际影响；程序轻微违法，但协议内容合法有效；程序违法，但解除（或者撤销）协议事实清楚等。

（二）确认行政协议违法的判决结果

由于法律对行政协议违法判决并未作出明确规定，导致在司法实践中，行政协议确认违法判决的结果五花八门，没有统一的标准和分类。具体而言，关于确认行政协议违法判决的结果有 4 种，包括：确认订立、撤销、解除行政协

议的行为（或程序）违法，确认未履行、拖延履行行政协议或者未按照行政协议履行的行为违法，确认行政协议部分违法，确认行政协议违法。

三、行政协议确认违法判决的现实困境

2014 年修改《行政诉讼法》，首次通过法律规定的形式将行政争议纳入行政诉讼的受案范围，称得上是一项非常来之不易的重大突破。① 但是对行政协议诉讼的法律规定，仅在第二章“受案范围”和第七章“审理与判决”中有少量规定。2017 年《行政诉讼法》的修改中，关于行政协议案件的规定没有变化。2015 年 4 月 20 日，最高人民法院审判委员会第 1648 次会议通过了《最高人民法院关于适用〈中华人民共和国行政诉讼法〉若干问题的解释》，该司法解释中用 6 个条文进一步明确了行政协议案件审理的相关内容。后续发布的《行政协议案件若干规定》对行政协议案件作出了更加科学和详细的规定，但仍存在规范供给不足、条文指向不明等问题，影响到司法实践中具体案件的审理方式明确统一。② 行政协议不同于一般行政行为，其既具有行政管理活动“行政性”的一般属性，同时也具有“协议性”的特别属性，而且行政协议判决方式采用单独设立的模式。对比所有的行政协议法律规范，几乎没有涉及行政协议确认违法判决的规定，而实践中却已有不少案例采用了确认行政协议违法判决的方式。法律规定与实践适用的错位，导致确认行政协议违法判决陷于混乱无序的困境。

（一）确认行政协议违法判决适用情形混乱

根据现有的行政法律规定，行政协议确认违法判决的适用情形缺乏明确规定，进而造成了实践中的混乱与无序。从前文的案例分析可以看出，司法实践中针对确认违法判决的适用情形有多种，仅本文分析的近五年案例，就有九种之多。以上适用情形大致可以分成三类，第一类是直接适用《行政诉讼法》中关于行政行为确认违法判决的规定，包括程序轻微违法，但对原告权利不产生实际影响的；行政协议依法应当撤销，但撤销会给国家利益、社会公共利益造成重大损害的等等。如闫树青与承德市双滦区西地满族乡人民政府行政协议

① 李广宇：《新行政诉讼法司法解释读本》，法律出版社 2015 年版，第 206 页。

② 闫尔宝：《论行政协议撤销案件的审理逻辑——以安吉展鹏金属精密铸造厂诉安吉县人民政府搬迁行政协议案为观察视角》，载《行政法学研究》2022 年第 4 期。

及赔偿纠纷一案①，被上诉人西地乡政府和原审第三人八里庄村委会签订的《征地协议书》虽然存在应认定无效的情形，但因上诉人闫树青被征用的土地已经形成道路，在高速公路建设后成为进出八里庄村大小窝沟的唯一通道，撤销征地行政行为或认定协议无效势必影响此道路的通行，给社会公共利益造成重大损害。第二类是《行政诉讼法》第74条规定之外的，法官根据案件情况创制出的适用情形，主要包括程序轻微违法，但协议内容合法有效；程序违法，但解除（或者撤销）协议事实清楚等。如灵璧县灵城镇人民政府、李新武行政协议纠纷一案②，该案中，法院认为灵城镇政府在单方作出撤销协议部分条款时并未告知当事人享有陈述、申辩等权利，违反了程序正当原则，但鉴于撤销协议的事实清楚，依法应确认违法。第三类是法院认定行政机关在签订、履行、变更、解除行政协议时程序违法或者行为违法，进而直接确认行政协议违法，并未进一步明确判决理由。如吴川市兰石镇五一村民委员会百官水村民小组与吴川市人民政府行政协议纠纷案③，法院认为被告吴川市政府与百官水村民小组签订《征收土地补偿合同》的行政行为程序违法，依法应确认违法，但缺乏说理部分。

行政协议案件确认违法判决虽然得到了最高人民法院的肯定，但是由于缺乏可具体适用的法律依据，导致实践中适用行政协议确认违法判决存在随意性，确认行政协议违法的理由呈现出多样性。在行政协议确认违法的案件中，对于作出确认违法判决的说理、能否直接适用行政行为确认违法的规定、在行政行为确认违法判决适用情形之外，是否存在行政协议案件特殊的适用情形等问题，在得到权威而确定的答案之前，法院对行政协议案件的判决皆是混乱无序，没有明确指引的。

（二）确认行政协议违法裁判说理含糊不清

对于行政协议案件，法院作出确认违法判决时，说理过于简单、含糊。部分案件仅直接引用行政行为确认违法的规定，至于为何适用这一条文，则缺乏具体的解释。如在唐菊华、岳池县自然资源和规划局、岳池县九龙街道办事处等行政合同纠纷案中④，被上诉人在征收土地过程中未按照法定程序，在未获

---

① 河北省承德市中级人民法院（2018）冀08行终84号行政判决书。

② 安徽省宿州市中级人民法院（2019）皖13行终156号行政判决书。

③ 广东省湛江市中级人民法院（2015）湛中法行初字第195号行政判决书。

④ 四川省广安市中级人民法院（2020）川16行终157号行政判决书。

得批准的情况下，与被拆迁户何荣红签订安置补偿协议的行为，违反了修订前的《土地管理法》相关规定，系违法无效的行政行为，应依法予以撤销。但是被上诉人系基于公共利益实施该行为，撤销会给国家利益和社会公共利益造成重大损害。因而法院根据《行政诉讼法》第 74 条第 1 款之规定，确认被上诉人与何荣红签订的《集体土地征收房屋拆迁货币安置补偿协议》违法而不予撤销。行政协议是为实现行政管理或者社会公共服务目标而签订的，因而行政机关多是基于公共利益而与相对人订立行政协议，如果仅因为是出于公共利益的目的，便无视行政机关严重违法的情节，显然不利于行政法律规范的落实。该案直接准用行政行为确认违法的规定，并未说明撤销会给国家利益和社会公共利益带来何种重大损害，没有结合案情解释不应该撤销的具体原因。

其次，在未以《行政诉讼法》第 74 条为依据的案件中，法院依据案件事实作出确认违法判决更应当加强说理，明确行政行为虽然违法，但应该保留其效力的必要性。在司法实践中，判决书的说理往往不够充分，令人难以信服。如王永恒诉乐山市城市管理行政执法局、乐山市城市绿化保障中心、乐山市住房和城乡建设局行政确认及行政赔偿一案①，原告王恒与被告乐山市住房和城乡建设局（以下简称市城管局）签订《乐山广场休闲点 10 年经营权出让合同》和《补充协议》，后市城管局以“四季有约茶园因占用了广场公用绿地，将予以取缔为由解除《补充协议》，法院认为市城管局未提供证据证明是否存在该事实，也未提供证据解决行政协议是基于公共利益，因而市城管局的解除行为认定事实不清、证据不足。行政机关作出行政行为应符合程序正当原则，应当保障行政相对人陈述、申辩权及其他合法权益。在本案中，因市城管局向王永恒发出解除通知前，未提前告知，未听取王永恒陈述申辩意见，剥夺了王永恒陈述权和申辩权，故解除程序不合法。综上，法院判决市城管局解除行政协议的行为违法。然而，根据《行政协议案件若干规定》第 16 条的规定，被告变更、解除行政协议的行政行为主要证据不足的，人民法院判决撤销或者部分撤销，并可以责令被告重新作出行政行为。本案依法应当撤销，但法院却确认解除行政协议违法，法院裁判说理部分并没有说明不予撤销的原因和确认违法的必要性。

（三）确认行政协议违法判决结果形式肴杂

行政协议案件不仅审查行政行为的合法性，也审查行政协议内容与法律关

① 四川省乐山市中级人民法院（2019）川 11 行终 199 号行政判决书。

系的合法性。不同审理对象关联着不同的审查结果，也使得行政协议确认违法的判决结果相较于一般行政行为更具多样性和复杂性。以本文分析的近五年行政协议违法案件来看，判决结果包括六种，确认行政协议违法，确认签订、变更、解除行政协议的行为违法，确认不履行、拖延履行行政协议或者未按照行政协议履行的行为违法，确认行政协议（部分）内容违法，确认行政机关不与原告签订行政协议的行为违法以及未及时将双方签订的行政协议给予原告的行为违法。确认行政协议违法较为笼统，简单地将行政协议中行政机关的各种行为视为一个整体，并以“整体”为要素作出判决。而确认签订、变更、解除行政协议的行为违法和确认未履行、拖延履行和未按照行政协议履行的行为违法，属于将行政协议拆解为一个一个的行政行为，对不同行政行为的合法性进行审查，进而以行政行为为基点作出判决。确认行政协议（部分）内容违法则在于审查行政协议的约定内容，以行政规范或者民事合同规范为审查依据，如吉林市华隆房地产开发有限责任公司诉吉林市龙潭区人民政府、吉林市龙潭区房屋征收经办中心房屋征收补偿协议案。①

显然，由于确认行政协议违法更为笼统，而确认签订、履行、变更、解除行政协议违法和确认行政协议（部分）内容违法更加具体，这二者之间不免会存在重合交错的问题。如始兴县太平镇总甫村长江岭村民小组与始兴县国土资源局土地行政管理案中②，被告始兴县国土资源局因建设需要征收农用地，而被告在征地方案至今未取得有批准权限的机关批准的情况下，便与原告“长江岭村小组”签订《征收土地协议书》，属于程序违法，最终法院判决确认行政协议违法。然而，在唐某、宁乡市征地拆迁事务所行政协议纠纷案中③，宁乡市征地拆迁事务所同样存在未批先征的问题，违反了土地管理法及实施条例的规定，且至今仍未办理征地审批手续，属于程序违法，法院判决宁乡市拆迁事务所与原告签订行政协议的行为违法。可见，在实践中，行政协议确认违法判决方式多样，判决方式之间混杂无序，没有统一的标准予以规制。

四、行政协议确认违法判决的优化路径

行政协议确认违法判决有一定的适用空间，且实践中已有不少确认行政协

① 吉林省高级人民法院（2020）吉行终222号行政判决书。
② 广东省韶关市武江区人民法院（2017）粤0203行初212号行政判决书。
③ 湖南省长沙市中级人民法院（2020）湘01行终664号行政判决书。

议违法的案例。然而，由于相关法律规范缺失，实践中行政协议确认违法判决表现出诸多问题。为解决以上困境，本文提出如下建议。

（一）统一行政协议确认违法判决的适用标准

行政协议确认违法适用情形应当有一个统一且可操作的标准，才能解决目前实践中存在的适用混乱情形。从前文对案例的分析可知，现行存在的确认行政协议违法的理由有 9 种之多，但并非所有的理由都具有合理性和正当性。确认违法判决是确认有效判决和撤销判决的一种补充性判决方式。行政行为案件设立确认违法判决是为了填补无效判决及撤销判决的漏洞，在审查行政行为合法性的同时，嵌入公共利益的特别考量。在行政协议案件中，确认违法同样是对效力判决的一种补充，与行政行为审查具有一定程度的相似性，如审查行政行为的合法性。因而在对行政协议进行“行为审”时①，可以延用行政行为确认违法判决的适用条件，即《行政诉讼法》第 74 条的规定。行政协议不仅审查“行政行为”，也应当基于行政协议的“合同性”，审查其合约性。② 故而，行政协议确认违法判决因审查范围和审查维度的不同，在确认违法判决中也呈现一定的特殊性，如协议内容违反行政法规或者民事法律规范。此时，应综合考虑公共利益、协议效力、违法程度、对当事人权利影响程度以及协议可撤销性等因素进行认定，当不宜作出撤销判决、解除判决或者无效判决时，可以适用确认违法判决。

（二）加强行政协议确认违法判决的说理

判决文书的说理，决定着裁判文书的信服力，并且影响着法院判决的权威。加强裁判文书的说理一直是司法部和最高人民法院强调的内容。行政协议案件纳入行政诉讼范围是为了更好地解决相对人与行政机关之间涉及行政协议的纠纷，旨在达到定分止争，彻底解决纠纷和矛盾的目标。法院裁判不仅要依法监督行政机关，同时也要让当事人信服并认可裁判结果。在司法实践中，法院确认行政协议违法的案件在说理部分尚有很大的进步空间。因此，法院应当加强对确认违法判决理由的说理。确认违法判决作为撤销判决和无效判决的替代性判决类型，法官在说理部分，不仅应当说明行政机关的违法情形，还应当

---

① 耿宝建、殷勤：《行政协议的判定与协议类行政案件的审理理念》，载《法律适用》2018 年第 17 期。

② 梁凤云：《行政协议案件的审理和判决规则》，载《国家检察官学院学报》2015 年第 4 期。

进一步指出涉案行政协议不予撤销而保留其效力的理由，如行政协议违法，依法应当撤销，但撤销会给国家利益、社会公共利益或者第三人合法利益造成影响的情形，法官除了明确行政协议违法的事实外，还需具体说明撤销会给国家利益、社会公共利益或者第三人合法利益造成何种影响，避免将特定行政主体个体利益引申为社会整体公共利益①，从而助长行政主体的违法行为，损害行政相对人的信赖利益。

（三）规范行政协议确认违法的判决形式

实践中出现多种行政协议确认违法判决结果的原因，在于法院对行政协议的审查模式有着不同的理解。多数法官选择将行政协议拆分成一个一个的行政行为，并单独对行政行为进行合法性审查，进而出现了确认签订、变更、解除行政协议行为违法，以及确认未履行、拖延履行行政协议或者未按照行政协议履行违法的判决种类。法官这一审理模式，是受传统行政单方行为审理模式的影响，而且在《行政协议若干规定》中也反映出最高人民法院提倡这类审查模式。如《行政协议若干规定》第 11 条第 1 款，人民法院审理行政协议案件，应当对被告订立、履行、变更、解除行政协议的行为是否具有法定职权、是否滥用职权、适用法律法规是否正确、是否遵守法定程序、是否明显不当、是否履行相应法定职责进行合法性审查。最高人民法院主张法官可以对行政协议中行政机关的行为进行拆分。在最高人民法院发布的第一批行政协议典型案例中，安吉展鹏金属精密铸造厂诉安吉县人民政府搬迁行政协议案亦沿用了传统的单方行政行为审查模式。在具体的审查过程中，法官既要审查行政协议的契约效力性，又要审查行政协议行为特别是订立、履行、变更、解除行政协议等行为的合法性，且偏重于审查行政机关协议行为的合法性。而将行政协议作为一个整体进行判决，确认行政协议违法，显然是基于行政协议案件具有的特殊性，在判决结果中未拆分出具体的行政行为。

笔者认为，将行政协议拆分为具体行政行为，并体现在判决结果中，更有利于相对人理解，也能更清晰地展现行政机关的违法行为，便于行政机关治愈其行为的违法性。因此，法院在分别审查契约效力性与行政机关协议行为的合法性后，应针对协议违法内容或者具体违法行为作出判决结果，如确认行政协议内容违法或者确认签订行政协议的行为违法，避免笼统地作出确认行政协议

① 邢鸿飞、朱菲：《论行政协议单方变更或解除权行使的司法审查》，载《江苏社会科学》2021 年第 1 期。

违法的判决结果。通过确立正确的审理模式，优化行政协议确认违法的判决结果。

行政协议案件纳入行政诉讼范围，是行政诉讼领域的一大进步。但是，目前我国行政协议案件的审理还面临着诸多困境。本文就行政协议确认违法判决这一判决方式进行讨论，该判决方式应当得到权威认可与正确规范，才能改变现有的混乱局面，迎来行政协议确认违法判决的“美好明天”。

（唐 莹：湘潭大学法学院）

行政程序瑕疵的检视与进路

——基于行政公定力与意思自治的双重维度考察

陈明灿　阮兰芳　方盐　吴莉霞

2014 年修订的《行政诉讼法》新增了“行政行为程序轻微违法，但对原告权利不产生实际影响的”确认违法但不撤销的情形。但法官认定“程序轻微违法”的裁判比例并未随之上升，反而是“程序瑕疵”的认定率居高不下。在司法实践中，“程序瑕疵”缺乏类型化，再加上司法裁判缺乏统一尺度、法官认定随意性大，导致法官以“违法”充“瑕疵”现象频发，“程序瑕疵”甚至成为“程序轻微违法”的一种“文雅的修饰”。因此，为推进法治政府建设和维护相对人合法权利，我们需要对行政“程序瑕疵”进行类型化，并对行政机关的责任承担方式进行规制，确保《行政诉讼法》新增确认“程序轻微违法”的目的得以实现。

一、实证考察：2010—2019 年行政“程序瑕疵”认定判决书的适用梳析

（一）《行政诉讼法》修订前后“程序瑕疵”案件的认定情况

“程序瑕疵”的存在一直是有争议的，章剑生教授认为，今后法院宜放弃在裁判中使用“瑕疵”这一概念。① 因为，在“司法实践中大量的行政行为‘问题适法’，动辄被以‘瑕疵’评价，不仅纵容了行政行为的随意性，模糊合法性审查标准的边界，而且更为值得警醒的是导致‘法律工具主义’的抬

---

① 章剑生：《再论对违反法定程序的司法审查——基于最高人民法院公布的判例（2009—2018）》，载《中外法学》2019 年第 3 期。

头，最终影响司法权威”。① 而在司法实践中，法官们还是更青睐将一些程序问题认定为“程序瑕疵”。为了解《行政诉讼法》修改前的“程序瑕疵”在司法审判实践中的认定状况及修改后的认定发展态势，本文从“北大法宝”网站2010—2019年公开的8024份行政判决书中，按比例分别从各年份中随机抽取案例，共搜集了300份行政判决书，该样本数据在时间上跨越了2014年修订《行政诉讼法》的节点，且节点前后时间跨度相同，在范围上包括了全国各地法院。

通过对样本进行归纳梳理，可以发现“未对原告行使行政救济和司法救济的权利造成障碍”这一说法更受法官青睐，其次就是简明扼要地说明“不影响行政机关作出行政决定的效力”或“不影响行政行为的合法性”。法官们的说法都比较统一，无非就是上面的几种，唯有极少数判决书直接认定“程序瑕疵”，且未说明理由。行政行为被认定为“程序瑕疵”和法院判决“驳回原告诉请”的案件数量均呈逐年上升的趋势，从2010年的1件逐年攀升至2019年的56件，而“程序瑕疵”被撤销或确认违法的案件数量则一直保持在10件以内。2014年修改的《行政诉讼法》实施后，认定“程序瑕疵”和判决“驳回原告诉请”的案件数量虽有所下降，但此后仍呈逐年上升趋势。

（二）行政程序瑕疵之审查藩篱

通过对我国300份行政“程序瑕疵”认定判决书进行分析，发现行政“程序瑕疵”存在瑕疵类型化缺失，裁判尺度不统一，法官随意性认定的审查藩篱。

1. 瑕疵类型化缺失

在行政审判实践中，对于行政程序复杂、瑕疵样态繁多的行政案件，新修订的《行政诉讼法》虽明确了行政“程序轻微违法”的法律效果——人民法院判决确认违法，但不撤销行政行为，且在立法层面上否认“行政程序瑕疵”的存在，但司法实践中以“违法”充“瑕疵”的判决比比皆是。

---

① 李欢如、李辉品：《认真对待瑕疵：论行政行为适用法律问题的司法审查》，载贺荣主编：《深化司法改革与行政审判实践研究——全国法院第28届学术讨论会获奖论文集（下）》，人民法院出版社2017年版，第1579页。

表1　法院认定违法情形①

违法形态	数量	比例	举例
超过法定期限	23	56%	(1) 公安行政处罚超期且无正当理由； (2) 工作认定超期且无正当理由
步骤缺失	9	21%	(1) 强制拆除房屋前未告知救济期限； (2) 未出具完税凭证即办理房屋登记； (3) 询问时未告知当事人权利义务
记载错误	4	9%	(1) 处罚决定告知复议机关错误； (2) 处罚决定未明确记载违法事实
审查疏漏	4	9%	(1) 房屋登记未审查土地与房屋权属一致性； (2) 婚姻登记未查明法定婚龄
送达错误	2	5%	(1) 将工伤认定书送达申请人之外的第三人； (2) 送达文书遇到柜签时备注不清

表2　法院认定瑕疵情形

瑕疵形态	数量	比例	举例
超过法定期限	138	46%	(1) 人社局超期作出决定且无正当事由； (2) 行政复议机关超期处理且无正当事由
步骤缺失	90	30%	(1) 未向相对人送达受理回执； (2) 作出延期处理决定后未告知相对人
记载错误	15	5%	(1) 处罚决定记载处罚机关错误； (2) 将"行政处理决定书"写成"行政处罚决定书"
送达错误	30	10%	(1) 将举证通知书送达给用人单位的第三人； (2) 用张贴的方式代替留置送达

如表1，有些法官将"超过法定期限""步骤缺失""送达错误"等情形认定为"程序轻微违法"。再如表2，另一些法官却将"超过法定期限""步

① 高宏亮：《审慎自愈：行政程序轻微违法的司法审查与矫正——基于〈行政诉讼法〉第七十四条第一款第二项展开》，载贺荣主编：《深化司法改革与行政审判实践研究——全国法院第28届学术讨论会获奖论文集（下）》，人民法院出版社2017年版，第1594页。

骤缺失”“送达错误”等情形认定为“行政程序瑕疵”。为什么相同的形态，却出现大相径庭的认定结果？“程序轻微违法”与“行政程序瑕疵”类型化的缺失难辞其咎。显然，如果不对行政程序轻微违法作出进一步划分，不在本属于“程序轻微违法”的地盘上为“程序瑕疵”划出一块领域，并对其进行类型化归纳，不仅阻碍执法机关行政效率的提升，而且不利于行政相对人权益的保障，法官亦无法跳出“和稀泥”的怪圈。

2. 裁判尺度不统一

从笔者搜集到的判决书可以看出，工伤认定类案件“超过法定期限作出决定”法官裁判尺度不一最为典型，对比如表3：

表3 典型行政案例裁判论理对比表

法院及案号	超期程度	裁判论理	裁判结果
河南省南阳市宛城区人民法院（2015）宛行初字第11号	2013年5月8日受理，2014年11月17日作出决定，扣除中止44天，超期505天	扣除中止认定期间，被告作出本案具体行政行为超过了工伤保险条例规定的60日的期限，且没有说明正当理由，属于行政程序违法，但该违法行为系行政程序瑕疵，同时没有侵犯当事人合法的陈述、申辩权利，该违法行为并不必然导致行政行为无效或者被撤销	驳回原告诉讼请求
江西省上饶市中级人民法院（2018）赣11行终94号	2018年8月20日受理，2018年12月28日作出决定，超期69天	一审：本案被诉工伤认定虽然超期作出，但并未影响青岛华盛昌工程有限公司江西分公司行使司法救济的权利，亦不影响被诉工伤认定决定的效力； 二审：被诉工伤认定决定虽然存在超期作出的违法情形，但对上诉人权利不产生实际影响，一审据此判决确认该工伤认定决定违法，而不撤销该工伤认定决定，在法律适用上并无错误	一审：确认违法；二审：驳回上诉，维持原判

续表

法院及案号	超期程度	裁判论理	裁判结果
广西壮族自治区钦州市钦北区人民法院（2019）桂0703行初5号	2017年6月2日受理，2018年10月11日作出决定，超期494天	被告超过了《工伤保险条例》第20条规定的60日期限，其间没有作出中止认定通知书，在举证期限内没有提供证据说明延迟作出决定的原因，作出被诉不予工伤认定决定属存在程序瑕疵，但该程序瑕疵超期作出工伤认定行为，并未影响对案件事实的认定，未对原告的实际利益造成侵害	驳回原告诉讼请求

从表3可以看出，对“程序轻微违法”和“程序瑕疵”的区分与认定，并没有统一的标准和认定规则，同一种情形，有法官认定为“程序瑕疵”并驳回原告诉讼请求；也有法官认定为“程序轻微违法”，进而判决确认违法。不同省份的裁判尺度差别迥异，同一区域不同审级的裁判结果也有所差别。“同案异判的案件虽少，哪怕仅仅一个，也表述法院的裁判并不是百分之百的公平正义”①，更何况行政审判实践中对同一程序问题，有诸多不同的认定和裁判结果截然相反的行政案例。要实现行政审判对行政机关行政行为的法律监督，以及习近平总书记关于“努力让人民群众在每一个司法案件中都感受到公平正义”的要求，任重而道远。

3．法官随意性认定

从“程序瑕疵”类型、程度相类似，但被认定形态不一致，处理结果大相径庭可以看出，法官在处理“程序轻微违法”和“程序瑕疵”案件时，对于哪些情形应认定为“程序瑕疵”没有统一的适用规则。在没有具体法律规定的前提下，法官在对案件进行裁判时，更多地选择依靠朴素的“实体正义”价值观、“自我感觉”以及办案经验来判断“对原告权利不产生实际影响”的程序问题到底是“程序轻微违法”，还是“程序瑕疵”，导致“同案不同判”问题凸显，给公众一种法官随意认定“程序轻微违法”和“程序瑕疵”的既视感。

---

① 黄仲夫：《刑法精义》，五南图书馆出版社2009年版，第122页。

二、困局解构：以“违法”充“瑕疵”现象产生的根源

要寻求行政“程序瑕疵”审查藩篱存在的根源，可以从行政公定力与意思自治的双重维度对法官认定乱象进行剖析。

（一）行政机关不乏选择性意思自治

我国行政机关遵循“法无授权皆禁止”依法行政，认为行政机关不存在意思自治的空间。但随着公法私法化的趋势日趋明显和公法领域对于平等理念的引入，行政法理论与实践也开始关注意思自治理念。①又因行政机关属于拟制法人，行政行为最终由人作出，故不可否认行政机关作出行政行为具有意思自治的特点。意思表示是行政法上行政机关与相对人意思自治的具体呈现，而行政机关有时会出现错误表示、不真实表示或违背法律强制性规定等选择性意思表示。加之新修订的《行政诉讼法》没有强调行政程序违法的责任，即使因行政程序违法败诉，也不过是重走一遍程序而已，行政机关对行政程序瑕疵无所畏惧，故行政程序瑕疵顺势而生。

（二）法官过度理解行政公定力

行政公定力是指行政行为一经作出即对任何人都具有被推定为合法、有效而予以尊重的法律效力。②简言之，就是行政行为一旦作出，除无效情形外，不仅对行政相对人、第三人有拘束力，甚至国家机关也需服从其效力，未经有权机关撤销，任何人均不可以否认其拘束力。在对相对人可能没有造成实质影响的情况下，法官过度理解行政公定力，以“结果导向性思维”去推定行政公定力具有强大拘束力，再对行政行为的合法性、适用法律法规的正确性进行审查，在认定结果具有合法性的前提下自动忽略“程序轻微违法”问题，从而把程序“违法”当“瑕疵”处理，直接作出驳回原告诉请判决。

（三）行政公定力与意思自治的冲突所致

法官以“违法”充“瑕疵”裁判现象的产生，深受行政公定力与意思自治冲突的影响。行政法领域关注意思自治后，从行政机关的意思自治角度考量，大部分行政程序违法、瑕疵都要进行纠正，但如果会给公共利益造成重大损害的，则不宜纠正。但从行政公定力角度出发，因行政行为具有公定力，公

---

① 罗英姿：《行政行为的公定力与公民拒绝权》，载《中共贵州省委党校学报》2005年第4期。

② 叶必丰：《论行政行为的公定力》，载《法学研究》1997年第5期。

定力具有强大拘束力，随意纠正则不利于法律秩序的维护。行政公定力与意思自治的冲突，配以立法者的谦抑，司法者的“宽容”，独立程序价值与实体公平正义的失衡不言而喻。

（四）法官认定逻辑缺乏“合理”意蕴

以“违法”充“瑕疵”现象高频出现，行政程序瑕疵被《行政诉讼法》放弃，行政程序法阙如是客观原因，法官认定逻辑缺乏“合理”意蕴是主观原因。

1. 缺乏形式合理，无法满足社会期待

形式合理是一种符合科学属性的、可计算的、可预期的、工具意义上的合理。如同数学求值，所求数值满足最大程度的可计算性、可预测性和稳定性。形式合理在法学领域具备三种特征：一是将概括出的法律事实符号化；二是匹配相应的法律条文；三是得出确定的法律评价。在武汉信正检测技术有限公司、武汉市人力资源等行政管理上诉案①中，生效裁判认定为程序瑕疵，但社会预期为程序轻微违法。因为上述案件中，被告作出行政行为的程序可以匹配到《行政诉讼法》第 74 条第 1 款第 2 项的规定，进而可得出被告的行为应认定为程序轻微违法的法律评价。缺乏“形式合理”所认定的结果，无法满足社会对法律的预期。因为“人们对于法律的遵守与信仰源于人们对一种确定性规则和‘人间规律’的呼唤”。②

2. 缺乏实质合理，无法追求价值守护

习近平总书记曾说，不能企图用一种模式来改造整个世界，否则就容易滑入机械论的泥坑。③ 形式合理虽能最大化地实现法律效果，但社会联系并不完全都是一一对应的因果关系和逻辑结构，在形式之外也需要考虑实质合理。实质合理是一种符合生活常理、人伦情理、社会公理的价值意义上的合理，同时也需考虑是否符合当今社会的主流价值。“实质合理”的解释方法是对法的价值的尊重与守护，可以避免法律适用时的机械与教条；避免法律背离其初衷，

---

① 湖北省武汉市中级人民法院（2019）鄂 01 行终 1003 号行政判决书。

② 冯彦君：《劳动法上“合理”的多重意蕴及其应用》，载《中国法学》2018 年第 5 期。

③ 习近平：《在哲学社会科学工作座谈会上的讲话》，载《人民日报》2016 年 5 月 19 日，第 9 版。

陷入工具主义的迷雾或价值的荒漠。[1] 在佛山世纪零壹电子科技有限公司与国家知识产权局商标权无效宣告请求行政纠纷案[2]中，被告未按照相关规定向原告告知合议组成员的行为确实具有轻微违法性，在不考虑“实质合理”意蕴的前提下，认定行政程序轻微违法毫无疑问。但考虑到原告并未提出实质性的回避理由，故原告的该项权利并未因被告未履行告知义务而受到实质性影响，如轻易认定行政程序轻微违法，反而不利于对社会主流价值的守护。

3. 缺乏权衡合理，无法平衡动态冲突

无论是形式上的合理，抑或是实质上的合理，体现的都是合理的静态解释，但法律环境是动静结合、复杂多变的，此时合理的动态解释不可或缺。吉林大学法学院冯彦君教授认为，在法律中动态的“合理”是一种权衡，只有在出现法律规则与法律原则相冲突的时候，才可以适用这种权衡下的合理解释之框架。[3]《行政诉讼法》第 74 条第 1 款第（2）项规定，行政行为程序轻微违法，但对原告权利不产生实际影响的，人民法院判决确认违法，但不撤销行政行为。从本文实证考察可知，该法律规则的运行与立法者的初衷相去甚远，以“违法”充“瑕疵”的判决数量庞杂，意味着法官裁判时未适用“权衡合理”的解释框架，无法平衡行政公定力与意思自治之间的动态冲突。

三、宏观检视：“客观诉讼”与“主观诉讼”的定位反思

实践层面存在法官以“违法”充“瑕疵”的裁判现象，本质上是行政公定力与意思自治的冲突所致，反映到行政诉讼领域则是“客观诉讼”抑或“主观诉讼”的问题。因此，有必要进一步厘清“客观诉讼”与“主观诉讼”的功能定位问题。

（一）客观诉讼与主观诉讼双重失灵

客观诉讼侧重于客观法律秩序的维护，确保行政机关合法行使权力；主观诉讼侧重于个人主观权利的保护。对于我国行政诉讼属于何种制度，学界认知

---

① 冯彦君：《劳动法上“合理”的多重意蕴及其应用》，载《中国法学》2018 年第 5 期。

② 北京市知识产权法院（2019）京 73 行初 7938 号行政判决书。法院认为，被告未出具证据证明其已向原告告知合议组成员，导致原告无法行使申请回避的权利，确属程序瑕疵，但原告亦未提出实质性的回避理由，故对原告主张被告程序违法的意见不予支持。

③ 冯彦君：《劳动法上“合理”的多重意蕴及其应用》，载《中国法学》2018 年第 5 期。

不一。例如，于安、杨建顺等认为，我国现行行政诉讼制度是一种主观诉讼。① 而梁凤云、邓刚宏等则将其定性为客观诉讼。② 德国《基本法》第19条第4款规定：“任何人之权利受官署侵害时，得提起诉讼。”确立了德国以“个人主观权利保护”的主观诉讼功能定位。而客观诉讼的功能定位，“意味着法院必须承担法律赋予的司法监督职能，司法机关有必要通过行政个案，实现对同种类的行政行为、特定行政领域乃至整个行政体系的监督和制约。”③

我国行政审判实践中，法官以“违法”充“瑕疵”遵循的是“结果导向性思维”，法官审查原告诉讼请求的逻辑出发点为行政公定力，即“凭行政公定力推导出行政行为具有强大拘束力为前提，进而才审查原告诉讼请求是否成立”为认定逻辑，而非径行审查行政行为本身的合法性。法官此种认定程序瑕疵的逻辑，既未遵循主观诉讼的功能定位维护相对人的合法权益，亦未遵循客观诉讼的功能定位确保行政机关合法行使权力。在推进法治政府建设的道路上，法官对行政公定力的过度理解导致客观诉讼与主观诉讼功能的双重失灵。

（二）客观诉讼与主观诉讼渗透融合

最高人民法院在刘广明一案中指出：“现行行政诉讼法在确定原告主体资格问题上，总体坚持主观诉讼而非客观诉讼理念，行政诉讼首要以救济原告权利为目的，因此有权提起诉讼的原告，一般宜限定为主张保护其主观公权利而非主张保护其反射性利益的当事人。”④ 该裁定虽将我国行政诉讼界定为主观诉讼，但包括成协中教授在内的诸多学者更倾向于将我国行政诉讼定位于客观诉讼。且在日趋复杂的现代法律关系中，主观法律状态与客观法律状态会靠近，甚至相互渗透，即便在同一诉讼中，行政法官可能既要处理客观法的问题，也要处理主观权利的问题。⑤ 由此可见，主观诉讼与客观诉讼不是非此即彼的关系，而是处于逐渐相互渗透、融合的过程，但并不意味着法官在认定“程序瑕疵”时可以混淆主观诉讼与客观诉讼。法官对个案作出裁判时，应充

---

① 于安：《发展导向的〈行政诉讼法〉修订问题》，载《华东政法大学学报》2012年第2期；杨建顺：《〈行政诉讼法〉的修改与行政公益诉讼》，载《法律适用》2012年第11期。

② 梁凤云：《不断迈向类型化的行政诉讼判决》，载《中国法律评论》2014年第4期；邓刚宏：《论我国行政诉讼功能模式及其理论价值》，载《中国法学》2009年第5期。

③ 梁凤云：《〈行政诉讼法〉修改八论》，载《华东政法大学学报》2012年第2期。

④ 最高人民法院（2017）最高法行申169号行政裁定书。

⑤ 成协中：《论我国行政诉讼的客观诉讼定位》，载《当代法学》2020年第2期。

分发挥主观能动性，将客观诉讼与主观诉讼的功能定位与个案进行紧密结合。

（三）客观诉讼与主观诉讼目的划一

作为一种独立于民事诉讼的诉讼制度，行政诉讼从一开始产生就具有了监督行政机关依法行政和维护行政法律秩序的客观功能。① 同时，《行政诉讼法》第1条规定，保护公民、法人和其他组织的合法权益。由此可见，客观诉讼与主观诉讼的功能定位虽侧重点不同，但最终目的都是导向维护相对人合法权益，推进法治政府建设。维护相对人合法权益要求法官对行政行为的合法性进行审查，实则也是法治政府建设的题中之意。但从笔者实证考察情况来看，在推进法治政府建设的道路上，行政审判在行政程序轻微违法和瑕疵的处理上已经偏离了航向，高瑕疵认定率折射出行政审判并没有充分履行其监督行政机关依法行政的职责，而是过度地理解了行政公定力。其实，无论是基于何种目的对行政诉讼制度作出解释，行政诉讼的目的主要是在行政诉讼法的整体架构下，追求行政公定力与意思自治的逻辑融洽。

四、微观进路：行政程序瑕疵的类型化与规制

为规范法官对“程序瑕疵”的认定，缓解以“程序轻微违法”充“程序瑕疵”的现象，必须对程序瑕疵进行类型化，对行政机关的责任承担方式进行规制。

（一）行政程序瑕疵形态之类型化

类型化乃是弥补抽象概念不足的生活样态。② 司法实践证明，“瑕疵”有其独立存在的土壤，但其与“轻微违法”的界限模糊不清。笔者认为，可以借鉴陈瑞华教授对刑事诉讼中“瑕疵证据”的定义，将“狭义程序瑕疵”限于“不具有法律意义或不产生任何法律后果的程序上的‘技术性缺陷’”③，以及轻微违法但对原告权利不产生实际影响的“违法性瑕疵”。以此反向界定“瑕疵”与“轻微违法”之间的界限。

1. 技术性瑕疵

行政机关文书存在编号（如案号、文号）遗漏、格式错误，或将执法单

---

① 江必新：《新行政诉讼法专题讲座》，中国法制出版社2015年版，第15页。

② 舒国滢等：《法学方法论问题研究》，中国政法大学出版社2007年版，第449页。

③ 柳砚涛：《认真对待行政程序“瑕疵”——基于当下行政判决的实证考察》，载《理论学刊》2015年第8期。

位名称、送达单位名称写错等技术性错误的现象非常普遍。对于形式上缺陷，在德国，“明显的书写错误”与相对人未在送达文本上签字、事后可以修正的表述错误、对人或者物的名称错误、采用错误地表达方式但相对人能够或者已经知悉内容等一并构成“不正确的行政行为”，属于并不构成“违法”的“瑕疵”。[①] 在我国，姜明安教授在其主持起草的《行政程序法（试拟稿）》第37条将文字表述错误、未载明处理主体、未盖章、未载明日期等形式瑕疵列为“补正”的情形。[②]

2. 违法性瑕疵

行政机关出于对行政效率的追求，抑或是对行政程序的轻视，经常发生未送达受理回执、未告知延期情况、未事先告知处罚事项、未告知救济权利等情形。这类情形虽对原告的权利不产生实际影响，但都存在不同程度的违法。正如德国学者所言：“程序瑕疵无论如何都意味着‘背后的’权利可能受到了侵害，因为不能排除的是，如果按程序规定无瑕疵地行事，这种权利就不会受到，或者不会受到明显的影响。”[③] 对该类“程序瑕疵”进行违法性评判不是行政相对人的最终目的，他们关注的是合法权利得到保护，不管是实体性权利，还是程序性权利。故笔者认为，从兼顾程序经济效率和保障相对人权利角度出发，参考刑罚原则“举重以明轻”，划分“违法性瑕疵”不失为一种可行之策。

3. “违法性瑕疵”与“程序轻微违法”关系之辨明

“违法性瑕疵”相较于“程序轻微违法”，相同之处在于都存在轻微的违法，不同之处在于该类“程序瑕疵”虽构成轻微违法，但该类“违法性瑕疵”通过补正，可以消除违法性，达到合法的标准，但仍然应予“瑕疵”评价，毕竟“破镜重圆”后，镜子是圆了，但裂缝还在。“违法性瑕疵”其实是“程序轻微违法”的一部分。因立法者未对“程序轻微违法”和“程序瑕疵”作进一步划分，导致司法实践中出现以“违法”充“瑕疵”的裁判乱象。“违法性瑕疵”与“程序轻微违法”辨明的关键在于轻微违法情形是否存在补正的可能。笔者采用比较法，通过与程序违法、程序瑕疵、程序合法相比较，进一

---

① ［德］汉斯·J沃尔夫、奥托·巴霍夫、罗尔夫·施托贝尔：《行政法（第二卷）》，高家伟译，商务印书馆2002年版，第67页。

② 姜明安：《行政执法研究》，北京大学出版社2004年版，第112页。

③ ［德］弗里德赫耳穆·胡芬：《行政诉讼法（第5版）》，莫光华译，法律出版社2003年版，第265页。

步明晰“违法性瑕疵”与“程序轻微违法”之间的模糊界限。

（二）行政机关责任承担可引入补正与更正制度

1.“违法性瑕疵”的补正

补正制度起源于德国，德国《联邦行政程序法》第45条第1项详细列出了可补正的情形。瑕疵的补正是指行政行为在程序与方式上有瑕疵，透过事后的补正手续，使不合法的行政行为修正成完全合法，但此瑕疵必须以不构成无效的程度为前提。① 补正后对行政机关原来违反程序所作出的实体决定不产生影响时，该“程序违反”即因补正而治愈。②

（1）补正的范围。德国《联邦行政程序法》第45条第1项③、我国台湾地区“行政程序法”第114条第1款④均明确了五种可以补正的瑕疵情形。但第45条第1项规定的可补正的行政程序瑕疵中，某些情形已严重背离最起码的程序义务，例如未给予陈述意见的机会。⑤ 在我国当前补正理论和制度设计还不完善的前提下，笔者建议可参照我国刑罚“举重以明轻”原则，借鉴德国和我国台湾地区的相关规定，将可补正的瑕疵范围限定为笔者建议划分的“违法性瑕疵”。我们可以发现，违法性瑕疵是从程序轻微违法中以是否“可补正”为标准分裂出来，并入“程序瑕疵”范畴，这也是回应司法审判中法官对“程序瑕疵”认定的需求。

（2）补正的主体。同意行政机关在诉讼中开展补正行为，并不意味着补正程序交由法院处理，补正行为仍应当由相应行政机关在合理期限内以恰当的方式进行。法院在行政审判中履行行政监督职能，对行政行为的合法性进行审

---

① 陈新民：《中国行政法学原理》，中国政法大学出版社2002年版，第171页。

② 翁岳生：《行政法（下册）》，中国法制出版社2009年版，第1036－1037页。

③ 德国《联邦行政程序法》第45条第1项之规定：“违反程序或方式规定之行政处分，除依第44条规定而无效者外，因下列情形而补正：(1) 须经申请始得作成之行政处分，当事人已于事后提出者；(2) 必须记明之理由已于事后记明者；(3) 应给予当事人陈述意见之机会已于事后给予者；(4) 应参与行政处分作成之委员会已于事后作成决议者；(5) 应参与行政处分作成之其他机关已于事后参与者。”

④ 我国台湾地区“行政程序法”第114条第1款之规定：“违反程序或方式规定之行政处分，除依第一百一十条规定而无效者外，因下列情形而补正：一、须经申请始得作成之行政处分，当事人已于事后提出者。二、必须记明之理由已于事后记明者。三、应给予当事人陈述意见之机会已于事后给予者。四、应参与行政处分作成之委员会已于事后作成决议者。五、应参与行政处分作成之其他机关已于事后参与者。”

⑤ 许宗力：《宪法与法治国行政》，元照出版有限公司2006年版，第384页。

查，补正的主体应遵循“谁作出、谁负责”原则，必须是也只能是作出行政行为的行政机关，对于复议后的行政行为，复议机关维持的，应由原机关补正，复议机关改变的，由复议机关补正。

（3）补正的时限。德国《联邦行政程序法》第45条第2项对补正时限予以明确，补正需在行政法院“行政诉讼事实审程序终结前”进行。从笔者调查的判决书可以发现，行政机关出现“违法性瑕疵”是常有的事，相对人难以督促行政机关改进自己的行政行为，法院的行政监督职能的介入尤为重要。故笔者认为，我国的补正时限可以参照德国的经验，在诉讼中允许行政机关对“违法性瑕疵”进行补正，但必须在法庭辩论终结前完成，以便法院在庭审时可以对补正后的行为进行审查，防止诉讼时效的延长。

（4）补正的效果。陈瑞华教授认为，对于“瑕疵证据”而言，法院责令办案人员进行程序补正，这本身就带有制裁的性质；侦查人员的办案程序虽有一定的瑕疵，但经过补正，只要不影响证据的真实性，就可以承认其证据能力，这是“实体真实优先”理念得到遵循的体现；侦查行为即便存在违法情形，法院给予办案人员进行必要程序补救的机会，这是“诉讼经济”观念的体现。① 笔者认为，对于“违法性瑕疵”的补正，不能仅限于行政机关的申请或主动作出，法院认为有必要补正的可以责令其作出补正。如行政机关在时限内完成补正，当事人认可的，或当事人不认可但法院审查“违法性瑕疵”被治愈的，则法院不再作出确认违法判决。对于行政机关补正不能，或拒不补正的，法院应判决确认违法，并责令行政机关赔礼道歉。

2. “技术性瑕疵”的更正

当下理论和制度设计中，不正确的行政行为、瑕疵行政行为、错误行政行为、不确定行政行为等一律适用“补正或者更正”的做法值得商榷，因为“补正程序瑕疵是一个关于违法性的问题”②，而更正则主要针对“误写误算”等技术性错误，在日本则直接称之为“订正”。德国《联邦行政程序法》对更正和补正也是分条规定，第42条规定“更正行政行为的书面错误”，第45条规定五种补正情形。

关于更正的范围。我国台湾地区“行政程序法”第101条第1款规定，

---

① 陈瑞华：《论瑕疵证据补正规则》，载《法学家》2012年第2期。

② ［德］弗里德赫尔穆·胡芬：《行政诉讼法》，莫光华译，法律出版社2003年版，第139页。

行政处分如有误写、误算或其他类此之显然错误者，处分机关得随时或依申请更正之。《山东省行政程序规定》第 129 条、《湖南省行政程序规定》第 164 条将文字表述错误、未载明作出日期等列为“补正或者更正”的情形。① 参照我国台湾地区和我国司法探索实践，对“技术性瑕疵”采用“更正”的责任承担方式更为合理。更正的主体、时限、效果参照补正的制度设计即可。

综上所述，通过对行政“程序瑕疵”形态进行类型化，划分为“违法性瑕疵”与“技术性瑕疵”两类，再根据瑕疵类型的不同分别引入“补正”与“更正”制度，进一步对行政机关的责任承担方式进行完善，能够缓解行政公定力与意思自治的冲突，促进客观诉讼与主观诉讼的相互渗透与融合，实现推进法治政府建设与维护相对人合法权益的双赢。

附件：

“程序瑕疵”类型化及责任承担方式进行规制的法条建议

第一条【技术性瑕疵】行政机关实施行政行为，有下列情形之一，且对原告权利不产生实际影响的，构成行政程序技术性瑕疵：

（一）行政机关作出的行政文书未编文号、案号的；

（二）行政机关送达对象、方式有误的；

（三）行政文书未签字、盖章或涂改的；

（四）行政行为存在其他误写、误算等形式错误的。

第二条【违法性瑕疵】行政机关实施行政行为，有下列情形之一，且对原告权利不产生实际影响的，构成行政程序违法性瑕疵：

（一）行政机关未送达受理回执的；

（二）行政机关未履行告知延期义务的；

（三）行政机关调查不规范的；

（四）行政机关未告知救济权利的；

（五）行政机关未履行审批手续，未出示执法文书或执法证件的。

第三条【补救措施及期限】行政机关实施行政行为，有下列情形的，行政机关应当在法庭辩论终结前采取相应的补救措施：

（一）行政程序存在技术性瑕疵的应予更正；

---

① 毕可军：《我国行政行为形式瑕疵类型体系的迷失与重构》，载《政法论丛》2017 年第 3 期。

（二）行政程序存在违法性瑕疵的应予补正。

第四条【驳回诉请判决】行政行为有下列情形之一的，且对原告权利不产生实际影响的，人民法院应当判决驳回原告诉讼请求：

（一）行政行为程序技术性瑕疵，但经行政机关更正的；

（二）行政行为程序违法性瑕疵，但经行政机关补正的；

（三）行政行为程序瑕疵，但行政机关无法更正、补正，或更正、补正已不具有实际意义的，行政机关向行政相对人赔礼道歉的。

第五条【确认违法判决】行政行为程序瑕疵，且对原告权利不产生实际影响，但行政机关拒不更正、补正，或在法庭辩论终结前仍未更正、补正的，人民法院应当判决确认违法。

（陈明灿　阮兰芳　方 盐　吴莉霞：江西省宜春市人民法院）

行政诉讼“程序空转”的困境与突破

应　巧

在2014年我国《行政诉讼法》修改第1条中，增加了“解决行政纠纷”这一内容。自此，“实质性地化解行政争议”成为行政诉讼的追求目标，同时也对行政审判提出了前所未有的挑战。最高人民法院统计数据显示，2014年至2018年，全国法院审结的一审行政案件分别为13.1万件、19.9万件、22.5万件、91.3万件、25.1万件①，其中，循环诉讼、多头诉讼案件占有很大比例。诉讼程序空转、行政纠纷反复，这使得我们不得不对现行行政审判制度是否存在深层次问题予以反思。本文试图在考察行政诉讼程序空转外观的基础上，探究行政审判制度的改造，以促进行政争议的实质性化解。

一、现状透视：行政诉讼“程序空转”的现象描摹

为深入揭示行政诉讼程序空转的现状，笔者以Openlaw为检索平台，随机抽取67份一审行政裁判文书作为样本，从案件的诉讼历程这一角度洞察两种异化的案件类型。

（一）同一原告单项循环诉讼

【案例一】张守来就宽城满族自治县公安局行政处罚循环诉讼案②

2013年11月29日，张守来到宽城满族自治县龙须门镇政府申请救济，在李银办公室因双方对申请救济款事宜未能达成一致，发生言语冲突。张守来

① 数据来源于中华人民共和国最高人民法院公报。

② 详见（2016）冀08行初22号、（2016）冀行终490号、（2017）冀0827行初16号、（2017）冀08行终149号、（2018）冀0827行初9号、（2018）冀08行终123号、（2019）冀0827行初5号、（2019）冀08行终139号案件。

向龙须门镇派出所报警，称在李银办公室内被李银打了。县公安局于当日立案，调查后以查明违法事实不能成立为由，作出宽公（龙）不决字〔2013〕第3001号《不予处罚决定书》，决定不予处罚违法行为人李银。张守来对不予处罚决定不服，申请行政复议，宽城满族自治县政府认为张守来的申请已超出复议申请受理期限，决定不予受理。

以审级的第二次开启作为循环诉讼的界定标准，行政诉讼二审终审，“一审一二审（一再审）”为一个回合，在经历了一个回合后，原告仍就同一事项再次起诉，视为“循环诉讼”。在被抽取的67份裁判文书中，“同一原告单项循环诉讼”的有6件，占比8.96%。再以上述6件中原告的名字为检索内容逐个检索，得到34份行政裁判文书，其呈现出如下特征：其一，行政相对人经历了多次诉讼。如案例一中张守林先后经历了10次诉讼，循环诉讼达5次；更有甚者，存在法院判决重作循环诉讼17次的现象①；其二，法院判决类型单一。判决集中于撤销重作判决、确认判决和驳回诉讼请求判决，分别占比71.2%、11.3%、14.8%，其中确认判决往往“仅确认，无补救”，鲜有同时责令行政机关采取补救措施；其三，用尽上诉程序，上诉率高达94%。

（二）同一原告同类型多头诉讼

【案例二】原告汪祖元等系列行政诉讼案②

原告汪祖元等人因房屋拆迁利益，自2016年8月至2018年3月，分别以安吉县政府、湖州市政府、湖州市规划局、安吉住建局、湖州住建局、安吉县环境保护局为被告提起行政诉讼，先后经历了9次诉讼，如表1所示。

表1　原告汪祖元等系列行政诉讼案

事件起因与行政行为	结果
原告汪祖元与被告安吉县政府、第三人安吉县城市建设发展有限公司行政协议案	湖州中院准予撤诉

① 王学辉、程怡：《构建中国特色行政判决强制执行制度》，载《学习论坛》2020年第1期。

② 详见（2016）浙05行初62号、（2016）浙05行初86号、（2016）浙05行初64号、（2016）浙05行初87号、（2017）浙行终129号、（2016）浙0523行初70号、（2016）浙0502行初61号、（2017）浙0502行初86号、（2018）浙05行终20号案件。

续表

事件起因与行政行为	结果
汪祖元等36人以安吉县政府批准《国有建设用地使用权出让合同》违法，向湖州市政府申请行政复议。湖州市政府驳回复议申请。原告起诉	湖州中院判决驳回诉讼请求
汪祖元等36人不服由安吉县政府核发土地使用权证，向湖州市政府提出复议申请。湖州市政府复议维持。原告起诉	湖州中院裁定驳回起诉。 ↓上诉 浙江高院驳回上诉，维持原裁定
汪祖元等36人以《建设工程规划许可证》不合法为由向湖州市规划局提出复议申请，被驳回复议请求，原告起诉	安吉法院判决：一、撤销湖州市规划局行政复议决定书； 二、责令湖州市规划局重作
湖州市规划局仍驳回原告的复议请求。原告又起诉	湖州吴兴区法院判决驳回诉讼请求
汪祖元等36人对安吉住建局作出的《安吉县房屋建筑工程竣工验收备案证明书》，向被告湖州住建局申请行政复议，湖州住建局作出维持决定，原告不服	吴兴法院裁定驳回起诉。 ↓上诉 湖州中院裁定，张均木（死亡）按终结诉讼处理；驳回汪祖元等35人的上诉，维持原裁定
原告对安吉县环保局作出的责令安吉城建公司停止生产，罚款5万元的处罚决定不服，起诉	吴兴法院判决驳回诉讼请求

同一行政相对人围绕同一诉讼利益，同时或者先后分别以不同行政机关为被告提起行政诉讼，视为“同类型多头诉讼”。在抽取的67份裁判文书中，该类案件有4件，占比5.97%。其呈现出如下特征：其一，所涉及的行政机关多，案件类型广，申请信息公开、行政许可案件最为普遍。如案例二中汪祖元等先后起诉了6个行政机关；其二，法院裁判类型单一。裁判集中于裁定驳回起诉、判决驳回诉讼请求和判决撤销重作，分别占比44.5%、32.3%、

10.1%；其三，上诉仍是主要诉讼程序。与“同一原告单项循环诉讼”案件用尽上诉程序来言，“同一原告同类型多头诉讼”案件上诉率略低，占比79%。

对比两类案件，相同之处在于：一是同一原告为某一诉讼利益需经历多次诉讼；二是裁判口惠实不至、“答复判决”现象明显。撤销重作判决虽让原告赢了官司，但却伴随着行政机关重作与原先相同的行政行为的风险；驳回起诉裁定更是将行政争议赶出诉讼“战场”；行政相对人权益受损却被判决驳回诉讼请求，如黄耀周诉上海市徐汇区人社局社会保障案。[①] 虽然两类案件主要的裁判方式适用比例不同，但履行判决、给付判决等能够确定双方权利义务的判决极少，原告的多元利益诉求并未能在行政诉讼中得到充分的回应，为寻求纠纷的化解，只能再次起诉，程序空转成为普遍现象（详见下表2）。

表2　两种类型案件的对比

	同一原告单项循环诉讼	同一原告同类型多头诉讼
占有比例	8.96%	5.97%
主要裁判方式	撤销重作判决 71.2%	驳回起诉裁定 44.5%
	确认判决 11.3%	驳回诉讼请求判决 32.3%
	驳回诉讼请求判决 14.8%	撤销重作判决 10.1%
上诉比例	94%	79%

二、原因分析：造成“程序空转”的外部影响和内部局限

（一）外部影响：行政诉权保障与行政裁量自由的推动

1. 诉权保障与诉权滥用

诉权系公众诉于法院维护自身合法权益的前提和基础，当事人基于诉权，请求法院行使行政审判权依法公正解决纠纷。行政诉讼法的修订及其新司法解释的施行、行政案件受案范围以及原告主体资格的扩大，加之立案登记制实行使得诉讼门槛有所降低，这为公众诉权提供了有力的保障。原先不符合受理条件、不能起诉的案件，只要符合法定条件，法院必须受理，纠纷入口有了保障。而在相关制度不够健全的前提下，部分公众出于牟取法外私利、发泄私愤

① 详见（2017）沪0104行初242号、（2018）沪01行终626号、（2019）沪02行申213号。

等主观恶意，滥用行政诉权；也有公众因不熟悉行政诉讼而不当行使行政诉权，不知道列何者为被告，为加强诉讼的“双保险”甚至多保险，当事人往往围绕同一类型的诉讼请求把行政机关告个遍；亦有行政相对人为给行政机关施压，多头诉讼精明行使诉权。当事人诉权的恶意行使、不当行使或精明行使诉权而引发的多头诉讼，成为程序空转的主要案件来源。

2. 行政裁量自由与机械裁量

从过去的干预行政拓展到现在的给付行政、风险行政，行政机关被赋予广泛的形成裁量与政策裁量，以应对政治经济文化社会差异及科技环境资源威胁。裁量作为斟酌、评判、选择的代名词，与裁量主体的主观意志活动密不可分。行政行为中有90%都与非要式行政行为（缺乏审判式程序的行为）相关。在90%的非要式的行政行为中，戴维斯认为，99%都涉及自由裁量的运用问题。① 缺乏明确规定时，行政机关不得不借助于自身的价值判断、主观认识，对模棱两可的问题作出选择，形成最终的行政行为，此时极易出现“裁量滥用”或“裁量逾越”的行为。随着加强法治政府建设的推进，未能发挥正面管控效益的行政行为虽得到了规范，但部分行政行为即使被司法审查撤销要求重作，有关行政主体仍会在自由的空间内机械地作出相同的行政行为。行政相对人虽赢了官司，但效果仍同初始，这更加剧了相对人的反抗情绪。

（二）内部局限：裁判机制与审理技术的关照不足

1. 拘束的司法审查不适应多元化的诉讼利益

现行政诉讼判决方式包括驳回诉讼请求判决、撤销判决、重作判决、履行判决、确认判决、变更判决、赔偿判决七种，类型化的判决有各自的具体审查标准，但始终围绕着对行政行为的合法性（部分合理性）进行审查，而忽视了原告多元化的诉讼利益。无论哪一项判决方式，均无法完全满足原告要求权利义务明确、恢复自身受损权益的诉讼利益（如表3所示）。

① ［美］肯尼斯·F·沃伦：《政治体制中的行政法》，王从虎等译，中国人民大学出版社2005年版，第390页。

表 3　行政行为司法审查后的诉讼结果分解与原告诉讼利益之间的对应

<table>
<tr><th colspan="2">被诉行为</th><th>审查结论</th><th>裁判结果</th><th rowspan="16">≠</th><th>原告诉讼利益</th></tr>
<tr><td colspan="2" rowspan="4">行政拘留</td><td>合法</td><td>驳回诉讼请求</td><td rowspan="15">权利义务明确、自身权益（人身、财产）的自由处分权</td></tr>
<tr><td rowspan="2">违法</td><td>撤销（重作）</td></tr>
<tr><td>确认违法</td></tr>
<tr><td>不适当</td><td>变更行政行为的内容</td></tr>
<tr><td colspan="2" rowspan="3">强制措施</td><td>合法</td><td>驳回诉讼请求</td></tr>
<tr><td rowspan="2">违法</td><td>撤销（重作）</td></tr>
<tr><td>确认违法</td></tr>
<tr><td rowspan="4">行政许可</td><td rowspan="2">已经作出</td><td>合法</td><td>驳回诉讼请求</td></tr>
<tr><td>违法</td><td>撤销（重作）或确认违法</td></tr>
<tr><td rowspan="2">要求作出</td><td>已依法履职</td><td>驳回诉讼请求</td></tr>
<tr><td>未依法履职</td><td>责令履行</td></tr>
<tr><td colspan="2" rowspan="2">行政补偿</td><td>合法</td><td></td></tr>
<tr><td>违法</td><td>确认违法并责令重作</td></tr>
<tr><td colspan="2" rowspan="2">行政裁决</td><td>合法</td><td>驳回诉讼请求</td></tr>
<tr><td>违法</td><td>撤销</td></tr>
</table>

类型化判决方式限制了原告精准地提出诉讼请求，原告须通过两个甚至更多个行政诉讼的胜诉来最大程度实现真实的诉讼目的。换言之，原告要实现诉讼利益，需要历经多个诉讼程序，如原告要诉讼主张行政赔偿，需先经过一个确认违法诉讼，而不能直接提起赔偿之诉。在行政相对人的目的未得以达成的情形下，诉讼往往成为原告接近最终利益的“踏板”，导致诉讼的应然价值（即解决纠纷的功能）处于一种尴尬的境地，行政程序空转不可避免地成为普遍现象。

2. 司法审查对行政专长的“缴械”

法官通过法律解释与法律漏洞补充的途径实现对法律的“创造”①，“对于各类案件，由制定法提供的一般框架应通过解释——即遵循制定法一些原则的方法来填满。在每个案件中，法院的事务都是为法律提供其所省略的部分，

① 郑春燕：《现代行政中的裁量及其规制》，法律出版社 2015 年版，第 167 页。

但又需要通过一种解释的职能来完成”。① 在司法审查过程中，法官需要运用法律解释的技术，对大多数的行政活动准确判断。对于涉行政机关专业性知识或领域，科技的不确定性，会对法院审查行政机关政策或决定的实践能力予以明显的限制。法院对行政专长“缴械”，青睐于“根据行政机关的陈述，对其以何种方式考虑何种事项而作出的行政行为进行重构”②，尊重行政机关的判断，这背后潜伏的是行政机关滥用权力的极大空间。

3. “技术输出”依赖于裁判者主观意志

裁判包括对事实的认定和法律的解释，在规范与事实之间，法官来回反复进行逻辑推理和价值衡量。司法裁判不缺利益衡量的技术，但缺少对问题进行法律化操作的技术，在技术输出时往往依赖于裁判者的主观意志。以行政处罚案件为例，在“显失公正”的判断上，有些法官主张个案具体情节差异性的存在，“显失公正”应兼顾价值衡量；有的法官认为“同一案件中存在‘对价’问题时才会发生‘显失公正’的结果”，表现出包容与认可的姿态，如表4所示。为避免不同判断方法造成的裁判不统一，法官以行政行为合法性为原则趋向于作出“答复判决”。

表4　行政处罚“显失公正”案件的审理详情

案 例	判决主要理由	判决主文
案例三③	一审认为作出的罚款处罚低于按规定计算的数额，对行政相对人有利，属于行政瑕疵；二审认为应按工程合同约定的价款而非工程实际造价计算；再审认为在被诉行政处罚决定作出之前已取得新《建设工程规划许可证》并通过了竣工验收，未造成社会危害后果，应视为申请再审人具有免于行政处罚的事由，对其予以行政处罚显失公正	一审判决撤销行政处罚决定； 二审判决撤销一审判决，维持行政处罚决定； 再审撤销二审行政判决；维持一审行政判决

① ［美］本杰明·卡多佐：《司法过程的性质》，苏力译，商务印书馆1998年版，第42页。

② 王天华：《行政裁量与判断过程审查方式》，载《清华法学》2009年第3期。

③ 详见（2012）浙温行再字第1号案件。

续表

案例	判决主要理由	判决主文
案例四①	某公安局作出行政拘留10日的行政处罚决定认定事实清楚，对引发纠纷的原因进行了调查取证，处罚决定不存在显失公正的情形	一审判决驳回诉讼请求； 二审判决驳回上诉，维持原判
案例五②	县公安局未充分考虑原告违反治安管理行为的性质、情节及社会危害程度，亦未注意到第三人刘转在本案中的行为表现，作出行政拘留7日，并处罚款500元的行政处罚，明显过重，显失公正	一审判决驳回诉讼请求； 二审法院判决撤销行政拘留7日的决定、维持罚款500元的决定。
案例六③	原告和他人撕拉均有轻微伤，行政机关虽然分别作出拘留五日和罚款200元的行政处罚，但处罚作出程序合法，显失公正依据不足	一审判决驳回诉讼请求； 二审判决驳回上诉，维持原判

三、困局破解：扭转“程序空转”的关键要素整合

笛卡儿说：“行动十分迂缓的人，只要始终循着正道前进，就可以比离开正道飞奔的人走在前面很多。”④ 寻找到影响行政诉讼运作的真正因素，恰似通往扭转“程序空转”的“正道”，可以帮助我们减少在实质性解决行政争议过程中要走的弯路。

（一）行为之诉还是法律关系之诉

行政行为的合法性成为行政司法审查的思维定式，法官单一围绕着行政行为，从行政行为作出的程序、规范（考虑的因素、斟酌的情形）等方面判断有无特别明显的偏差确定是否合法后，即可径行作出裁判，即以行政行为为审

① 详见（2017）甘07行终25号案件。

② 详见（2010）南行终字第79号案件。

③ 详见（2019）豫03行终5号案件

④ ［法］笛卡儿：《谈谈方法》，王太庆译，商务印书馆2000年版，第3页。

查主体的行为之诉。即使行政行为因不合法被撤销或被确认无效，行政相对人作为行政行为的承受方，其受损的权益依然未得到真正的救济。看似积极作为的司法审判，实质上并未发挥审判的应有价值。

行政法律关系从过去强调权力与权利对峙，到现通行的权利义务平衡关系。在霍菲尔德看来，权利与义务、权力与责任是法律上的相依方，缺少对应一方即难以形成法律关系。在诉讼中，行政机关不再扮演高权行政的角色，与行政相对人诉讼地位平等，“同是臣属于法规范之行政法律关系的法主体，拥有一定之法律地位，承受权利与义务，并得以此法律地位形成法律关系”。①行政相对人不再以被动的行政结果承受者的身份出现，而成为行政法律关系的促成主体和参与主体。司法应衡平两者的法律关系，确定双方的权利义务，达到实质性化解纠纷：其一，对由于行政机关作为或不作为的法定义务将减少行政相对人法律利益的，相对人有要求其尽快作出决定的程序性权利，行政机关亦应积极履行义务；其二，在给付行政下行政机关不作为或拖延履行，导致直接相对人法律利益的减少，相对人具有要求行政机关作出决定的实体性权利和程序性权利。

（二）全面审查还是不告不理

“具体的讼争，依适用、阐释法律的方式，来加以裁判”。② 上节已述，行政诉讼是确定诉讼双方权利义务法律关系之诉，在诉讼标的为单一行政行为的案件（即一行为一诉）中，同民事诉讼一样，不论当事人的诉讼请求是什么，法院都应当对被诉行政行为的事实根据、法律适用、行政程序及职责权限等进行全面审查，以确定双方的权利义务关系。过去以权力制约权利的思维定式，导致行政三率（申诉率、上诉率、上访率）居高不下，行政争议化解难。随着司法全面审查强度的加大，法官突破了不告不理原则，其不仅需要回头对照诉主的诉求是否完整，即承认原告已提出的诉讼意见，还要对因单一行政行为引起而原告尚未列入的权利请求一并予以审查，避免行政相对人的权利沦为保守司法审查姿态的牺牲品，此种全面审查的做法既打破了行政权力不断膨胀的局面，也充分维护了相对人自身权益。

当然，对于诉讼标的为多个行政行为的案件，应坚持不告不理原则，对未

---

① 张锟盛：《行政法学另一种典范之期待：法律关系理论》，载《月旦法学杂志》2005 年第 121 期。

② ［日］芦部信喜：《宪法》，李鸿喜译，台湾月旦出版社 1994 年版，第 295 页。

诉行政行为为标的的部分不宜主动审查，保障当事人诉权的自愿行使。

（三）诉判同一还是诉判不一

本节是对上节司法审查的延伸，关于诉请与判决之间的关系。诉判同一作为基本程序规范，行政诉讼亦不例外。但“民告官”的行政诉讼区别于民事诉讼，行政相对人的先天弱势体现在诉讼请求上：因不熟悉诉讼技巧，诉讼请求往往事无巨细全部罗列，或者为适合判决类型不得不选择诉请。司法全面审查（指诉讼标的为单一行政行为的案件）情形下，当诉讼请求与审查内容存在出入，或遗漏诉讼请求，或该诉讼请求基于政策因素、现实因素不具有操作性，无法实现。此时，如果诉判同一，以不告不理为原则，法院毫无压力就可顺利结案，原告则因遗漏了诉讼请求而不得不再次诉讼；或者原告的诉请因无法操作被判决驳回诉讼请求，原告提起诉讼终却白忙。行政诉讼应尝试诉判不一模式，司法能动审查，对于粗糙的诉讼请求，司法应适度容忍，周延某一单项行政行为因违法产生的后续救济问题，尽可能保证所有纠纷有出口，实现纠纷在一次诉讼中彻底化解。

四、进路探寻：破除“程序空转”的具体路径

“程序空转”作为诉讼外观，行政审判权运行的核心离不开行政诉讼制度支撑。破除“程序空转”要求对行政诉讼制度的适度改造，立足诉讼应然价值，努力实现实质性化解行政争议。

（一）创新司法审查：优化行政判决的类型

1. 突破判决类型固化的局限

判决方式的类型化系对行政行为的回应，但却忽略了对原告诉讼利益以及双方法律关系的审核。打破判决类型固化的“僵尸判决”局面，并不是排斥使用变更判决、撤销（重作）判决等，而是不被固化的判决类型所限制，参照民事诉讼深入到民事法律关系内部的审理方式。行政诉讼应一改过去司法权只到行政权力的边缘的特征，适度深入到行政权力内部，以使司法能够接触到纠纷的本质。突破判决类型固化局面的正当性在于：一是周延原告的诉讼利益，为原告提供及时有效的司法救济；二是诉讼是解决纠纷的“战场”，而对行政权的监督应放在诉讼程序之外。

2. 径行裁判

行政法官在合法性审查的基础上，可行使同民事法官一样完整的审判权，在裁判时机成熟时直接判决确认双方间的实体权利义务关系，直接限定行政机

关在一定期限内作出何种行政行为，明确行政行为的具体内容，以体现司法最终原则。如被诉行政行为确属违法，且已侵害行政相对人合法权益，法院在裁判时机成熟时直接在判决中明确被告应当履行的具体职责。此处裁判时机成熟的标志指的是：一是案件事实已查明；二是法律适用准确。行政机关直接履行判决内容就满足了原告的诉求，以诉讼程序解决了原、被告之间的实体争议，不需再行启动行政程序。对于行政专长领域的司法审查，可判决确定相应的义务，不轻易将纠纷"退回"给行政机关，至于专业的计算标准等可由行政机关确定。

（二）完善审判机制：探索建立法院与原告之间的互动交流机制

当前各种类型的府院互动机制良性开展，为法院与原告一方互动交流提供了发展突破的基础，即不能单一强调与行政机关间的沟通互动，还要相向而行，建立法院与原告之间的互动交流机制，具体包括：

1. 探索建立诉前评估机制

行政相对人总以"预期不断扩张"的"解决问题"意识，作为其进入行政诉讼的预设出发点。为实质性化解纠纷，避免诉讼利益实现"绕远路"，应探索建立诉前评估机制。具体而言，（1）评估的时间。诉前，即案件立案登记阶段。（2）评估的主体。立案庭法官负责。（3）评估的内容。倾向于全面评估，包括诉讼请求与诉讼目的、诉讼的可行性与正当性两大类型及下涉子项目。（4）具体操作。对于纳入评估的案件，设置为"行诉估"案件类型，录入审判系统挂在"登记"类下，法官以及原告可进行线上线下交流。法官完成评估后，或转为"行初"案件，或转信访等其他途径予以化解。（5）评估的期限。评估不设单独期限，为了防止久拖不估，将评估期限计入行政诉讼正常审限内。

2. 完善诉讼风险交流机制

司法是一种"语言"，不仅用来表达，更用来交流，如果仅有表达没有回馈便没有交流，没有交流的语言表达是失败的语言表达。① 通过与原告诉讼风险的交流，一是听取原告的诉讼意见，减少原告因各种不确定风险的不安；同时彰显了相对人对行政行为的辐射力，促进行政机关重视相对方权益的修补。二是释明交流，掌握当事人真实诉求，及时变更诉讼请求，法院裁判程序上达

---

① 翟中东：《刑法问题的社会学思考——方法及运用》，法律出版社2010年版，第156页。

到诉判同一；或是救济交流，告诉纠纷的正确救济途径，有些表面看似行政纠纷，实则民事纠纷，应通过民事诉讼实现诉讼利益。三是协调交流，充分调动原告调解的积极性。

（三）统合多方力量：构建实质性化解行政纠纷监督体系

立足我国本土实际，行政诉讼中司法权孱弱，仅依靠司法权难以实质性解决行政争议。应以保护公民合法权益为最终落脚点，引入多方主体，将监督力量覆盖于行政诉讼的各个场域，以规范权力的行使。

1. 检察监督

《行政诉讼法》第 10 条明确规定，“人民检察院有权对行政诉讼实行法律监督”。行政诉讼区别于民事诉讼结构，检察机关在民事诉讼中通过提起抗诉实现对司法审判权的监督，防止审判不公；行政诉讼旨在通过对行政行为的审查来修复行政相对人受损的权益，行政机关和法院可谓是修复者。检察监督当然应监督修复的主体及修复的过程，而简单地依靠自行获取或者通过媒体、网络的揭露及当事人的申请等事后监督手段，难以及时有效地监督。为在诉讼战场上径直解决行政争议，检察机关应参加到行政诉讼中，即在行政案件诉前评估、诉讼风险交流阶段以及整个庭审过程中，监督审判权运行是否周延诉讼目的以及是否回应原告诉请。

2. 监察监督

我国现在制度的设计两条线已经形成，一条是国法，一条是党内法规规章。根据监察法的规定，监察委员会的首要职责是监督，通过教育和检查，监督公职人员正确行使公权力，不滥用、不怠用。行政诉讼过程展示了行政权和司法审判权的行使，监察委员会通过派员列席行政诉讼，但他们的身份应确定为观察员，只有权听取或记录，无权提问或表决。虽不能参与案件审理，但监察机关对公职人员的履职问责、业绩考评等切中了权力执行者的要害，必然促进权力执行者依法履职、积极履职。

3. 自身监督

一方面，单独设置实质性化解行政争议考核指标，即一个案件/同原告同类型的所有案件数的“案—件比”比值，理想情形下，该比值应为 1；小于 1 的程度诠释了行政争议的反复诉讼，值越小，代表诉讼程序空转次数越多。另一方面，设置实质性化解行政争议典型案例指数，督促自身积极化解行政争议，并以典型案例为样本，在同类型案件或者类似案件中应做相同审查。作为裁判主体，法院自身加强监督，好比病人遇见负责任的医生，为实质性化解行政争议提供了强有力保障。

4. 社会监督

行政相对人胜诉，理应在行政审判中体验获得感。“获得感”一词迅速流行源于习近平总书记2015年在中央全面深化改革委员会第十次会议上的讲话。行政争议是否实质解决，行政相对人的获得感最能予以评价。合理引导社会公众监督，设立监督平台，畅通监督渠道，包括社会公众参与诉前评估，参与诉讼中的流程，为他们提供发言机会，参与到行政争议解决的讨论中。

结　语

值得欣喜的是，面对程序空转的困境与难题，行政审判并未原地踏步亦未天马行空。有些法院已在积极探索实质性化解行政争议的路径，如2019年7月安徽省高级人民法院发布了实质性化解行政争议十大典型案例，突出行政审判对各方面力量的整合，综合运用协调、调解、司法建议、司法救助和依法裁判等方式，其中协调和调解最为普遍，裁判运用最少。裁判作为行政诉讼（狭义）国家意志的体现，却未能有效化解行政争议。在法治国家和法治政府的建设进程中，行政审判制度该如何发展是一项系统工程，仍旧任重而道远。

（应　巧：浙江省温岭市人民法院）